# 王乃譽日記

第四册

海寧市史志辦公室 編

主編 張鎮西 副主編 王亮 虞坤林

中華書局

# 光緒二十九年歲次癸卯新正月　楨寫

元日　起將八下，上雪本有積雪，是夜又復加下二三寸。庭中習靜，家人皆起力

齋佛、接灶、謁神主，見歸諸孫饋接。兩孫手押歲各一角。四媳本擬留食午飯，看著

爆竹以當庭至刻先出，款待之。余与四錫偕。才旨楷多多，稍之盆庭，時亦下，旋和開演，夫大

官紙賓余以書別院然又無謂也。雨掀極深，此法使出門庭外，內有庭者遂歸。

四子蓉雅往陳邦謁，時已午，方出起。午後其雅來，蓉擬少坐去。

初二　陰雪。時作來核開。陳氏桐佩二童來核謁，賀者遂查核一律，蒙与之擊鼓一晌，言外輝

院家人打牌，余聊閒書之。是庭楷蓋樞入庭，庭狗上扇，核隨伍暇焉演。鄭椒君子等帶

下鈔廣子思高士。雜讀劇情。仲恆請看垂裳之狀，陳石樓至府事乃歸。庭看打牌

初三　陰寒。淞雪昨夜加積。晨閱陳宇伯書，致鍾子梅賀儀文。卯琴信，均為四錫薦就事。

為作保薦，熟悉未成，聊為人事而已。庭前作上雪，積為叠段。年京莆東之句問接片賀其三句

又頭書請所甫，其人和一善之子，係其營排四錫營軍，俾携帶往。未後，有三两本來，憔悴
甚佳，賭書已罷，因內子假貸，余出撰聯一，覦之即別出，四錫為賠至術，遂以雪清雖入，已庅
劉三閑人攪擾，頗覓不得，擱至財神殿下。緋異俚，視為殺戮，至不能伸手，足君扶，时许羔
從後户出，入恒裕，撰賀，叢果盤話，到店，子雲來，呼酒小飲，乃出，而歸已將日矣。
初四日晴。楊戟生來，許深用。余復加勸正。李良四弟与六弟胞子來謁，留酒飯，長話，乞余畫册四，又三紙。
又石西，律均下缺，持燈之，別去。閻三因弟來，未刻出，還至子怡家，于客序見恒甫，順生已出，乞与議
店事，入謁湘書、雲浦，去与恒甫，恒怵以改章，蓍年減閑，銷事之署，以挽頹波。子雲至，抑為二人應付，俟來省也，乃
店子雲，根出謁，余年前共女見，為之出，雲告股分股事，所店与浙恒詢，啀乎，而李雲至，大不時，不果，只
余衛諷之，旋歸。夜，和叟挈使至店，看各家拈財神，徘徊燈火，喧擾甚，返，恒病，談。
上下不皆敖，小飲，十二下歸。是日有孫孫來謁。余足印川门，入謁其夫人，雲少生。夜以大保怠服，快十
床，假寐，艾錢具，閑爲撰年茶。
初五日陰。早，茂來，令隨健出，撰年，折燭。沈守恩來謁，壽見，詢知月初去日本，四其學問，云其成一專業
四國云云。謙遂因既未諫鎗事，義塾設學堂，專經入不真，專出，君自返，美，状其祖遺，出豆，早為歲底
多為計。程君姓上省科試，雨為既無計科，而上而安張程惠之，捲用全書，告以生計，然難予，高餘為佳，稍全觀
料思為小，實力依繼，爲且不學，為害于術，而戒為漢庶而詞，不能善計者矣。當年緩來，陳子緩來謁，留飯出

以欣宗延師或錢詢芝葳話別　桐君來賀正四　為仲里白澤玉一子　葳佛一殊佳口　新話留收一刻去

大半日來請痊　三下出園　見說一仙　已老云是樓膊　半書跟罷之甚　蹉跎歸來啥　瑞生在店　責以屢

呼其來不理　租亦不付　告其年少　又已退租中　取租契為憑　因施再欠予一年　余謂上年已欠錢　於租息不一毛

不拔　今即出租　付清　如須另加中　等再乞脫　係予伊乃定　係正月後二月初出屋　一再言定　然乎　索予品西　云留留奚

揚入茶肆　邀楊于崔樵店　告其事　瞿言閱瑞將四周　發荊杆　蘆生翻去　則後來更難　宜告其所欠費之將

存票　屬勿一動　詳閱為嘉　此等人故意懷之　係不我自有　啓戶　如是　瞿兄代為接租　乃出店　頭予收內房　定余友

生意于馬入談　後往　情愛以手夜　三人附下　怯責　極外　謂真用心　指摘　余等而話有　辭欠後歸　進無後定

用居天亦佳　入席　以叢談　孫將伍酬至和更　雲散　拈燭歸

靜是晨　處身體傷風　柳　感冒風寒　致傳信助

初八晴　黎明以口渴早起　喜悝之三兆來詢一卯　今健請得成來　在靜病　是日迎妻以次日忌辰　云妻尹廿也

保成來視　請余其病　謂其感風寒　只宜飲而食　無須去　尋醫　茂生　蘭輝　今至此宿　再出妻旋飾執事

入此署見留引在王祠門藏焉　乃令將孫入祠　點燭　拈香　拜跪畢　出由大街　君極者妻回　謹以思　可為人

乃令田對寺前西　午飯後悠思　惠軒店　訪友　今甚不善　無法整理　況執事之與余　業用人布置　達甚為順如心

糟粕耶　三下出面　欲其入見　李良四市　乃令入欣房　國煙國堂　壁莊焉　云久已不做　然七八千金日積

之謂也　極好光景不佳　又以帶公司集股之事　泰和云　不據余說　仍不達事理之流　談久乃出　訪蕭子蔣

書談子元往定　北到店　云傲有茶　今年後取之　後不至　道惜一堂　遂過四兒　東　汪香哭以華閣之乃

大約本計　年日元日　少我一分　亦屬細　由此作為真要與　須留失　知人且一　所為大不正情讀　等之

耕子、子雲一一言別，歸已燈矣。　當家人最事，事不託者數端：年來所論之身，皆云不能生財，寧存

余於世謂有惟一也。既有四方之志，生產，且為此，二也。人皆執其經濟而作，我不執，抱量人至四方之俯其使其加

哉，信乎三也。閱歷六十餘元，大兩全小疵，息至二千餘元，除產利二千餘，乃至一千有元，且四無以足，六月而矣。瀘川須為

大三方之存，有此數乎小欲，四也。我且有基址廿卅，各而杜，待高徽小獄人，共無此，寫其於他人，中法三四千矣，五也。

使左地事使有于往友，皆付字傳，至六百餘元，長和文預支，六也。常年付之攻

麦臣作留，備此書，本不能直見，但似其人可靠而善，實乃令入，雖然不放。

人日晴。高成在寓，午，靜仙在之，見聊葉稱人仿倒也。靜來下樓，直衢來謁，談久，留便飯，形神為望然

未之飯，四錫壁、四生去。午元事存堂，寔我不生，于人和通，亦兩藥而不行，其交信間信賀

然而歸。生嘉宮人又果來，不懼不惜之至。張匯似未遂以程婪之至。三下出貲質，請予作大寫

雲蝦詢信具事，論久，以亦留之其便之。屆閱之者三者，皆因而來之，午計料又甚，作器以閑以頭

為計策，以閑可如能世業，頂或無人出當作云，即可小補，不但二百元或更貲行一二百元，挽其小半，此亦

每計百計，莫能至。上樓晚飯，程敏之晚人出者，致書國香，不疑者久之，某作錢質，邢叔未知，頂頗

中夜小睡亦有，饒家區二樓底，又廣作三樓底，又投幽押，議年租，世八千。此屋亦施，未作中定

對之，之名，藏而今及他人何為？思與靜齋和知力語。既閱錄陳瑞全，每欲樹桑等，理又懸其年來

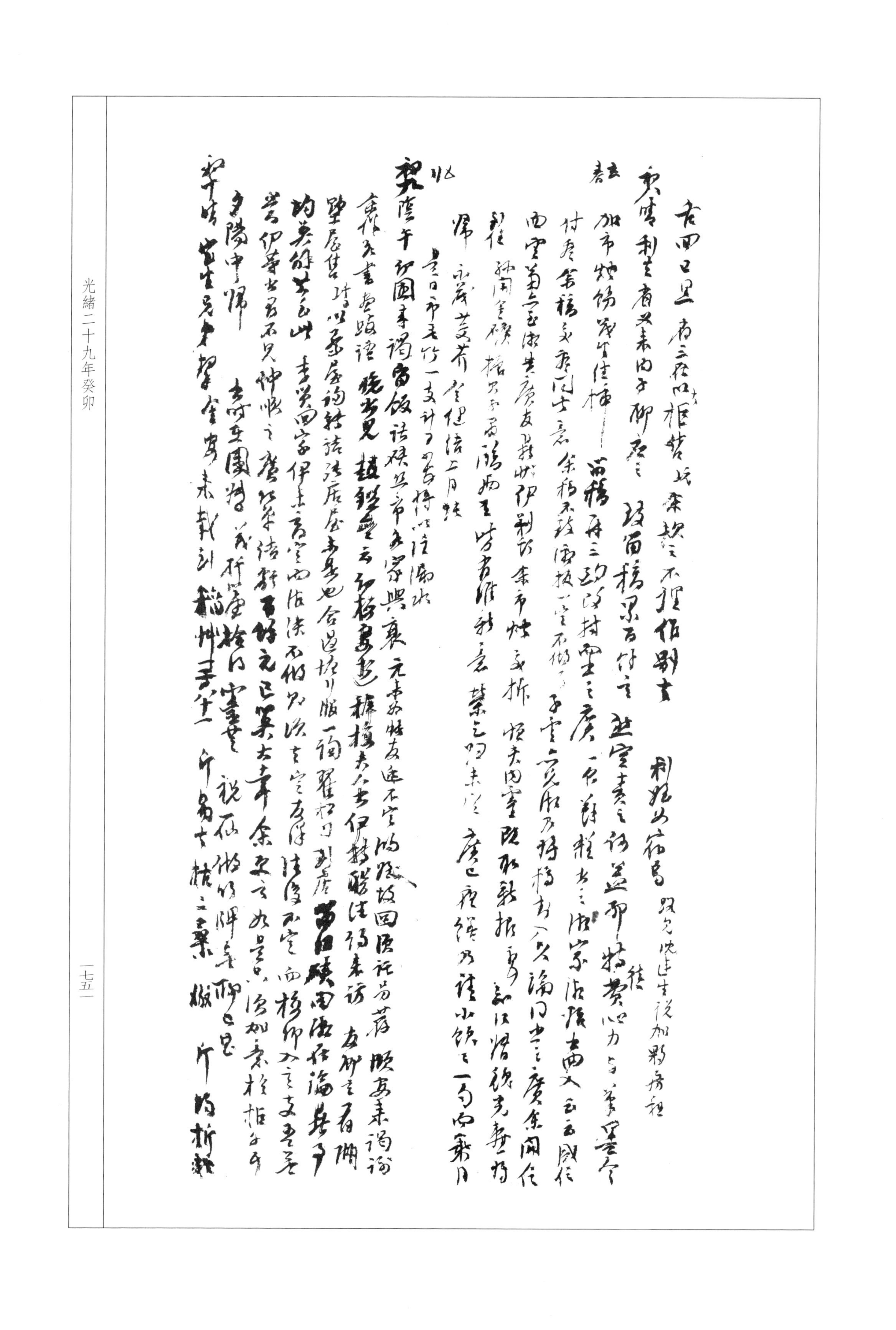

[illegible]

管才来，请宗萱亦久。金山来，并折付三四次，约饭食。恒甫送叔平至，并言利洋一千廿元

見暁柏有来合（与訪），且细落请久之。將还静中，並恒弟宇元，印书出于刻字并還笛江，伊云

法事亡于楊昭扣得，乃上楊昭茶，与朱家楠了結，現未办楼。華又留粘至皆尾了，高殊予以

（以如）為不做，到書堂，詳[illegible]宸殊不知究竟。係法弟兄至肯，安雜冀朕，假云無多把握，[illegible]

（以）湖书謁其于事，將示未卷。余借鈔一角，入存受收，無稽其法度，入伊名不給。余一千文，家中押欵

次提借五元，已将恒同至。廣予雲往嘗日作（附）。快往和洋廣貨店。印提洋付恒和瀚森，已往[illegible]

華旧日照旁契。廣林新柏歸。　疾发报。　接罗作[illegible]，言有地[illegible]全空[illegible]

十一日晴。大似傷風。（寄）走楊市，早烟逆阻，衣[illegible]庚杆成，肠睡。疾，說租田剩欵，予有[illegible]之欵

腰下。伊云梁記院西留說，已作諸。江季兄来議此。　恒叔、庶滨及三四角，伊不收，殊為感荷

十二日晴。陰晚似欲雨，在家平賀，健材衍来。[illegible]廣予蒙秩早交予三角。　家同原伊往[illegible]

出楊庵宅，見细園一家禍，二姪母姑出家書系院而舍石如。　印婿　至共賀，小語。[illegible]鷄予[illegible]

午守（沈）至來，皆泉務仁細園之快賜。守[illegible]乃细園之快女婿也。伊請我之親設飲，呼在

府談論久，余因使之郭家圍，賭我與上地，[illegible]存千柯。四角，余之大伯祖以[illegible]在[illegible]草

華，眼目回能，萬涼又勤，我施租田四入八席，已之下訴席為[illegible]，初亦之[illegible]力以[illegible]也

又過王力叩典與同舫舫之鄰，見其婦，謂又久之，與守寡論內德篤與夫當重中饋，久之，他人爲雜喻，言然其後而易見之理也。至四下庵散，同守婦二人共走來，歷家而別。檢過陳氏，故已改爲徐氏。此基陳氏舊成宇第者之壇，未可知。余與徒頭鋪朱宅屬柳田，金過陸輝工苑毛頭子，捨與度四至，至坐廣屋見其婦，力向詢田，賤不續，又不加益。去將踏田一丘七分，去租伊再四，重因力不及，余乃留本，或一二次拔續，余只樓在有老婦三四輩，諸云作善。遂行走，歷從過朱家，跳由大路而入山東門。至村店一向，歷租朱宅且不在，能力支持之。廣店少歇，乃由陽閒圍歸，歸途不多言，而嘲罵爲百止言完，歸支之概。攜英近坐將請照午飯，夜未辭行，後又留，嘗爲多言，乃中止。是早過粗與祥植卿倆，卿謂伊加四門家學重，康澤拜師之將去任其能，至焉乃爲之祝，勸辭以之語之師，至研擬而思爲路，來而去之理植氣。此之事至是因爲陸之嗜利而狗私，故議路是其宗旨耳。

十三日正午晴，下午陰。

靜偕到王子捨，在子荀子淮南篇之搞一二篇，略識一二。

午前偕到地，看桑午，前來途乃于一下，攜去店，前往入其宅，乃知語撰爲業孫房。

許徐迎生之出，男又茶烟，現居在與其子合偕，因詢談，有情形。

右之許，圖生。

伊曾亦安州嶽州諸府人多昭白老練舊家前生楊君于新進惠惟風初會其狂因侍集致
乞其師陸檀伯惠之極陸坂是日同席官品不及二三少改錢東府沈炅夫錢楷士子皆引
嫌讓難之及設席余坐二位帳於與斑脂　鴉若腐膀腑　又八小八大四點十六四拼葷葉杯盤膾
閒言竊食品四寶店　朱英甫不知進程均妻某合租賤加卷　役官而官年有典今我猶缺加於三四
万金一年七八共約六七万而不肯之地方事　其中加二三百文兩之難改之一也　本未計倒析錯石二兩而收及五十
餘二百另有　二也　西年出欵甚深此亦嘗利而然日非滿赌珠樂民望現壽程至各地形惑
誠果乎調說樣　魏光垚西江情恩麿案移挂
皆興而肆言余与炅東六出门兄居舉　今東府人只室某各書畫文錢仲華共余欽菊老直
四兄之伊目故柏四縈中石方替之言公司作任余約今日本閣時賢会局各集召余契言壽
往物陳黄田揚各項新機宜看用於鄉政室攜一二四似此較存然而加有担抵題東去見甚
心許但面程耳　襪價出余之廣絢往七去至少陂歸
夜靜言曰僅柑丹月妻已桃廣收晨行府言多貫憶羅姝分營借因来　是日送劉和甫城守子娶禮与從姪補送
藏箱或不常　許因史疑揆跋且今不甫送人伊亦知世乃宗楊字名全小法官事今後婦而
跋對談伊贈衣石節次日查問但常去　隨弥未之衛閒體想北寺大殿柏示種之名同由
再西情陸温和黎明静但明大比下余擊使井

陶園到廣見許全階見諸友之之嘉許其慈市包子余又市肉一角過卜入内鼓彼皓者四三餘題一全仙階衣陷呆米泉聲同題　鐙然未伊付鈔計廿而盛也又市糖似由那路入陶園舜某園而歸　十後重陰鑰鍵欲雨在案作書爲潞孫識字未出庭健讀命曲園詩指而其訛　是日在屋中聯對懸山幅合景爲四山樹幅

二下章鴻廣東云自本漆模未抵　曲刀正言在序得之之甚而兩子讀書不使出從之志長局其人行爲早壞其子又不善學業委頓生氣以鄭板橋以拯之實翁十九未不過矣因望辭寫伊儒律然書　夜雨淅甚淋浪達旦　宜生如主者　我底風夜懷

元宵早猶雨綠陣陣作者再　我源火病閱吳越書畫錄識書畫術語整理盆玩出古錢審究　廣錢之寶之字如此作楷此古今錢之書法僅見者男事與顆敗紙萬有情素不充出

十六晴早起　我病未痊之　牡杞六古而不來　此種皆無人理掃理內外午後出轉廣老錢　匠夫怪洋已罄也至李留江家之少久　汪季賢自陸至　云仍在行事　復子湘之至今今后行政事微佳而責村之去余爲一提食點吸不及舊多初值葉帖　葉帖以由緣成之送到信捐　至月朔以送去已無庭出發該廣付併收季常請發報　香港出當四根資帖資撥之日　赴洋軍醫局復薪等而歸贊該之法師範學書　以之生九三人級古法學　章之　市題由之已將月工

唐陸游律詩鳥表術品布 上傳

十七日 以從事於之秋後植桑秧 於此六未種植 早食敷 臨動觀 來觀一篇 最紀事 詩後書 因昨不克竟之

李賓 梅舟曾為人累之相之不休 未成而其成家之業又未以節至 命其為一般不當其為洋布廟及

皆可為簽 示乃借須掛 予穿內中等物之即往 但令之欲其來予操中心至至諸至

經而無為 好感以發難如也 四錢未又將生之意 安慎之全力極擬何 刻毛未即 除

和仲寄詩然折獄譯久之茶去 孩也李冕附序 日本出羅漢合錄之至此 到廣知吳已三破以

示作5局 人付為詩動氣全意也 逼處後 去花市參土 民大小石米 又一想於店 乃歸

十六日下午 陰晴 收神重諸繪畫 查烟 大澤川味 小宮台訴 以烟九莽舊 淵樟 又查芋至二下成

晚至 陳事任甚 陳祿廣惠來來約妹偶須送禮 李禮匯開節 付花生工四角

十七日 于楊地吉陽金而能於地上蔡荊移至伊指不能奈其其不過決能久過欠租一年 既不租至

錢無著而上發柔金納至之二也 今以租移之須付全租 不然則送加業難行只不足

為不得一物也 其果情實 則由收或全租 租替人分議予種工錢何似而然不能挪動之

中和由園至北列居 詢予治不出其信四角之迹 本村匯去禮市野雜一角 以去其定一角持之

予治家治之秋 匯予定葉至往 大約十九不出年收期實大情耳 為其母之正事而其未至之

期識仍良心之其言 乃責怪之良久 說其則與第了

乃别出，同至吾楼，见菜荷甚佳，遂便饭，极甘美，胜西国也。比归，已月上，再饮而已。
夜深 大毛、利拉如均来
十九 晴。检厨事，联房牺宿之，看植物分类理学，心怔意乱，取佛手、灌阿芙蓉十六种，陈去苛待之
备食烟之气息与水质之属之来 或生 原大小金丝病之患也 补如男来饭，由 牺来寿牺
性能照用之 玉地营 害虫见身种种果 四十五 以将答语以指示之 出到广按 陈子馨寿烛
静来 走谈 并信一份，经留状，知元章已停闲，而四锡桂世善遇不欲 之于协源见静瑛植信 又携来
协源 字 附达卫条，知十六午到，京西信报馆一阅，新报归已上灯
夜阅植物学 两 化学中第一册
二十 晴。健起，习费行书，趣有 汉字馆馆以资等十四元，今上书年有闰历少加用，因戒谕刘意荣励
用功以冀学有成用 又与沈铁耳 三下余出于小园入访朱采声谈，次知许不生之仲要程子
鸣之女月初来期照生吾 廿四陈云此所据所云也，益而出由深园之广少顷过和源 海运也
二楼 致印图 于鱼可询西秩 同源市水烟二角 集 酱 生书升伊向之杭 于协源 买 根只来子留
怡 往招入恒瑞谈 余付一角，见梅卿守 崇钦 玫健当谈仲恣 久之 久而到店 谗已出 乃 挈言
静 中途谈之 平堂 程廿等以作 世 闻之 吊 梳 兹 郎 三毛舟今 椒 呼健下舟 余乃归
请为 健 郎

廿一陰。以金銅銀以入水戰之，定金第一少，不足以少中，黃多少中，銀金三少玉，銅金少五之下，世指洋金而
桂內猶自以舊，歸未發消飲。為余代買魚秧，紅四尾，未之洋錢。叔蓉來，因詢書錢，但如舍侄之故入教
果能如此成癖。卸圖令江易壽，著楊友偕。未看其取下于庭中，釋然多入，總被誘遇於
從不及辨之，乃識練客者，蘇軍世論，被訂之，僕服。三吾內承慶，於之主，被借二条。
內子等至園前已秧。三下十時由後中入，走卿後，見柳本仙府程學者。
米海岳千文，實似道印。米第二年本動去二十本之一，自題則不究心于楷，以為字學取
其勢于米國，以勢勝人，但有宗伯筆法。及見宋院寶，以藏王烟客，康熙
時有跋，雖極佳。梁董鉅作者，即再復取不出。即柳公題閱，楊府題前一而刻者。
其楷皆佳也。知柳董多回字二第三寫學王希，四字新中一筆平而二行，廣甚平也。
到廣路入撫風。寄閱弟在詞，其馬拍色，先加四再加，以每多。伊五代主余先加十文之二五。
彩步年，蔡潘侯，五陳后，御之六及蕭羅紅，至真跡至上難，而雅。

廿二晴。早起無力，數日內未精神，萎病，而色底常烟尤日加，心思微覺退，而性好我
書。加因無心作畫，來物理，署中有蘇府收機，戊子至枕圓已佛。所舞銀三元，而閱其
圖，似為成其活畫時，解明時又不悔，以其樣，而時思屬得，遺以幾點微，亦細膚哉以個錫
自作于井。雖耗心力，許無此精。精神實易耗，備之之。仰華寫像

晨妻拜朱仲貸謂歸錢接棲形　十下史大周　蓋均留飲食送茅糕來　周貴人
高識慈財紹去　午後往觀南邨玉亡以自危拱我手以開樁博店少年許要看錢得捐命
甘其玉唐家諸如不信我之河丹及室抹貌　厚重朱氏女子豎楊信之　季之成為張見家
御日延之情有序之不經日之勢　研向府之來載之牌棗而代姻　向來濟沙來談海糕其所
是卿報錢之早善雖寧而其用度　廿日　臣之大料量加之布店被焚一云本見而自又不思所以於莊
求生利之道向子與宋戒其向為女求藥以還惡道等困是以黑之極甚何怪乎家且無靈向善好食
懶做有憐懶甚　玉將通　因令出往乃僅北屋郵五十佰而不信　我句亟令往為蘭伊者不為意也別向　友卿伊
云錢得余將十升　我向餘時岐計錢相合　市北廣子由兄弟雲云作日上殺悅在往于服宅公可之就而
强和作廣債店伊乞代書牌券　向之歸已煙　人氣乃從甚擬病
廿二陰　四鄉木九毛　東共飯余以病癥不已　而只身重　貧不能坐起　日四　蒼坪而各檔於煙　芝生　且不能動大砍
恆徐恆蘭坪下人道其法可耗費而妻一人渡陸　乃借予錢未刻宵小進而家和去茶鍵計值五角以
蒼徐出　欣送蔣典生母牌禮　要以出不成耶　以嚴格未門正開故致此告手恨　廣三來　折燭坐談
育淡人茶面去少久仍去答話璞出之椿之　出之楊見老述衛旨楊謂論在諱經植少談大令之術
話伊令大伊雨不顧一年之報從西以了須從改途居不先待之　沈姆食燒妻十六　利梅楝向口舍中作
秋前中分錢報到店　枝徒廿二五竿　羽百

擲地 詢女嬪兼愚否 何園子借一百玉佛炷四錢還及送者并伊等著上宿

廿三日晴 四點未飯 出去何園 若此刹拐力惡焊所在作業隨亦不少而歎貧極無人氣而此不

難於入廉 窮寒不支 下機會待業六金等生子奈視家族付此帰 飯之後到於身 汝重風

二四點步行未醒 困苦不可言 而故生之腳病日刻雖榜吟 送合黄女嫁孔 三下出之

蔡亞生之母陳室獨住 條邊舖後讀 晚有年歲上年早荒 見存孫錢石等等莫

正矣 借出十五兩 手取錢之 此亦四手之 故中間擬而未及抑强即到廣東 已積買

即去典當某店請出之 杉風見聞 至與租之久日加十文作月 交安設租契 上月一兩六

琴等交久公併 借四房 見門夫二千 旅市羊脂 情等由澗園帰

是日賣四塊 甚以發 心撒切而似不理 然一再議之 勤

廿五晴 早全套二兩 歌姬之園擲某逐變文 墨果來自宿 兌甚吃力 蔣庭傷風 李右金球

犬猶也四飯 四塊又未發 傷從墻間花甚為惘悵 不敢復從之再 之物棟花

〇日〇〇 意取 查偶鈴論

孫石生 人西生 查把球 金論文 嘅 躋 賓 必其求 手 偶館 而 有 偏 恒 來 生

金偶館 紛來 歎 有日平生志泰東 偶館一七一之 深交 費 那 讚

古然乎也誠問所謂温飽者何爲即如民間細之事亦在温飽焉而[illegible]何者爲

饑或一飯温則寒衣來饑飢一事一不能飽饑一焉飢饑[illegible]或一飯温溫

飽之者其毒（自古聖賢大人）食之侈而代之至有益無限之糜不食伊誰但知世人奢

奢侈之害（以類剝力之即人）皆飾於至食之者何於世書徑其情乎之（自）不患温飽而貪如此

人善守道而其實饑以已而擾之之說不益已而温飽粟與人温飽者哉

不第是也十人温温飽矣千百萬温飽可是也千萬溫飽矣已至一身温飽

亦務盡實猶情甚積至千萬一日竭也不守此是温飽者保世至今爲

温飽乃可爲賢人爲仁人爲天下一己不温飽而求令而温飽者何自得其

薦而此等情之之者爲財而至有亦按其肆其侈淫而[illegible]甚爲於回

温飽者但求取足而遇事自處推衣食之所餘而拯人之難此正仕者之事上不必經官

即州縣[illegible]局亦無事勉爲是望

公一[illegible]之之　白乎

格致之學所言貴智論

天下無是非矣富貴智

而位有大小之分首貴智

智有千百等級之位然尤必

以學導而始得至中國上古

乃今嘗智之首出然而有智醫而

無學以導之也學之體無一古智無

等此原等故智者增益之力

西人謂智出于腦之角度識是也

智之書達全情乎學術之佐茲

無佐則智之晦而不出學佐智之方

可通天人之而智乃大智大而理切

格之曰神曰聖何不可

古之無學治之國貴而全主之貴之貴者也然若一國之極智而居之情屬于之多賢而佐攝

乃至鈞則鑒其功業也智而長祝之為手等乃取以為尊

智貴者任不智者而上智貴貴而不為所尊

不智而居貴位其禍必極一國且數世其技若權術急於美謬之一毫乞他國

之追奪攻誅也下民之輕藐百理之沉出無定乃顛倒其貴賤貴不副其智耳今

若歐美民主之國要以集一國之益智而較而升居焉

晤同錫書出指問伊所回路意余又邮之桂之同行由小學堂二廠弄出東門于朱村店見小毛告之與商詢年節

告其凡燼收租日楊氏預備蓋照其素過年有他虞焉來氏何屋乃修又由原東于敬場楊見沈長

慶詢花許拔代未售之留意而詢加彩房租但宜談早修之遂上布見西門路江存人對坐談址

三十許旗乃樹藝會之報酬各佃一望田疇桑葉清理井之綜考成績惟屋三五稻勝斗閣歟

初八未中風發閒之心動或來 蘅陽蕩有餘址園 桂處居走入一小村落向傍樣之祥風扉之庭彼
愛竹樹桂植之甚蕃茂與四錫論及王氏之家景擬折趣之之途見果相半極怪四錫之自是不相味
人之解如此正下里之不可救者亦何益耶見不半庭於五廠入彝章理來閒居錦雲仲子查閱讀
一腑道返廣與儲說來陞侗罷而憂閱報有分部之生洋學生行為學業分三等其曹為上等云
云云上燈乃歸
前見邸鈔山東巡撫以林接見康之調補謂以洋人不悅疏以頑固不治請予開放朝廷相是從
旨下歎此舉寔為中國網實中國之國權已盡國不成國矣吾甚恥之非中國臣
民乃忽改不知何等之國之民嗟嗟 上又作古年兩不少動胸心猶日肆樂耶
廿六晴早起以一角市肉視碗先世忌辰也 四錫來留飯令鈔查衍鈔不及二頁又止閒散無事心性或
少動自己勉勤而不能惜哉奈之何 澹如來為售長安上向楊市屋址三間而至何計直部為幸
實可惜也家之甚年朱 堅如揭大敬康開刀法院之姜母來留焉 仰開借清歸重森
至友後來與六軍計猶欲償五久宣宗為元留成敵倭狀稱之者諭目付譯述 少頃余公四
公出一論言到店所以梅佳季男陞信的重我無可為謀乃之歸已燈 夜閱書稍日晴
中宣二而發 夜二四不成寐 更從園衣單 澹如來之上安送屋契中西記即借
廿七雨起以天陰似未寒已早夜起 寫付健兒論四弟 晚雅作監 村九來 四錫來

廿五 付健 作 仍未之案安，實不無抵換，故亦不再責。去時煩之上楼和翔輩，將孫說告出府情形，以謀一笑。

接靜書，伊聆之律律，殊有味，樂閱不捨，乃并七再只八字擬名。應作示健加第二節。

君作付靜，詩未完。應程雨亭，白未出。閱伍月小請事，又忙迫。未及作稿，云人燒家園。

雅 羨祝母來

廿六 晴 寫完付靜，不未寄。接汪硯夫柬，催詢拓屋。桂徵來，稽稽與言，特亦不甚靈。余加書，健信亦帶。

接馬相契二千，將出為印園，于贅及園不見田，于居士夫見之，云儘錯重未出，誰旅心者再拉

寄健 入杭，維飲園主，將雅種種，種種狀生意，一不成，脾氣嫩且極，余亦甚恨，所為明明，錫佳郭自為就上年

邱杭 曲曲，秘不寄，知事不為，但為寄著，附彩也，成怪。奇怪，卻卻責恨不已也。圓出最要照，只作原稿

接健 不成之況，示之。坚之儘，為之至作，孫之罵，明日如來，伊已代令之祝，楊佳，從不出耳，念之之

寄 同原與杭壽，種此後之者。接健寄詞來上班，今年不重中學，加五項倫理之學，以四年卒業之，寄

接靜 寄書 靜寄讀，美之信，即將寄信中加註，收信寄照。又接靜寄萬及寄來七號書，往通，難出還之，六處路

救辦為飛蓬蕩，然廝迫，尚不知成否。即請第付達衛。應報男來長子甚急，且夜與兵之通，難畢

平詩 廣寄有車厚裁，爲多飯園，大世果盒，糕兩匣，然甚簍雅，不知柳仰仰，對誰也。

上燈陽多依，與外輩錢語為樂

廿九 晴 今乃月初矣，接外摺。付硯甫，屋屬謀渡，四鄉來有伙，將不事事。此之不依，今往收小東門收二千

取到十六施友卿來，言朱元昌處已為售貨，以不甘價與米硯耕理論，伊由中司處，所以再來，予為
前途。予再詢之屆生之施知巨誑，被約定，居詢，伊留去科要之圍，詢者並于日城見留退，學册來。
細告，當屆已有成案，我處也何要，唐伊半推半就，余告若無力不然，再力辯之。通計算息以五分計
必以言元為率，餘亦不能多之。卯國來經澤已在國間言久，乃全幼利，國取伊之借力属，乃取到子余元之三
有之，居去即之。松風見而去，說稿一工，說宗磁碑一大盒，當即以還。吳炎來，痊醫告以二孫往鋪，再請之道
馬廷璋與余閱，又詢直先予往收，得母弟一覽。乃與閱肆再三，相較，祇加日五文，予頗不耐，只聽之，之付招
取到租三元。午計加日曰半。居言此屋甚宜，而友來請往，然未桂克在之彼，必以年加中，而我然也，去不
諸我，言彼再三，彼亦已應允。途中遇巨余，經加廿元，然將以其伊仍言其中不願，然小站而辯。余後非之，旦為允
將行，乃出訪賢日，出小東門，呼朱小毛。林司告以仍租，不付一再允，寬去居，祇遇生之，言而付，定十六而送，廣急由要
濟日已衔山，入松留門，去是一切不能，聞以寢，病重，乃以去。事非力，假何由成，非身到何由成，彼一再予持
推本為予得直，亦不解其處，即別居。得歸，問其款何勞於彼，則所為甚疑也。客收圍舍租，紀被租
帆於子處，付一元。至張杖敬帶，火腿一只，每斤價耳。座轉擱，不應之交，外余植珍馬

育 江

二翔早不能即起，又甚未睡，留待之。上午後已雨，售物加，園時以進，仍飭去，持葉帖送留伍宅，為伊子
謀說也。惟慕又為廉所寫五言帖五分。寶生送肥來，二節未了，三下去，錢致中告，不加意，力將朱桂林
不去即入廣，告不能留，因為退留不值，知其無病意，一再詢而去，乃松風見有友，亦不肯，且拔到去，鬍雪平
鄰仇來去，取不得，陳子卿之奉承，一面許年七一兩。再至談中，已下小雨，桂林之所著小節，即不能成而

伊於燈前加看，殊乃多錯，歸之，似去余以留意，皆七秘捷，罷之，思經晚過，四點四分以雨止，雨雨畧乃入

茶二回。收傘借傘，來取帖去之，乃冒雨歸。亦余生取圖，扶十[illegible]，計所廿七樣[illegible]帽

初十一日 雨。章兄等來，為渠煥煙，江為之過去。番印本，存因于此，小宮來取閱銷，帳錢付之。四點來取

指責曾不稍理，真不可救藥。列子崙百端，述執情懷，真可不止啚，未洗[illegible]出之，葉[illegible]四盤看，帖与犬

語知財居，改來之，孫婦留，其謝之去，歸，鋪中友候，自与留飯，倉借往叩門入，留之，伊不肯，少加[illegible]子，開棺

六點見，處燈過。約各晚決，[illegible]至[illegible]，事留，吸論多[illegible]，合契合同，他日可合之理，確是[illegible]

于山舟，仇十洲冊書，湖人物，及蘭亭，穆年，壽岩，均品非書，頗佳，山松風未見，馬以時晚再過，鋪中詢

覆伊語，青人桂圖的他處游，假僕晚處，乃冒雨歸。恐余生兄家為人所，那日而指我，冤屈殊不情也

初十二日 晴。春來，式工早，接友卿，条論已成，請出一，猪蹄二，[illegible]之，鋪中友卿出，致拱夫人，王迎往來，云即刻廣余

責恨余生尤，取予葉紙，全無心[illegible]

知由三下出堂，多事少久，見沈姻公，過周禮，陽羌朱[illegible]，後言，困福姑病危，不能出，於如之之，言不違理，乃再

之友，說亦到余出，屬契不許，僅為穩，余乃為一再，叚定，然約定，予芳并友，家[illegible]契，約定中資，送至，留定

思伊出而成，致周[illegible]道之，主座方時許，始出，再与留，議，仍執不肯，須多[illegible]氣，余因彬弟說為代[illegible]一之，豈能

將為卻，[illegible]推諉，真可嘆，憤不能，始在而出，余說，札之，不肯，被可出而退，或拄悵夫，再之店，情似之為，留抑予

腹之，無如如法，乃希告友，助議一二而說，來之，故中未協，直說，語多，余都，友拉，入元昌，飲，談，修同，產一杯

四通耳耳廣告旨竟是假通两雖事彼六爲不恰故蓮卮隨歸 昔扬静粘通之字 内子

扬静 抵通 四家 杭州火通匹一元

江佐花 初四晴 晨作付静谕一函交孩郵 寄南通南洋師範學校内 四塌一本因貴懒墨藏伊

宋静 异藏两主 周紫芳 李晖夫来因喜留飯去 余与读农事 二下钟出之蔡顺謙譚留書

谘雅 郵内 秋霜錫付一元作送伊兄王書奠禮 久之出游中詢其不合已賜乎 回此善来六出特念 庆上下五元余

由老在 印發散又久之 鈕存升 楊妹之 黄来訪不值以陈伽蘇在 鞋诶告静金露践 又詢使者書 来 老生頒上蓮

和中郵 卅庚使年云加黔須以深四年卓業 伊已二年 深不招者待之勃小學畫升補六使伱秋伎冥矣 即政 楊妹

使来字 秀之嘉其 富作甚好 虞留即国出安下 虞色同種久之 家椒原 加季冥不以孩郵傳停止 南田附入甲

李氾巖行亥 鄭鈺来信其不佼矣 過恒祉告来卮 過苟仁告危他适 但示以自謀之主伊与 淞之杭

一路全出告纱大佳 因谭之离以自此 体矣 留仰告 淞法师到西已甚 返歸 市山岁書来

是夫赞程叔地并圖呆 册 瑞金闫 笔王遠题

初五 小雨 霜微 胡二与花来闹来章周岁饼磨 付使谕 又付静谕 试杭郵寄通 均来寄 四塌本

另以表而但未而于已蓉 余许其特勤不懈 到素力蕴留程去广方程 桂生换 去安尼址为契

来力你 道光廿六年 应得 恬果积猝因留在后衣 又付三元五角 市枝交写土食永為桜之字矣

是日雨不止

初六　晴　胡花之宰畫　剃頭　爲蘭寫照　未回店　子雲子携行到洋貨店　爲我書牌號　寶大慶雅而常借一下茶量
林卯五高精俭堂絮難　同換謝之去　三下去之　殁後鎮訪臨之　通許到鄉入園　出而由大街轉路由到店少
同印圃去　會入松風茶見郭俊卿沈志雲子云　沈定在杏花邨被招計二千餘金之　江石邨李倪一來　印圃去　暑明日會
女到我時程痊　乃回入店見沈志雲與陳季和七弟　市布　志雲携余而之盤一片　幸有飾四五金　未美　乃
與說楊曾倆爭談久之　伊在階作罵亦和甚動　故邀赴北玉樓　談之坐　美女出一畫賣伊之者一十入　百本皆有龍文
云與余商量　等先生李喜行余善之之表相居中有之紙　仰前子不洽　旋往五士廟樓入茗　出畫吸子八施佳行
君會去矣　乃去乃來茶話明之來　回店　市大腿一　去七斤半入肝　計價一元八角　于借店一元　又市未後魚一角食
趙市雞鴨　南見道大獅子街同飲燈　初後之作餅意色　雜寫人物　龍樹　燈田梁與濬孫　寄到印圃李方父母文　燮
初七　雨珠雲子微雨難下
冒雨來訪吳吟香不去　茶經之云　正出去五下　來力知陝上火盆　而雲徐下　印等假幣心　及上炕吹京與去　付轄寓
出眾程　濟明望不肯先種喜明　以辟待乳寶　淨徐是方從姆媒歸　不止　直子濟大難阻指而承不歸　
望族歸至黃昏雲中道去　留印圃等二十一　任宿店　付所印圃並錢一元　德往肅語長市尾地堪言辭　戲劍
雨八晴雲清　印圃等留秀圃　取色物識無之晴　桂生九毛利炕女娟來　並同負相二二道　告且關許　盤半
官酒趙市廚佛識周　抱陳衙取回　送爲送禮者罕件分　鄰遞分伴　伊等平收分食物衣卷

但此種做倒本係其謂是甚于索鄉多費殊違余意禄悲婦女依膝為此以為孩之光輝已
之義育子論理甚之而入局迎人三四十[illegible]據强甚彼雖于服苦多情即送而卻之仍甚多山託邪
寄使三下出去葉宅伊等為長女慶主婚之成題錢數爭執不已余自責三大責之責以今爭于家者理不
裕升帶月請作于姑婿伊猶去辨多失入七十餘萬余另為地知還執為以五千寓人而堅不許余之為辛
靜鄉者快回即出四寄善之設費然不為籌計辛欲之為出到廣中請建字使信陸振為不開掛之回原寓宿
通作陸振市北烟肅各鑼店陸振來取余之回滬字為予雷板湖四見澤山殷中云已信元昌電伊須中不空
同師式知安只有芝泉以一千五千加申即批脫之應成為余擬留之遂識從京辭此歸至市鮮物對已夜矣
三鼓去樓下又聞下雪聲

初十

陸寶源苦語縮傳四兄傷悉將中來而坐又不至陸炎所持條之廣來至正場批為好而擬撥公不
成內段參理相關路不進伊寓館卷卑付其二萬尚為須我為欠乃殷之午頃携二子來求以勤陳
鄒女潮路送禮廣存西說代中代押寸廿千之去情自非之路應余苦矣沈之去余出閩想于常店為店樓見著人
人物用掌去一是但依樣葫蘆設宴而已以為說其之族說大不一是說此在即未兩秋自欣雖然以為能說此句
假挽見有年而把過人百十隨得薪根况志雲家將邀了係寓種二人一陳隨四陳西幸掌去草看其狀不似強碌情
其實房租免入署余而對而出于木牌坊見李義邦貴以書信款殷存行息作以五百年從之陳須不足
目十點未應官而到殷之中廣生取去吳男小安事見保成云滄招自入葉康余之出于門見相

邀乃伊店謀某何出身若何為難，而自取康寶鐵不赴，力余書中得皆送軒陰西小第，此地對門院已開典

州地昂，以為佳口千。嗚呼，有識之士（下）不計料之其笑歸

初午 昨夜雨雜雪甚暴。起病風稍重。書萬崗柬。整瓶玩。書致出來東門之正豐義璧留入云云

存假玩作品九之分又付，為姻四个月，伊為假打算云。看論書事，別宜大彼均至情，故于以後（上年）止及前年底

子一 苦雨，均許而不謝。書以面求筆，均為劣之也。伊去購，昨日（午）又要取得一做，此出繼于藥店，其好處等云

初六 陰，頭痛寒傷，康亦乃息之。歸鼻塞涕淚頭痛劇，李玉若、有三來

初五 陰霾竟日。美觀母四去。楊太四去內子。囑其錫盃架十六、十六，每付重二兩，以降。晚一本唐生來

來也陸了張崩之于麟坊

火

十二 雨，晨生見中卷來。若夜來。黃姻大伴以上事去（夜雪）不悄 訪芬生，舊存一本回（上午）[illegible]

（又要）

重不來主啟之己日來去

忙

十三 晴 早理而對。司司來為借新（十分）全法我全。全莊生拔至玉蕊書祠，請人畢集。高其元、李林、許[illegible]

初四 郎樂展，訊其鄉[illegible]郭做[illegible]，朱東游先生，共三十許人，即尊郭，偏諸器師至。今到諸大祭余

初五 [illegible]視，余學生義，午以畢院作，大祿余等[illegible]，以全[illegible]了私信，曷衣余全日廣工報四海[illegible]

门祝將壽修容，因思賴壞也。[illegible]言，以義[illegible]託言，雨，其學生不熟路，故不來取，因與一[illegible]

託季往陽羨 將批借來取 半途訪福生 寄之書去 王新叔人物長生國 寄之箋 寄侄乃遲

付陽羨保 送摺件至 與長談 與靜侄 庚寅 交之去 其平 柏之兆來訪 陈蔣弟 書去 寓家乃

振靜為又佐 滙兼存於 至未用 高鮑 見初 付協 羊二卅 申刻 往訪 綠成于山寓 而不及 相中 到廣 于 寓

和六圈 謀任 杭友 條 外 鄭政 文 有章程 單 寫 余 集 助之 但令 菊生 為之 想 無 辨 鋅 利 振靜 和 六 圓 過 謀 任 於

由 戶 主 局 刊 付 收 洋 坐 用 同 市 鮮 物 四 有 擇 來 廣 請 詢 乃 闢 其 家 旅 過 之 先 出 礦 物 類 繼 之 伊 抱 女 即 華 五 媵 告

四 陽 之 叢 說 罷 罵 毆 撲 其 不 至 不 可 為 訓 余 再 三 勸 令 其 賠 罪 然 其 情 勢 亦 甚 真 不 可 格 兼 允 字 來

責之 諸 時 修 乃 出 之 已 上 燈 月 上 矣

夜 景 成 呼 瑞 全 不 來 轉 之 仍 居 其 租 余 大 駭 即 往 責 全 出 屋 渠 不 信 我 相 策 大 素 有 伊 親 舍

才 慶 祥 書 二 人 偕 往 者 為 辦 余 相 告 伊 父 及 中 正 回 復 另 租 瑞 以 信 自 任 又 不 如 姻 今 忽 仍 住 宅 有 洽 理

速 其 搬 遷 將 物 移 出 不 策 差 保 將 人 送 入 捕 房 著 住 錢 方 為 賤 伊 前 來 即 令 十 五 出 屋 全 寵 一

再 彭 限 二 十 許 十 七 乃 歸 夜 與 泽 書 徐 往 偕 率 二 侄 司

雨 晴 真 陰 錫 甲 四 蜡 已 責 之 無 母 情 形 仍 不 回 請 令 其 亡 靈 令 取 葉 二 鹽 宅 和 上 午 鐘 卅 于 墻 下 掛 來

下 午 印 圍 系 長 之 留 精 出 修 系 素 請 君 處 理 諸 務 雜 費 僱 募 二 元 印 圍 以 女 婿 上 並 不 施 刀 藥 又 其 議 出 險 原

作 書 允 之 送 出 與 一 七 達 五 下 余 書 北 友 仰 一 之 憬 升 兄 達 付 靜 侄 者 轉 寄 取 鄭 氏 章 程 贊 孚

歸

十五　雨竟日。十弢譽乃忌日也。为撰吟香痘医联句：
心卿業種回黄鵠，
手補天功保赤多。
問業湖州人，性誠懇，工幼科，善西洋牛痘術，年未壯，施種無二千餘人，種萬
歲一失。區于卅餘樹相樂，每日加舊信，吾條余于此道有所遇，亦有所緣。早歲咸中
痘未周之術步種也，大補惆惆。迄壯而來，異以吾塗黄子英于越，以石門蔡雨春二公者兩有之年宗，衙最字
傳右今。吟香又如雨春，直蓋語高于三十年間，上數為士大夫敬引，[illegible]今專余此
痛下痘。吟香来，因照旧雨，乃此照属書，為岳撰六句，並讀所以以後請政。癸卯二月
以常常乘小字于道，印好策，韋次甚未送。
竹旧
夜雨丁老，徹夜熱心，十四壘。
十六　晴陰，斟持王筱匠今夥二人修，琴以西。[illegible]大同居篠，陸化林淵来請完舍銀，許以卯，借小洋六角以痛用故。
四鍋又来，怵言慢，不理不作。[illegible]兄弟住大奈門挑泥，來帳四御結算，并資未請，開除注。与宝生結
粲午民業，昔六十二，石宝和今年宝宅，七年付桑宝生，許宝和七十四六，找宝和与辦收宝生息二元五，什々共
泥旧　竹旧
寄孝方店兄叔美，午翻予出城市竹二根，一以付盃，一注水付三角。蒸昏四至店，飲茶者佳，玉和足數，樁炊歸门
十七　晴，伯夜小雨，陰，麩送粕与玉。四鍋居即来家，竹匠二，泥水作修野房，又令六錢市竹一支，補欠雨庶佈斤，六斤韋
夜陰，勉供勤，并作家之道，不悴昔四處心，作書數百字。全四鍋帶泥工于野房，暮出到店，怛奇以百錢
六三荀生設，鄭姓于店，談多宝，碍而又不敢，彦之大難之。全之甚為未宝帷，子附之弟程而執，原殘留高之

除悟用洋一二千元，通付明日。近悟祖梅卿之近守，望之上海。初八上日本輪。告旨，仍四年至小相与陳紫佳記
從江　静如令入場云云。昨接有鄂督保奏學堂事，中學堂督係由粵督，又設重工藝，罷商務中之主者，与力
付江　無奶不能至，何以父兄前書去鄂，与所見因陳藤二字，付文帶，至計
十八雨，竟日。昨令兩重龍實徵不徵，付二工。作書聯恨，傍蔣總兄蒙等兩作一紙，修籠，往縣筒，罵錫蘭來信
蓋其要不究行識罕出，蓋手此大不知路。又不知國是何人，仍全位風煙。備致翁產恨取忙，又見蓋一
尚得　道齋禁燕來歸，陳禮炬。昨訪吳淞曾夫子，曾出不信与陳甫、朱東原語，蘇錄之尤之會也
去以勝孤身趋而庭已，打回陳不能。前訊伊云，症奔捏情甚，不過自熱，似受風燥，邪付党送來藥而去
四月廿一晨症復來。立夏日身行法工以兩分，竟不出。付竹二楠，又之快，陸工紅
廿九陰，去晴，寒似發症，人之家來說便請診，請陶娟還不至。及使說，送樣物。十八日四號來，寄示静佳信
葉士東子烟巷云昨於杭回以文陳雲青，請送雨子爆花餅面程，与之本行業，四號不改果不止，肯去，余屐
未刻，蘇秋棠宅謁兄，待陸入張琴南述事，華小話出，于祥齋兄，吳壽仙與常開信佳，逐廣西
寄　少年家窮，荷仙一正典去，時約至江北，父病服夜之千，楊瑞蓉保李□何之，晤密人，小人之太
樓信　不知而至早東忘而上年，陳恪士內翁之令果有出發而來萬士，雨小鄭江撫，庆之令居静夫
汶同　陳附之父囚下，出事于杼之出于或信民局不教，而令談其后設不為廣出之貸，一足，深氣，雖不能信
静信不出，慧法亦不到，誰爲与之争。閑二也。審小局入三之也，頗為代理，四也去秋，轉之否，不每窗，其集之

日識畢，梳洗，余近詩，惟知留年，收出之作，所告所以平備可防之，徵悟等四款，乃如席年志識者
技静齋之作，出城家隨袁家同源，松壽十二歲，松時健，是兩事，四技静年注之，附建行
古年 云直招生十之七，直遷房分十之三 君設書國二年來，栗房達自主於今年，贊延七世先
印又悟時唯聚角和仰而彩，入茶，余七英之巨座，大常四小六夫，与某張閣，公一席同說我
須論書与吳伊國，加年新，初了鉄冊，在申不作，及常，而史之常，敷誌生如一帰

**二十** 陰小雨，仍時作，早作畫冊一幅，吳梅華一枝，樹寫嚴陵灘，未完，又寫之扇，作散枝梅
四揚又來，語不理，真是荒怪。利姐女來。荷善出，广而陳余而已，看委說鄭四门，虞乃根余
一談之，皆歎之，謂再一吸而未肯，伯玉、余出務格向，有一異服寫洋裡帽，而衣口烟，詢仍待丘之增似
往徐宅，間眺，同時之匯蓬田，露錫鉄盾，双戲，余亦為點，並伊去

**廿一** 陰，掃除庭際，寫一墨扇，為有是加筆墨未和且理，与余不合，半由生些，更寫一冊，保揚
紅丈非甚合，惟似布縣可悦，五由槐來，告其墻不合，且擬寫只助雛而為浩歎，保而四揚亦至
保留飯，其穩六斗好，共穩二石，皆其力內虧之用，兔兩芽菜多嫡，秀善又作一冊，出之廣吉留
往知鎮鄭為史庭徵，語之不異，見洞庭李輔平，大城市画單，予先俑于同源之店市簽一函
車丁根風兄予室一堂，余聊乃陽，四揚後來，即去

趙文敏蘭亭考墨蹟向藏於金壇于氏鈐郭李于有巖模之玉京帖余得借觀間日見其神采煥發真有美女簪花仙人嘯樹之致文敏楷法直入晉人堂奧而黃庭樂毅二種尤其所最得力者今觀所書蘭亭考殆參用二種筆法而更自出機杼自唐以來罕見其匹余愛玩不忍釋手而又無力得之適山左方伯劉子蓋偉以舊蘭亭索書遂為臨此殊愧優孟今歲方伯以褚臨蘭亭鈎摹上石因併此卷刻之於後

余書杜為安體彷彿文敏之萬一而竟失宋石真余
生平一大孽業也　辛巳中秋後三日　聲山
余臨蘭亭者共有二本其一為閩學巢寄齋
先生所得寄齋名可樵長白山人博物君子也
今為盛京刑部侍郎　昇又識

右軍帖二百七十餘軸當時惟言黄庭樂毅告誓何
爲不說蘭亭此真跡之異同也
太宗既得真蹟乃命供奉搨書人趙模韓道政馮
承素諸葛貞四人各搨數本以賜皇太子諸王近
臣如歐陽率更褚河南承庭誨皆曾臨搨傳之本
朝者蘇舜元家所藏褚河南臨本也藏之館閣後
有崔潤甫李後主徐鉉題者唐儒臣所臨也藏

之鄧洵仁家後歸米氏者諸葛貞所臨也周越所藏者唐名手傳搨本也蘇舜欽胡承公所藏者唐粉蠟紙本也夔頌年亦嘗見褚河南臨本但紙墨皆晦未敢斷其真贋此臨本之本末也若石刻則有智永臨本見於周越法書苑褚庭誨臨本見於山谷跋唐勒石本見於天禧中僧元

鬻進唐刻本在泗州杜氏家集古錄四本其一宗
俗所傳其二得於王廣淵其三得於王沂公家與定
州民家本無豪髮之異其四得於蔡君謨家自以
為盡於此矣歟後京師別木刻定本咄 逼真成
都刻蘇氏本洛陽張景元斸地得石本此本獨
無僧字米元章父子自刻板本號三米蘭亭今
諸本皆罕傳而海内妄刻無慮百本獨定武見

重於世再此石本之本末也

自昔相傳以定本為歐率更所臨石晉之亂契

丹自中原輦寶貨圖書而北至真定德光死

遂棄此石謂之殺

林本慶曆中土人李學究者得之不以示人韓

忠獻守定武李生以墨本獻公、堅索之生乃瘞地中別刻本以獻李死其子乃出

石搨摹售人每本須錢千好事者爭取之其後李氏子負官緡宋景文

為定帥乃以公帑金、代輸而取石匣藏庫中非貴游不可得也熙寧中薛師正出牧其

子紹彭又刻副本易之以歸長安鐫損湍流帶右天五字以惑人耳目云斲損再

郭以爲識別張氏典刑,并予書後模本殘之字蓋肥而洞達,明白此說信矣。大觀間詔取薛氏所藏石,龕置宣和殿內。丙午歲與岐陽石鼓俱載而北矣。或云嘗置艮嶽瑶琨亭。歎後宗汝霖居守東都,得之以獻思陵。維揚南渡倉卒失之,後向子固帥淮南,密令搜訪,竟求不獲,此定本之本末也。一說慶曆中宋景文帥定武,有游士攜此石死于營,其家棄其吏孟永清,以獻于京,貴而不能售也,留之公帑。又按蔡絛所記,固初有此說者,謂偽吳時遣內宦者使爲鄰聘于蜀,鄰以石本獻于孟氏。世子乃右軍在時刻于蘭亭者,定本即此石也。錢氏集天下一統,而定之武庫氏爲事者存,以金帛換令諸取之。及後唐沒官,因置諸定帥便坐。向後口傳郎帥定日,有旨納其石禁中。公又刻石而匿之,薛氏武識石將薛氏不知,猶死古矣。大觀初詔索諸富方知今日武識者石亦獨秘陵矣,乃更取薛氏石入御府,此定本之要同也。○蘭亭之說最備於此矣。今世傳定本,雖肥瘦不同,只是一石,但紙有精粗,拓有先後,墨有濃淡,故異。然最是鋒芒精角爲上。若五字不損,乃此亭本,尤爲可寶。或謂石歸御府時,薛氏父子慮詔取,褫以三重,征拓既入石,有湍流拓字亦泐,磨此亦一說也。若夏雲樓謂笥不肯爲定本,此本之妙者。山谷跋,迨見劉涇所出呂易所藏洛陽新坵本,但

右壽大千餘字以之本疑之定出此下乃知前輩所見者皆矣。嘉泰壬戌六月八日書易

姜夔堯章　吳興趙孟頫書

康熙三十八年己卯三月既望得于京師之静學齋　海寧查昇

广生
拍　力
拍　悟老
內弟　炳德之
又伯

周承　藤　肖竹　若蓮之　君紀

荳号　畫邑　錢塘　尹

和琛洛　付我拉

送程雪中礼　一羲馬夫　阿與　張離生　小花園

來花洋場、墳街東首第〔二〕林房、傳和南境樞呈

○又恒康興　行棧　靜岡元町 茶紙烟行　安字二十八號又行　對面浦江帶鐵

西門外城內本橫街海寧府弄　塩衣巷　卯三號　筱泖

蘇長林石灣楊樹浦商會東洋雜貨店

陳吉卿　三十號　伊大保　林

恒義盛　徐鏡書

楚南　張伊鼐　徐進　為義康　兩　宏泰　郁園卿　六右局

上海新聞報館　陳字濱　天主堂西　上虞羅方伯

南海陳錦濤　算術　四人分賬

新會周霊生　表周假切　一書　係出中西算術　二冊

開平謝康如　製行甲般式達英大加附録

東京神田表神保町三番地　三省館　陳玉楨

李寶嘉　愛吾門　當郵中巷　桃花塢　寓師花状元第　江宮西廊　玉英伯

四明　石亭　大平橋

金陵　秀目

# 娛廬隨筆

# 光緒廿九年癸卯十月接記

附三十年

光緒廿九年十月之朔。早少寒，大漸霽朗，午後問微明時，復衾裹蒸火醒而閱史記日者、龜策兩傳，陟卧起較遲於平日一刻。促心中所懷未了者：羅訣、擬草、具行、謀租、糧屋、園地、房店、及各租等，閱三國志寫殘函。心擬於脫時務改革書，以挽海角鄉里積習，開通智學，工農商士兇術本土，而必以實證設會為之，兼從其匠學通中西俗者為首。要思現在國將共亞歷中原，而政府已九入籠牢之中，不能少抵，計惟一俾人先於農工商大改舊習，以城鄉亡則四農，平中出一以兩，兵於人以殺之一半，實以軍火當帶。每人日一文，則不難算。以二萬兆計，可得百萬人。然農必依舊種植，加以則其與曾經各國武備學精氣識之流，皆帶以陣，等兵亦修常備等軍。商必專出捐資造船輪，並可運貨，有事為兵輪，水兵即商陳。以百輪，三百兵大半，以大宽知兵官帶演習操歷。一輪扯三千，則三千存本，而兵千日一元，則以國內全商日出二文，以百兆人計。資以爵位。工則極壓攻良，驗平無業，化盜為良，即其境無閑民。出資製造與洋爭衡，則軍械炮火輪舟一一自造。加祥出新理，加以上公之位，不資之賞，以能數造出之物，則工亦自日出不窮。若此得士人万人為國民，以百十統理農工商武，聖中國之不亡，民生之不絶。

午後頌精。蔣生至，因鋤地開墾種棵，見蔡鄰女于洗。看菜備采者栽草，與伊于說，詢姪李六之事，乃懶而忽視，任擾之時倍甚昔，則亦救人之難也。詢時許田三十畝，與錢于方橋，而一善團教與東之陳田之另保之事，在段圓出家詳國會請男不乃且露，如何可抑原保至今，原即主意皆遵與彼上堂或者伊思舉指不必逐級，雖然揄及三年乃無付默鈔冊，到在核羅林，應其信附，以票而送同和在上午，我有同和田單，即即或付仲宸與杭保去。堂陪芑洋，收性，想息前只八兩，查計七月十六付余概計十月初二三時四七二月十六九日即以一分二論，將去八十，息約廿元，陳父約抗

劍帖且復抗左右也由是猶得放心一見子雲市縣之甬閩指首論處臨中國官之於民與其說話亦似玉蘇至奈彼皆之
迺二万里以不但不防且恃爲嫉之呂祠耳即如各地城中馬橋不治官尚不知其弊縱教而苦民之猶不敢爭究誰禁
業之不一護氏儒學界下官惰安然横之何由而勞其思智耶回首見是窮負大難活者十餘株諸民間被折傷者甚
只主者不曾發人爭救耳樹死已久第此案亦十年諸植不成一粒失被滋穢亦何賴而里紳亦不聞也天下事哉可治而不至於廢耶思
至劉痛傷心　三之日仍閩吳志爲秋氏兄弟建基何等使營勸勉知人善任恨傷閩坊事有生子之美自不教十年
休皓從稚峨懈輩陽吳儀之于秋娥寶與戮之由可不鑒諸

翌早小雨午後晴　敖生陸榮午去　上午閩之閩三下出于卿宴穿少靜使　計以寄之事知羅以訣已到之于鄭有名
鄭　合栄界芋少野此到店閩扣道市糖糟粿脯　間思衡人鮮有知識目中無有一英俊聊請李廣陸仰德日
静　契印余少有識能爲擅寫雪人亦不寄爲時無人可憐之甚　閩城內小器免亦要而問以在被失者十餘家之憎敘
具之

初二陰早過園自種茱指示　蘭草盛陂大且不大新租未付且能地種偽占去之而未久冬了若家不謹粉多備之者
祝鄉田　寓八姑來　請閩墨是遠劇拍不三下出于店見撮州禮論美家藏地已非爾家而中人以爲此可是又
福不至而淡忘可謂寡心無所了市歸等三四　夜和錫燒春三更醒以大執渴　陶非來　送陳仲女夫
二三　撮添箱　送錫祖茱擇同沪回
初四晴　寓成示父子來之作付藤染綱背以羊枇皮　又爲侄改種紫毛　高用料　送爲四生子駱元脯
急早嘗　張光實有眾中其君主者而無功又之于毛公之勞而獲名利者不一類可嘆　鳴呼

二十　訪甫過葯宅，見與其二三人系府陵菊如夏完成均談，果堂（首吴傳之針法少作也）甲西，字画沈毛君嫁表姑丈
若伊正要加葉七元，去甫不已，余欲得之，取不已，真令顾指，葛鋼粗厚，蓋所出之有色，均及論加畫內趣，思呂國
山漁樂，罗幸中恊送勁可觀，色其古趣觀一葉，書間長卷，仿王黄鶴一路來，一三張祥一刀紫，又大扇頁百許人
物但平平（諸芝仲卿乞多），內數色勇果石可圖，後扇余所臘，變化惟，陳受笙五扇冊，又一周湘北壽圖，於就篆朴
奉踪渠崙茂文達詩人（于山水中看之），一查伊陵（梅花詩十二之一）宮箋字佳，三白描人物冊，佳率南先生物，又倪小圃扇
見方蘭士仿李梧園卷，宮蘭陽阁地作捆小人物，無五精大，極簡逸厚極之，至廿四冊（變不思釋），一查二晓仿雲林一扇，未
是其本，此和尚觀者，實真，余得之印此，唐生取使袍布，假（僅等仿二十將多之在），仲古杭停春行，所寄乎分已先計議
秀岑鎵，元日伊又再閒，姬息入帷（某息自有七六，去有三日內也），大城平視帝一角，又布堂物，偶話逾不置

七

道寿未發，陰病，不值，謂已而後日，后值病甚矣。庭和爽，治醒，復至一廚，煮酒

二三

初五　晴。早料理家庭瑣瑣，收取碎紫，于門外晾至霜葉，宜打成蛔，排成衣等等，亦甚怪也。茶後，為烟，尚未售畢，訪李芸
求至，夸蔣抄息紙數可致，沈鹿笙，傳口信請加息，梭健守，于徐擺作小人物，夜昨曲新宮樓場，余適尤健人婚至送蔣松
健争，因書与論諸家及起居，以述事，使人收回晚歸，實中之靜之者，留住雞蛋，而齊脯余易，衣入去，無暑，别余入蔣氏見話
後從口快信，趙在此寧，首晤吾畢老俗，條至与蓮仝上秋樓，見秋行，至如人，極木訥，經祝，已得果串，不論價，購約洋六之，入席余
居五屋与蓮之，陳及逸卿，祖吳又来府，于祖老同席，四小六大，葉平平，吉方設可至一話，蓮云：讓吉卿志，庵病致和之
迎神尚美，平往中歲，此余小，並請吉思，知無往年，不知此誰，亦一番興敗也，蓮至，步棣，也席箱捐，炬歸
總日不佮此，未在門口見沈及冒李在陳圍，大知其十錢之，伊亦無奈，校，要洗，前之十三元，吉令加四十元之，多益見特出
之，雖和，此午後中往，廣之以，病未起，于以与十錢，話及知從後，稍極難，以利，廣其言甫，之以周旋，于至余出
余在思，小人物，其全形，余葉頗直，……之中，久任以此，異般易利名甚易，頁二元不為貴，且可久情，惟家難脱，謝神恭，為至

廿三 晴。早訪彥葉于木瀆，携畫兩人物手卷、雷鄉村小景，乃梓海墉圖。將午出西門之許氏，與伊弟告，致伊歸僕李
孫印撫美不印，亦以富昆澄罍還賈元許，伊謙之尊，尊歸作中，伊出也。四之行委楊市旱烟二下，餘王室漢口施笙佇
郭漢庭笙 見以每石大屏贈萬瑚，將告余館者小園可冊查一扇，伊謂思董奏則許十元。置歷景雲云有沈恆山水卷，係石田爲又
未肇約于明日在吳芷喬家相候云。市華居到店，接靜芝之箋，知欽來事係佛也。仲代收陳拂家私拓祖一扇
按靜芝箋 作本年焯上元升也。又出陳代將羅欽楼銀洋計貼息十五元〇下，西羅未息十元〇八角，靜息容貼六元三角。〇又余之惡也
廿四 進刻首賺十元之右而餘，存之見在悅，收合匯山寓元五分，收以路存店性六千元。見子佐一之市情，作季吳陳信，未寄
閱報，日俄戰與否光。太后以菊花名侯夫人，而李大昌優登言太褒。太巳樂夜由陳園歸。 金成孤背祿
五
廿七 小雨陰晴。訪作少霞，弟筋捍挂至地，收紫自楼之收七十年子，看水仙出盛未作花。富上白名條，上夜當土三元，手硃
司同一未仝往修馬祖屋一工，寫小人物玉二下，伐出磁中一之狗昨晨雲約之。吳宅云芷喬出歸，並異不來，乃
鄉竭街中，恩之孫儀甫，而陸近策雲，指乃云其寓，之還入巖樓，借僕景氣，看屋顯蹬家，遂靜小坐，出觀
沈恆恆吉長卷，沈石田爲又設色，小青綠山居清平之首，有小人物，俾帽乘騎，自山四來，隨一杖帖者，路轉山偃道
杉竹離繞舍，和茅屋二進，後高樓之，中一老叟，以床看書，四圍書卷盈架，茅屋一少婦，携一孩，手亍戲，打故屋
一中年婦，補衣一孩，以碗執箸進之。一老婦旁嬉，侍一六七歲童，門前流水，松檣周匝，再後溪流深，忽一老
坐
六
離羅足隨一侍，取巾付狀，神情閒逸，再後兩牛，下者牧童騎而俯首，上者似唱歌于巖石間，未
齋 收斛 後閒以具。成化四年月，沈恆寫，二印一恆吉氏。後跋乃嘉興錢儀吉，謂其從祖流傳至本之，以計跋
二接一接，乃詠其畫，從花陸至尾，夫吳景之指，乃詠沈之出寫及封氏藏本之繇，卷首乃書小

山静太書四大字，與花九跋二帋，岳倩一花九帋余知，錢以乃衍石先生仿煙樹之祖，花以見之董文敏帖以爲岳倩者，幾誤。山陰石濤直似石田，然筆不甚沈厚，第六十元，而逐欲售二兩十元，我云多僅六七十元，惜冥中餘識金銘有資，市此僞造誑人，詭比我太老。余而出，合之店，西子懈省指，市聽閒，于怡祖見郁緬甫，因詢以偶同庄。

儲甚有地在重屋東向，欲售偶過，便詢以此荒地四五十年，廣昭叛，蜀孤售，果尤余仿煙，遠有地而亦伊造。又深而又於其不能富饒，然間有二房出屋云。

取廣生風帽繡，欲尺許，歸已燈。

○

二十八 陰晴，樹表寒而重，極熱，脫氣促，弟頗日來且多，披風大使松若計算各租，楷補登之。

情昨見之陝秀皆寫于簽箋，者舊存之土度，祿頭，天然當而未霖，寒灘地，陽琴，緒陰，羅爲瘦不出。

二十九 晴，早于床見瓦屋上雪積白，然將殆越已消，易重綈，梅土玉，北白怪，加已翠，自涼，再省風，若作八分，成衣段風帽，羞大遮寒風，大雲急而羞，風衣阻慢，錄綿，真老爲無用，觸衣口恨。取下幾書，佳撰作飲。三下出，至鈞店，過樹家，有小樹名洋茶者，取帶剩，又如前月雪者植之，小盆而有致，擇一枝予並文，夜持歸，皆到店，仲出，杭加鈕，五住，任品申理許，茶石則其飲食之，于問店，法爲舉似羊麯一角，出見浮克寬，過乃呼之，鍋刀招風叢生，余念年生利，今年元此項事，且手元多知，舁伸之，謗惟禁鄉，閒伯一言，見於得近，言不足勝，然之出店，云子湘，君以余言，待之四告楊，汪本時只作謂，則任已，合出金讀机戶，讀東而市，齋納多，抖僅而多利，而甚之棄之，件久閒未宜之，光出書以與，源麥傳有云，將機策宮微哉，仍有目即將去，役仍而復進一，階稍間，則不致巨耗，損矣，爲然已將多寫出，屬余以爲同意，尚將撰節手付，留付帶，出余點略形，從恩，而陀，若此，能爲我擇寫，就額圓于是，實昨所付，留一函，待之及之。

附子血竹蒲陵丝六千直許皆金用以利与闻在秫信閱竹動竜卬山信之　倜生揉向仍動甚之烟事余多直善

市以坐猶　有五市稚年等四三日歸矣　新雞味路中作痛頭犯

二十一

初十　晴。寒正凝冰，风霜如雪。有司僅一人做。市生黄色衣，太三國方鄉傳　黎明氣候微流更甚，頭周極矣

燈三　於杭華丝二件，于留江帶，昨呈政。漢李罗行　稽侍蘭玉城，知呼許歸逕李出書屋，亚云不在，晚其夫言

富陽第二　李之楙石思搬，且云善任兩甚，根由之机也。二下出北，枝鄭四下閘班，至祝友卿到店，詢留未出，乃至其家，云已南

于留府　祓李賢，与瑞林一百米市，李北分占米，歸四人待文留江，至付其理康二等，伊言与衆来，待而圍語之，至言亦云伊與于

午暮　富陳留解，卅元后刻便成。余未前，基此言唐鏡夫，与苗譯　蓄州衛云，余訪余到家不值，伊詢有冊可要

好僕價已開，余乃能以圓四人物冊，云坐此四冊又屆離七老，畫又扇一，又畫二膳冊，共十一本，選价四元，原加

四角，又每冊四角，伊殊貴之，嫌少，然四城中難覓此種，仍之矣。鈞以後日東定，怪其人未可与交往年市　杜子建輕案

到主角　陸渭位送入封風之有金留　又殘綫債等　余以伊以未實識之，至日情莊乃出　二百未囘，檢之上

二十三巳

土　晴少温　東園　土地情形大三，泉紫案種用稽葉扎　蓄柑櫻二樹二本已托叔和，以而索六石里，住漢人日為其施

戊二　失与三嫩洼衣，雪天而彰，飽余林之再，催之。還成未能予錢文，見之此種不等獸，植直方憐而不進，惜其当

之僅不能窮耶　四市，卻魚十六尾，約万許，計六大。此乃網魚者所售，成衣來一鄉，姓逸，年長，内子于彼戶見，四大与一

老婦傳，係情未此之，勤地千抖，俟余之，吉内子曾政，即僅南厝，伊向訊係一二十千全售，要多到，不妨，篩以位

之遂見歸，成已餘，不与招，乃言偽售，約四至与人，使俱到去，机不可失，世特此多事，為予杯計，文五作寫半

当若七日如　收命相三角　叢本于林前見，網此二葉，未之並，示細且清，以余之已去，地日云，術求為之道

地西曉數事未解之，但日來已十一張，印橫題五作六張，內小幅一，未選一，二曉伊云，擬日來訪，常來余久，下午至
芝人館，伊宅今已翻新，甚而別有人安插，安想惟設書園，想乃於此，到店來，擬訪友卿，於然候，或坐炯，皆未
決雜核矣，子徹之差錯被，形心正一者之，而受其損甚，即如所云，過訪陸渭，不值，色旅飯，到一刻，入
二三陰 訪曲雲新宅，知伊昏往里未歸，至而請陳隊姑築也。匆匆歸。問扇，相君留遺屢程，辭謝句
廿二陰 煮烟，小坐，自來電到，後歸。買穿日烟，發來和尚為畢，陸鏡如來，話黃山小祖，在以賀遊
靜 陳全捨三珠畢，偕鄉地歸，容勸五四稚之，掉內子且告之，傳其意，定詢其價目議，按靜而後捨
儘 信和十字，安抵洋二三千，錄出利廣，無所事。取靜性，閉口風晚之事，自馬祥五角，洋細口熔物，紹價也，模之
錄 歸 夜甚適，安身重。

十三晴 少寒，早蘭取陸之灰泥之小籠，并烟煤，自為之，衣皆污。客健信。悅又衣色一千，內棉袍、袄褲
二三仁 如件雜一段，廿二筆，衣六隔來，健鈔根，閑四戶，久完，二戶從又匯，三完結，今年完報已盡盡，不能
家信 如件，另隔之，以辦均多端，告保之，其不協。二次修書之，好完。南風吹牆東，至上地方館，歸卜吃早飯，合三元上
南浮三 赤北門到廣，至問如市，徐吉城，客同保，作庚色，接五張函之林，航又市，茉莉，乍下古，還話本健人，茶話久
元同源 又見張吟樵，揮話談，無勝君資，留任桂入和風茶之，陳友情形之，具記事，時已更夜，又陸渭漁來
晨餐林 少坐，余以夜為伊有事也，先出，乃歸。
依
十四晴 陰，成衣之擾，不可言，憐年剃頭，付一角。已刻至園，共某討，視祖屋，伯大叔之無狀（順洪），原大甚，然乃大叔
二工反 索不已，出相爭，罵之，氣忽不已，至於呼中保祖，現又將把今月西吧等無厭，惆窮不可少，殊非宕

于祝發禡神而該物不備人人皆慨二媿亦不難小輝愚心中殊恨恨 戌生來院冀付三角 云係去
時云接四猶陰視粗伊誰該之然恐結踏力佛之初耐之無人理之之迄昨前見珊時物四安抖叫人樞行借而
之前送來付 乎售余所木之言不提 余之既更莊付其政正之之条 仍前取分年具鈔伊一再諉之稿為鸛迅賤
借於生之賀得古錢 伊並見之三適卿循布門照之法地請余價 余諉之如伊自言 乃云已政其本家行保而
政余去付條鈔本應也 能是此番報者救急以備十三日新報一通國皆無不詫各論何等如不律其任
則不許賭 不准宿娼不列入鋪座也據國一統要畫之年一也一通國戒烟一律限二月畫淨不則殺無赦 則
搞滿危而拯沈痼偉業 以為指拯提倡如未圖 而然有見特殊之而雅而非其官世民所能感雖也非
之索指以敝陳之在丹次余猶其行佛也一再札 前告十六之周應揚勇十七之金石三元代丟一快舟憔以價
早未指動義大不佳乃于十六之行止迤四 四入陸鋸一丟陽館 揚弟地住之言無二付

十五 晴 細飄雪下對麥作風冷雲繁濃雲早晚且輕暖 付靜論 送陸遲吉來札 自蒼蒸 二下出豐送子

一不余十

二三靜

告知祖伊言御來對布太陽三角由寄 寄郵見太恤山來少住 人晚元合飯飽個空來去

向至吉慶大佳閱小住求品價 不能定也 因道然間該當用到店定報一市程一角 還許大

● 郵靜

八 僕來云西去拍還義男弟携弟延年小來門店回讀里元日於見孩嬉大福其沐病二梅

八 庭園振中歸

十六 晴 早承濃霧 黎明起理行李 祭而日三年 舟子陳 翁商生 晨到乃決之 而替付之桃 三溢為其酬

出門對廣雨雲濃布圍子六午前抵即下舟開泊徐步移悵上吾祖父等墓籍林祭小拜

呼沈君投一小女至付坟墓上闲乘至四围子今之要杭照剩梅木 舟廿六棱卯去之陈排字佃家廿株
锦华两和美付来之五揃相与之亍以女在舟去来付行伊及广女云明年亦不复吾令人有暂佃之
于廿段陈之归告旋了於祖米二石早桃出，画仍下舡之觅其一路邨北钱黄去仁映堤悦目栋围瘐
今舟中且郵去女乃移三橋西曾祖父母之墓次住工察擇送其館水其風急一刻忽原多云檐归九
彀然不 为下一去与人老孙巧生告以此地子相状伊指西柳梢南乃王姓田为，孰前曾为余家长坟局
询之过问一老六十许云王君 林之奎问往华东讯被焚遊迎往作半里许 去前年此地曾有 盟者以来此上
今去西祖去三龄时第二年 不知一相今传永旧坟 村之金询余居今君至西门由王某下而已
祖契址以知照族人开垦也伊似不知家瓦且无硕其工者三四人一刻后回他此图作十六尺八图云即
开四川新店，访李英伯宋笑抗来四叉弟鎰钟刚子同刻挚同其抽抗回乃卅之，仍鎰伯宪烟由阳
熟狂进随向伊丝祇假五百内画之 陶范作至而告阳趣坟余状现须中道往印图宗云之
余告本二人两不相合之之离现前与空之皆已将退照不依所送宜来城与印说之 甘日宜道
历一也自我诚素阳勤勤读圈上册以将自后有过辈之之也伊语之余即傍东又言阳勤则
之理不愿留恶之中难之纪端去也至陆恒国别约里二十余来投 乃过东访葆春林伯子宗久久
语伊示以照及据问撰联句 仍回稿来告而库烟陈一线回意 且上艺云望一帆者水而
余赞句甚雅至今之稿由读 英伯所云 仍稿记石碑 将西南一块语属 过李正山之 刀子楼

新宅同茶話同椒甫竹階以大眼丹丸以乃開檢城日衡山館處赴張蓮舫賀合肥喜席入賀鏡如並賀
兄遲者黃上新屋傳帰取喜果二串下午得師讓左談乃入席七簋平平與孟福張氏子女等二十共席
賓指大未能遂至賀乃乘月得歸至橋上船以櫓照之益蒼茫正醉矣而步行途中四更方到家安
前此知杜沈已浚去諸侄我家歸家人告云舟人即去少墳至閘舟翻舟自取殊無收果然否二更
以
借斗舟子撿去　知我佃張楚才已死旋已請令買米年理及其事言之
十七晴第晴越宿雖未全愈楊大姪李復至明園見翁舟子付楹余館處撿佳函由到家得杂乃下
舟開樓祝已應剃矣大大敦志勿用重病我謨非強語解我未已擬可有願楊味楊大指病伊不善此
至但勉起路探實痛甚以能餘病不至私及列算已時已去上可云壽生至丁楊與只無者亦先擬再一枚無子
于乘見思慨步苦指釋者再不如救人猶獨也而今壽年國不知感一味執見只聞其說與又言不適人情乃
吐言之不之回府午飯于楊大福作足飯後知壽已到矣指至次知善不至知謹三遞上辛壽與壽言素謹三素
告異米收謹三一再下指許五石余以六石一直無不讓找做至時候今年的大顧雨余談撥內仍送其與其地九斗六
升君壽生以子廢帳可備無收不至有差錯又一再加借並錢四升　許移與被少只七也家誰其知何時
此要之伴云謹全無備只看後況空話老保著要乃自顧一也間種不及自保二也最誰著手未自從三也四
不得讓四也謹三但約閒息於初未完事又吾伊不開懷陳未許照此西時已乘丟意開函至謹楹已應
十九楊叫去兩佃由大乞去板稅船歸我年有邦夫即呼肩廣生也於作其從我貴家四家二
知斯佃已未論　謹三兵私入余舟收去二時以字人二三七租予其收手
買矣

十八晴。早往南北祠。宝生来付条桃米叁当，渐用十付法国，照其洋兑及三为八角一毛，因而大为责家人无耳
目手足心置之不动，技为事磨耽，惆怅者之过。衡犯女者来，片许而猫儿扳回来，因皆余愤怒状不合理
放又有旋锡。腐祐来，语有四岁小女出售，余之房有管丹我稻佛米，党而责余生出门国，是夜叶英才
窃去田菜，俱至不成样，及践不堪，呼俞归之，墙内皆有外贼，但三家中无猫，我即大骂，彼等皆强修不
十不出，余大骂（漫），勒令六棚，皆十月内去居。至同租寸祝，往见内乡由云门下余出于杨田归告，祝石付租守房出还况至
周少叶，被咨推诿，不能排春元即告令。拟函乎之，推取中。二十八日见俞七云，前途不来，被取下，仰余计且经
而以余择之直收而误之，保在元兴来，益伊等私议，非乾营，佳费多则作来，惘惘余不为然，伊等既为
不给且粮小以为他处，无救于前。尔等宜作补于后，谈俞皆言高安叶宗闱称亦为田庄，余得余难为先且应余田
其前者，诸人不出一事，惟但已求余。田不足知其之，亦知不得而不知余田实，确之田处一也，余闱称欲无称二也，而恨既无田
让田付我田要一也，伊佃佳无佃为二也，一之诸反对，余心实不甘，又大误矣，大半在内而见若先谋，在先致误佃已未思
矣之想今也，必有由，反田以误三以为保为拟止叶，句付葛租还乡而高者月议，或议交与，能度田而还，本不了，俟七宣再告
余止句佳，即往切捷喝，夏宝成利，欲急心但，令利害此衡之，为青其之金柜，宿即出面，陆周仰立谈，此孩之中有仰。朱揽欠
余共需赔价以之，今午费租，将来既田事共派，如需伊先即催回，店馆（粮）罐子送来粮二色，踏者我押也，但待地有佃，月打
来我云君芷先不便此于以东店先，仰回告，防无事俱先日来，言送出，伊似先余不敢称也，云甘称伊所，共收得地，免租以
去以之周府各状，不欲来，询且状久之，且其芷亦来，乃于之，无无云，烟则之，查不买之，难共习惯，而其中陈其之，言状上

8

已而葛元來，約後伊岳父之四房齊枢。夢根核牧曰：孫侄如御史來勋，言：郭嵩燾大天下田地爲半日農，以半日學，以吾子孫亦常與一兩畝田。夜宴，出資五千一工，排來僅四石。是日夜再四計設，余家二子及內子，悉歸耕兒嬉于公家租錢田放佃園地，因而零星欠項。既而日日在心操次記，恨收還清理，地須制澆，况加糞，每用工人兩日，用及修理工作，與夫二子來往之勞，一不置諸懷，即日怵惕之不能。但高生亦極爲痛恨，余之一能，招招者能將一公而惰農作，粮在反成禍累。况吾三十年之心血積爲詩書二十年，心力以起家產業，租田房園地，築墻栽桑，竭其神勞，無以撤池，而無存，惟有田枝之法。祖宗積五族中，須一子自十三四至二十歲，精強壯大，能勤能受苦即督率之，未試一二日，乃定即爲伊娶御中。使擇日種茶，以冀書農學，終日指揮于地，動力于家，且當令習商，兼事武學，應創大祖立人一色，如此乃一家之福，兄弟有大益，伊亦成立，余得郭肩能從而逸。吾七之至計，無過于此，宜決然斷然行之，勿以爲言之老而誇神也。記之記之。

此意應屢一再向至親族舉之。又小十日不辭。岳翁來住

[illegible]晴。起太早，謝不能臨，以手足一刻，告計于高同，于正假同，看望甚來同留與吸爲，不失前年，談舞生與談三二三，徒哭亦殊，非是必談命，乃由子情而兄搭之追咎，一再仍不清，且看後甚，近乃生其才度之高，田未曾已粗，以高華舊田理一也，而農業生活而不留，一意爲高，指兄弟流處，熟媽女且催以爲食已成慣，專以由伊流出，不能手操，但今吾已一春，問叔之食業完畢，租高即出成行，成理，法亦不直要而不去田，此種爲此者，乃一日聽七會當談三，熟高，一求成者，以對十元，聽之，但七等來小以寫東西

西洋姚姚言，西人能洗刷油畫已功，要在詳細法，無所也。且雖之精之，實自能計了之之，古畫一筆三元也。因是宋成畫，然羞宗不謝加筆，伊意能推託之，即加抄。夜常店一談，見蔚西汝欲看寫，君實同告模吳門畫房交易，又要信云事過北入廣，爲能接之八篇，一覽已慢，一開大机器一殿，一段語之文字劇一。此種大似桂有閒係，惜上不爲之不言。西人所語不病不痛之國耶。至華之書，任大人令楊楓來，物麟、鄭賢二人，華而稍懦，拍信一架，此從棄情，真聖人難於曲直不語大寫無邸廣，五元于恒亦。莉二月，憶小洋，粵西回，次日仍樣歸。

二十　晴。來卓鍇姓請宋，送神之龕，付成衣出賬，銷合帳五百，為封錢，求買恩福禄壽俸係，技藝料理，雅風情。付鶴大包所工之房，未三鋪力，慵。又言生葉力一錢，甚於廣市，水煙稍雜一角，利係例行，四路年語作係云於寄往。德收當語，使不能遮，度日今加倍數十為之，雖如此而不善治生子，慷慨路四家，知係未有事餘不知伯也。見係大詞兩個房店，長往看其事，而推租及未續，其情至利，不能速了，察同于胸，歸。

廿一　陰。晝赴市，糙道一角。過王四太宅，兩荷之，伊祥清堪而其地，四協出生同係，係之不已，並有來，其下未知純往返又其，因探女婿。至宋康處，至法利司牲，亦講交化，從人不見書籍之類，入祠不密為出世數者，不知此哉。三下出，手柳等去打鶴，北聽中鼓，長嗟歎廣，和未享。極難一談，都出于世人，依以歸。

夜不適，只供沐，熱枕不止。讀明宋日閒若是之四課，誠未太深眼，頗勞苦。

廿二　晴。早大霧，去園，以果卉怏怏得來，再中作口福，轉賴東坡以作書，秋也。女處案頭，擺之不成一干

楊中八花大枝棠八名許 自楊 又暴棠大本 三貫 廿斤 芬卅 扑斤 共計金元四角 乃楊所點所持也 賞高馬健 詩稱精理激力
三下出于鋪店說楊在清文生等寮付酒七錢四百也 于初次見 君實 云欲將為旗人羅書承達事之北北 王桐君煙以
小銅貴一具 號云四易手勢 伊大貴 讚其中一支已破碎 要賬方 賦退至 斯作不能市物矣 實在徒增人周銅技
由根前頃不能伊七八事所備 余詳係佰百文 其四 向市買問經屋三種 朱百餘錢 市九年 知予借納 雪表而高
午房到慶 睡 浩友詢邑神邱二雖 直 子瀚 五 初二屆 思以邑禮法 旋 見諸人不為執抗 談即歸
夜 楊夫卿來 二更 將眠 慶友大壽不已手讒 抑或有熱瘧耶
廿三 晴 早食 出殺鴨 以食客 煮食也 洒掃 桂茂在並十 盅杯具盤碟 作佯為畫品畫 司表六弟與應大婦僅
健來 計三十 付四角卄合 邱老人 小為陳冤且請客獎勵 能為用 不甚工作雜食也 起政慶壽 楊今取視租不付 三下
昔日出捐于鋪金生店 知前七下于今全在四 不知伊至何等 無不知與不見之 夏云成一元 北到店 接信事 店云
冬許弟存 有許函係派 楊四房推 健上許信付中日間 其老已成 而今之局 惟失白書之費 弟武 此函 折寄許信 乃為其
秋辦 秋收年報學校 詢靜情形 夜大烹鴨食 分予兩孫 杜將子來視之 似為壽者之
廿四 陰 早食鴨麵 作慶壽信 付信房 弟來四官 令押表請習子淑要之偽事而壽 設席陳六之
邦 鮮秋藻已老楊之未斟二八 乃此仙所為 知也 留葉去 三下余出于西城楊泰店 見分七兩已 余在回伊答不能
乃 由書之去而云 大八係堅的二大均 須到城不能所經 土木四個 余告以往 招呼于是十錢
健 常店宅消 云須到余宅者 名物乃的重 故也 之借 須出 郵信並轉借楊由呈雜

養玉陽園九曲橋北寺西後荒野一片之論見前且一坦夫行本不疑反轉西城鄉西北寺瞭所然
桂自許千露後次巡高采烈旋步見之坦夫去玉余園之校似取物狀大聲疑甚之只十丈許乃喚詢只
為伊借夫叫葉而去西余急追之不得見前墻甚被伊等翻取石鄉計之十丈碎石棄地趕追石七八
君一長條闊六尺長八尺乃石庫上照且有花紋遂與紀笙殷勤玉園責詰租不為照料急之四命與戒
令取石石進內園中長石去後狀進之又不速即
為居本伊貴院余知宗人速呼楊大與中杜稿生父子
拿獲羅和尚借佛十地次力取入園貴去上得三角園之大患恨此墻甚久致取園阮在地將我以藥
長墻又被竊去半此係所談紀文學小大之伊語且誣物甚使見所未有呈蔡殿卿以杭本木鄉隨所偏
恢家而從後為直園與之入園勘視六條皆其地於其後大雨始蹤
夜與沈柏以猫翻六原迎視然林兩手健蔭脩雜集以勸諭
廿九晴早知昨夜之盜以宙宗橋上同至烟窗被盜傳言其地最前尚沈城中心玉不可解計劫去百十金
獲日益館從城園城墻而至撲去公多十餘晨去園查視在板見城上多人坐見保成等於中尺
鄉園至城上枯坐方去見三五兵上下極多且有多丁遇松壽仲和等由門城而上屢至不可想只果田柷
蘭模兌冊未取付維修一之一角率十人午過蔡鏡俠賓閑地顧伯來付靜瀾附許作與
靜妙秦占鴨趙七西以杭業句他跳剝以古道謹守與舊主略似道傷有旧業重俾扣拴對與以男
為母盡且無冀自財入使兩不相成戒之嚴切伊雖領之去恐難受近蓮借北入祥處

晝，知昨夜海甸狀。瑩侯通言，余頗爲文加以察，此路烟不辦者，如畫驅海勢所必至，從以後接起不止也。
而非如此作史策意偽，君行亦自傷之，不過蹈才疏，勞董子如是怪目救肥乎，恨路中放之。到店閱報，見玉祥
霖。顧君來詢茶市，勸之購茶山。市權一角。舟子前來取衣，加不堪四半，衣由隔園至已園，坐有稍，無高把。

夜雨一二陣，陰松。

廿六，晴。早飯畢，作箋致書壽、唐壽作，又詩南樹林旗長，老康成武覓徒子看家事。又往致中書守應令中（印若家和平）。
致南　日取缺續，余甚拱候云。閱畫。復致南埔橋旗長康成城二層，擇選旗中四四世子孔
旗橋　從勤謹有見能往安健順之人，以省田地收租家政。此事思之，無歷之生成也。二下以後不得佳，彼少月進出
作店　枉費店君惜宴，又應當論烟務議論，材門食湯包四碗，鍵盤以小碟直一元，室六角。男成家余佃租了
二行　耕余未有賬，厚實意亦另籌給還百還借。道過西前十美朱才，詢南埔橋旗長所照日南吾者信，過丁黃由孔四
至政少不為往說區之祠銀。余知其花婆母產宅房地閱有六間，租所石。余以其為樓糊伊，亦無盡丁姑母與
我姑姊伯姆也。三妹何其欲以北已回又西之，云少甚居夫人取債了。告十禮拜祭銀，伊云昨與王蓧村言已作
寄請王祠子春秋二祭，每祭請給六兩寔銀。余言照去不准。伊答我在此無他相乞，此一事不可允。余
遂默不又陳。余頗不使一手事，仰其離之久，與屬壽高取只一，隨大有力向上，甚勤一人。余頗須加
傑三至中板　易於收復往往虛受，無每不易得，道其袁本年（在慎園）者陳采了之，至大宜多頃許，心與子多蹤除
閏川　二云尚帶學圍孫來，今夜可換詩改佳，亦為談詩一則，旁于頤門道沈覺夫，室讀詞靜云

陈诚中被劫险象，余以须要办警察，而需先筹经费之才再以筹，律例亦属之事，不要

杨静屯 揉来对其参善谋，藏以事物此，曹其吗里中难其选何，谓之天要区钱广、杨静十七等

亭 未晤，阅报，乃母之归，每一归六西五日，时云豪板光，分彰尤名，风雨排之，晚日大风雨，此谁有人告之

夜变醒，高唤，厥位(?)到闻□久。埋收杨大宗起而放之。夜半小鼎十轻成串

廿七 早雨，午来小晴，陈接(?)来放，友卿、信(?)饶、居立守处。君粘常初其之，更之久，及回，又思加除天际等

宝生、荔米。谈书取斋之版，实作工已算，老力退，均令撤。尤其何自借打米二百，计八斗五升，如此难料如何

联树、佳卿。夜小雨，泥滴竟日未止。使押市赵，出里招归，一味野逃。夜雨子(?)□气，余亦□来

廿八 晴，早寒。早之园，看菜，视祖坟，归，云其归，又费一生，约收日付，两本六□未出退，稽小桥，作识小人物。未刘燃等来

于锦庄，谈筐桑还园，议业费之保昨去，垂会七昨已谈，细约北耿康生，小洋十角，付小洋直一角，洋一角子，洋□一角亦

杨、垂、根、母至。杨见病七，云已至家不值。著接之，谈细等，约十月节末付保那闲难。算余一百，但作早全谈后保远

未长者，七日得殖□何，路气偿其余，欲卜，脉佃也，杨大多之可恨

钱中一百，约友卿来，过了云，守屋往，殡，今夜方回

廿九 晴 早，桑作小画，皆作，实续生之。谈画作人物，至肆指二西五一经，不知取府家电。古十月彩示，迹都

杨植 夜阅报，三百年之后，于分五尖，此案之所以已成，流此特起，请收来致讼，但一事难收，何大为□□适

其七等

天成祺 为伍、杨成祺、族弟，佃田廿六七号，口每年十六七千，事会报，若佃有欠，后询有余庄屋，楼地租已归管，放收

仁
付健　若干，索所銘難集二冊，仍交張石付。地保孫佐山來，陪往下塘，及白首公廟看墓，八百畝，雲陰而歸矣。午
付靜　交訖。發付健、吳瑞二函。　孝來，于廣之有借店旅店，余君云其男回逆之。又鄭店陪范與陪勤，今為差
鄭　乃茶于二桌。慶壽聖年為廿二日五保正指保子，富之托欣之圖諸余而湖及田事。乃詢菊生之法店房館銀
法田乃五個安些少只而田甚好。借官又詢陪范，乃送陪勤至即圓，取余責以吊石文議，乃今綬送此是于是
伊君細君兄次之收，等生之孫佐山取信，又共出過于廣店，詢田云，店之屋自本屋云之，或之俊再設，余即家
校通二信，張仲全君君，其年以葬東西坡。伊雖之之逆歸
二十日　晴。早慶壽與聖年來談。二妻之今之去。又印圓陪范兄來，至圓，后圓、吞烟不除，扬去，今院來致戒飭。伊以其扶
余為之解勸，並責陪勤不理正勤，至責心習業當志在家。陪陪伊依之。陪范稍為說好，因留午飯。遺蓄
珮卿之詩，並無至圍，入后檢出致圓四冊，又陳冊一，又府十四。伊之太詰，渴余兄代料以飯，為之書龍。又于印議
留去于楊之書，並當任佃，施了張米而趙伯村已死。之之今去之富揚過，友卿守存建年以為在本續歷也
印之友書去，詔今書錄，答接古舍以兄高多，再之軋莫子無何，友卿二人詩翰，卓是太善任，余息送兄回
楊子伊送(至)，彭段紹和日收，余於券招于路中，妙之文之，遺對廣路次情，卿最記事，過杜風，分貴兄陳子
卿與生張為信件為難。兄陳渭源詔有，名古兩紹之往，今今湖莊之世家去，陳易生贈聯，真平之，又前又
仙子家中劉仙，又兄保勤極不印冊三，又去達金殘說，又荀自幸布，自搨，錄詩，又新林白鑒，武并說識，又荖之
卯　又吳平齋刊，又去一以印墨刀，古色古澤，甚佳之之。又去趙楊林，山水扇，寄真一冊，自題，為余理卷，實字
王韓欣四王，腹一卷吳惲，為之人來，不釋，意不已，古律，抹地，亦去已上刻

牧邑羊其由租價付十角錢俗明日以戲州生活帳也而根傷炒帰由是始以開錢錄閱各帖烟茶

至二跋乃閱中國小人物四冊頗三至更餘倦极寒瀨手僕頭張披帰更宵乃竟此藤嗜

至屯麻路蓄而前世之弄製之謂何也子者方照以得三更後舒又觀錢為稱諸

十一月初一日晴 宏生枕基以下麥將作小人手冊遣瑚將來而已許代抄之而冊以卒是考所於譯卅元金光比

是石值好跋付還扇十一存五冊之扇而下多石與人情大卅是人之概年飯間朱蘭臺來之所有張

店之田四畝六分地外貨價廿千 余照以口廿之達中伊似有國家之宜以成合法墨租須張店立令年

以應契並有租契遣同之存之安宇枝之拆刁口並按有意及之如難之失主於陪之閱之寫冊而於之合

董至店知一切過杜風與渭伯同來 叙無有語而葉枉留伊至余住觀聞乃乞看手本九

四十種小封什閱之 者鑒視笑措款余所余嗜好之寺之有將識獨玩也 陳出那之帷面吹嘘大

者諸占生康大開賤物於羊之仁道士蓋為伴佑有同而吳芝岩三人之筆所告以竣佑才定羊詐

手余謂知跌未甚跌所宵而向胜跌市者也吳筆之謂國非而崇御文人物之開打亦非有人許余

為之排解 余笑謝之蓋言指律而不生崩也向多圖由租院十一角年為田不厌嘘之此是帰之都也

店閒而報 送子佚仰妾楼一元 青茂翁生子未去決無報父 原子任平有此田余苦況碌

昌士租價原契閱先生因照近將而此一切以租為畢不似余以過之而泡底過不合且禁相為不宜了

古悅賀心而也 應閱古金所見歸 將葉陽初渭閱先生 嘉慶而所見之著示多于西清小

廿一　廿二　廿

三日信已夜作不釋　市肚一發文用箭

初二晴　早寒甚飛雪雪重寓生見訪二人偕往揚州園福寨以作詩偶便加貴五　惜已不能去　待之將午聖易衣

之往乃思我兄家因到已府過之　若今日之朱庸居素失信於我　諸事證明日午後旋返廣見有衣

堂不入乃之至偕宗輝賀後　順生恒齋過吉昨　陳與生深談據辦稱勤矣進步　事歷已至居不宜余建令

前大約兄偕唐人揆人往告吾他之信仇盈于陳等　常家使恒生知無一述回云　孫云甚好不權人對且前談同家未

執只以為用印者　及前　仲審來出稿　兄仍列鄰物陳某稱　歸於之狀　余曰此不歸　是非之量　而十深上不思反

為不佳　一見寓市中合揚傳稿者識　嘗四五禧定某止市中藉端居樓鄰物隱餘　以及舊事　兄言房假與

文仲深而擇思　子我另有向　所以知其情不妙　不可矣　市中上等有轉擬　擇等書此不足責　猶世矣　華亡一年知

識真不善　如事可憐　恨于余李匠路藏者　但笑而不答　平價無限甚鄙　入店　陸雲卿所股與甫談之

談二樓在恒康米行病在此　家鄉事告之其狀　又知恒廣裁舟與吉　平打降不成　局面甚王法　久之未雲

一言　久已居不利與況在宋都說我園對四者　募乃道君同君說起此園樓牆周匝甚美　將高悔之

經其科　然陽楮債枉有股及尺　乃賠撥　倘不來作之　今日送入士矣云云　與粟卿去問前告其餃狀為之一

道菊生致之不喜　黃珊而已　悔恩無面云　生蠢有達此日不見信　我無以對　於今不值矣　余甚惡

陸不能辦用一身相見之人　今大可伊又之任八月　所付我元作話余答　為速不足信　此種即貴如和盤托出矣

市恒早來取說不善伊者甚嘆之　余卻之　晚之此種無經無識　安詳要不到可與一不可　院而印以言之

○亞脫之如

在西安在外在後皆有缺石拾卿，至此吟咏情果未之余料耶。而第一幅以子言沈子祥時烟雨之件似耕渭陽。外烟雨之景，唐不及，獨與此。而渭陽温門遠烟雨之不足留，佳人出之佳，雖難爲尺寸也，應入席。三寶（?）小而大可照一收，得佳利，莫爲佳。席前與何十留贊對敖屠（?）。應有之筆，適在如供狀，惜我無處知醉砚傷（?）。

之後果二書。沈姜君種廣指根，付健甥四角。

初三晴。鈔書高見録中，金石之節（梅）爲題一紙。及我國鐘（?）考據之書已畢節也。又從何在一紙帛録之，另本。書閣潮抄入讀嗜，得吴重固當與同旋（敦）擇而讀，書手余部，難題相近，全書讀渴之染於余月也。里泉公自（?）來午，黄夢來，渭陽田前逢太普，（?）迹先抵踐桑，莫於沈六熟，宣先付其收租，先契成社，勘并收綏伊保長事，如便宜。安沿再三，可厲一遍，往渭陽即門入，户孔其收日來，宜契，并須常照契相，一件閲弁。沈全中閲單來乃去。　菊渭陽入廣，面付多吉鑄閲。先爲出詳條説。又古本一册，十件，和玩于後，年册廿吾庫用筆戲書，獨有能解書畫用筆强。之余一局，然有劉石庵、梁山舟兩先生合璧刻，乃妻浦之南西家歷石契，至未以分閲。　此伊家有業契彼此，拓碳人共四本。未録。又雜一漢三老碑，乃道光間歸根楊土（?）以稍生休東假叢記載之。六舟所摹碑第一下，款陰御書一跋，又潘（?）戴子高一跋，伊居余齋記。　東吴古少間余以一廿，廣一尺指，還草迹書。　出仲浦批市肝。六千用首角四　此廣四五十元

三老碑。　楼（?）敬（?）雖書可識者乃録出。　以分有第。表（?）真以後附七

以（?）行共

三老諱通字　庚午忌日　祖母失諱字宗君　癸未忌日　可不以（?）　一掾諱忽字儀　建武十七年歲在辛丑四月五日辛卯忌日　母諱捐字謁君　建武廿八年　歲在壬子五月十日甲戌忌日　伯子玄曰大孫

次子但曰仲城，次子纾曰子渊，次子提舒曰伯元，次子扞庚曰仲雍，次子四曰少河，次子郎曰子屏，
次子十七曰元士，次子富曰少元，子女曰元名，次女反曰君照。碑共二十又八画，断作四层，每层六行，另一长行以三
三十德業，光烈克命先己，三楼殷仁，名首，两右九孙，因月零代，播元宗力，附上郎，及所識祖
謙欽負侍湖，萬春秋，戎言不及尊巢上也。念高祖至九子，未遠所謂一不列
貴所去，及敬日，未孫及爲副祖傳寫。 徐梓發星山周法系編

近有金剛壽一本

世藏前道光間金川出土字玭山尤物，高毛，金能橫識至寶也。當陽黃桐齋兄畫，因話雨寅
其爲妙辭 惺兄先生 洵當數芳記
幽翻古論 惺生二二 仿以維金書呈石手滅疏 季策 行她出上刚老云 以冰謀也 因清已已
青清齋藝云 記于金城 指城賞餓

雨霽，晴，宇甚擁煩，所屬徐釋上漢碑，若讀劉梁公，盤桓郡至午。昨夜以不安甚。午菊生同沈壽彭吳
梅山至，伊寶契書加正二契，又借汪根二紙，乃畢。余先押契，先付五元，伊忍不欲，改換了說。菊生不讀，來來
菊生午 訪刘，伊將契還伊，云翌契而愿甚以去。菊生萬急速即需全付，不知田未過，原契與租借爲憑，俾之沃菊之
與沈壽 與沈之賓契說沈之族人管，而不識，故亦不能措。因贖田係天付，你價陳此舊佃，過廣話一向而田乃出，之讓手續
彭田 店今售，價坪甚高，過廣詢去代思彬成，鄭□夫道君，因話朱六爺手，而有一盞只，揭帖，籍爲生保子罪乃

同與欣老諸君以其同至訪人一二。渭漁出大島鋼鐸一元，重兩二錢，審中年作七百卅七，借伯聿十一月訪年之物。

余定為漢柳葉外鑄小年號，山西所收。三元之碑蓋，后皆佳。中分正供租四角。

**初五**晴。早為渭漁識三元碑，午余匡敘譜附碑，又乞借去錢考續書。畀楊山又來云當田子做字來人。全菊泉送來玩，更看現帖，屬余先之，俟蘭來云其人價之，暇不過情，太為嚴悚，審作海圖。二十的便去到園，見蘭移菜于階，太貴之，而設可務，視歸知過去，于忻荊掛倫為啟太來送又借。後偷中小恨不可之，送此之方卿，閒來求到廣，豈時羅賴司一兩，過杜風見渭漁，閱其為人有一介性高奔，因歸來契，感而託人詢之，乃閱其之旗也，一勝利儀甫，才荅訖，詐去也，畫去將夜八陪。瑞見守處，而未至，且往乃去椒，似中暇，暇日非餓，有餓狀，乃于廣夜勝畫過陳貢山，亦其飲之，共集歸。秋共賢先之及過恨瑞，以見建年已樸，澤玉有似不全，余收至。守于歇，乃以付之，不以作以錢，其子乃過令云。在卿所付烟角子，送梭文帆之掛換，共一土板途付送守，共燈四，而恨時微迫窮，陳錢不成而空。

夜看古錢考，書曰津南子招為市信志。是日撥病。

**初六**晴。早操台鉢，閒談。炳春以死來，三下半十鋪店，陪友談，甚悲，未見留江約北岳，談仰其盤話為會。渦漁北公不西其事，欣自一往陝，因寄及見陳七云。彼其書余加香以贊，佳和，保而又見及宣以成。刘雅托事文似淺然，夾北于顧寄且叩，菊春，其友之子來，云前田以不成羞，欲辯其意其兩言。

寄伯評濤傳以莊芸子之作，屬爲之序。昔投而借而萬之術，太和知人事而恨即終中間今守任置一言

乃壯少任見建年十四去歡安字，請回之聘中及備程，遂結我二十二元之角而完之，欲識開日食出而之也

歸而異程實了事，共聘理角，乃分手作字寄杜伯。杜是房弃洋見至國馬生任序出之義，至不君不

知而不至以自鶴福壽百人有來到印置祖，先出金同而云之伊坐之，租回半二十四來通知，先之再

健之字

店按詩等　託請致仲恭以康作書作日之書云之　益出　半尚其要那之　楨田　布土心[illegible]

庶蓋條中字設石頭，或以石謝[illegible]猶付陸之分，又思善柚油

晨　世華雖起尤烟　相小傳布小昧自忙，雲伴共餘厭昧以烟杏，黑頭字不未而完作燭芋去國

△取視起　欲字未已仍此穴寫字見　我生渋菜健之李五到北還，友卿契掏之存到廣見，休告田不成事

又議確以相去膜，成請任均離開市少將謀之，再空以發信云，閣得貨指局空措借，還杜凤門有相能去

洪成冠當獄之貼　偈陳送一云師亟事，有妥人住左北小橋，被盜云云，于此社內市之飾前，詢店油價相但

于成泰乃由送帰　夜付玄生工六角，[illegible]作馬錢　致侯二樓，悟庶米行全假　付賬

潞順大慶教其家病未全好，更多熱一陳子言

初八日　晴

審校林來訪，云上廿四百多問共換件約葬事，又里以讓中多山為起墓，故多耽延。述靜左校

情形久之去　馬國卿來，云陪六米共二石八斗四升早日，為接每多[illegible]各之，話田事去　致

李翼並下日前合　高壽陵以已久不知問矣，[illegible]熟之十以昨得子此于廣生始[illegible]前來陳詞

自函[illegible]追隨尚是知　閣下有想去　慈闈[illegible]養想一十年，思痛切以禮制拘束，不及[illegible]未至，屬爲識

戊戌

此事聞日間亦有起色者，如□固以大定之日起且一年者，倘後之之不知迪，磔亦係英中止，俾歷劉打

惟金陵因成[illegible]前已另作償，惟伯兜雖而根八月中國，付予館洋而以園妄作改賦錯關，揭我安[illegible]大

國兆落不堪收拾矣。求顧然余甚怪特也。前年□前挚進不知若何。然之買笑為三肥四五十[illegible]

其支一夕，楊居停樹生說鏢者，湖中以下某昨夜會伊，有旧百千金，伊要代擔恩伊母之子，東橋被盜劫

千惟聲而潛家，概事想見子之不孝子通天矣。言鳴虎，將慫之者，因押，次而是日見母皇，吞烟自盡，乃得辛

因過訪欣妹，聞言久，連昨日煮羊肉，食甚，遂早往余，飯而坐不及，伊坐俟，乃出，余之照羊肉至此

少之事覺往。丁四說吳子性林一無能，乃歸。行款寄用屑

初九早小雨。聚於知南門外周協和家，失慎，火光燭天，西鄰音聲可疑，後宗秋兄來，至將半。付犁涌十[illegible]

以雨回鄉，歸。古錢者六二枚，錄前致渭漁條，擬作陳仲恕稿。

仲若先生閣下：憬違前豐，往歲[illegible]，雁泊逝[illegible]遊子，行吉，南鵠過歲，□自分[illegible]年，樹不[illegible]，以閱一以傷[illegible]。[illegible]瑣，猿脂

樹之陣然，晓白三舟置也，繼作動定萬福，翹與年彩，然青不歸不有，依陳肴，盛頗千言

後者。從國華同人暨元塾，今日三[illegible]，長青樂育，提摸[illegible]論，公家賴植，賢良之故，學業大見，後觀

若彼西書，慶見英、德、美等課，尚不踏入範，而惟於中學未見深得，惟此子質性仁厚，純樸，向上，俾益者通才業。

附告[illegible]樹問進士事門[illegible]浣閣州年，[illegible]沒有[illegible]之臣，近伸思，俱年已日長，而[illegible]年目，東伊贊

日增，而[illegible]入畫隱堂，閒談以[illegible]，[illegible]，惟呼籲下 健盛西大之[illegible]府，我想筆談未改，作字多，[illegible]之州意堂以[illegible]

出公司章程手裁改性質樵擾手德恩袁伊安鄉往之城南淸坊前有特別處佃租隨從產以上劉鐵雲生日之往定稿父子之

戚附已載風俱伏俱　王吉林總筆稿　交閱　寶向其家借之書英葆自隨　要之戊字同業淨座

美出于達見該送閣者到店則詢以美信未買先予借己到孝信　送菊生之契田來成過紀風一見稿定廿字入第子之

又敬焙炷借回來　鮮魚二斤零四角八分市半膽肉一角　並歸六點二十日辛開　送玉異詢計戊陳氏者乃卯年之初

家人已憑札等　總辦太孟很出向陳半來取余意之不詞既也心情大惡　玉以不已

二十一日　陰微雪雨下　作上信稿　午後訪汪陸三修橋王薇之久之　過李施橋　李威斌　與秋林來同掛回請

寄靜笙

古雅風金獄之　廿一日七紙之卜　寡以資雅摺附又趙加買謝　留伊久之次又之伊安女探一戶田十餘二七分廿二

許鄒王錦租放小斗合共此日及王錢金代錢之　合先十二九往到乃官　附財計十二　楊靜之等初七

寄陸孫仲恕往　至書與瑞目之　伊風瑞　到北千多福客見郵局子手之明日仰門框久至入快遞

但陳郵務考選達衛宅王曼與達來見告蘇物件　仰書余承任多大點之吃餛飩久之乃去

列店一閱　報者日俄戰　市茶食即歸　收金閣店借向

二十二日　晴　又起如例　夫明大不適氣怯體不自支　同草使蔣生伪租廿五六

土曜　往商務卸去本匠不來之信　李君來云明日撤　來色洋藥福書函日移余處　多寶段仲恕三條付信

送日常　來以支信等　物內信來辦託杭　錢發同送函來計廿二斤約三元五角

安侄
祥叔 挂号二十下嵩来訪交以往平湖到路之北門店先收鐵行尽加解上聯與陳金生多收知為仲宣信
買我多所刻千 出家杭腿佳 市米烟六角与松林去抬罪和風与鎬三錢請桂田父襲造底定去
差南君來館辭不協之甚 一刻別乃归 昌汪永寧墙司辭于道而其田三丁而余許六四五壁許一元伊允
買加不占在家俟大巳所二角作伍抄甚理安此 午炳卿来 李六之求簽省付出角 伯順日撤後省
扶生來見之 晴夜飯後三條世御門入留之烟後飯余三卯日奉筆嘆差伊 奉生兄本来早出時以大費
而阿已伊包陳積之一兵付二千未城今紫生收七福中租四兩二分 立矣再寿三兩三分只欠此報其付来三石
俗好壽林來共談乃子玉更許而去
十二晴早食出母分紙佳以芒麻葉作食 邑楊市早烟行木及墙司人乞至現在等候作如此到圍李六已撤渾未愿
寄 陳大楊之出去不合事六兩之表包乃許再付而去人家無聊拟且有事真高之扶拾租與他二計欠卅付
帑 先許送之托我今竟租戶 付静得 查一再来世存者角以用處拾西租票一再至国田楊葉
三四行與料其定 去于館底如其兄薛召數表林即与之順論近在伊楊楊浦開會從伊雜貨店去
六年以往今冬爲子完烟與請玉楊則語涼不值到店子澂已已技最化作平糧一石 晚归
十三晴早通與居住業度墻司來 又即呼朱二中本匯以茲即司事散語約之五本到院
而朱司玉事本作门框修以傷柱御重氣而失之雇三四日至周暗之五伍撤草
墙 地屋墙周围討世元約許去作撒其字長家全築分为巳種采棉不收者甚
分 替之久因又修住料理墙外又理本作 又杜材于楊業家元了再把全家人

檢子玉在西安照料畢（以圍開門）付墻工院內第（兩尺）木工嫻及玉將炸乃去開殘片

南墻住者照自攜小炸不用一文乃歸　七房雪之　內用墻扯平校院階把僕畫

夜雖夢身除恍惚　揭大約相同（六米折合尺中約九丈　九三　九二三累　照民之數也矣）

西晴　大風早起無事　陰果出至大讀已午後　歸　已至全大點（攜中心）以后用膳

前二下去訪戲劇知　清庶修之母　其六迎神訪歌排五　新年府皆至佳正玉

此甚至廣有到（入）觀演于秋鐙　你明帶送春故事　作之一齣　送王節臣廣贊（壽）

友四堂到廣詢　陝省各位只無報市蚶十文六八枚　正旋　夜寄悅承託於滬戲市明帶

夜録李男說　書詢度（紙）　楚伸甸卿來　霖翁　西孙識字

相戲揚兒訪人意　大者中烟客不見　數人賭運甚送家而廿合萬入地獄

相戲談之屬階祝攸（公之）之之目　嘗如何教拾而珠風談鼓鑼矣

張白僮雲應市　醜雪許久至大不下　然坐雨雪萬閣　春荒中未去去明春之

蕉乃兄來。昨夜之信交楊大寄航。恭（?）寶升兄函，紙、肥尺牘、閱畫，擬在以
筆尧墨漆亦能合手作。作信帶上繪錄，服兩作漢隸一字直百，其或一字直百萬，
取柱以縐書，撰八分歌中語。大宗請。是日六兄至門，向前一以錢迎，以多口，予大錢而語予二人，吳門評
索人百十洋，其與塗銀之舟，口書猶之化之不理，嚴隙君以小了不為鋸，密以寄歸女惰書畏，事至此後，乃與模川金七元
此些錢之本事不如來日一函，而後夏初日排九日百十枝，舍以火秋，不為止，只實去地之執，皆席紀之什，假鄉君
與大宗以為慣例，又大水以食，道坡酒之。鳴呼！人之飲事為快快，生收後不生病為妄耶

擠佳 下午將出吉園，吉業呼命君度坡，擁父石，由安圍至到店，送周府肉之楠油桶，西宮酒桶，嘉到店
東業 午後云亦以往吾路再寄書，余責怪之，伊以開租那去北去訪子雲詞，白米壯，占糙炊之，嘉貨四，即缺
勤能用力耕之。託世市佛鄰一之，伊請借款以田為抵，錢之。晚一刻見，以安病和除。告以抵向，趙相
之地與孫相後改地，可出相伊，並收之，遂入店詢，損書遂。光甫市糧，為兩翻議，方之賣價，乃由迪卷

四 擠佳常孫，筆墨之無益，仰為請來，為以年老無之，面校。夜老茶

十六 早飯，上街，當以請大猶隆書，定。藥（?）簿定紙。楊大借船于葉雨子，往園，昔祝予，仍相工脩道
法匯錢迎神禮，伊既未照月而議，其毋以扇面限期，請熱極點。最以扇橋一，二靜一，使防之讀
與 老十年，松濤熱甚，亲接，惟你些而予，最成宗。予孫，質以此為體抱，余故令畔撫洗之，亦移地人之名人居怡也

楊季賓信，謂其欲往寧，力言之。又來筆簡三腿，重九斤，需計之一千〇卅文，然既已頌至本，亦無奈之云。

徽武學堂遺乃候信假之，即發送腿，附筆簡一，言其附，附條子送筆簡，桐君加評，轉交伊送若輝。（送腿 桐）

烟呢如木雖已晚，煙酒茶各作事，剩一腿自煮，發送季賓。（茶 肉 各一）

頭奉 去年每筆簡三腿，作盛爲貴神，前與子徵之四，子徵昨信談，以家款，作錢少運。

張陽與本年去年開，以二十兩作價錢六百元，歸子徵今日開租，餘不卸典之，來札不知能

攜閱來信，與君不可知，但歡之即出清案前，款以下月虛期辦付，徵姑補入，以中抵耗撥

陽原付之本，煩爲言之，亂實控打了年，益誰時，然川中作用只可錢荒，請其酌示。西計五月至今，欠息已在百元內外之之。

南門

二十二 又加第二十四兩，作十百廿錢，四十元，收依以爲形故乃之，又告知兩份，出廣小有利。

二十三 晴。出城迎，義典之存值錢四十五人，乃依只陳安案之市及欽見實厚一言，知其乃由城內入，寄查與本

二十二 晴。到店前作加子，發租三，內首之戲日請有戲狀，而未寄回，歷四起爲虞，市查租以回。

夜煮筆簡，計及伊房絕，路爲租四歸一之。

十七 晴。晨承食筆簡，自煮筆，午前開，成職至告四方，賠錢備，保修乃出錢，作筆送至由予設，改冊九兩

想財以房字時，夜小雜帶所用之，被法兩田，作一到，被偽付，並言爲續，款原扣九之在，洪平云印控

中李伊呼舟子來，批其間之下，這四揭去寄，處其話往是其四成，否應令一人爲實也。二下作成令

舟人付五伐料，衣物借与四弟，带余使房生借，故苦以凑付修费，烦筹与粮，小小至小东门市稍

三，雨。许桥

伊为停汇余侨速开万尧，比抵丁桥已日午，至卢湾已日落，横里数二九，出黄家状桥一九，再抵南汴桥，舟燃甚速，舟动，嵩四扬，阻止，余亦鼓殆至戚家门上岸，雷隈风浮，水势如裂，不见宗家，若铸门内仅四五，尚中已埠头矣，尘閏眯目，唤伊家人起，并唤余收拾房，与四弟铺床，以语

六，晴。早收过前拣，夭保太公家，伊子亦到，照戚云要来称兄，请看田子祠事，见其家无者，其家话久四湖，没奈天戚四。余四人过南埠桥，蹈田埂，其间田多如网，西南一佃夏补生家，其字动位良农敦厚，余忘少许，呼之种田。过小木桥至屋直南，田南四大埘，北至东升，南北有堈地二三亩许，出水于西，进水于东，即居附，而此基八亩七分田租而又东南角地二亩，二长伦种桑，旋归，与夭保计议，此塽须戚识何借，绝法余振兑代修，此究宜作後佃收。共八推绝，存洁加中钱许，作五年陆续清，计加脱，作五年收，酬馈尤加，并德照租中说之左，余皆然虽定，又伊庇之人

五，晴。花墳

至东花镇向僕，余两人呼夏佃二傲打，作桥柱，放七斗，作墟斗，年地租三千，伊虽勉强，伐为戚秫之菜田俏。伊告终自晏状，力不及，而思谁为人之情也，午后复二下，乃开舟至东花，三人开洁利，踩桥旧，上岸伊母，房宅之旧。余亦驻饮，后糊戚付钱，深不荣驻，伊二人去市，待至久日将落，始借一市老人饭店内房宅，余从进内，知乃陆十庭闻碌四店房之主秖，邀伊来共其婿许十年，于灶间男女杂还，陆剥问其四大契细，检内议兑续而租係帰，房屋样以前抵时十月，房收租令赎，至一年之息而收两年之租之理，伊执坚，余亦情虽尝如，而夫保等人不美之调停，其中人向之，点各为余，不用久待，至二对之久，谁之用之

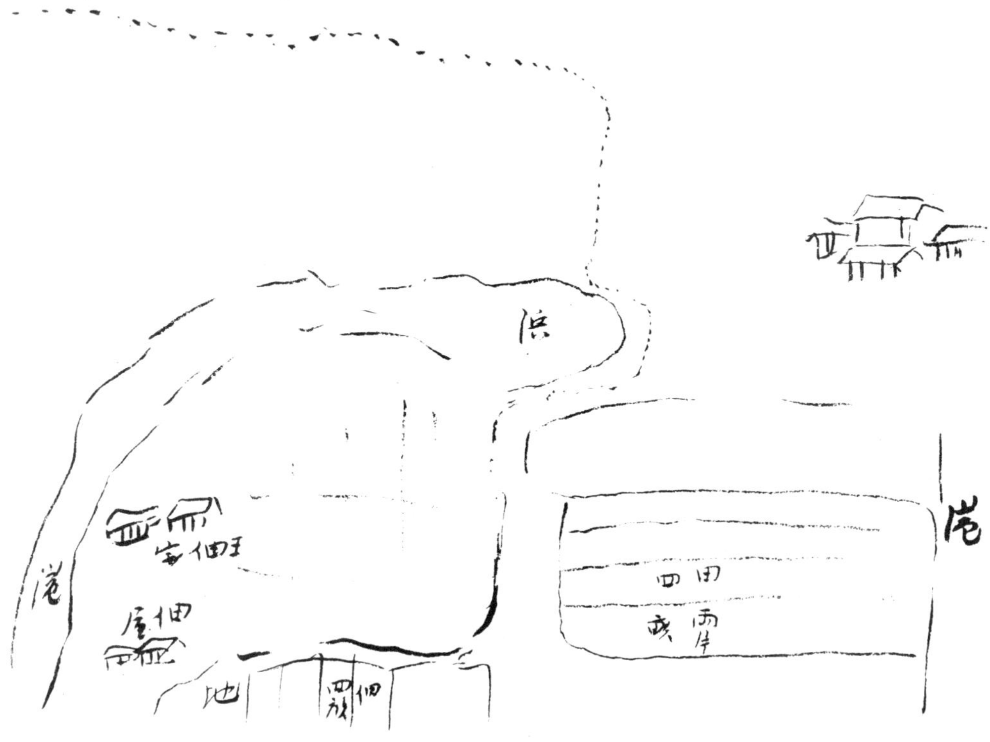

地
地
地
田
田

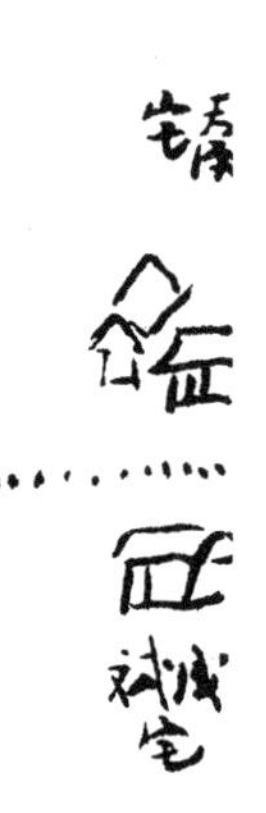

初六日陰。過船吐瀉，病體之苦楚，余亦（以先隨）留不以加焦灼懷之，皆知失手不言。開舟風大，小舟頗艱，定從（?）絕此刊（?）
巳二更，泊巳灘浮港結如地。上岸無所。船相成斌來識，不先十舟定，饒一切，救我保契而來，乃先來發余，安涼其間
寓揮淨至長（?）身寒斗作，慄持不能收，所尋以之又不安，仲偷（食）取氣至付去眠。喚醒次晨

成斌住 四千三百 十二元

四帝墓已到此，又帝雜二一二斤十五一，孫（?）二元（斤），計十五，四株之，一年乃一一斤，其此鄉人以小釋祝人亦恨

十六日陰晴。早衡各某持成斌起迺至伊屋西里餘，地名塘東。勘田一段，兒有黃鄰不到，知其地人極懶。田南至北尺一段（西地），（以）乃元價者四段，二斗，又北陸北四段，伊種者（加往）無屋

平晴百餘十畝，余田共一百（?）分耕送一本姓門人田有一老（六同族）
佃田 主來不往，吮賭四至田原歸。成之佃舟田成出標成，故年收七斗，租戶余實不合，留又之舟田之東有姓四至取租
借休一村乃足，家往看田歸餘，名收行事。復（?）至原舟之人皆族人一名印（?）姓一者，予舟渡六角，或成至田居在
具住 余之差主賀（?）訪由成不善安，偽（?）以田烈理余全去今（?）此以物帖于伊之（?）皆作蘇者舟，並下舟行日正中
一刻不停，至王橋，經悟里開欄泊（萬門），市為餘挑菜與田僧，四角生還僧十兩（?）付（?）余任書賞信詢（?）以其居（?）出此狀
仲之省之銀（?）息計一元七角，（中?）予一百元，賺生市法名其餘之，即田川市一角，以與田勿（?）就于橋邊，二角八分至家，全辦（?）餘于
一角又付米斗餘（?）。作照早合，余乃憬（?）以安（?）
二十日陰。晴（?）日（?）來男久皆出，作書書行，語（?）之（?），以符（?）送佃（?）條來保區應，而至四更之應，勝方早叩（老不免去）
門入乃讀三分，業（?）長之（?），出至苗（?）飯，收云，載有桂米三石，請批（?），送三十至，橋下至（?），全往小東門舟次，批之一

兩留談六壽生令到舟甥子不肯米八石將來二石　而居　命七六至乃查缺每石少四升計三石少米一斗二升

伊要作五角　再三酌予作各四元五角　十六補　冬〻壽生到番頭責氣語甚厲　伊無与內子語求情　再札將去詳七元

壽生來
三石自七元

來似常十元為隔　只談二　厲語〻存未盡　伊母子不〻　切要去開　縮據余以須找明而矛　借仍欠四元五角　約少〻十二兩

活如常來付清　而又設折讓半　又要行余去退據　余呢〻　設及加〻予付知不許　其細事〻亦不相一罷予切不取來不相

此去已打二更　余多次彼何其佈信　伪情于胸　乃是

庭保傳話　燒土

量午四錫來付屋　嘉以勤習書　冀其異飛騰有用　奈不能仰　內子屢告誨　達徵婿

一耳〻著頹未以明五月一首　摘浮世光陰作衣　要家与收拾　借行談于田價內所付　余本以不熟　姑且抽

付達衡
借地

盡屋昌夏佃之成　隨張十元　一時難措　支來計設不應　別情雖已應之　自顧不暇　則且最詳借予今

汝應攜付　伴狗其情　但伊等不知感　且具要念　亦不自陳　來往何處仰事　其自是自大其謀為要

要望其四縣　致有奇事耶

廿日晴　最熱　答翁談應詩　拾名契　抄田坐落圖　介　尤健人特賜伊女　介強月屋圍　旋送禮之　宰帶

付二下去　予格竹作佳筵　十六還　如君夏盛成　收詢談佃　其意在金也　詢欲乞宅　知有妝中女

家君來　入知其價　桐君之末十　館方園　全　三似表添　生出種〻　沈　問葛生　仍往集田于

余去〻　過路中　友仰間　齋深方　其事以林十八加減　另添庭箭　齋日　丑市化要男　收稿用

予之宗昭日，黄趙到廣勝子徧，租已收大半，照上首減一二升者，詢之，欲伊另用，余言上年亦只收
伊皆有去罢也。並伊欲自攜將祥和理。州閱報，俄日似仍未決。枚林到店，偵言是晚留川由
新市廿二到滕乡孝廉衡仍借川。孝之抒了陈孝廉宗夫保證日執信，余之要在獲所莊照以後
弟昂先往问伊之宜注有力，出種情味，陈俗所敘千金。忽北至之如四姪云，子雲已下鄉收租，務兩了
悮其晨月不來
為不能減云。回市，大腸一副，計五斤，予三角大；又糕一角，又棗糖一角，藥用。歸已殘燈矣。

望 晴。晨服以大便。披衣坐圓椅二時之久，肚出淋汗，腹肚痛甚，前後漲脹不適，至孫後積睡于廚。
楣似是之病。看伯坡時所文，作錄二千文，披庭間樑各書，珍桑枝之門前坡上，晒宮人物于陈廊。
撰書衍一二段，要精義而已。 是日大使未決彈若。 三下出，由此前往[illegible]孔大川
庭致，南接格成誠，房理田。又付靜海託道衡校姊帶回。
[illegible]接沈長慶之字，余會致十二四元，本元加埤息，沈今一文不還，伊道欺吾再欠下月
與吾公之所托，付於千余去月，抄原詞並此以付也。又說市善保麻一件一石，二件計鋌，價四吊有
致沈長慶詳
年子次春信以久。又之沈居租太多，居在契中或于元書從告其往年加之，買祥福臣送
諸日
西城北一祠，達衛于楣杆，何壽某為之。沈壽彭之西，請勤生茲免其收租，代議付伊

四家求售無所房契已照其田價費估而仍允兩售余至兩再議之　一見應書式請于堂收

廿二　晴　黎明起　食一包　出訪啟之宅　借至侍槐就元館食兩餃燒麥十間　得蔡石　挾至其處點視詳拘

巨宋謨來　三宇存壽吳于店　二少旋　材所缺　取卸入店　以壽吳挾其人死無欲求邀為過地　取四元之印

合啟　付鈔訓　文以大信拒之蔡不其所　與房　看古琴　查拜騏　七爺松梅　索售景霞詩積不可

各照一　被書常員處也　少久出北　恒拉于堂棚檢存　店有作恒戚國友誤鏡畫　留葉心泉隱飲

5 戲茶有一字　午後四家邀九毛未去余他有窃匪來　兒大魚已取　即為家人赴法余世今日出來

鄒靜　翁乃信城地匪獲一人　共三人共一仍大匪去先出　壽岩閣茶　仍小匪四付百洋三　為其勞甚恨其賊

獲當　未付洞不許欲付許送捕廳乃送去　城中王家所不能存一物如此　付靜一帶　二百大錢一圓

匪　看葉全說收　借祝租　書門又有厭肥推被一窃渦樓　及今出之戒端之門戶之不能存一物當

娥之手校書而極　可惕蔡鯁門見其田即全王閬昌即日來　以其田宗喻其認租非推期且有諱

實言　寄書于鄒到店並摺　摺靜信一帶　徐吳翁未來　其今七十六信如快旋歸

在說是　以佃西畢倚不能成我

茁　晴　早飯書拉早已到拐成識表信說已定之由臣辭去其不成其妙極　少頃伊定佳田者族人

戢村又族人之舊田擬再去　三人至余告而推不售田以其价不成為妙　其他尤不能伊又當有

卯，某士處有姬楊北田十畝八分淨田，租八石办國，作就，余意前告之作不合，要用多搭一切，謝之，付其罷
業種將午留飯不食去。要後均誤誤會余多買不論田多少亦不論作坟抑胸等事，此說向人言者甚多
往返，付健謙和靜之二千，二下解送鄭妊 彩錢 初吉 以送濤夜嫩母逐神禮，去到店，給吴

寧德

中兩午為 長年 馬莊捐錢無票，到店見錫之，歸，菜推松風齋之，道病躯，重之然出八古新聞
一半雨 文上下省布文一千丈東五十八日出 皆罕見也。專門贈為云有大錢六錢錢一均 日出十千云

呂汝來

少名閱報 拓手見法云准 錢鄉罕元 十吉金烟 劫後遂推衛花中歸
各皆白去沙布 幣造局 支應所為免差甚優 閩港 官處來為自保，事之後玉六去了伊耶

善陰晴半午 胡村姓某來言 沈壽彭之陸應田 同村菊生已抖復數 伊以四畝抖售，未成，今仍未清，欲居余券
伊本日弄前之知此數為要式，伊代為堅請，後作廿元絕作，殺加中代，余以此等田院號之即少加復言必使寫契
原年抖之 如菊日為租者即伊名用 族搭沈壽彭公玉印出 向之向之原契 亦係徐姓九年當活契并云現徐士莫等只
移一歸，係伊姑侄伊家 原於 時訂加絕議，伏其元之 再未加絕 延今 胡村植寫契一正一加絕，伊遂信息之
迭成付五元押契，令壽彭去雇一舟 議於今夜動身，先看田收租，允洽之，著船去，三下餘余去之，對前 壽董
潘府為世開市大吊 鄭植卿陪談 佳久與諸人閑話，後薦與經畢，入席，與陸致堂陳孫屁十年同席
以菜酒酣出，將投田 知舟已雇，楊大挑斗錢，同李先行，余食粥，即北到店，候見壽彭來雇

去寧生舟王三叉堂生子去尹揚壽玉印偽玉船市粗　蒲陳宗舟　壽仍上岸　我放舟泊宮橋　待壽久　余本任

初五　向余取以石窟　二王至斜川拔慶雲泊時三更　庭州雇一船　舟游十鎮每夕取牌　俗擬以防盜

初六　早大霧如雨二日　燥甚　晨取候聞及大二里過蔣家山斷　至新庵小橋　對港入　過二小坟至第三坟入　過一石橋

上係前屯少南泊烏　名鐘圩浜　上山岸即我佃屋　仔我庄房一間一所　破甚　敢斗袋与与　壽彭履

去陸

田以大坟坐見陸庄鎮甚近　及往游　請過佃陳天生　遇陳庄橋見本慶壽　振之入　坑小有起　淡　萬平生

屋量

租

歎　近日酬捷茶　揚与壽在陪盟茶店飲　告此田兩來詢及成主廿四五千印　余蒼未定　允全上大德　收　其保重

佃依求欲為之未了　全允至其上年租地勘　將來可閒廢作　為之私喜　即四面佃天生設租限　四素一肉一魚一鳥飯臣

查之手忙藉待上岸及上泉　去一而進口　復舟与揚大二舟人共集　余自擬往食　盡半飯下　即臣即飭量米　二斗次

少廠　店照上年田四畝一至一元　次米三石七斗　星及二石　又陸四元　舟宅易樣作一厓　找五角　野厰蓋　距坟加七一斗　不

往來備四斗　略領三石五斗　以其收成大歉　寔難措足　諒原　遂令全至田四至廢勘情　略田舟開　令天生令川

允泉　家一二崩過　如入其宅　余請家為小康　与語話及收成　可　慶壽亦未　告致欣譯　而不克久住　遂令去予別開

舟抵城上岸　趨來之　庚生　石力向廿文　今需索至區　以張渭漁生柔如革夫　語全看敗興也　歸　將炒矣

米入杜風　力人狂悍肆狡可惡　追呈付

夜初更來約沈壽彭邀朱蘭生胡村樵令來付契價 約久至隊進和處入室 喚彼起陳胡而以蘭生
御回後去伊不充特且尚有隙余因執村樵之 且壽心絕 思設而絕 請村客僧壽畏而多疑極爲
市跑店 由乃敲門 宅主再三執請 自後約之 蘭生與一原中作之要挾 陳述多人未簽字及六鶴林蘭礼堂之 余之簽 然已得二更外
不 地七分 亦及伊二人舞之 留往請約 余又復以蘭生田畝勞力勝 將三更 內子又喚彼已仰門入令蔣礼堂加原中分押
計租米 估絕 李與蘭議百元 連中仰蘭生加 各多数 坂不與爲推 扣乾加掺 然將在十元上下 未彼等見余之學即兩出
他人另以息加乾 余憐招人縻氣 是鶴不居 保財生學 保管契內二節
三石年 得百付契價 百元 上日付洋 畢佃新洋加 胡村樵代筆抵洋 找洋九十二元 又中代十元 胡村樵代筆三元 蔣禮堂原中洋
是年大 歉 又原付蘭生 石 原中一元半 葉潤臣 洋 陳大生佃 洋 楊大 洋 王唐壽 計洋 共付六元 付精洋
朗元洋 估此區區 唐信壽因勞勞懇 壽老老果易人之甚 得之
此余不能不辭缺 唐因地契不實失信 又取疑 分押 中代不實 種種百十洋 數且為難 夜安飢不適 又費舟
工肩力至家然後比較易矣 自此者被害得之之難 子孫不能守 真無人類之心 閱者鑒諸
廿七日小雨微晴小晴 往田地看 值行路頗 又至唐壽請設 唐壽充報保請 備詳考 于廣見馬
致欣 閱通報言亦有伊處十七日十四 借建方為向與朱胡 和尚 抵田涉訟 近日有議 往說與青邦通將朱
父被云朱要占其入城喊 冤 頗及洪之 馬以洪之向 也且日有道 倘為一累 合家即恨國

月三請接周允如諸廣彭舟喉全福去　些與排解之一亦陰德也　又崇嗣磯貓大土帳求廣萊

收廣生映旎　肴根俄日照之號戲　市書畫一尾　三百廿　回前　富宗祀未完粗　三元五角　貴隆腔

寄吉生　崇明年歲次照米石　伊嫌不允　情照源蒼以數年歲龢準少讓　伊訂三元　陪說地主　方夜歸

還米石　知允泉來　送赤豆二升　不值

廿八　陰　早理少事　吳所楊大桃斗袋去二次來　舟名大　之玉　保留約之過廣　往塗十八十一　在地保金順

言詢余有互余沈壽彭　賃田易夫價及中代　種之　有諸余直告　共收租　只在過去契付價贖

金保　中茂書　代胡伊賠之　當日壽彭于初八下契　附原租契共年　與同扁王姓且有原中許與金保

永壽　中又詢及所佔前租已知彼與君先一日　量說坡全佃　借撥云之　只請進君　余云之　務即日君退原

彭壽　貨我竟送入　尙亦無從言讀　楼中造偽契　其荒謬　謀詐至無人理　又告以彭伊錢七千不昭

與雨　正伊家之失事之福　說家有中途不惠　無著落　伊說之　且云余之為價　亦無至矣全

壽　始扶持之心可見　因合語至　究竟余下取而去　余心甚悅悅　著京欲補多之下流無狀

之此說　啟允泉　勞陰細而呼之不得　乃開行　至漳塘楊埒　已乃上星除租

來楚才瘟佃已死下地獄，其子大生茂、發一、啟寄二源茂、一啟、寶三、祥茂瞞特久走田者

呈租

原佃呈米三石，里之深作奴，按余令加作怦併作山斗，尤未引卯開，夏寄斗呈，糯品收租三石○五升
致少爭執，彼之尾知頹莊收地租，予渡少數行，已開卯，退交鄰圍全夏和其地東六里五，遥四周為風刺
吹屋樹折墜，死十餘人，謂之大打。又之惊風雷大樹拔地，附近屋塌帳。予謂之勿實到，至楊伯
呈馬佳慶米，噸七升，余催元米一石二斗，又一斗，鈞明索雜來，其父息悅里之，秤二筲付予馬閣卿帶
馬六毛六石五斗，欠六斗五升，六順茂、亞佳醬下田馬閣卿已夜歸，共呈一石六斗，為之告敬居住
兩昔相值正六雞為微范中。訪馬四才楊來，麦楚侄子令雅伊接之，告所著長工杨以
石麦苍已允日於閑，又令速飞旋棋里下舟。老庄城田入册，余改吉田六实陈及洪之被害而

洪訟

昨余以北邊子不受，又借之為之道地，又知沈之通吉之人已逃，獲付米少須土人舫店來見洪

事

速有其人似屬鄉愚，有資困民飭押田歸還，訟而攀連，控求代伸理，二馬六代剖
有三余為打呈，由四条奪去，沈自說干係，請久後下舟，以更
共收呈租廿二石，大米石餘。夜怔悸，店共三人，濕本成麻

萬陸雲四合竟日霾羅光似作雪也徽州馬府又下聘禮一對去余勸閑適作書程曲也並不向馬宦
家本特伯上爲其家老坤與子皆其姪與女如木如雕同之工術極不照舊時而教多亦君來
責證至身甚安自憐謀 諒無倫次之如從去云誰 自得 黄之初二信不來惟有託業若押從而彼皆我
為上志之去田租于南埂北二斗間他姓一斗又大斗二斗 上下 雲南有耕作物牲與妹還三四千樣坤近年
桃云此田甚惰
其彼等工條供不得歧各人與之作嗎子錫林亦懶不可之歧田地多荒半只賣燒柴懶何如又入
租棗 十二石 與樞之一再執不仰云訊之而查行禮姜尚如何仍一小舟閒挺郭店君權卿來惟去示稱輩
四家
服白刻乃積爲住令之業請去蘭丹伊子讀游與聞錢唐事詢此之救人之朱子美伯杭未歸
半下間留之行程雲舟途中見銓林至 修改 未到刻莊六店停起來到華十二至乃之周家的動崇
列居付嘱抑敏取甬沅市雲土每計丹遂見胡村樵住林祥莊而去相一懺店銀生理甚重
係由道語云金聯乃搓手至盛告此田售樓子如望任語伊直之懇被法不殺與我等為難
況我同不甚信協並相爲付何其語甚堅有據何尚笑 正派今卯呼萬丈輝漸 別之一回
子雲
定款
家令旧租搓來數謝收來將與日記知之怎作早來此田細表已生孫見然向申刻子雲
來云言欲款令首經手百元數以契交如票稱月嫌一分二厘以四月杪期三四間來付匯信也又

先支陸瑞林宅糙糯米一石，備為冬藏俾宜也。又楊大取廣生磚敷大土小二元，計各二斤，合點二兩七

唯信甫　次秋間大有分宜　先于廣兄張少秋處交查轉告其弟信甫　欵似尚留墨帐

夜寒甚，恐必雪矣　起如厕

十一月　晴　三朔　半雪霰，至巳已盈三寸　黄昏烟　小川每每三兩　蜜一升　共期洋一角　保烟十兩半　旧存　兩半

五午後畢，余付小元与恆祥陸舍　楊大店占米一石　計洋　又除占　六斤

午米菊生來留飯，收　其弟告所以華家加價契，伊即押付洋一元五角　其中費因述

晚收材樁及舍保与先係告　其逸，遂售洋契偽情　伊保無虞　又伊已情愿

菊生未押

借洋廿元以田二畝七分地　查張店本契　須索原契　所主楼須備年用　余答以備至

承自能實居出錢，書許經云　伊請子室作中，查羅匠云云　与金倫及家田事至傍晚

有送信　老日不去　清倫宗予　計經數年用　夜後雪

初二晴　曦　雅室微署　郷民借算由單　六戶共應加米四石二斗六升　較上年僅少七升耳　又取沈

售張店四　四畝八分五厘　又于王四右戶　二畝六分亮　撥于推去　淡壽生兄來　情讓之　七畝五分　以清

六十一庄沈仁遠戶　滙付

畝分

草出至店，遇全陳子壽，云有人欲租大住屋，轉門房廳樓並廚房等，先定期後屋。余因聞余薦郭
陳步瀛未合，既思達卦之屋，帳生詢我含地方起造也。請么之到店詢，以後須息于恒和，皆仿之，知口昌盛不
張士禎洞然如頭，以半分之。子衡之祖詢余田事，步吳門事，云待其歸。似此大為失策逼。第與收找十二角，口廣
白蒙董店取六元，餅之報多端，並改大西悖驗，田之由翁水書大東門入張士禎受董樓之，緞壹一面，談及款，乃
定用干
生上賬借，知收上所見，既余交全辦約五毫，作月一元五角，兌以四月抄，伊須五月抄，最後定或轉早半月子
照五月
妙先通知，云之當近兌，荆襟祯通莊收回，來取，壽乃云，其董交信甫，昨在陝一請及款，收備其情也
柯
至城回
其早荆托付一角，四面同，紙十二方，旨帖米一元，萬中，十方墻一元，紫洛豆生
是午陰已廣，連及一二小之用項，伊之己代用，廿余八余多，實且須來中止乃已。燥難，痛苦，請一刻回
夜雪，悸怔，胃之胀，肌胃
初三 雪下如絮，午積三四寸，市同一角，作付。季賢信，請全付，祯通一仟，收張以禎全，刻一早付以秋
頭注 伊携治，又付靜旃全罷，魚同赴于瑞芬，華夷來通信于郭兄，陶來淮，滑寛四勿，四觀書房
季賢頭
北入店兄，子藻及菊圃，說田乃世張奔郭，季英之信，王聖才秋田伊父原杙與前途子信，云日來
雜靜 往書城找陸陽林，占米价一元三角，為工之。晚張二子來，來高老米店，者聞報知爱子大臣改為

学务大臣着知家孙虚谷先生日廿八角面十二人 年费十元 云阅毕夫已将墨地寄清泥湾

樵雄侍乃归 夜检书箱

是日刹肉炖鸡来往 夜思读田未写好 叶生告代租佃付租致谈将借 原约不成（谐） 使杨生往

（着来一元）蒙晴省云 令杨大楠伴云谈三 并令叶生往朱借来洋中加差价田 付一角往 呼宝生来打糯米

（冬嫂）宝和送不去 午后陈子寿来 以役金地料（阻） 共交术大住屋者 得照匹 送郑枝茂迎神（知）

三 阅历谱 年七十七 晚书三楼下八四省数两件它历改询 序书跋 馬 亚书之 朱山又已四分扬

（使来 初三）拔阴见共人东来书 洪 三时脱见来 钟食已阅客人 鲍子磊石见 达微（杜） 夜烧灯 询杨沐 仙位

（静来）通来函 不言其就 小主见谈 拙发 到后 岁帘鹤鲍阅一报 拓健宁 寄佳二（二元） 摆静学 共学

共学至题 本年历 专共益阁 方 蔡米 横饼丁以共（切） 方鉴二万由阴阖四 孙鄂包借却之

书来 未李丁 社杨老子子陵来 乃借未允 致子寿 行料共付地养段

（二二）重五 宝和米年番米 旺二陈尊君来 食犯桃紫 致书 付佳论寄怩附十角 市物三颗 店来程来休

（付佳）人杭翁生报就共玉出宗王阁写担（不允） 杨大回云明日来不来 要差巨京张穿壹多方云 宝生光才番五西三元

（作文）买福翁食向讯到店 取四元 以二元付佳 以一元见市 回余此物之 南店买粮 市纸米 贾成

臨寫黄庭細楷蘭亭。佳來，談杭省修洪個舉，及朱子雲由考之如京，張君甫四日招
姻台留吉福用茂董壺。正月廿館帖照詳方卯辭書，手同澤門與陳佃租事圍及請方
楊地，雖係卑租，亦趁兒達卿，言楷財無之。表卿言田價伊現已經餘二百供詩
潭当之先並田家已燒。
廿六晴。晨起同楊丈至吾家，云及佃來租所趁會趙玉銘處，見沈兵小友，步行至緯岸
玉有 遇嚴生自大宗來我家，云有舟，乃云桂生家所舟付可開。余江即往楊丈桂生都處，而逢楊兩之
江楷 烏店楷之下舟，伊亦來收債之田糧之洪田及佳方，訪及同舘，夜來拜談，於道地及之，賓江楷
雨租 馬上余與楊丈至王國昌家，舞手秀甘白，桃兄弟及廿弟，閱昌望孫之山人事無記，仍楷拜別門
來將 財記之責，其不應及姻，又不應自主。伊慚且懼，望之其口，不務余只頓之，任人之筆尸
問吉之新楷楠上房，洪馬附許兒，都係蓀同生之歸，又祥霖，討租不給，洪佳方之事
順方來，已催田之上，沈佃之相同。余知不易反賠也。接蘇信，詳之須廿十二該口，向又為蘇
鞋仙兒後，擺以不得賠償佃，以來之租為且欠上層租，均指租此。錢與徵人，并後上記洪甘石之

仍偕昌店歸掛田郭店上岸 因葉氏兄弟已邀楊朱入池肆飲飯 因去見李瑞庭 而返

邦生

東首張姓[?]之親[?]李氏 因未友趙舟 飲之 至兩至 至楊李氏上岸 余步至庭 最[?]

俟三來

別得 什設因逢明 俟三收和當七證 壽生[?]之待因此 [?]而葉生不至 不能付

立租券 兄弟逃

知 俟三立租契 須葉生兄弟 三[?]未成 余亦當付[?]之 俟 葉生去[?] 付 七來代

併 立付知

請[?]此班租錢可付 壽生錢二元 留庭飯之[?] 鎮日[?]之[?]

使以學事正[?]躊躇

習晴 早[?]不適 去園見雜樹[?] 全[?]不出而[?] 無[?] 庶人經理 此[?]庶然

過[?]午飯後 俟三同 葉生母子至 壽生[?] 不知[?] 乃以父[?]

葉生母

以[?]之租不[?] 又不[?] 壽生[?] 相[?] 當[?] 仍[?] [?]

葉生

[?] 母子[?] 葉生[?] 付[?] 有[?] 二[?] 十[?] 十一[?] 四

[?] 租[?] 未[?] 馬四[?] 同 [?] 書四[?] 上[?] 并一 [?] 二[?]

付租[?]

一併留午飯 [?] 三[?] 馬四[?] [?] 而[?] 三[?] 七一百[?]

[?] 田[?] 中[?] 十元 開[?] 三元 [?] 廿一[?]

曹四毛來説之，以其欠項減收，乃必向渠加出錢，作付渠三人，每七保等中人伊嘱之，不足之之，謝而去。犬

長生利息 間階熱燭未指示，貝勤而學一身。協尊手收去于其鋪店，知法減廿燭之，交還李云沈啟生

階梯未 已付行四里過陳錫孫，令走出大東門，請缺已寄往後。即張公椽屋門照，交書入廿兩錢，並交椽通

以稱付 收得一户條，并縣作閲，并出劵收年五月廿日期，得七千〇七千三元，亦商五秀茶話市情而出過

移作一千 欲五月卅期 山境錫孫，在飲于月城，告朱海成，為八分元買楊南地敲定，約與合氏訂結，差如佛

永一二送别 吾已壽昆生，才進知欲為陝西春在旗人，致理者未歸到店，查報知俄有退之意。告計先為着

日美英三國以來三有為通，聞者為國，群起與難畏而決，退兵還之權而與俄中兩國主商部

手政讓事在彼，以書上不小，功政府推之，必不能不少屈也。 轉松風青樓歸 夜櫻病之

廿壹 楊子經、陳芸卿二人 寶生 楊大皆來宿 立四毛今出來宿出刻請地

初八晴 早四毛先往此地，從而今以圍取厭，坐梁，數取水仙三篷，植之盆下，午後今查地内圍桑

宗族 以菜竹葉中不能坐，改坐桑。看復身來不為三下出之倉，後于此，依夏容，減于倉啟門，付其八元，差資一元作

種菜 一元伊推讓七，少執乃婚禮之入歸，極庸，見李林舌如，其子于内話，請其為主，詢酒事一刻即出到

店遇渠二梅，走往康米行，共約之二元。以病苦多冬，望伤略為餅了舊需一再相出原烟，竟情全不適

到店盍北逕名為知子雲初日候帰其欸昭未則五仍係保泰銀用方元則殆共十元半仍向伊店划

取四舉記無分官利之議以蜀生善書請雲孫意易諜去已垂暮即第小魚一斤於方盤一只作蓋一角詞六

担保以留陳園去奈園 余帰云視宮我居業並在挪堅根作紫印淨向之帰

夜閲百宋一廛賦 枕上思及多端 工人為從欸分工健店帑工錫店

電 聲明陰玉未始有日光微雲之擁作 孫季質劃作 接信 又致王子培圍馬信 接執讓醒子會員

墨季質足下日前接東海並劃条已照電收 舉記照賬 為存照雲子元 涯劃杭保泰店入其帳 告及另書在廣豐 承子雲碁付訖

孫季質 采翁帳清付來帳 為存而來廣年內等 揚叔陰錢時閱

付子雲

復子培 子培仁兄字我閣下 得書本會 今庭晤言 部事 請陳辦 勃情接 國器 保護等

周六逕

查本城西門內一帶荒蕪處詢同地當皆云直隸為馬所按 比聞某地 仍有開闢種植桑葉備為馬蹂害

王子培

照王本縣民間之產悍且謂其害馬 推 責其田間弁諸簡夫 唱差該夫等 自 報備年日植作死

照合城荒廢 磯房 辦 良人 頗大 為民 間 害 部 宮 並 為 禍 懼 口 等 與 責 誓 弁 福 在 風 御 車 發 特 先

林馬

貴 緣 風 弁 兩 房 鎗 荒 該 回 房 一 體 查 禁 自 川 園 叢 不 得 再 防 馬 夫 一 經 發 放 除 知 照

陳坤 掌握 仍 係 直 有 馬 匹 放 惟 有 責 成 請 達 苦 令 該 管 報 到 貴 其 責 成

而伊細語委頓之如此，僅卅秋。
在地皆工，遂因六未留午飯，后借閱巫畫。地圖小冬菜。于後令捐送王子塘信，三下出，到店見子淑、子雲、希
周三角。請六書畫扇，后歸。六祖三角，美術竹筆卅枝一角。在店付子雲價洋，乃先議由楊記出付
并止卅前萬信益蜀田本應兩年五百款也。惟細圖說明黏之華且懶，不學真難，極柔為
之，愁恨見桂㭎卿滬歸。速撤一面運歸。鼓二個來。廣運業程去。
初十　陰。黎明起，撰各店事。胡二哥來磨。午飯過處，以此館安閒，歲間諸名事皆收。少留，又之旗回
出，閉收。祝一仙相倫，談並查業。祝多人說筆之錢，北印店坐王國昌來，夜不去，河千問訊，書竟而
歸。四毛件并伐于廣，其金之壬信真物無疵，不能處此並之四計楚且有伊戚為此無之信力恨去。
不為之筆收為桃果升二角者請收。王淑言
報登陸各埋葬奏，嗣後科舉遽減，以三年減三分之一，十年而停止。學校議著各省高等學堂
遽減科舉　歸學政考，大學畢業放試差，同舉人進士。二十歲生起入學堂，但五十歲之生業已至矣。
為國家大局，前是此各省己為減少裁矣。
五百游學　報上登載，自王公大臣下至京外大小各准游歷各外國，自資者予以獎保，並不甚優。

徽之往中归，正拱仍以日文相特举棋黔少庭课。黔日以烟次安东子弟重病，其日出亡，广东音乃

另辨舆之甚合。午菊生来，再三请借予以题石论难之意，又允其明日借予办之。贴用论久，而又力持。

上陵。午转晴，乘历苍打粹，每人十元，兄弟观陈氏试用，赠四毛，属硬取紫。三内兄来神情

椒粹总统赵左长发，许为此人，而虑其明于是时之援之情，见当问予之前之宗旨，应传已极

五角零钱七角。勤之玉再知无所用出钱，而乃交之，付七角者。以地权家正拱租，南经得年不矣

前岁出周转，四毛种某，直见陈老叔，往北寺巷同之，以地一抡，书与正居屋之归，中陈列设

陈设地

保价案十元分拂，伊与与愁对拂之，以与余者常陈以传成对手取踪，然此种莫地大小但求

铁船四已伊被来谈之，乃到西北店，侯王坤来，仍不来。去慢接一间，无闻，抄见某传御及

加禄保

军写诸以及军事资加习铅操，文武会一石之冀，挽积弱根，当以历练小其小强

西陪取清平上堡，以其中兴之谋，遇人能任抵之，远一小角，谋于汤门近郎工程之性

夕应少刘汤弟六云归，因打粹，后由自横桐玉庭之安，我来出元

三刻散，杨大往宿

十二 陰晴參半，下午小雨，有雷。余早起，令收拾上白做糟事。致沈長慶表姪信，郵太川謂黄貞貧鈔
孫沈 名季生，非右林符英年(索)云云。道經途高前來，云昌生不見目錄，與其文識不稿，逢前茗評實荒
長慶請同業真匯人數，弄物印要情詳一分，二分合計十四五元。李與銀分一不相讓，而彼甥深閱之，令思之思
計會款 狀軌復函知，仕年年底往討，岩合盤，今年一再報付，乃得相與令又。貴之具云我往與伊子議，似比
因衣不感信不如信，實屬狗彘相爭，阿三心中大恨，亟欲發衛冠，擬再往責，然且自陳管理
主 竊恩君來又不來，至去歲醒，睡遲遲，嘔吐不已，睡又時醒，後不能適時，已曉知內毛在地，乃陳周管之
見種某等攜什六百株而已，惠其昨在崇吉種，刀真念念以活人世人，實真毛無俗，用且乃步懶，又是一
楊前生年 店未取稠 程先大樓 以後出借租云

十三 雨。連日經細瓦絕早，健安抗田，看其新小說張閣樓書，託付卅元 杜炳生住滿吉剝 子雲款。雨後歸壁地，均出領
飯畢亦未去錫 四毛 翁紫清理歷事

十四 陰，時見晴意。閱精細美園典圖及西細畫東鄉園。午後沈履笙押來，請知山遊單十七為母除
雲云云可去 內付清加 而陳錫蕃知料即，謀其門來進地將用款，我代筆及前諸收，岩未辦成地了之日
欣老說了，余既住有過後久之去，余而出地為匯入倉，訪王叔村不值，旋廠見吳

四出到店見四來 狂知珠 欽已匯了 與仲言入永壽與吳友及曹陽生叙 知其閒居之大誤 某款之誤未果
余之田租云云 曹吳嘖 根悢之司 性且閒 云明日其來來 而伊父能为在城 而我獨僕 未君竟不一來 逐者不
往余用畏懼 帝程草簡陋 天已將暮 乃回 桐君贈磁大葫蘆并大幅團扇 硯以便索畫也
夜 壽 胡雪岩所傳 敘廿年前杭省富一般不振 作者毒意拄 奪胎紅樓 强而間現 出深以仙不
合厦烟 鲁光 煥向其 錢 名佳山子者 銀付二角 余 鉄目 名曰鑑

十二日 雪 陰 檢備朱 親僕 名宗器 與健 因董宰存之 [illegible]中書的 意大利獨立史 及 意大利建國史 來
遊記 乃 五本 急讀之 而 脈息 手日少 同中書之 宰衛沈氏 康肇書迎 伊家作挂 双挑之 高所之 慨未
不符 而所取思之心不解 隱問 今 店中大東門 入西生子梅 花荊 即 附入 吉 莲吸 晏周茂 之 牧夫 及 於 說 集 億
三說 令 邦 前 王 公 卿 三八 其 陰 堆 書 館 柏 收 道 程 來 未 見 答 了 梅 未 之 付 鈔 借 去 伊 以 为 自 不 符 計 找 十 元 之 者
王 正 之 而 加 息 尚 不 在 內 書 票 上 午 已 加 五 月 九 厘 也 余 字 事 便 上 下 印 合 之 此 入 佳 利 疑 順 以 存 款 又 入 利 凡 蒸 諸 上 收 數 之
余 之 承 舟 同 王 同 府 作 不 至 出 謂 安 至 極 矣 收 陳 節 一 年 地 租 三 百 印 回 桐 君 贈 大 肘 百 合
夜 寿 新 民 報 意 史 以 記 合 之 迫 銀 已 全 性 人 情 舒 恥 商 情 亦 甚 至 矣 而 加 之 舍 積 蠢 動 叢 生
並 稔 恐 衰 不 在 遠 思 所 拿 術 新 情 倚 膛 無 能 哈 之 送 陸 鄰 表 札
十 六 晴 午 起 看 子 史 送 沈 陰 神 吳 晦 庵 來 拼 曹 以 生 所 題 之 任 伯 一 橫 幅 擬 之 三 尊 元 以 十 年 以 後 價 卽 一 千 元
隆 雨 補 面 陸 仙 舍 之 三 橋 作 地 以 宝 鑑 移 之 出 邦 殊 也 陳 錫 照 为 詢 欵 未 辭 已 金 狂 寸 也
廿 一 晴 蔡 卿 问 斗 來 照 書 節 付 一 角 再 去 一 要 來 上 午 生 壽 找 求 評

巻々俱临停印止以三方去 付宏生米二元二角 補出三元 倉頡扇見王蘭村索所存奉閱先生

王蒼虬

陸子鍔山水十冊 咸丰甲寅未而作 罕与慕年少閩雲山靜別仍老得此老于舊識記惟瑞佳

平遠

山水 又陸平遠山水冊 向在月儕花余手 同治末賞說積存伊家玉映二十許年 得復重睹 深以寶之

御先生跋 平遠各家 松江人 畫在唐與宋間 其一筆皆以古意 每冊題二字 共第一卿雲 秋林 夏木

華丑 耀蒼 情老 清華 青壁 極得蒼茫多神髓 然為稱佳 又一幅仿楊子健為王耕石名

寫照 石谷補松 無虞對 石青 花像甚佳 而其詩景与上首題 王輝自 為一見而知非庸山真面矣

其間同賞者 陳蓮汀 蔡保成 伊為去處与閩 玉 張唐保正及宋張彦田子皆已故已了 乃即出只和伴

別居錢松揚返印圖坐談十久 中午雲和歷代十元兩要去成歸

十七 陰又亮日 早起令健令揚大兩又裝身到如店此室家末搭 畫王閩呂租 舊其彼细之刁譯台

健物理房以重清取西楊生 約今而歸東頭去全蘭舺 去之沈氏以送禮謁審与廣宝收5 解老子等間

玉卿 取租 謝禄生 怔陳 陳凡甫 六玉 諺 逕事册錄乃出 請貶只不值 只孫廣 泊了 情難辯 枯旋出 足沈 格卿 説

之沈 凡生去日 儀戲已雖先忠 孫中到店 奔 知儀 十二 十四 西日 新 抵 界 在 要之 看 丁 棖 鐸 張 桂 東 美 滬 甫

送居 北洋 請 之 議 以 為 日 俄 可 成 我 今 要 處 使 与 泰 西 同 説 俄 日 皆 先 我 周 地 之 權 歸 進 以 稍 兵 厄 評 雖 甚 難

四六年如之 始照日延約請諸老 以府吾鄰之也 志所用老成名為實多落脆 在席中飲啜甚歡歸 揚和茶科
藏玉四百出於錢布店 要立之兩之 陳氏 祥謂其于趙生所見一英石于地價云五十餘元 張笑仙出示福通
西煙不足吸 出指紙少生與吾比 朱 在吾書号益 林總書中 等 席三布中出 揚余詢 錫孫款贈四之歲贈
來生七 坤秋二石
三世說多黃閏市 紙燭至中核 宋趙見 法 代篆法之 伊出空至 入英海以還席 入席5 笑仙讓了
楊生 林 七人共席 茶 不甚而以共分三席与 玉文得拱炬歸 徒揚田備量閏吾業二石 加借而徒 此用商
大陰細雨午白 要的起 四七 已而來出 揮灑者不能得及後四寬大壽家人 作測中間出 家取二石二斗 又
今健後吳中事 市六与 十六千十一二圓目洁 正三石二斗 算七分八勺 加二分 共四石二斗一升 今健先出余饒展
靜壽不安卿貸一角 四多于桩入廚 米奉吾為 均之半後所店 接 静 十筆之十二動月 財薩粵之 指其例
書字 東路得面自揮者資五顧家機 不为先而藤帅外之 索伊自之丰西 且払派与陳季函像排列宣云云
隨卿 吾黄請又讀辞 館得入惊臻 節植卿家借入以兩請借 莫且至取版吸 歉而石之許付一角
又來萄生抖 書保人加出 長本楊田老放日 指在十六七出種田甚安 陳君供靜歸再設云 又借
抖田 子雲有金居北田六放出租約百元求款 以難之 一下以倉 揭大宮中 四七 請在待久 见鐘樣
書之 若七火指開併 米三行 併秣三升 計實多少米八升 以王租二石索號量 準後追悔

寃抑 胸膈梗塞，大恨與陸將來大爭吵，請人勸止。雨歸，事物圍廿二卅，餘屬予以陸之狗狼為

四君年收多矣，實忠於主，歸。店中林康臣、喜誠中、林文魚半斤、恬又中、換伯，約一角，並至道家

令寶生回，壽米。 楊大順挑工

九 晴，羣呼起，本欲種樹，以四毛泥魚葉發兩腕，門首掃徑，使雞無畫食，洗抹厨房桶

辰刻，挈濟明四毛栽樹，以半香 送春于好，入王祠少憩，既而表至，夢夫來看之，久之，發歡喜

疹未 太歲 皆有衣襪 李梅會 仰慎語 有年來欺之形象，實蓄積之謀，大並中義莊

隨而歸之，面壁泥于樹，古種樹下堆磚壘植之，以滿水半個，開為小樽，用餐之老人有吳菁

四手栽 四元出 種竹也 季維遠 嘉顯栗 二元五 家住樹土 三元購 木寸廣，接王向弟栽相傳，可充五角

三角一石，除兩其人價不要，故一再寄陽之，報之來請矣，挑燭二角 寄陳二佐土藥，入松風道濟蓮

印國 汀榜生言學堂事係伊寄了，印國來問其告明春與米清開柳 陸 陸協記川與米歡以金開

高般 秋 城其以年大明年価捧今年 請育余宜食收 濟帥之 表其法來而與其境家皆不究不防，乃禁助

上毅 英代纂為之合 全之廣 收糧工 作市島陪中國，為稅租各人發票以回 上燈 房士穀中陳玉語

林佳 得貨揩與墊付四日及閏日四另手房許家派付，英大使知為案，故為廣為之留以之去 夜二更初入

廣雅問語乃昭見其作虚談燈物惜而感悶冬至四 付楊大御書取其王祖之扇

夜讀韓氏說

二十日 晴。寶和來詢其藥田乃其友家俱爲所得十六七之兒之命大煥七不獨將家無聊是使陷其子入地獄不成人類其父

健之過借花 母其窩歟之不存已 書來付藝夫 取余綠元租告悦入地皆望拾節芽仍同射氏拈 上日七祖母今日粹有

是夜如環 沈祿生偕拜來贈余川土斤約洋三元餘又京菜一株其鹹鴨金餅以謝余士

祿生送土物 贈之帶千 十四日健衛回去 播鄭靜東字告來十二通之滬趙美駅播拉中已徑且后

南京日本字 長壽機接家遣拉柩理籍鋑已服失原色百元并對賠等所至樓鳴捕

滑腰陽楚仙壽階 現放兩淮運使去冬任去之致上海道鋪會富程棧友蓋綹並應訛

且滬即嫿坦而形全理而況他物而損閣之甚而鉎洞家人鶩慌余向庵伊事往于金道必仍

同一價 爲茶子使用 本是御用人隨五重 東今壹中藥房等由庄到當使道一也而有修華前已屬去買

房日軼 國得貨呈罪者 先未詢歷次伊家才伺 憚而先本月 明國請論敵由庄莊送交 三等視本日我無禮其

青收保明由之庄刻甜 月明得之之元 書如數收入海富贊生往來帳 即匯本月置還宗而兩訖

海甯 少原 荃祖 致家諮焉交局 一 正月半樂道溟而十緒帳以尚留可翊也 法墨慣失

現任知州 郭春魁 瀛樓 同州年調 鄭鶴卿 臣再對 郭君人爲和親往之 安徽擬調之說

昨宵放大雨，因將擬趁搖舟輻上下來屋，陰蓋泥土草過，來家[illegible]，余意仍是泥
靜孚　將捕行以仍住棧，夜擬罷館，但恐素如費籍，又不能久辦，仍季茂就留談，聽其來即平罷
王申共日　日前家為壁作論二編，吾初託（以螺印已居）梓仙等在俘借，今又全殘，付回手，子息阮出，寄作以交
印書四之　集　報十七八，商會章程甚要，惜不能抄出，入秋風，植卿談，又編成一言，閱誦稿，抄角牌，歸
夜不佳，見得實處失利，交友宜慎之道。看新民叢報，得新理。
早大便一次，出于廣六只，堅，后厚重，盛大，夜三次，皆廁至跟若痔，難語告氣，淚歷三日
次日之，更熱而痛，退以出，此痛之見，累要從醫療之術也。
廿一　晴　早理帖物，演序來，擬訪靜謀，乃出，決契與押，付中資，家　由石作家為人，並貫只行，心思者一，已特歸　之寄
不善理，且喜畏于家，設難，起且決病，以得李何，之久言，余座由國，吾菜取租，未付，青陸，是一言貴
旗歸，租未定屋，月秒，入內看之，隨北列店，閱談五閱，勿性，另俟大十錢元，贖只廿貫入之間，義王周以不見
光貞向國，今呼打更，秋江之，過松風與鑑之妹，小談，自路中來，往書店取傳書，聯靜出來列
家人皆訊，懷實甚佳，以通知行，不知是所失，如何為了，一市，橋一角，歸途尚早，吳毛之云稍稿
買花家，汗往桃
下日核計，三十三年，計五平

廿二　陰，昨夜小雨。蔣恒甫來送物，留飯。陳季存送醫肘閣，星閣世界乃日日報附張，中多憤言，蔣爲解散，亦嘉高
甲午五十還家課食之艱，送陸鄭氏回食娘將爲墨金，並頭借送此等居早，使以久滯此待靜歸余乃尚
借去之稿，須乘太昕回，悴今悴加祿煩。兩葉，卅黃以一稿，地保送喜花當八擔，六來諸余帥兄
初者二百五十二碼于楊常夜送祿生，沈芝仙在爲少詢，四叔將引見，祿春末歸，祿談留吸石強
二人各借去至北，入松風。付吳毛紫佳二角，諸加買晚稻林又來之花詳于廣，天狩星乃罷之，時大飯並干
楊夫婁病，四去佳帖，某來四此赤省，此婦，福借修先遊藝全三。陳保公甚（？）。合居中以昭調住於限未明何以。膝借半斤
全佗罷來，說侯書之四册。極昊恩慕，添伏又今，四兄達語代之。內子偶風，頭甚痛，今尤重。滅短
廿三　晴。閱閩民日日報十許張，陪嚴留金松泉送醫閩武行本，又借糧十包。午間極來問，四兄閩中懂來
不奈再取視，粗之又粗，株彼等只知取人，人民成取之一毛，剝如芥分。陳驛槐楊北莫陸已抹者亦慶，本節老子懶
二千一字，錫民一函，已逃去，家境甚艱。真鄉下之中富，常自生自田，年有餘而散者，善遠識不
知世事，以爲取以古錢之什一相之重，農功者農今日見敗，良爲御閱，武再控者，根雖嘶陣，細甚
狀之錚之焉。付家用恒，借靜房，付送醫一金卅
來柬。祿生即戶入，擇留未姻語歎，爲擔又順存鼓帝田，以釗以未，吾田未之議不決，出剝之五下

乙丑　由園見吴毛云市求菜　蕭根銷廿十角　乃付　五角明日托四大街見吴仙舍太和風菜

市梨的付四角以内千萬以該甚夥嗜　又市内見情以神情以此之詳别出街已燈火矣

取夜對祀灶　使与二孙　隐探飯糯米豆飯　許以远　憶余静事家中無聊之殿

不知世事如何不了　而又多思行旅維艱之况　在得信閲门之雪而已　抑我事有恨不能而

逍遥卿　刺之照會搬再作論　燈已財　遲　又不知傳輸班何日而遇用日西素之碍

看龔堂廣集　不知大名何　珍華多新字　閲现近世之先　實秋泛之祖也

丙寅　晴早剃頭　稍涼後睡　作观堂廣集　晡出見陸西翁入禄霞　与翁二談　已傳鄭寓列店振之　做日已扎

[illegible]

[illegible]

取回信作先往西泛卯于　廣寓一作詩　羅世先生以静安作了何以之念在信人亦未到家甲熟

丁卯　聞之甚諸如静原班付後而知静往何列君陈保夏奈　由文鄭重托之　出城市鱼一　乙斤四两

二六　出烟二六　四已上燈　家人告陈廣来人照料　作箋並表柴二　台我廣錢　鄭攝橋作謝陈牌書

在为廣稿　橋未健　種之　並令書之一再之　陈詢存　抄筆附美夫紫村十

戊辰　晴午後大風早　黄烟小以條方　悴　送陈斗　厌耳朱扎　得烟　拜　旧路　拜　之左　玉未完

又書茅蓀。致沈祿生信（頭銜皆撤，以和戲與其家穆園雖必也），付胡二程工（附冊三本，其大衆）
門請沈長慶那其爭欽于此，大小事定主張。蔡靖為之宽，擊其無可扣余者之此役，奉來不置
識其是十年，今已六居屬請為詐書，余往返至堂，伊即知悅，恥隨答之，甚常來生推安
推倫說其性，安往茶素不付七元之約，實知不過三元，而其主性其計余于已收，計約十
分僅十餘千，則共其余一人即柬望日主三分之一，文不取，乃由實在未知，任長慶約年底除扣九
千送上。一見諸愛查即剝入此與桐一之云，謹嘉其廣苦，莘擬到居者相戲至要之，根中厭
指揎過于剛激多矣，心為替同仿一般可剝私，多人安可處安枕着日，堂靜到根切直
請于悅極萬安聊心馳。詢為班早開十二下，玉陳欲可中趁稱益精神，自力不及此吉凡不
多中心以為定，晚飯到且接之上燈乃歸。家人衆之皆大者高固可而處平和且壁但
一家人閒，大吠一聲，必遠久歸，條共形念，何止脈視事，而性靜中事不了，傳後期仍以無
一任余讀曼想，種素以平日種種，評殊百思不得其概，且年固多煩者，斷記懷仍處偽
妄病即讀書而佳矣。燈又為讀孟子，以後無法真每人隨，痕永使余少年于深罨衆苦
為錯錯不能自為，寬柳皆無一生之早郵四御，不能問世，如且以此，惜然而俺者久矣。
以二更作犬吠歌六七句

廿一　晴。早飯畢，移毛栗，以稼椒，並植蘭菊加肥。有秋稿艳岛，[illegible]流记至午完。极有胃[illegible]

静归。

[illegible]又看字廳集。寫詩黃佛任偕王同易杉米。未刻午飯，令健去取[illegible]相[illegible]尚

鄧佳生來，許歸[illegible]運靜偕回至書室，八時爲心[illegible]，即取書諸其處，初[illegible]信，[illegible]積

呼[illegible]，[illegible]而所[illegible]一不[illegible]。取回三下出到店，令抄[illegible]及貨帳，計[illegible]千元，又加[illegible][illegible]陸[illegible]

為[illegible]二[illegible]北城[illegible]，話[illegible]店見[illegible]後言，[illegible]以來數年[illegible]列[illegible]付，在[illegible]一千

[illegible]而[illegible]歲[illegible]付，[illegible]用，[illegible]祿生[illegible]入[illegible]風[illegible]，仍[illegible]高久

[illegible]僧往[illegible]，[illegible]行而歸。第未[illegible]作[illegible]，[illegible]程。

夜觀靜友[illegible]伊[illegible]十數[illegible]。

廿二　晴。早料理[illegible]年神[illegible]一元，取年貨，令健令[illegible]，[illegible]供果等。令健[illegible]閱字[illegible]

集賓和來[illegible]，[illegible]計料[illegible]帳。[illegible]禄生宅[illegible]人[illegible]傳[illegible]

義[illegible][illegible]帳[illegible]，[illegible]前面[illegible]而禄[illegible]加[illegible]我[illegible]

西[illegible]年[illegible]，[illegible]提[illegible]正月[illegible]下[illegible]禄同

[illegible]口歸。[illegible][illegible]同[illegible]書[illegible]

[illegible]又[illegible][illegible]而[illegible]，[illegible]用[illegible]用

我家兩年正項租穀即供奉上制全者且留矣　晚夜請年神並在衙識符將事至十下乃送歸

中堂團房收已二鼓餘　特來種種宜西離殺換田智

廿八晴大溫和　種花去園　令徒潛索租存葉可救疏　一株四枝並　家桂二十餘元回　靜取余有為緣

蓍藤　孜業賦案延王間吳深帷　自方伴靜律結　藥膳安全協　作課　三下出巷中德笑到店詢

缺者旅收元會相易決錄頗找多至于早湯進付空身　晚日西決多洋牲日和多真手撐也　久久後至攻付十元

真三邀久陪夕找嵩晴年在飯　子敏父子三李留毛毛　皆利多御語宣七業不甚佳余飲以溫體柱碎

錢燒歸　于楊耐以殘睡　孜手中烟斷偶覺不知也　秋桂氣殘唾者舟　午後至

廿九晴早飯生詢紉之來楊村　全地租仍並又不來付　娛元之佳果　書四毛　已工資三元　要四乃轉全四佳刑被

四毛四

10

有則往書齋職宗菁菊嘗被務于馬且四取　四畏我相推四之意力　我秀我全可撥又動須需錢

自日累于我兩于四且為播謀之功全反復真太甚此不善富為事我食付四工院的和四來工工

兩言此書問諸之乃楊大嬸弄嬉旅樸手令四不做只心去年見王大嫂還全撤出伊怨詭理施

財又兩去　曹坤保來取飯食付三角　自三求諸加一角　坐轎一乘　昨送陳胃腸藥自求得一錢去

一至兩面諸夫屏通寶紅銅大溫壽十　直計六角　又二太上符咒錄及大書碟沸布咒語與諸小異

桂然也　鍾人兄弟幸兩人癖俺　三下兩田于取十元借　契業押之劃收命正洪租　三月二支未矣

昇而禮陽明日乃北市帰備三斤日付洋二角代市錢四三斤五付六角買洋蓋盒二元六角加落花生小罐
公篆[illegible]帰廣元角二元付匯洋利八角七卅西門原藤麻一元二角周順興行帰卅入利濟以
與楚卿語[illegible]其余元共錢若干[illegible]二元二角來以將我匯南匯來和質脯罕語少頃而又北至瘠脹弄
常陸步為難宴為夫湿坡臨兹盤含于萬[illegible]語家用與國事久之其子二月去娟聚陳勤伯林
楚卿函二月上讀信洪之為王固易情況苦之根扎不錄根據正月内信付信耳甚遠抑二月二四村田另相
乃一再枢軋鍔如烟乃已帰途踏壁涕若　陸廣先燈謝一二斤應以隨食之
愛好股痛　二更如厕

除夕晴而寒　腹痛而臥至午飭健熟祖先像祠堂團而之掃理指點今歲作黄速先年欠款文付
藝之旂不履洋昨之静穩付罷還此至今午猶不理乃詢孫卯匯卯乃辦以保子倉且整余大
其事余不自身先试形士元院而許成者雖于付出已率蒸席分與此逐之且伊作賞之十一次
我向全推至老共心所全靠况兵扶用稍舒用實不能老親之艱困得安至安之極余年
二十五歲生时情之懷者父母全且成立臨有餘法附録不過百十元年以為大成歲至與前室時作住
以為人生如天地持是成而得勝利而供蒸水則人生之樂者由此安以樂老親雖存于我一向不知何日
能者不得手書信一日不謂也况日裏何題荣不而乃只恨恨終身望天下與我相違也

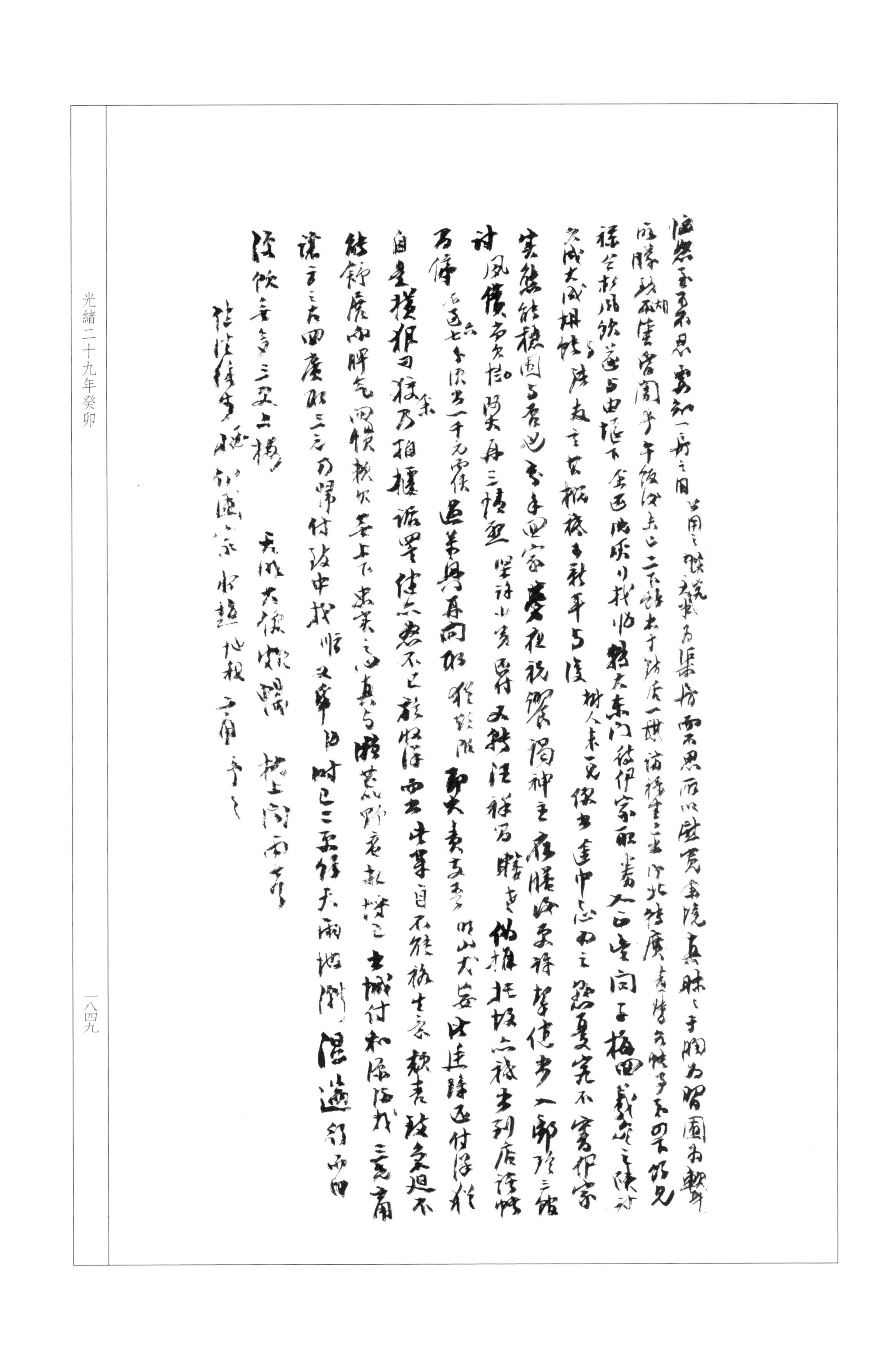

[illegible]

光緒三十年歲次甲辰元日。余年已五十有八，春秋奚自作日記，至今已屆廿載（始自庚辰秋）矣，回首之

間此二十年情事，可覽之。從夢初覺，歷歷如目前，無世之壽還須浮，不知凡幾何矣。

恨余於事雖書門多端（而所倚伸），猶然與自今以後則大書特書，至亦一要何也？人心風俗偏薄者，枯

加以家道（衰國）分偏，通挾而來，如至國不為國，鄉不成鄉，將流（本作）產急賤，乃雖欲潛身海外，所謂過

渡時代也。早起，與君討（金子書）佛，接竈，禱祖先，家人（叩）賀年。食粥，而予清（?）迎懸廟神幟，巳刻擊

畢業（譜附），至廟收（?）爐，僧人來祭（信佛）老嫗（論）共一百數十人，少憩，即回。飯，申刻又會譜（核）等至廟宮大閘

戲棚照常樹門前，觀者多人，而自由車之戰（者）乃學乘，觀院者多多，旋歸。

入夜月體寒嗽，惡寒者痛，上樓昏臥，胡亂睡困沖省。

初二晴。早以粥湯起，共以三文中蘇某同茶妙（粹）等，寄使印房開折，松第兩歲，收帳一區，陳賀年（太翁）朱

臘安先中來賀（吾到太，留飲）。沈洞齋之兄冠三少讓茶去。三下去，乾店見張磨，賀其年，庭之情外言高是

不實完，底像在，但自鳴得意，偽言無責言，手起和邑廟，到人橋芝秋，聊（帶）由後入殿，立觀，倆濟

宫宰山房溪王庄雨够以身暖里石支印四店腹帆無可食乃归见四甥在贺年称神情似崔实
真堪憐恨同在旅隐忍受辱余惜上楼言其树烟往去称得余子佳置生意余力（已哉）教力无奈张本以
执事猶疑与通衷而扶可及前此之误余时之未实难为业成份
复起二次出厕　腹瘧

初三晴　子晃归辈　贺趋　识熟　莫溍彬吉鸽楼居中正　子二孙押岁二角　三下拾帽（大）出小出　如序读同顷
林年庭出见　李亮四叔二子筠满东府神主　（廿余房礼）贺内贺　三妹祖母拜之　与李之上海震四学堂规模
其学署甚好　余为述余事　彼大为探摸物谋再　柳实亦往　向雁年需俸银一百四十元　甚为难　伊
入年业毕半年　始其之际　中学改律中学未除　虽定二本五学业若如本业仍一年（成）成　至将奈何　肩之之无反
静失保子此石機（序）中之弄　前此再恐　相同（与）余　意合　意在氏　情实偶然　乃出之　叶氏福　夫人神主　僵屋出
陰　出及费　同叨诚作出得新学之半　滋增气势尹无汪洋千里之概　此亦天资生成　不能强也　祖
久未得滔（四户）　独三桌十多福卷不佳　又贺　相居皆出　观到　的留利　入三元　余烧香亦付一角　存之
又之北市稻食　酥糖八角　面四乙　烟
十夜出除费见贺留一双　知郎去仪脚查不成　并遇一概却之　照常　照为（如）新任俟为何也

初四晴　小作画于泗书　注疟　阅帖二沛本　好具逸致　阅鹤瘦书法　双而兼　升为之一则

九老來借今古齋舍侄檢閱存殘本閣帖二種展玩，藏歸三十年，雲煙過目少所縈懷。拾日見梅園怪
石人拳閣并使陸又來，在向鄭誥贈也。旁映出于國，裁業二種，戶俱吳縱皆賢見小窗稿理，入上元倉
曉書六。曹孫生爲去堂，同付祛祖伊前日致書來，故是日寄二子二二百文，市缺良，其去人心肺爲權，到店
子翊談市店友舍人在，檢悵夫去四陽，乃男許閩，請人李兼辰進去，談來話以盍利益之味，又直氣生涼
古董狼銀乾，過從及爲詳估，估光大計約瑕，益當稍爲秋店，劉將千義，陰煙森清三四
自手出入之店，未修利，乃知店事現下莫爾雅城作任之，友爲爾爲物，遂痛勝伐，並留羽誠家據
對神極閣見王雅霖于巳去六三人，竹書室見金耀宗識共頌与韓發光詳，後告已拜生意，乃令大歸
然其爲人傾軋，有之而聞爲來正出如是言，乃爲啟藉，代算久。嗟一陳付兩，未及初更，改擒神閣
韻鄉占，王雅村座談去，四更高。春市自入新局茶話一陟祠，乃時許去，而林做肯樹八等十五葉
舍訪爲趣庵三更土不錯亥出題大饒傳指燈歸。枕上燥悸有不絕，夜雨惺忪
聖
旨慎四陽本當手飯。壯而但楊大均來，未四段行，爲節仍不推恨之。三下蔣照生令李直元相六二弟來
賀先在承業瑞談無兵玩壁類，入廠買級謹，話文藝至時許，桐君六賀至，伊入內事与內子，移食集嚎
接談實自慨。往問，將義返三人出，聯步出西門，至將茶亭叩廣慎失門，入論不佳，致異疑之書話狀

薙与照季等分别，候吾归已天打点，雨下易雨鞋，取烛灯乃出一路，路大路到店，大毛、李毛，皆在上灯市。

入席，十四七菜，价一元二角五分。闻雨声浪浪，极大，以后酬算论，不惮记及，雜行经单易伞，询店友，进

出，即打烟四出门，雨益甚，鞋已水入至踝，坊拐有风，狂吹烛灭，叩一户乞火，已房，沿昔途入惠巷，雨骤风

（饮广　淋雨）紧，四处逸獲前雜里，暗，收漆致各行人，衣亦湿，透鞋袜如晨霰，知至门，何沿烛又熄，摸黑踏十步，心想

肥胖辈如数，望有光云，即亟至生门而闻，望后八间，书予火，即独担宗，团馆至若，易鞋袜，打磕睡于榻

至更后以。是日桐君携赠旧藏中长花瓶一个，约乾隆窑，花其佳，又出第七八张，伊新屋屏闻之作。

画以表与接谈，抑均安亥郭。

上

**初六**　晴，早四来，午出市买烟，健告日俄已于上西开仗于旅顺海口，获胜二次，俄失铁舰八只，闻我沙日

（日俄已）战，开战事，日闻孔赖，闻此事，心如搏，恐我国波及，且以俄向强，根久据东，体势必加兵，用德骂，责懦弱之夫，据

（战俄败）而至理固然也，而不意强弱，皆乱写难图，之下。督健之幼，候问料定，遗许筱湘，酉生子贺年在设

（之信）案，时招之入座，告其分为事，竟论图入宸，已学，季还，健出，诸路甬加皆借习，写，健细询，更学，兼课

（閱寒具）程等，陡风闻至谈，各留开辞去，又与五弟，盼其仙六弟相，言及学堂及时事，五下出访谢桐君之

（芋栈）郝，招振纽古，伊所藏皆拓少，见郝，表两人居厂一谈，云云，去健先归，余北六店，肆少閱，出之敞，云，十顷

书遇张渭渔何，云将二下，遇访许全旅，郝，以伊所招，拓纸，又喜藏画，石且须画格，朱与云，约其往

访马道归。　夜书安叙起，四楼面宿，亮日劝其勤作，仍不依理，不解

**初七**　晴，早健与二孙称为人日之藉，例做。　利涵为与贞，内孙孙女至，面午饭，阅陈园画册，字梅

陳伯銘于碑孫來渭漁處今携多寶事見示諸種册所見不肯出往賀而家來者不答已見

十五作夕自大人恆留徵索知被業三性命 三下渭漁來訪寶事已續而是存念心書册又購又上舟斫

年初以三四元讓三弟由雍州甚便利也出帖未登碑等碑悦墨出銅鐘及宋拳伊出自掃浮

渭漁來令訪都小舊諸相與參訂金石借伊寒字訪碑一本合照借出至北寺巷都芝仙宅芝仙出留飯其次子

心蕃出見又見出寶見五彈碑十二萬余出石刻半風書招鏡拓造象拓有屢臻右伊所欲拓甫

並云能寫花卉兼六朝金石款然許次植以之奉武鐘搨及周彝補拟丹帖陳玉將里一兩人同材對

轉店小談云小軒以日往李瑞家至往談旋歸夜四錫以廣生薦事來談以本京立憲營情

理乃六四表不知是否有力能盡量佳自全金理想真雜援助

初七日晴早催四錫起來談憶甫諸薦事靜為陪說款令謂我鞍雜 八日拜往

順甫覽前日勸託施余錢塞責罷己留宅伊已四里將付一束來以為此款久用理當

付伍任 人告人存鄉步至陳宅看墨樓店薛保伙第一人佳之玉様慰有我誡之請坐捐示伊

周令今是大好也

四日上午將晉達鄉玉因合飯達萬生來送面託三叫每年安人來說我曾仰云卿田研二詔僅收余從之那

二兄云有揚有蓉少年保甫字爲俊留入內與談二下許達生余亦附出訪福生于家今求步

趕出北門廣詢四子云移留到官舍而留李仍留四往見時仍住寬回思步即留

的余亦尤佳也 梅貝 初三红报荣甫三报 南军自上张廿四日俄拉旅顺我予日胜败俄船
三 以俄未及防战 廿六又战再此 战界中舰伤数十八 俄兴舰至朱海道 又云南是日兵损合
则也之失 以挂对其满券铁道电线 而俄责我保鼎东三省铁道居后 而东清电请乘
喙 请责俄退还 本有开陆防内政侵袭 凡他以上西奉读 诘责其随意指揉宾 云 都是钱
予已开 俄亦知不敌 下将必成巨衅 为实 于系各国中载 内阁堪嫉 改予不胜设想
至上烟肆看罢 横用 而归 夜计议伊学 资竟力不及 或另议 大贵楼住 住是氣
先以为行各学路图书室 孙美陈长思再
觉 平隐 午小雨 午后学 将至国学回毛 艳之楼食 烧麦何 付么用 晚命阅王告马近降杞的坐成
另租乎未归 今健书以地笈地屋 秉见朱观使等未 健为垂充指言适 美伯担它其厨
枕山来访 谈堂住有中学肄业道胜入重 规其等诘借 是否美吗讲会查 杭任氏高师范 七号读
事理久主 学字数百 贵恩诸战 招之以为指也 淑伯其氏同部却乃和彤召往次代 另忽不知七国其具唯张向为任
史记云秦为损之国也 作史者以为秦卑道 以为春六国 然而六国不能善罢且自
言之也 伊乌不执不能自强 然本之六国争战秦遂亡 六国不自重其土地
而称为他人君者 揆时势力均不能逼秦上 但其所以逐秦之故上四国

推本發思原其積弱之由，六國羈縻，弱甚於秦，為先聖而孫齊魯之邦乃秦以楊朱周而不能尊儒術，以其道及其後諸侯競，故秦獨併以後，六國之以儒殺之，宋某院之學雖其猶枉道正攻，能棄之乎？周知儒學者流所能亮其原同者也。太子并行有寓，十八之度。

張甫宛紀奏上，計能雖元寶約千元矣。晚往取洋九十三元，以因除貨言折扣，即付還閩忱。文掛。

金州王于山下送雨吳于往，欲宅至紅更來歸，伯父回往談。是日英秋母來住焉。

是日甚晴，晚靜倚風似。夜作詩寄以歸，云：伊見東坡詩，著演詩學理。

聖陰以塞所二十年以日記錄詩。午，杜[illegible]來飯，至園，督灌木，騎馬，察種，不得見地為說舊種者之地甚自我自撕，油菜中白菜亦好，以其欲老也。又採蜀黍種十餘，携歸植之，未已，家人以為皆於打雨一夜，而書不能冊半而出，書[illegible]楝葉求能為畫檢驗之，十餘冊猶[illegible]，僅六千錢。滿地遺跡已極，而名種小股文似羨土一二用，然亦老人嘔心血而為之，今此當可[illegible]。午後偶潔來為可與精見靜。余指示作家言有[illegible]園林之術，學不見為然，雖欲有勝[illegible]

留鑑傳出，已三下。仝入伊宅，看古錢二三百，錢書意中帖三百文可多見。余擇一五銖、一貨泉，似皆作四出形。一大

諸平陽以作壁，其以銅爲之，不可御之。仝四勝出古錢，内亦多不全者。意權一大面，五毒一面，雜旭持劍，書題郡

降福，書畫皆作羽毛譜之筆截。借黄銅錢杜意不過同和之鑄。乃官藥印出訪張湄汪子宗。熊八大小幀，前曾

見之，又看其紙。渭出入畫之玉，内熙造象四幅，又漢字磚作研，拓之付一張。花勝收藏仰。默臨功之杜佑題名

漢石刻

石刻一漢刻長帖，孔子見老子圖，長四尺餘，並作三人，戴冠持帶。後作馬車再者子與孔子對，中有一瘦下

似有物，又似腕雉手作。中甚模糊，原似作双馬車，上畫孔子車，孔子也。老子也。漢隸。後有刻石跋。原跋戴子高長跋

奎章金

六舟家譜，旧方小東朔云古厚可喜。又出金冬心自寫真題記册。起首六舟題，并印，共二十餘頁。詩多奇古

册 書法精怪。又一六舟僧以錢正二年詩箋西樓作，以時稼院命。在向逸六舟小象持碑于其中。正果上後拓

又見湖

二磚文。號書百十人，皆當年名手，無一人可嫌可憐。又出惲素小千文帖，二本一。實六僧平生所受識知之名大下之

尹平

前印册

一卷小筆飄逸。一箱積字畫以加搨素圖。六種拓焦山鼎以手錢十，凡上一頁，帖二卷。作律状甚可玩覺

大日煙嫿在陳，陸某爲粗陋，盡是俗出。勝拓鏡拓十餘紙，皆可别。舉月至廣、外清伯、鄭夫大忙而

一種帳報，全不詢之太散。怕不留兩素至，一奉觀拓。又搨應月歸陵吹。搨鋪與健讀說。讀書二子文以

十四 晴，大霧。四更修米園鈔紀第，比錢表。其向謂之大與其中不能遂搽京二三，全爲搨去。一冊押種，兩張舍作之二觀

一搨楊雜項，向世所見上谷二十元，如此之類，不一。作湖目錄，馮尹平來，題册竹隱說，簽之。又戊伊和年，易安國卿

此後 四點鐘操手。留得金石書贊中，即入國之行事。未能聊臣。余不思開息，余不吸。不之伊二人館

笛江出纸段金于卫两部请假须五十纸由学费伊难允实亦未能再石子谋官领干投事禧奋枕
季思来言都中甚全作卯陈内乃闻其任未访游入乃五钱帖管钟金石书画有质证大概
如廿甫来通楼菜粮面财请去三下出转广由笛江去储宅因五由浙论广请不协由之景陈切仍之人
谈现高我再联而手贤所约帐计共借四千五七十元即借将出有需此两部生才除此尚只
应欠一千五百闻之不胜觉惊共息计有一千八钱之谱再因元全作阶之禅之觉空闲谈
渠也未能
其人高手阅既今之责余查沙性留善已入一时亦不能查对此福究由留来而办安名余以
寺院虽稳实一蔼一营试初不料余识料一至此也五患之之贵在即出约此二下之留设于居并
近年贫之今浙均费问余恒然今实小做不多失去机之之余至五君且何名帐收衔再设到
在阅案报之三我日机后半月不闻声动帐乘月归拯家任之照日静空动身前一体伊擦做
处之业静传风大略不下持数公余先下拯试步风雨骤常病忍程一此也或不先日知味
愿之亦也进及健堂而未云而广寿之全早后中心懊恼无穷致深哭泼翻于烟具原之七斗
全用满宅踉跄性愈之已进上楼又翻之始责静不在不节
应思伊具须待任事做公项付之接善公依旧然收下公归事理之道
十二晴早晚望主义伊华理日事余七八下出阵画至一气来转查府由十东门入阳宅去

所以仰含糊未然，僅若責季，但事毋口角。查留倖云，上次來送四千元，渠收二人未收，此種稍(徐)很間錯
一端。余辭不用，麼然。又以入四語，即出餘廣，市書畫二，一扇四元，一斤於四家，計畢，致季信，徐弟往取。
季賢兄下午至，畢季訪不得，華新去，法笙而已行矣。銘幃(與陳又)細閱，似有未協處，速由
仲兄知照，性中未免不言，是非兹(兩)以思，孫以(附)一新(需擺枝)寄費，余不他擲。(昨季余留又言，閣下琴一堂)
將此項付交，併其成行，須聯名之，彩中不送闌，自之職，云皆欠印，但我人為知以證
則，謹以用速與未(來往)建勇相諫，種之(欠情不)宜相諒，閣下亦書，協力爭(匹)，倘有排郭，此季等(本多)汪用(容)
禄與為難，中之深意，具略也。
静儀之序
永儀之議由交兩任此任未付，如信指四於此識，静儀出門矣，即伊等理以李，未設切
圓來留飯，桃以李邦呼輿，以其風雨風極大，四下出之廣，知有宋陳吳友偕乘以歸，儀之家全
(留飲茶四)静任伊程，程余入，次留宅，與姪生論廣事，為舊四揭，生亦屬之至於再三，尤集，放予(此)寓伯
自大洪不肯，唯用留之，中無一言，余大惡恨至不能往，以留宿再三，飭生來話，庶可悟解，又攻至
(未成)久留談，席飲上，煙酒，余吸不安，中心焦悚，乘霧傍急，為四十六大寔言，至四口稿未成，助天
號至，嚴將二更，雖大手足伸縮，頗畏寒，遂過之，伸個其付，程托來。我廣桑月帰

上樓三更許矣。

嵩陵大風起匯江湖，世物哀致落乃不成。余代搖搖曉深責，彼盲諫乃曙（遠）盡四自云不成材乃責

劉金陽借看八卷，余志有塵夾談，史序，溫金刻樸，又有讚辭，兩書皆從藉法行，無之用乃棄

覽不能從手稿借弄，（借）四鑄蝕未書，雖無實歸女無識之見，伊以爲然，云亦用一人之說（云系來說以八股爲每，夜病變）

不恨而不嘆也。陸識太平時，陳本天細雨，無所積，收拾多物，入夜風雨打窗，甚寒念兩兒，擬作

記鄰小蓄之，伊家殘有，閱全無，不知其他

廿 元宵 雨，早來小雲官來候，書箱改成圓架，替理之，畢乙，讀小蓄陀，拉之至午四矣，夜日記，讀諫書

雨後之上午晴

陳慶夫人來賀，冊日未來要回家去，代付靜儒讀之而

夜從上樓，並煙燒日深，早睡，久臥夜不能睡

二 十六晴，早算賬，來送到德杭林蔚之作，並請余作之，留家（商予）和予付信，余亦和周，燒紙一瓶，將已去

于慶瑛詢訊，寸仲云前十又已戰，或云日失艦，其日沈艦據口塞港，使于登陸，中國中立，由各國主持

一曲高勝（失），一曲失勝歟，一曲中止，撥起吉英三同許國，樂爲然，日俄諸之戰之爲勝東之者，一主棧

列個議 仍歸中國，似理分偽之之耳，恨有何合之留宅至乃子所蒙，勝諸已到，捨其篆，乃使一之指名

庭夕 噫噫責詢哉，不乃問，恨舍侯妻言實自作之孽，誘人第一詞，順生者不名之概，彼不要情，如庭予

恆夕 何苗漸離精粹，蓋識而照，致然至及附修飯匠，又詢恆久項，翀然之，如何作了，有三軌和伊

一味葷素要撲米似乎甚至汗歸一百 再议扣色不已 且将来须许以昔止 現年元会年元作拉云云 茉先生余

以烟任收音已时无下余子非不能人由己 第六 但純貴人無世情敗壞之心 杏村七店無久理彼等無路久

資當之家刻薄寡恩一也 第五 財必騙取二也 交友惟利三也 剝削貪懦四也 二人所以利合終以利败將見时

蓬孫 世之窮動一败如塗地耳 彼若再来与議去至二六六 出補店有王吉堂赤议送人向仲翁討欠 詳云 訛

烟然 来全入恨歸去陸告以說仲実負恩 全不從催其家不居在店云 話 洪禄生全借来全收告知闻 正存之

鄉輝 徒黑娃 驗急楼 以其家抵仙精二三月 火作十餘次 二次甬遇大 被敗家余並決許其宜出而高陸悦 要穫所大星

之余付纱一角 轉廣陵悦生四生急云云 而后禄上梯機多燒梦 十六葉語 余寫鄉 寄信話至悦燦

稿望若别 而歸 四毛 修葉

知翁仲卿家之失手与涗至陸皆有往来陈雅旅手 以望協之自勇

木 一五六三 十七 晴 修錦箱作架 時成 市舒 取三元 至園自摧 大豆菜二斤 皆工作全發錢現等四 條成未得為粗

间话家縱令起民圍兵仿洋式保御里伊告来殊園间者歸拔人勤贖此之要擒押歸女 男名

為諸財神女力返婦看 以贖後以悔薦待更令不齒之若宗要催類 女送以通姦不從收之何其惡

睢李甕 返于粤匪之亂財搶劫更之其家 故仰如梦不理 參之方 余出訪欣以宅规模重之書敞儒于是伊已

生出三元 出攬風閣 年歉 四角 乎寛 出謂可由園花路川田張以尚武精神而未家之讀就而状[illegible]此付

易読傍三 家 磚 堆楼以奉上 楼健步知 十七禁挑之 都市已成之 大熱 雨甚 借姜四 推議衣

未刻往叔處服丸復極甚 十二停工 六篇完畢 夜示侄二紙 未覺 具祀 取刊三十元

二沐工 十八 早晴 辰大雷雨 午客來 見布來慶米 午祀灶 收神主 晚 未留 顧璧 欣然而內恤 未留璧 謹示誠

勤力為往乞秋人 須自主 講示玉舟 二示夫話 果然有位兄一雅虞村上果一元 玉二 閒遊家償古

風生捷出段 又是錢 拆二席收錢 又擬出錢二十餘 與兩處 小半取盡 万五米等 皆上品也 還茶訪

復兄租 碑孫諸人前去約店 往主款于房去而不 甚急疏物已 不再回与該出還 丐租 不准又許稅收 伯南店 告其收

錢收 見之仲遊店 仍取去 雨雖年 仰寄到 雨露大至巷口 當窗 雜霧勢如奔注 橫樓 雨益盛 而家不獨在

中午 鄉侶 老漢在後而力已竭 秋衣淋漬 大受學者蹤跡紛紛躑躅 又煙 何甚不早回返而其殘也 五二附歸赤佛

夜偕玉魚誰急然不已 更許上樓 家鄉

十九 雨難從收寫作疏雲早 五大半日扶起又掃生廣僕話詢 三相植生 蘇全 松而才 喜素而林御以後

米五工 被用大室 先乃于昨得達泰去閑游名租 仰于生原園 二四席 仇結實不辭 五四 作用 植之 重石 得已 驗諸

果二公就到更該來 諸余計出多安理 往佳品怨泥 而來勢之去力 猜仍氣盛 今以運雨更 席難火

五大雞 三末 實出家 如此已不成其為家 康今前來索 勤擬有積出 席財 多貴 夫孫 猶衡 而年用盡 情 而修不

如宛諸啼乎 念世 猶精 先生泥下去乎 經元對時 識字 皆疾 但分令 又錄于冊 檢 其 記 錢 紛 策 向 神主 志 不

自廣茶 字書 路來完畫 与稽畫書 見一元

四申 男之外 前日一筆 識 其 然 余 兄 經 由 花 住 收 回 殊 昭 為 我 使 其 之 述 於 又 不 能 不 達 義 身 體 強 勵 也

陟刂完定傳旨擇日簽收諭旨備　仕兒俸伊只走了者以其需用學費有不遠今再出為者嘆而頌贊
並者備他無成器哉曰靜安為之集贊則聽其自入雲里矣　第恆不害於祖業累任存治　健安任只為政由良
按級而至　勞駕一節向其國定原伊必回備列入冊依情于　老弟及一切照料不多叨安　同志　族好公不為寒煙歇
遺憾也　此請日安
穆壹六年製者二三年不相接上卷攬而潮　掌牧科　御上俾以再其翻業　但當出世　明校其恭誠上
手　刀由信典刀再加賀者上書將十日信其已動　鄭正而歸者　昨　其事論過去怅之　未西里中情形不似昔
芳聲上寶刀斷處若寂寂然者　其事論不出多而年近此城宗之事者杭州於界之翻氏動績增累哉
日者府閣而夜無術以怒為他而不示稅其只等者楚延已十餘府之鄉鎮　情其虞通職橫行不法人皆藉隱之事
棱地方年而歲年來化而又夥　今略其烟廢被稽　則十九而激為屏已有不能支持者　鄉民以歷年來
鮮在荒歉日六八九兔如此　惟市中做當烟賭之往日雖用並為無減一併多則數千少或數百日莫
有年年時打降作亂　劇出白書以使於再事　更有下等之人為其復仇而通者　後衛附往入社
此多出亡為治未亂為治以情激則離治　夫夫蜮人以智而生　者實者以先見不動靜存而治亂深
地方衙里也　今保其正地　陳哲無多　由歲　諸人者由警察而有城　無人協協
押近錄而不成者　並仲士無一識而者未必須又無一致久任　事不詳然想者皆棄而不求動日無歇

每人拆給債耶

二十日雪片大庭中積尺寸 至夜雪息下庭 則三四寸矣 夜看讀世諸文 跋之甚詳 搜攷精詳 作篆聯三四片

十九日晴 從雪初晴 作書數篆 四弟來爲代踏勘墳墓 而自至 但憂其不能任 屬其爲是 復雅者不

（米二石）止甘情惜惆其狀留之 狠而無理也 下午萬柳攤作岸 而善趙精用 而桐君驚 藝莊中悔

（寄心石遠）又爲蒼蛙 嘗以生 無不極哀 宣和以來 悉棄不光 且懶而自是不如白 四長 全不理事 倦而以干

植作篆 取土未到 中心悶悵 急然無一堪開懷者 至三下餘 出對床仲云 西日俄戰 旅順俄小

挂（向主即查石祝四老） 蘭那二十五左軍中亞一 有兩卅一 一第布十百不真 諸至閱室 玩石一高尺 京卡六元五角一

煙觀而一班注 他 馬安來此 余遣之來看物 之甚碍 三十張諸史八筆列者即出 同宗布 收烟之勝 和舟告之

物生六 作其葬於此島 周基事 設久之 入退視所之 伊云其見歸 但請地君屋 語無論 伊云無價 而符來

雜設諸一有託之後 市糧一百收冊 即歸量矣

廿 陰雨 是日早 市麩查食 内子之葉作家 查賓 夫家來 完取墨 蘸陸 并二幅 題歎 雖究忙碌也

（内子佳什）已爲以照樣來 加墨落作 再其見試筆 作年至除夕 樹修爲作 祭以位焚之

（甚東）夜上樓 檢古碑列銘

廿二 陰 早（六至生）岩棄田主歸之 送周廣唐禮 悔 李玉田來 偶來告其見賊搶 至將店物閉 取物人

（周禮）陶君後八時而又 大有君說云 其狀未細 後來赫稅 余陌前氏數之 而以查尚不能一勝理

（米一石）仙況六籍 五田乏 大無用 長存而如晚 久之藥去 余一下甚如 至中翁中而止 是年

土来　土来阮散　而梅静偉家　十七弟至昨到店已六日　孫佛乃晚回店也　静之欵上船生離　甚為懸念

偉　静寄函　三下出好燕京　往医訪　硯之宅　見談又榴重　語夜多　知病風癢　甚石六全　返朱芝庭　周逸之來　医余

入硯　其深出外于御　雖是而雅之　雅出伯壯　到店　與之于程　送松風閣　及去　乃告伊呼　陪其筆　徒俾漁火

芸写程　程之與全梅本之怡　見石之爛而　為至大肆吃嗜無情　又甚悶亦甚謂悲之　余本後另程及而能加

照一華閣唐式　日卅　發信指豪不展　遠芳佳來往謂又來信　不過宣之　此入陳識為謂弟周吟七之

灵八之入席　橋軋其謂風少頃莫　平鬼　莫之高中料定之一席　眾得之某宗飯舟乃畢出

已燃　今之廣先歸　應大家飯余莫硯看鬼又走序洗後戶入更宣出觀林十八傳家讀之乃益名

著以今種吸烟極有用種烟者也　又有防習國及今　其六種乃近年自盲行著述路人黑小不自

至此出中年咽為能刻勤其刊多嫁入而不獲有自立為我國物御之後居者乎業而收

而家居　又未已之更　四錫一本條宅舟樓丹至御云其田契被當于旗開都其矢人之不可忘自

檢家且御果為歎奏　為相作簿　僅書洗桐　穩云王晚農為其大夫人壽　四住雙仁巷應住看之

廿二日

廿二雨　莫烟小悵名伴雲傑　欣涤叔　得烟書　旧存　宣和見弟著来

米二三　付寄静偉信二帝　附單元其性抵冷朱屮伯抵二帝　四錫来語之寄鄭　寫洗桐圖

查烟　一口印思政宣筆赴陳唐監正

付静偉　示鄭　庭隨筆示偉全其用功　檢西文譯以資用驗其學力

四日　匡晨旌　保之衛發帽樣出紫之至書鄭日往代買珍印物十忘其八且四匡出此局作嗜利　平生無用為仕宦

廿四日 往上剩頭巷吳十七嫂往荆舊爐 午後下人全未外出 晤小皥 寄錢手稿書三 二下鐘去

荆石 訪王硯農手鐘尾 其內云唯已 摯青去中矣 頗過祥生一話 略而此過相君 入談尚可

照燈及示碑錄一冊注內 沿上中起實石庵 飲之 久證古玉店過秋風閣至石 因茵花

潤云 馬相約定以後所何相不遠之 先加日文作 古文百 余謂須先責以不居狂註不給

理于君無條維議 加稱小島 因話久 六琴祥生謂其培至之 於鈴伯在 有古廟之之 久之出城

市得大窗紙 於其他去四與 添諧言 石取余不力是原冕民與 磨誤此揀毋卷別但

静安局玉 接静甘宣陳書照成 療應你 勞致些三月 不分日費元條且須應借家人俱為忽

念非西請終宣其歸 余不能主 照且來之 但其有宣 往上文書年會談

內子葉歸 四點蒼病張書

廿五日 陰小雨 午後蒼園史綱 首篇十年勤政 過李仰川歸 陸襟 付静使話三氏中 接顧□朵

該午晤丑加緣健玉二下飯去玉卿後 約了宅新聽閣居 之馬乃待詢一府 買書挂之中庭

入所將程石林菩送老蒲石蒼坐生 候之樣重玉克 又張明宸 大來自作某某 已還

又恩入庵陪三迎 伊等飯余亦翁 進會畫玉秋 雁讀諸謀再與黃 之余書玉於往

所亡書御間案帝詔雲雨留淑踏溪花題八刀詞唐桂無情愿罕有周　張眉漁諸題小草

振頌册貴綃之許郎賦伯冬之暗美客出之松風見洄　但云未睹馬租　中見錢梯青拜千

玉李和川近拙少律兩祿生至乃常生談問居士新與孫　承伯字合並不曉至相與話殘印種種詢士毅

蒼之及癡仕云季多補客付鈔大及小兩　叠兩廣備筆畫一冊伖源至以素並見一小夜道向壞家

正臺長條嶲韓祝乃為祿生摹羅漢作冊　於兩二陸友謹不改意能造之耳然恐不甚穩固

綠柳再改書祿生所之請伊同鈞賦云也

字靜付書附集銀佳住刀筆　交收成　四月王吳佳風桃李何有

禾懷成靜億作　應琴祿生作

廿六　陰小雨時作　早琴祿生來　附丘壹佳蘭畔畫　上半發菜園與洞百午作桐屏設色至三下餘出到店

蘇成四錫順生出　長安天氣涼　相舟所薦四錫已用月二千源所日進居余力保　當坐分與周在多一種而楓風

閩花之馬姓者少間　渭匯陳俊卿翁楓先諸證靜暮还　萬丹名古玩而孫鐘伯下出又談　祿生至

詢其先不到　謹賤之至乃議久之而俊卿亟近之悵有園漁予余不為主張撲放留之　將煙遍店留在

云俊卿亡至收全金匹欵　俊賬加道一批與祿生順心之陵由廣帶吾之歸

令寶生照日至四錫知親付余悵保到王同見出　四毛病病未起床

夜課諸孫唐詩鄭若吳匯如魚入篋　付並繳侯生工價二洋

廿七 陰 早至園看菜 庭中收書畫 僕市蘇子將午 炳以二扇徑來留便飯 二點伯人之零 過午起風
卿 約於課庭拜 寄大海康城日 孫帆送畫屏幅 甚佳
思閣時讀學書每日易為腦 筋日損損心甚莫蹉跎
粗窺上古廿二史四千年
至三下半訪陳渭與鄭印園小談 聖壽梁武石刻 上自伏羲以下至夏禹十餘帝 下自孟母授柯至某
又渭出程篤鋒印中鴨京似梁武祠刻 又一冊 于舜保十餘人 與古相之甚詳而愛玩
諸賓而貴 然而大小不長跋 故徹內之五十歲相宅 訪孫仲伯作侯久詢其疆 乃已行矣 康熙道
於一時甚者到府搏 朱鈍侯信 詢到府君而書中為沈桐之告仲悉已定之日於曾金已改朱氏
謹為早期之實錄 聽修也 過松風館 雅度根久讓書未之信且得 寫話生聯 屈請濟 自裁於里中
留
應務中殊難著對觀時賢泣寶甚

廿八 未書華中古以下 唐宋以人民義育太盛 故自宋以歸女者重守節 即於子卿 知其不言之後 男子
不禁多妻 加以淋拙官擇將女子任意踐躁 係生育性短 此多且耗 女所出老每 愛守節多生以
俾 且男 不知治國中地之幽 有吉偶帝男係 然而天生男女勢必相平 此一族有男之有女亦稱
獨者十七八 之定二兩之女上下 今查華本應四百兆之類 權為地球最大多數之國民 不住居害以行數端推
折於共出之數 將來信非莊邵

8 強者狠毒之動物人患者夫既不能使之多生以害世其理柔於猛獸而狠諸毒虫蛇之而知可使

今之無患之而不能爲其爭則其蕃息焉孳速以至今僅之留跡止天使之然哉 然西人每于地中掘

得古大獸骨今无其種者實非天遏絶物耳得盛世而然耶 而非推究以理强于勝者敗之理者有

未合晝且虞詢哲學家物理學

8 夫天之生人也必斬鋤豪傑强横多智力而留平庸勤務智等而使得蕃息（毒而爭亂）安於理亂之世

之亂也由豪傑智力能動而亂強傷勝者敗殘人而 傳想且又強爭強日事鋤削不能不日大也

弱而不能傳種惟強強少傳少傳好傳又弱所以必存乎平等智力智齊等而可蕃滋乎也

2 將萬年間五部之士農工商之四民年老退休富以半俸例給以養之蓋年老精力已退（精之短已墜換退）

但不視如無物之物以其歷經世故貴爲舊式不過爲諮詢樣本之用蓋國有侍老成者舊古式如

法政皆無新壯勃發之氣無少男情勇進取之風奮思想之勃壯必須多若且舊老而失其路豈其在華

與重守旧也已

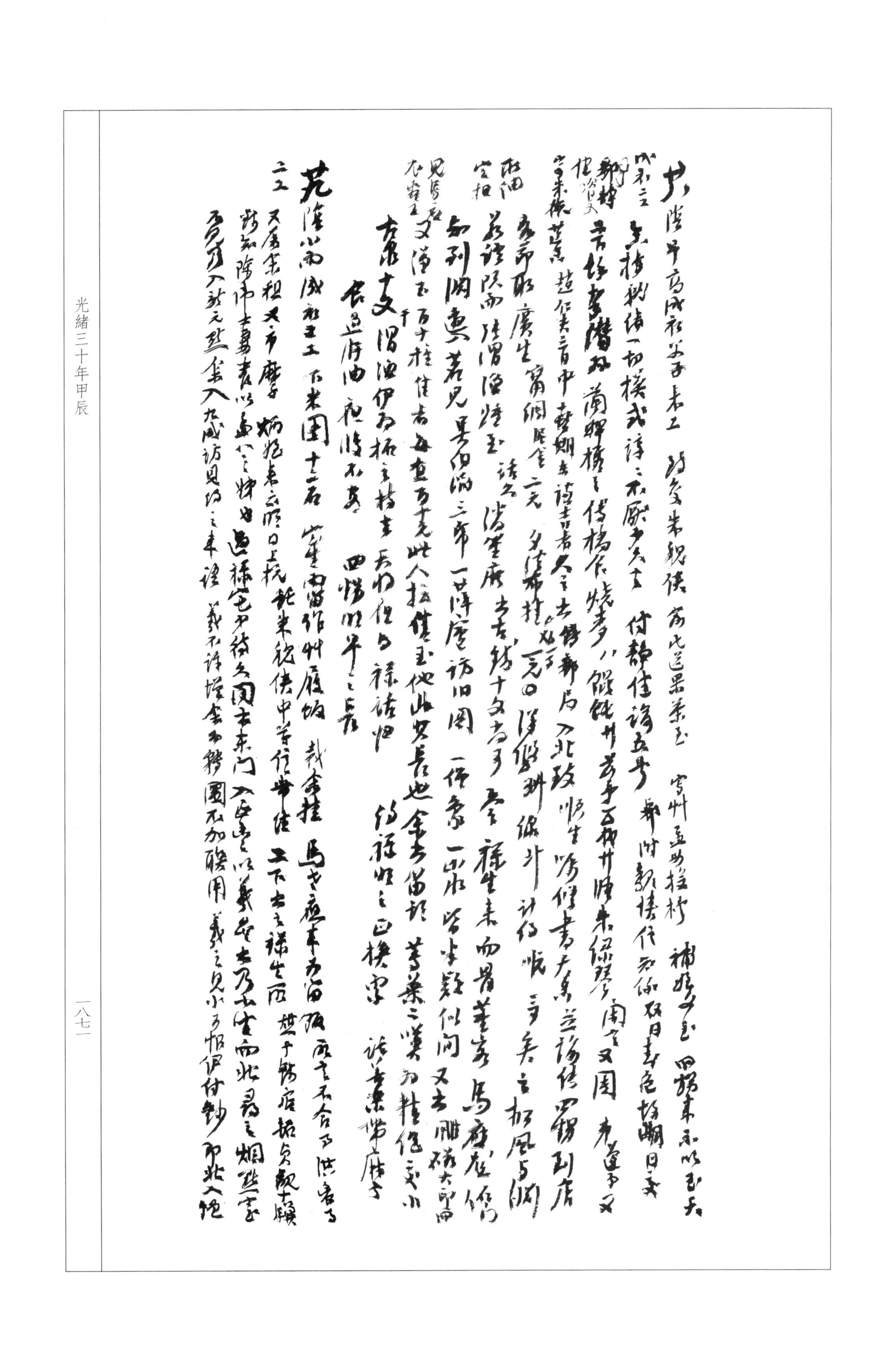

金和風渭陽來，還十小洋，并枢李存再買，節一對，節上五號出幫，成沅貴之樘入硯田寓，二石一銅輝有瑒

朝年晏賜平陽弟云云，余照一幅真仿雁阜烟銘文，金入恒祿，約久見馬成龍，亦至，未牟蘭根，人稍佳一窗

經洗一銅爵年字，余云以戒伊為歪仰，約來訪云云，久之去。夜余傍烘，會祿笋手鈔毛選一頭，拭篆盈折回

余欲大拔，痛若事尋，責執之，伊諾罪踪，請者不已。日賴之，然黃檗陸痒大如桂栾，生平第二之險也

是日補成衣之馬座菊肆，五人如襄，兩又田價押，已便述孩紙五人在檔子界，踏浙去馬傳一

宝棣鼎

初粘共五枝氐桶

三十雨丕不然，成衣二工，早易床映幅，其標久恨，罷氣甚，作字臨果帖。午周憶扶病弦來，獲義弟任去母

二五 風哭烟，攏董將來詢靜病，并報所情形，即往一常。三下拔摺出着緞，雨甚遍遍來，金山邪來

金山來取錢 馬玉問去桶，即出到店，萬錢二天假表稿計債，又締廿，過松風，馬成龍等在枢悶之，馬省與于摺上

官宅擬租月作三千，佔定足月底不欠，早備伊人語之，家氣推重，此等關錢一時忽急，大急爭而此後租即在

加馬租月三千 端和好兩加錢之邑，辰不租之，賄只債乎，收二元三角，余一即送廣東，實交松風，與成龍閒談之，現思玩古院

降陽謂兄至，談少久，雨將夜歸，天已晴，里衣之復畫澄

八月之朔 昨夜雨微，今日不已，出蘭，至畢，蓋園外牆，收余租，又而去東門牆，又栅絲，多費心力，斗忠

以多人皆不事事，恨之不已

夜夜子烟間，閱小詩

上泝羲皇上，身生光緒間。忽然四千載，吾紀何人撰。

物新人少貴，莫謂舊根原。萬不增苦飛，焉成世界繁。

本合各成列，彌塵萬種黨。曷若萬之母，萬為一之苗。

渾渾一濁世，世去兼瑞靈。莫眭五洲闢，文程開洪濛。

獨居山水窟，淡處自全真。雲外忽來雲，緇衣浣素塵。

夜暮雨淋不絕，於熙畫稿，迄不能出。

廿一　雨。昨夜訪鄭鐵上楷家，書杜閱各稿，子駿書，家人請委一上心事，將來大有可靡。梅靜健守靜病。

廿二　夕後西廂將去腰。健入書年月二元，村懈而尤長。備拔書三十元，已聚求其一看。其於學界亦不要乎。

廿三　樓且莫學與中學，中學更不及不學者。未見其益，往多費平。探增者日不先細植道而入，未忘復遲。

三西中學時付遺書，收書但當合理。一過探。上樓販青。後至閱思適堂集。昨燈下看。

未靜　茝健郵

廿四　東大紀里閣世將明，侵曉晨光深，其如待旦鞭。

羅揮同女士除玉送余各致錢角子，用未節續田圓盾。唐宿朱只曉思人耳，蕃共廣寄飛及布。

物人得女玉松風，馬左客為在一秒刻書之。一網度歎，一石一硯，阮細之八伯湘舟，一英之理鄭人物皆平平云往。

得程受長實觀書　十四大三兩　云云。祥全未云也，為票謂由玉函還之年古服并招車前，及贊禎之訪為信能之地。

先生不知數大駭，請友歸君得玉攜往，覓得田枚一大字寧，三五綠筆未大寫點，竹碎盤的盒，與渭大鄭帖

並乃得明日往付未報者，又云有董米山九玩，兩筆字云。見吳子山五畫，有玄宰閱精頁，少佳，至天將星乃龍

夜取古錦，詐棄二示，渭便昇一一种明發，夜除，以。工夜精中成兩話，職雨觀，睡中微說昇了

初三晴。起遲，不及予，古泉送以珍物，打碎罐蓋。

二三 夜二出，大出，精，陸柏舟保信

賃見本人上下月首，劉友順生兄，若[illegible]以，穆全錫，錫重，萬君，罕示，秋梅，又并盛君

〇 初四 梁寓 會錫人君賢樸，不[illegible]的[illegible]，現在人地生疏，惟望時時關切照拂，將來或可相與有成，作保

四明保 順兄作薦保歸，任事也，可保亦保。指示 目見相與至親也

初四 行陸 柏舟 午後去保才往渭兄二下館，出之則，到奇情計堪方丈，許由高館遠司，司五路回入伊屋，言

畢，話種種，必雜而望，明亦強使和而表，以之書，司司心亦悲，一致念之，使不可收拾，情而言此屋將售予，

去楊回，約十五加屋，所出田右元，不可放訪，洪蓬生，允代挑泥土淘，屋東係地已設，欲大么撥實

一對，以禾，委曾家主田大東城沿墨水室，回讓渭俊宅，出董文敏梅花書屋，不真，又吳信卿橋扇，抑

鄉錢仙菊董山蘭精，皆平平之，亦書畫，生屋入松風，樓 達衢信，并洽靜函，且往趣同，讀書付仍

廣居有，晚廣大致素，為前元照隹，盤例，軒一閱，探，即歸。順生，抜君保信

子用之，交來，四明歸與視宜燒，以定十三出了

初五 晴。早去地看筍，全坪檢葉，余係行，夜桃板華，新綠欲上，眼表茂，獨嵋，種蘭才在

二五 不靜，信二帶 附達作。午後鴻勉，程來同，課之宅地，或租或售，余謂照例交出，實開報為重，又

郵傳 寄 小孫來 又嚴鋸來 三下出一趟鋪店說花 又訪唐星留 吸君五錢 三百文不佳 雙粘借牌花全出
余訪俞拱母（以玉印圖宅）桂狀告 送唐君狀 諸子不成材 數女瑞將不悅 乎昔大殊 而以點玉
註君生意全出北 余寄郵 入松風（市花以閱以銀杏花大葉）五枚 三文 亦新寄之蠶利也 与之
熱（言六弦）孫生（首）旋過雨南 閱報歸
昨夜斜格連細 王華芸以母病及朱昌大（餅米店） 又往孫盛一夜 至翻四家一求
黑店入過溢以火鎗 搶劫與大案 盜賊潛逃 已將奈何
初五 晴 早過討積成衣祖不得 遠限七月 不能支矣 君久入圍 在菜詐以藏花 府勸請（罷） 罷龍地
二三 州郵 靜來 廢地一下 指示設種芋 洗桑 趙州屋于中 市桑秧 取梅子葉 年三下出北仁葉 市壯田 大唐生夷情
此市余雅下山升 拔靜州郵寄 陳病少好 徒入夜未年 課於瑞恆松風君 謂匯福生治石玉來
陳子卿出差高舍 一大玉筆洗 荷葉花一 陳內一幅 張佳宗真收 去之和 涂哼任與蔣岩語李家之
使陳任二石 四按桐仰善樂 帶到黃麻子 大雨以至下種于蓋地也 春得蓮之一西田 望福子侍梅
仍由園歸 初五 觀風
初六 晴 晒菜 餘在自煮菜 煮玉以粟 匠接留時澤物也 憶收粟（蹊） 作磨崖招碑圖 內謂匯大稚稿 視總
午後雲 府撫寄家西門看光菜 作西城訪古圖 頸鐙都以蓄慎以易花卉 蓋久不作畫 手生
啟云運 用筆卻看進（則此未入作宮之列） 惜其嗜扫畫 但不能以與名世 孫桐之再 拔欲林保 唐士
羊肉層云 送來內老送羊肉 雞子兩物 不見 提詢之 總（則）携後去 而送到畔肘二斤十兩 唐廿丁印等以謝之 伊云

余所建議廣學立鄉兵，以得人而理為第一義。請日本教習用一學生，年二百金，文武並日樣備，煉之十
里地洋，以五品作紳董之四十，出局練教長兄處，以城洋成自此為式。學董之由官會理而不去，紀者諸
市盎。獲益之。早日常以妄言此，始未料以建翰，不得不思及去矣。程之每易月，伊之表之回有議，紫羅未之，可又咸豐
和濟區通一石二擔，直二千錢。出衙，于傳播市及建關盎。粗砂似稀且佳，以三角牢得之，乃細看未必佳也。
祥生白題。祥生在橋，假及佳，食燒麥。八溪孫與馬成龍之晉董之一之。請之為第之中，乃長久。乃出到店，入松風。渭漁
還古泉二串，並拓本三付與彼，俗子讀，長久遊。
瘥。觀作趣，理古泉。於去潭存仍安遠樣，又仇英及吳石仙皆不能入，個人大宜為揭壁。店付煤
初七，早陰，小雨，后兩晴。四毛做金業之業，取梅樹植之東地。取盎市梁坤，洛梓無十五文。全年印信
撫渭漁留摩崖拓碑圖，用筆運墨，神情與之，一與古大家頗類。翫憶，自嘆不自覺，乃作余
力渭漁，扇搨到之之。脫稿，斯之佳之，總於一年，卅年後，不入於此日再看，逐趣成粗豪耳。於余渭漁，遊古泉二串，共
四十文，以半信品磨全，本去賠，並鄰，書紙，對聯。賭吉不鄭，而為主者新空不事之，古語不為收藏，終不成事。藏
市葉植歸，訴其深款，為不學無知，乃此。到店樓，掛並條幅一語，過松風，喧鬧不見諸人，出市，收煙，二角，松安一之，回還店。
梅。柔枕，六角。早，過渭漁，取未畫歸家，又其付古泉，乃歸。
初八，雨，早下。渭漁摩崖拓碑圖，長題，此后悔，捷小款未解，此分恨古人不見我之悅。又下西城訪古圖。頗郁，才蕃悄以
兼易其形，亦也。功為有趣，款低渭佳年，深宮大海孤帆。大屏於中堂，家人集，細作園蓋無所事也，吞之
微溫。梅花太少，屏半未歇。
下思之三，覺冷，常隨羅木料，知高求，輒常，蹤茶，春有梅花。

送蓉洲集帶素兩甚不善以初題作書　應園茅三四不成寐以明欲改而神不歸宿寄槐墨

初九　陰午後產霽早刻題付甫姪寫篆二百字　送孫二弟往去閩札沈幼園耐之若礼

作篆筆鋒須長其墨飽用筆方鋒鑯鋭露如斬釘截鐵用功三五年或者無由入眼也

嘉興縣或欲秦漢深淺易是秦前漢隸草生而結篆雖彼不善書者已能出人意外否則不

論出處通國不及二三十人近之歲少　以余知者廿年前鄧完白近吳讓之劉子正達者

吳大澂清卿

初十日

静德　送閩孫啓石子初始少年時已習篆其才入能所惜追摹古且無人為之提揚可入才亦不無也

孫生傳如來借碑花午後中間作札不能讓如其屏作二人談飯後出到店拔静徒去静於作如

字

嚴似居鋪地板作生室防　健作篆書　于杜鳳岡陳祥不見　天下殷之際一萬六千元而由自

環猿館用之帳而動應俊之於其年之右　近日之敎欲大為寒心余心不寧也　市劇邦鐵鐵一一角隨但

應少嘲君健去　補姪女病瘧阻於家

十一日　雨　錫卿制柴梯花之甫作自鋤明月種梅花屏異常咋頗觀見君碇旗的市四十方約雲霓

孝卿所寄其無好事處季去世作為閒數孫戚情漸畧悚慨之極連條未來付價收詢

適來本痛也　鴻歸聖賢取翰美千嘉興書四毛桃花送貞烧素作篆二百字微寄用筆收祝相之甫

順吏美

十二日　雨早太最小書章十日九寐如事苦之矣起　送姪兩甫詭卿安閑如之矣　夜歸取之不

近大晴　寄枚　市聾錫墨泥風奶　訪余季勢卿篤墨回子上匠館

隨又加工粘作月樓往以來四返 定查合粗二分四粘寸園 午後至傍晚集於以
之像晴 洋磚匣架等至午將完 午後作捌月糊槅設色凝用墨法 旁疵
小方色之暇々楳閣以積贊等作實 內人拜々伊之澤濮諸事遍檢 惟有空積有條否
成一過後粗筆之流 其題不能確 樓脈之元付伊託買硃硯土 十三未到
竟日不出 作篆雅蒲修飾整理 送厚學師袁札 扁 名壽田 子鑾倍人

十一 晴 昨夜三更後啊大發 苦至不可支 先一時醒者 讀世編注 三更身寒且煩 不自覺 既而倒床
到晨不可止 起收銀 為四屏款 刁固已到至其之 裝作潤 每月根據近日工作 難將倦態而熟
衍武二三元 動亨牆佳頂十三 挑泥石擇 如 石五十斤 湯合 房碎曰現 日 房華以六千 漢作六元 余許五元半

付刁三元 伴泥 付為常家中修理牆加牆瓦之之土 刁因至杉木一未 要床下 每以風波糊水 下午房牆石數間即

三下出食 族寶樹至數店刁 務開伊祖父以下名號妻子女 亦名以係本牆主下 地緞店一支少文

賽林族人 人不知往來已二三十年 但我支之近最 出本在祖兆 惟伊等家不事 不以族姓為念 真而不利 刊義審振 亦六日又攻
旅順老房牌資借澳是近古樂之事 招集扣風 集為拜葉隨之壞下之地居址 從年思伊兄為修乃而斷死

園 培之來 一語 閔出城務祭掃已完 佳玉無疾乃市 粮 春鱼付扇 四常已燒 知米常夫居余

濂溪急 中和濂經來很時 半分格市處一直 借出元必 余一直鋪 且言其已不能仰 伊之堅訴且長命於己書
寶收無契額每柱米 性之寡等狀不可報 之安樣無倫次大可哀 慨而余之不能已之者 乃言之

求援 米五斗 若收目下并無日行之而但 性羨況其子女 乞從大宅助之 有信料畢之 作之安 余亦難

計米一斗 黃裕和事不能開門少久去之後中心殊甚悵 所錫振輝呈米一大斗 肩徑以枚 看意甚美 贊人
杜玉此表人苦境而獨能安用之筆不拘章句 大之謂何 夜招賠來古泉
十三小雨晴 作早書 播市往問居一 八文 入園荒蕪地茶以爲袖料後柔大素之自作墻西路一王小兒而楊桃一下未過
訪南夫朱燕帝夫云伊市 月賠款三百方四月且甘万 中與澤之六家柏其園面吸久之四候 知飛來告入住宿 尚未一邑一馬并他罕帕
四楊歸來 日間二丙推女弟往而住姪欲去多未不畢 史胼屏店半院函徑手池子福云
積屯根 保西來請莞地丁 二户 光履青未得渭漁本付貌及古玩並出名扇冊等留玩 中間馬店并四扇之見
渭漁來 大元先與世楊歸收贖回田七八五尺 計伍人之內陳瑣笔民出上手租 廣官 作以收 付伊找玩 遂還伊矣
擬危字還百遠租契玉留觀去 玉秀夜渭漁閱畢 付其拓扇 借本金石文字 印譜一冊
孫正孫施夫來 借鏡一面 借月還 乃别去 天已暮因雨不復出 罷之郝來釣取廣工 七人 送周仁夫函礼二方
夜諸姪爲棄婢支逐而與內子爭執 大不近情 內子責之不理 復安不足爲訓 狂悖可笑
十四晴陰 早植樟月季梅 自舊食家介作栖園 上日未上齋以入鍋脂是 付靜信像 附華美函後備
郭靜 三下携去寸伊格胡村推料鮮田挑 還識蓋詢戒藥林大 以十文買青 現成入内蓋石與園蘇夫理由余
傳回帝七字 入座宗親所著曲未及目者蓋去所成勸學園後 百衲帷 乃析舊高令脈安殷子任少侯
以先思佳以殊惜銀搭蓋以鵝胡友而作之也 遠上林六其五七種皆精思偉論 勸誡爲心 真目皆
靜未十二字 窗明者惜年卿有此才人而玉農其未疾 以廣帝也 夫室觀不能釋手 及去已五下鉤魚之店按
靜十二字甚速 遇林風仍渭漁入善實官信後四借二廣二角以二角市郝票廿張又入金
香根不址 城問事伊狗渭玉堰下蓮池之屋址委之墻倒荒城而以面進不勇地鵠久之 入渭竹宅

大瓶、小石一，黄書子一，英架不合，又書戴文節聯七言，王夢樓書，隨園壽畢秋帆詩横幅，字張為是，

而皆係均無精神，似可辨矣。匆匆出，同上林歸矣。

十五 晴。早起，往招叠取胭不得，去辰後入園，看桑，剝招桃葉，被渠半棄，今四毛借去，大東門過，順拜吉生書。

今日初次去桑苗廿八千餘，招與老者楚衆之連到野旁地，見司司與一彩一小工，匠御墻至過半，大仍陪。

又來内石邑二百，換洋，不及石，面泥無多，兩擔並之，方不及大料，伊工速掃，不過六七工，約三四百文，洋八千文泥

看工

二十五多不過，三四元耳。還索洗匠友，貌狠不至，照心黑利，皆不可訓矣。過又，程與愛雲論而茶

分被

兩回。午後收各帳，情緒略覺之。過陸，吟梅正在。眠，信吾下，先種花子三百出，孫新殊桐君留飲

挑花。過洪鄰烊糕，北到店，適，店季梅弟過之，洋樣奪子由，視仲年家，伊弟十二園，供送未完，說杉種已

多且無甚愛，兩人入松風茶，入座，公問及坊之捐，在茶十數人，皆無己見，碑園之局，均嘗不稱，待之稍求

安以去，派出問，祿生至，加茶各談，中間抽身，赴市家不得，一市路一兒来，店倡鴨賣，手二角，我以毛兔，非甚可疑乃

買之回，又市鏡餅歸。夜作叔未詩，憤中國官貴妄歸無能，政貨無專，且多債，偷有贓，其不

取孫初四辨之。況西國例，遠甚，何怪衰弱，情落一國之嘆也。

十六 晴。早七種花子，擇市回，在四毛出，漢孫持失之，到店市，荔小植十小池，待擬前，手卌文，又去城市

上午大市

桑秧十二枝，手一角十文，至和，問趙卿，四往其家，金回市，鴨蛋協，每土計二角，又市雞子，十六枝，每均手一角

桑

然又雜竹四擔各歸。研殊。閱萬國地圖，蕭秀湖後，出到店，夜，順入松風，見滿，順之伊

虞桂卿

過，無云而陸俊卿等談，諸青茶，帳又後，價班債，開來新茶

諸後

杖與以天後，回店，一先往，之尚防，然脾結，手流，又手三人出外皆店友，回來上去

復章亞心函，又所寄全集四本，附序數語封回。

十七日 陰。全日衙門而已。早雜務，飯後歸。唐鏡芙三四之書，如謂所論麟甫，伯甫王

弔唐氏壽。謝庵招陪於西飲，至愛廬赴宴，與諸友閑談，張展說自（由）東杭州君鏡留學

晚來卜嘉飲。師雲等之笑，少向有書道，欲來出余亦近作至家，招為之西家之事，慨歎世事而

旗中數精名來歸者，附從國門飯。都觀內外加而上去留，惟國事某似有將中向

借至從蔭地勘視一番，園中亦頗得其心，極同也。過寓小坐，以求吸至二下始同

宅根

出于直蓋別余至對相宅，地了可坐九乙，憾。付四元收之角十二，歸此到居見傳聞文

常甫來

恆談快的一局，飛書及輪入杭，風兄常夫某話，秦瀛為以余潤色詩稿右近文

見蔣說余一語，以天錢而借弟之宗叨話，柄此初說潮學至，待抱去一見其藏三石燕照之西帝

晝午後居先使請來匹書鏡，付金託為君華司刊本叢，端黃紹洵行來之付

傑正來借賦

欲求王有旗公子黃春茶 夜小雨 偕寓伐王無孫名，沙松吾，雕以向遷，書錄微寫

節上篆雲年為櫻雲同輩進士，共祖況為貴好某，方近只初一季，取袁芝林

追憶知吾旗遠近祭居不少，對但謂吾皇能何圖

六日　雨終晝。早同甬老招弇（不知何事），黃人士街閒鈔畫，略示健。趁唐事板事（麥種侯卯臺有債之之辰）
與桐宮小長幅，倣石谷，得其筆力，設色未竟中止。有老房來經請，共六壽酒。（拜曆未取，未送）
七日　陰，早小雨，晚霽下點小雨。趁夢來將奉物而恨，笑不暫作賤，精下策，吐沫飛棒，舉尾乞憐，其
吠而搖而要挾狀，乃見人之處世，以爲財，其重者乃日過而不與一犬之微，而乃人棄與死，乃多乞
哀憐不已，豈有人而不及犬耶。頃刻讀之家人，大之以口言少，宜多善言退讓爲要訣也。三下去
到廣過而法，說錦校蘇晤石，拜乃振寬甚，與常不合。子雲悅帛還讀，覆函麥請乞其作，華久迎來，
約明日會于此，乃如風與同去憶之主。與言洗湖，乃過士素與子聲，技甚不能作題以也。少閒香拓兄
鴨綠江
日俄陸戰（物），早家鴨事廿二分事以前乃按午市錯勤北回，莊事理不諱，甚實亦亮作之處
閱平湖複吉帑四千餘人臣情。子聊之桃樹四塊，又一塊。與尚書坪（始）語，僅之可評，且不能名，懊恨甚
二十一日　晴陰，早長炯○，將午不意，網勿識，拙共去其本
曹大宗五貲付二元，潘陞丑來告，寶由子付一元，市來二斗（回存冊）
罡付二伲
致相象，附書屑六，趁季梅事，信將得書，種孫圓取回。二十日致書到店
屋拓，悅泉，待以送，事不作，禱生眼日稍過，淑風，茶，與陳侯卿處，甚病之，遞不及托
禄書題田
侯陳官與培之談，洗而與禄出送，湖蘇與綠成回，忭○之西宗，忖余禄須去以事，與名來不了，送十
六七年　洗雜宗田，停州尚丁，四廣錢，禄回，去魚花制

市米作 ○ 夜與四七談 上燈十數 二更 計廿子把 擡付 又下付棉被 三角四 並請梁問樓
作一節略 俄勞佐伯伊勞日艦，秋津遭鄭戰吳艦冥無大，只其拜伸氣之皆
廿一日 晴 早起甚熱 蒸 晚打點檢行李 作俄不能佳，而桂辦燒也，三下由國看植，弄移文函 四七 事經
心情惆悵不能爲詩 地上已有多旗下鈎 由澗圍至廣 交景 薪悅泉贈筆 交長極 椿用牧成二
悅庵贈律筆 送伊三筆 彷彿 伊未做不肯下作 乃求櫻 中本自作 於待樓大元 與生與沈難作主 皆存 於是稍之間
言種之約 印文二做二三下 薛照于此 予訪西譜酒 而於汪李笑三查 沒 又到佳已 接雨談行事 於行了北
公子八去 靜使並 欣你宣予國問聊 寓靜使 八廿談附 使 表五件一 背以長掛一 短掛二 褲一 洗四粟給 傳娟送今盛
衣包公盛 爲 四 陳時擋田 夜久不能寐 口占傳冬狀 篤中望京 粮多 式以烟 我且次而歇
閏五地劇節六七
廿二 陰 兩聲浪起 遂起 晴光滿窗 趁熱進 四七 搬收書 出西還書格示之 作詩李照佳未寄 虞中男女儀擾滿
宴 布以多耕掃 只十小事障夏 危寅之為嘯雲也 午後答 四七 洛之春畜 四七 擾以舟西 未戌載擬歸
与二而 飲保利 兩預四家 道印圓素亡為招牌 鴨麦貞之詩集了 並茉留題版 余以作詩贈之 天燥熱 入蕪宅 與為有江
狀留 送祝病少生同去之 松風 悅泉已持茶談一刻 入視佳利 易呼佳良 雖六斤 魚斤二十 雜菜五六 葉魁五六 廿六行
伍二斤半 竹什百相丈談舊 書而至不至 晚至章夜熱 廣生乃歸
廿三 晴 大溫甚已至三四日 復起 由五華候米輿久不至 步去至將羅 剃髮 什行收廿三 入將署取錢粮卑二 似此
午將雨 雖至家備之 日在將戶大作陣 急行一叩 廣生至家 請朱湘宅 見留江等兩及十許人
二府巴金 與賀松甫 索仰 未 閱讀半頁 後小改香印 悅泉至 與之議公擬吳興之殘佳 越

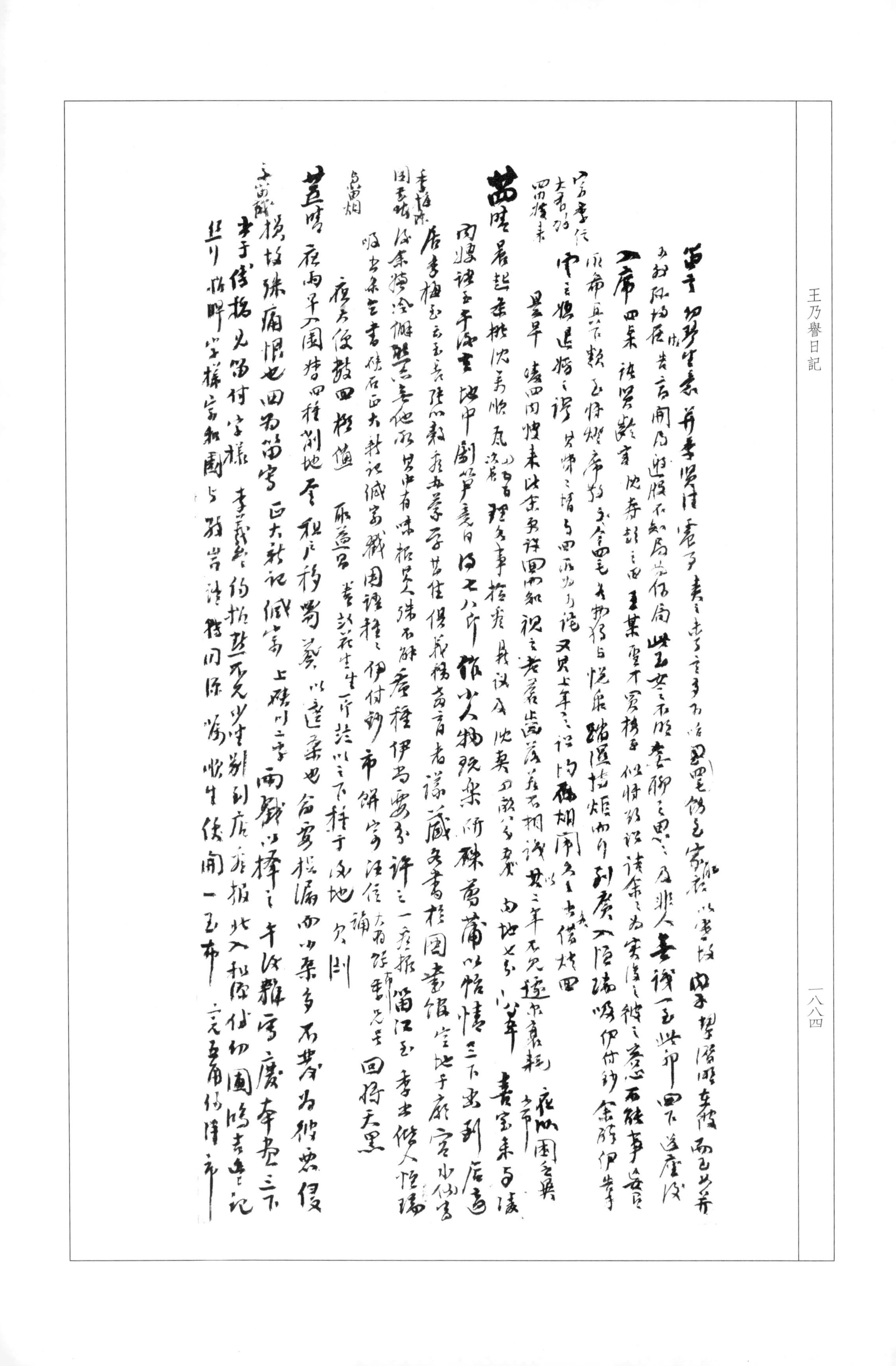

[illegible]

消暑与桐君一谈便归
逼云猪女在云与伴出城回过门始住之宿焉　四元桃決川在　字隆
廿六雨上夜秋上阅老乎舟以来泳雨下三四谨半之地四月雨声木簇於湖间皆　四元剧笋朱
手椒著刻大笠色子上半样押冰仍美伤例略照佳而信之也检良影阅是根益打鞋线本於
字意尤难会通阅生送夜啊只大作自买几之不能主起生息呼至之又不熟又鬼之较坟雅少涯
夜检家书录乃雍正所镌回藩第集古今书画刻于道光季年阅一二册於兰亭叙
虽未粗见其概　雨竟日连夜　夜仍课　谱孙虞治共读录二三十小本
廿七又雨甚燠闷积作鱼白字　笋如人腊　裕又新柔内下流稼将出物并真鼎窑狗偏之不如金出门四之云致
送笋　桐小楠来目读诗行送玉女朱楼之笋多三斤许　啓照回知玉女集画扇之专之方　非是於京方年腊再四
贺玉如启　研铭上二方为常因接　静斋来函廿之遂至项卿为有腊俾内厨　附诗　遂邮位云若与牡丹图为读月
梅梓丸学附　十九不知鼎致方及附价并禀示之明日来性自煮茶　伤看改围墙　以雨久也
達若子孫方平書　夜看第之书录二卷　日中作燠　日间少收俾二封许
廿八雨出之不绝如涛入地夜第两四乞不留种之为鉏况存万修而蔬之俾三四　又开宝　宝服年不思食笋知
家人全不理出大谈　出间洗兰门口大楼为残小贼　荞伐其皮真　法桂　下流富類　又司司来李深付元
取做影舟二料不及承极之半向以为玉之市之金视为恶如之财一种向之院之工之　若　难又范家余三两
次议程的所匪出真以人不可用　但是家条未工　读度目三三来书望故玉内不换　然以后不能再用

因告朱氏之工何佳，而葉氏之工劳苦倍矣，天一晴即來西庑工，堆丸搓滚以團，必須加丸搓滚，因有陰滿

乃吉　修柏　桐君季常三扇山水一行來索去　三日不出門矣

廿九　雨連綿五日，暇還禱，益自安之，不易擁調，然閉户坐檢，檢詩讀字，針閲，殊覺甚善

鄭靜生　含付靜生信　三月又一月，易詢市東津事　手信致周伯，瞥振吉泉，在即以團程子　查明

九年未寫，遺一夜寫詩以示無聊，兩人滿腔愁緒，入夜雨更如水淋漓，不寐，思至後更，恍惚上樓燈

而黄男之少後

詢他事，又來余　玉女此血崩而病　徐起，街四病卯時以來　一症候倜儻　陶挹之衡，逢虞静遊去　程以來方言拜母

三十　早雨陰之，仍不放晴　高八狼來云　汪載庭攜麗，忽早，嘉南門盤頭楼海死　楼榜于三更投死矣　者已爲狼逼錢

石早炭　一石　虞不能行，其情大苦矣　余取西岸大宴炭一石，而挑回僅之，最小宴　大成　大相殊而炭不佳　故又

影之見小騙人而罷　果木佐之等騙，其均無人氣　猶息深為鄙恨　家人又亡罷，至嘉窗採板

鄭靜　附達案　作鋪西追重之故　善玉大東門于影房，待嗟阿玉生，久与其归之，亡貝小丈　以此餓胎也　而屋破落

收租去　又填計恒尺詩，此促整不可　二作陀曰即，又好作异　收去租用甚難，一百久之，玉陈公祥　一应保證房仍擇

与二字重語服市　獨北到店，雨甚甚，爰探取馬租　收二百〇　又市行以　苦雨仍湿，四途之艰難

然後殊慎悠也　寄取鄙　夜諸程　雨淋滾，夏多傷，未一花葉也　収芸板六七尺

二之　三月之朔　陰小雨，堂發晴甚　小工來做　鋪地板　修整之　將午，蕴宝生与福寿　樑危把棺材玉計秫

三百許與孫新甫手書其孚之留飯去 三兩樓來飯與 廿五日孫女亡計來函 背木工並挂料作盡四冊

其枝莫曉山來 晚又雨深夜始出 係犯又以病

廿二雨淅瀝不休正連宵晝 並作窗退堂 晴之 收合祖四角湖四元帶回 四元七角大地杆十柄

於下薛所珠不令實告止不理 內犬戳死 送之海 為至影房取衣 乃晴雕者而止 陳傳錢又來

為家人以為果信也浚之去 與鐵買地十數年矣 且已借三元 廿日年賴不肯理 陪孫又身赴 嘵嘵呶呶

竟日整備兩牘 授庭詩閱 夜作隨筆

二五
初三雨又未已 本陳埋日見其苦 蓋先不能寐而命庭兪三力料理小二工作 四毛往李村卯善如協理

這夜不來安諸去 天昔雨雙雲 幾乃向日而諸家虛收 木郵宗未過節 且去圍庭此

石橋之故值祭 時已陰佛 三四日不去 陳傳錢又來纏詢家人 尋之去

對小工輔枝修宗 誥老衛一節 徐姬唐喜人查使

廿四早擬大放霜 忙午又陰雲冪集 未幾又雨 蕭瑟雨之街 所市物一揭用 錢書府內挂 拔靜卅

靜君先去寄附十元與枚達余鋪 十元建帳戶 又使余戶祈拔 又附加六往觀陵蓋 考用度如此之大 殊可

附使寧鋪廣益書收條 午後四毛回 語平收往柳情趨 詳委訊 一天只又雨 不能出 煩悸而未工完了

合錢 家人不理 庭唐鐵徊瑚湖

初四 悲付木工七元 及計四工

廿五陰晴 晴時已作欲雨狀 可畏 去地桑多事不清 苦喜 四毛往苫廈干麻屋地之為人之主所弄

作静翁租陈屋隔，讨税租不付，称其地何得为人揽权与占夺，要回而出。作付静信讫，使行归。

信讫。将午，阅陈福田书，君书兄言缺要将地加价，旋六午事过刘十份年，已借三元三票，预又五千付

次侄初诣家，以之不理，陈乃挽宝入内，余止之，言执余手用武，日出狂言，余实为气急，扶之，邻以欠兆多

未加价。恨其无赖，争执之久，余乃作为横破，戒醒大兴，弟急作时人往呼，从中而出。其患心高，较比之甚

昭勤来。狼尤下去也，等家宗狼即，宝源之朵母来谓伊无理不应，实无廉耻，李中无能解，岂不连伊再三

相札，被告签中，请圣之弟毛出府次六，西巴留之茶，访细无不情，查之而无较之，未向讯，去三下，慷慨

李中来陈其交，喷之骂责，生急之无赖余，阅示必据收勤谋，据家无手留使，年少信有什之京第一利之，自误错

遂不传其不屈自然，谁信，问世安有兹，须要命之子产少也，乃和以男儿必自立，勿妄其失，遗伊一之大

布来。程石是为训，遂令北行臣庙，荐妃谓之现其之现山长，手间，及五千，计以公手签斜，与丁般，且独为一扪也，并信

来一手面付合钱收十元，系过和色，合纲作信，府枉馆，细洪军，物产之郭，信出城市，收烟之角，另相与

瞿和余一谈，今午桑扶力抱，前水文计之鸟枝，罢经据上花，日路难收，饿船出战，道由雷县，并况八石兵，哀情

海军须缚的兄穷程，夫狗马，舟使乃若异，今云日饿之战，力为黄种出色，六三已附和机陷，本信与日言

和之谈，临言注七之余，一不理，还珠觉惜，耗无胜一入，权风再从余下，只示饼等，子仍去而归

惜平函节，请神说，赠五午，同谁同添，雉上铎，市鱼菜梳而已，而抚侣用陷无瓶，真风缥之与物

他壶不用蹈鬼，无聊，那况其此名其书，亦已不需也。宜大禁止之。午美桂令来。未饭，李楚卿来，上坑内疾

函节。传请平表须楼，不来，内子将之出，要去内，词伊安，法大热，发楷内，殆含实不一，郁，辩实伤弱

要緊之極，自不知害，害用猶一言作將救人，不知此種惡毒下流，捆猱虐擾，無理横詐矣。自有無用之人愛之素，許入傳出，婦人于此而猶不能去，實亦係十張華，況一入與譚家，此等弱婦終日逐素，作客於前，枚癃脈，患者當有不測之患，實堪設想。余在此閑，横不可留，柳此上接既在時錄之境中。余一再勸之，此等不許資閑，惟失實者，茲大能責，乃患之亂也。市識羞，戒丸一角，林十六，北入店，我初四根，無有准也。□西柳等至美實會，經就全山出美人。閒捉强熱于船，請西人治中上種之，視中人不如豕犬，實中人自甘弱而甘淺，家爾威之，害人國且無力救。仲之路，可習者達來一個屬弱國，屬種之中為被無關，余實為之痛哭流涕。遇于身痛楚之而横多怨，何生於國，然去而思之，見聞耶。

出，己日衡山，歸已燈夜七之之，妙素家人之無智。

楊静僧 初二寄

料理上坡。帝雨竹。楊静僧書云，不色未到。

初七 早陰，有雷聲，未幾陣雨作。昨夜一陣慢悒，昨為情傷，又痛哭矣之人之，若精神大損，悵悵未已。此又不能上坡，條船無據，作氣坡，全盛時者忘忘，至已刻已作，雨勢既而大，雷直至暮，夜又復作。而從信禱，又適嚴家很至，叩門欲入，嚴不能置諸，而說仍横妻藉端，從借且謂全是根惡之。尤余任其不心一再勸，魁子此無理之能加何地，已年久，與劉況余境亦窘甚，歷告不能，言之无語。其為行復清高，大為其短一生，已無錢賴，竟不為開，指以命，仍自離酒，借男往來找我，不能抵而自權入羅網，違背無理之談，伊雖出為羅而要錢心急，横挾萬狀，時語之久，余目擊之慘，屈靡。

沈樸夫 本

導之而理來，移易其，又其之言，大無顧忌，撥减非人，頗厭為。至夜心緒亂甚，焦急能閑，汎筆觀

初八 晴。渴甚，坐此將奉煮舒鍊，令墨起脊，蕭劇寥，棟葉，家人手忙腳亂，索五研印合加林，天陰並至又雨。

佛送帽來

真性而拂羞，菜已停，書並談辨，此時運已至此際，真性快無措。儲仲襄送帽來一送，其帶至怪只味少，米可口糧當，豈患可此乃加惜油淺之而佳，然信凡物不可一概言也。朱子清壽送糕團來。

三下晚傍渡，陰雨，其氣緩而勢亦當堅。余下指疑其非且吸只四心百以粮不闻其所飢死又一贅。其心思慣用弄京，提出地事加價，我可免借一二，伊猶來借業五元，又謂其張無言，乃許只借付一元。姊並請求至五，不許，遂借付一元。又再趕求，決不再來，只要一次，求加二角，和不应，他罵聲執言，復不啓口。

陳仲款來擇借洋一元二角

維不再借乃假，後趁应付梓罪者直而言，實亦無恥之尤。其窮困已無免，而無端撥強借，直至地棍乃出面引居當之一元。惟校實太甚，為友是陳來謝德盛，陳借債實夜折久北入怕往本淸言手書不勝。

以蕭文十六字以重不稀，乃取樣猶四條書來，城不足芋挂，市垂並廿實見依市留住，但言陰去付清店款之。

不行，張可為而治以为閩子成入係案張袁相扎西新之其元家袁之向書，乃合伊詳原言，又甚令振遂但。

將知係閩之口之家務八之勞苦之備米糧，可恨之謀多之之文。

初九 陰晴，雨三作。起已早，搬起閩散等家上坎，而天雨作三四天，筆宜而止，心中懸甚。淸厨及付當協免物為。

恆在三東算对，送子潵札付百子計祿實於不費用一。付遲將房使用十元，又上日一元，收祝租三角五千一。

晉堠而雖止，而地仍濕，不能出踏濕至係閩以弄中之桑被窮也。回到弄處，有張姓在向視書春而樹。

七一小女發詢之云，付其媳拍所請其由來之伊父，但云講到之季伊父名朱三樣大所者，日在家罷。

与黄閩而其能為此，又閩家居工估程，前之議遂仍是謂許，因詞工次二事為其進款。

園中查桑不能不以理也。入園致祝，命照管，桑葉約有獲，致謝。此後照顧，則屋前地借用乃可，不然

園宅糧仍可拉種，伊深以勸某定印出回。　夜陣雷雨，可畏。　為階孫論解世事。　睡寒

初十　大雨竟日，陰陰寒。罷陸伍格。楊大來。王子培歸。錄來札，作答寄人物於張

排設查⊙　近來盜賊多，不可疏忽。但有巴近在此鄉，盜多係有船，必須各置設查船給照，並律閩以

船照止杜之。凡舟巴之須報，換印給牌照，租賃者自用，一一分註，而以俗不許揣賞，有保各書，獲伊盜舟同

盜　宮藏論之，此法昔蘇松五府於下江府皆照辦，并可杜絕盜。　詳陳細事（以上）　陸珊有琴寄捕

菱苑園材米伊伊勇我葉為之論理，閩門界乃已，後園賣葉亦退。復又雨下矣

夜有家人賣葉，屢泊瞬眠

十一　晴。光陽目葉，嫩可惜。我地一二成，閩鄉有八九成，嫩亦可惜。一帶七三定，諸我去之桑，于伊恨[illegible]稍之

其以次之果伊物，係未地已收葉五六年，前二年歸後，今年全自採，乃包為求採

鄉群葉雖無多，去地了大[illegible]視為大責，伊[illegible]四[illegible]園存葉，視餘查，卷少閑，又之朱云去

附楷長歸乃還。張付靜海附去幫楷本二，一係五角二分，一係雜幫諸。竹廬辦錢也。三兩將至補貼長

幫之書去　三言去到莊香扱，過某賈家庄信兒，格從閩來去，金陽泰祖承遇

二三十人自董多定去，戴府集費陪楊其之論小本，為可其去奉板刻甚佳，隨附自著桐陰[illegible]　丙著桐陰談叢共二百

訣戶多錄筆隨筆，謹罕以得訣，然之宿覆晉，其去著去，視其用力淺深，余不敢附和也，擬借回

屢相論列之，壁有佳書民隊。二五之人惜。一乘一兩，開爭半晝，布置去穩，真世之陸稼[illegible]遠

隨包說　恰稱付小洪出城無物可。四兒同友廣大孫云，范居余樹之狀，窮[illegible]一篇，然一府同甚可駭也。詢明

借子昭五角半日将至 借洋一元 市川土 计五串 又市零物俱归 文祖忌辰祀飨 送王寿墉宗丧礼

市川土 暑 桐君送小方磁菊盆 惟不见金豪 ·核聊植之 二菊出地看叶

十二 阴 晴微雨 午看烟 叔壮名悦川伻 其以后以 至午收烟 未毕 旧存伻 午后李泰椎借

看烟 春燕与王调 谈渭资俗旧日子账 请余至案饭之 少顷去 与向乃荣 而林卿 李泰椎 请余 和園秋送

画泉代渭才 背共允给予写之 其之后 添付左祖一路曲园 一段和园 藏拓来看 菜粗多信 司司来又加

付子工 墙上瓦 楼漏 又图中加瓦楼漏 应找伊工 何 将前之 末 缺 海 冷 未有 丢 到 已 在 其 半 大 [illegible] 之

收 元上下半 出人多帐 兰达一城在地请之 张姓乃名佳马 兼实兄 剧 笋 余 见 之 楼 存 之 笋以 [illegible] 伊

右忌雨毅 其人佃迫邻家三毛 之北 佳姓也 出之北 广店 查 根 有 来 脚 二只 山 宜 存 售 五 斤 之 下

计产罴 5 洋 票 仍 之 暂 日 付 工 二 元 罢 共 一 两 也 见 镜 叶 悦 依 诸 人 印 四

十三 晴 凌晨 东地桑 为小织 富 大 来 之 谁 物 置 而 沈 归 拾 独 之 宗 余 意 买 而 三 四 之 根 为 只 为 门 宠 乱

叶被 去 夜 然 来 结 之 实 多 近 邻 各 楼 愚 步 信 乐 三 少 成 库 小 叶 屋 家 已 为 富 者 本 字 为 何 出 居 而 能 指 物 甲

笋 忠嘉 叹 至 哉 藤 张 作 桐 上 小 幅 墨 竹 用 笔 者 入 妙 而 间 楼 太 生 佳 供 人 啖 笑 指 摘

伯 画 又 作 大 屋 山 水 掷 石 密 多 近 诽 古 人 惜 不 和 又 用 意 与 画 法 少 半 李 秦 椎 与 书 宝 山 之 来

三 面 来 而 账 屋 候 请 余 辞 之 备 风 其 已 请 陶 国 代 伊 请 多 不 图 以 为 渭 便 以 为 不 便 里 请 留 勿 再 留

付 腿 二 元 二 人 物 视 余 画 鸷 异 绝 品 收 入 美 藏 之 者 也 三 下 钟 出 到 店 看 账 梅 使 收 到 衣 包 四 条 全

入 和 园 又 见 至 画 亭 王 铭 住 友 之 笔 又 路 小 叶 子 买 卖 织 伤 为 不 合 但 须 宦 禁 伊 等 惟 利

是說為呈勤其真毫末。一兒二兩樓付二元與廣收，上白太胭脂，又見馬油並沈閣老之紫華
晡時一刻由思茂歸。夜三更首葉出看二次，月明時然可悅心目。三更四點四刻起去
十四日晴。早備飾帖畫款向，帝往江邊地，郁蘇樓。地平長如茵，遂至。午後以風甚寒，遂歸，所雖過
午後料理上坟。奚妙本高未請。二下出於門園見吟梅花，伊帝渡乃起先之房，將帝坟草出來糊六
上坟
小頓，眾始至宣橋陵，舍太金四人又赴于涼亭，乃到墓次，令罡取火，乃祭掃，展謁松楸，而趙佃人
蕭守對聽出付發坟，沈少安內事糊，即隨過隨之門，見糊說誠和戴仍不之許，到之宅，見之楊弟恨
等之說壹百兩之，飲茶歇息久之，伊去二晚。卯圃已到李，少頤出由后騎西之趙佃，云法不肯，遂過施
金李氏
因證母云此地係祖墓穩，過沈東屋住之之，據云伊雖賣租地並園宜先之，天晚極甚，後陪比入李氏而下
設晚
入見楚卿，言即入雨，詩渭濱，卯圃，孫北城，西園，徐悴至。桂夫人出之，見晚飯去。渭濱先入詢楚之，後在東廳間
趙佃村之語鏡人，渭出云楚之須兩桂入後，將辰有執四聯，後一夜，餞出並後來，後須巨費。且為漁戴伊至田母子去
租地先不甚。渓桂之糊，後方甚，乃食，飯錫趙，渭之北城均託余，請伊益息和，然亦不易辦，衛人安未，余由此為
沈歸種雜耳，時已亥，夜宿拜出。桂糧菜一之即晚不了，不知之量難易，勉力為之，庶[illegible]
年二百 挽友
卯圃中之丙鼎居均已呼茶夜膳，余又連往，即歸。陸陳卯璣已到，后陳更
夜二出，月中看來，信手楊頤出時作
十五日晴。痰均之眠，天溫，昨以吃力，且偏風疾，以鼻塞，嘴腫，頭倦殊甚。至花園，庭前菊花發芽
昨健入湯稍不佳，煙癮錢，楊梅，米梅蘇一瓶，陶鵝來，付靜佳一福，附李生函。二下出，天后楊館店，今也
請已至菜去 下以此之朝公 余攻喚，夏公威來
佑申出一石，旋粗伊云孫金石食墨一[illegible]，自仍石輕庄，森盤真心貢亦

郵寄 附達函 夬一紙与吳甫下庚 与淑之 住李盟之书 恨语不多局 遇王韩臣店 定玻璃二块 廿一元出四角计言时

閒一尺寸小識 見杜友之子成 寄郵信 入秋風洞蒼涼 姦生鍼敷 叔管中帝度乃归

去年遇朱三宅 問葉栢状 雅擁只壯 我婿子園 後之雅 雨来不曉 誤剪昨年归我瑕劳 事为之

畏不遏贪小偽富 乃黃貸怵以欺謾 伊偽之 除使圭墻云云 以其有閱名云 日间太热 晚大西风

夜二出去葉 宋夜後雨 萑泯泯安

十六 雨又竟日不歇 不能那葉 冒雨三次剪之 諸人扇乾後 然後飼 苦矣 四毛作草把 後汐帰 剪一擔 飞试留 韩姓回

用 葉中为刁司上丸玻璃 帰葉地 老湿 殊恨不可言 惠六为積漏 張四之太 来收会 云葉斤八十

湿葉挂風 以之扇拂揩拭賀事 入夜雨微 五更呼四毛出看之 風云 獲一賊 于後街 而地工少 藏八斤分

泰芳兼 袁伊程不服 茲谐用武 將而敕杀之 乃麻子阿喜之侄 金堪之弟 一角 梅田 宜以重劉 戒以戾眛目

作琐楚白 住来家 市帰 增付二角 又增付之 日收共六代中帰 予四毛

獲賊

十七 晴 早桐君来 为谭 领以去乐栖本 全藏在有 將午去 撫付四毛 賞捉賊 洋一角 到 地窖視 蠶立而一君華

伯夏至帝店 北到店 遶泰燈借 孫壮城 封一函 入栖風 葉林云 種讲多反复 使出交 須知有 又依

我係此事诉 里之数 不可又使 一月之久 乃可佳捉 知渭溪不能久留 他人亦難为佳 太为沦 蔡之料耶

与王周墨 如此相依久関而已 一見於友为来游 石 四方 採看一席 于帐成 夜三四出

十八 晴 畏後以雨 夜又雨 西日为 桐作秋林中幅 擬仿雲林之習 而遲以太瘦之 陶開 布置為之

平合 作鶴清 于到 無瘦帻之 如法筆墨 欲傳于世 而为画苑巨人 于畫至未到山艺出之

得暑表 保泰戲 一見 若坐生 李英伯 三龄 従艺 力不逮 入粉房生 读书子 於像生门 ...

書戲 勝雲去 邀至寺前 晤健于謝宅 偕之新豐時入棧云 北門店生孫 又至庫 付二角 與世 聽有章

健來十三 上等 為俱臣書篆小聯于聯上 天淮兩急向廣借蓋 一西作琴到店而返 四角工匠摺漏于府

**十九** 早陰 四更雨 夜仍二出 地濕 未能持械 接健亭云 靜二十右歸 陳先生學情

雨輪 柔設閱夜四于園 戴本 靜蔥 二下時出出秀劉 聖濟林 蘭輝 來家牧雜

以一角 **全**以呈不及作畫 西東逛于西巷 此市芋五斤 米 峰作種 又市掃帚二 北南正稜 夏十一支扶席

叉孫 **甸**工之 甚 當田大照我 七手手機泰 至陸峰梅之 唐好卿家姻親 廣生借洋一角

**夜**二出 及四更後 四七四之 又獲 麻石 嘉于地 以擬青 我強 此西桑 四斤 又錢五六

蔣瑤林 料理仲田十畝許 之園產王桑

又獲錢 **二十初更** 陰晴 對作 官寇心花卉 四頁 又山水二頁 未完 唐已出火 僧不至 二紙亦同 三下出至趙宅

**對** 午後山 又往梅園 煎湯 陳公 炳火 貴府 四六門 四六錢 店甜 困疲 因 貨以 脚痛 為之曲 姊家茂承

**歸** 夜仍出看 葉 以柩 重聽

**廿一 立夏** 晴 作山水 寇心二 重陽用墨將書 此藝必立盤也 家人假趣園 觀寫 出外看到信一立足

是上西以來 正觀也 旋北門店看報 知青報之張季直 之代奏 浴海魚鹽利 四 而 互通 路 爭人所尊聯

日本 據 曉 國 要 且 有 國 均 以 此 視 為 利 數 **本日兵渡鴨綠江** 與俄力戰 勝 攻九連城 日據 此 俄退鳳

九連城 白 旦 城 俄 死 八 百 名 日 六 七 百 人 據 此 可 見 俄 兵 亦 不 足 恃 我 屬 俄 失 于 東 而 歡 于 西 舒 奉 大

該城 該處 兵 保危地 尉兵守界 板中立以拒之 不 計 無 所 出 之 拒 戰 閱 此 為 之 一 快

仰瞻道叢于秋風識盛矣，按之雖稍離作筆，但未能之精粹耳。前釘糕四巳上樓。

廿一　晴。早八圍刻，各螺數十個，約百二三元。且多剝損，改明日核，每枚一元。前全段，而見果枯黑々，

稍雅之佳，地且多半與沈利康之告，只四十兩需至其他獲職。又問封角[illegible]之棄，係伊種塵還

伊允之。並留中飯而後去，命也。午後取眼鏡不見，惶然。吞戒丸，維明小米。擬路往李贈之見

通。奇冷，告伊所由。

致日以元：照前信兒足下：上年在日並記，得般曾一樓，名光今書日新記中止。今年李贈叔留子家

郵睽。本自四月二十以萬，菊西途來一書，其見報已不可解，遂向到存，不知何日回旗，上已日新

嘉國[illegible]第所書新，距二年上書，每年面識，至今大皆所均，但該來未至[illegible]，總以議定

[illegible]為[illegible]，今已到此，而所有詩稿近數月來為了手筆，余則[illegible]，本之頻其所[illegible][illegible]，見[illegible]千金

致稻日滅理之函，[illegible]年只中不能[illegible]，細陳惜。本居下郎[illegible]所用[illegible][illegible][illegible]，[illegible]保其利

致信先付楚，盖他[illegible]，可捉補[illegible]，離選之語能甘為[illegible]，近[illegible]一[illegible]信仍進

摸本唯新近[illegible]向理，先此來遠，寄以本係漢，斯之。所見該[illegible]之[illegible]，[illegible]，[illegible]俱[illegible]

書單三下，告之北以謝目，從西門廣生云，或到家並靜多，子[illegible]之其脈安，惜風甚趙，迫日出

以種痘印年數日向論，多三三十人，擬途多有未时死者。寄郵，讀大言，後行，又加之。

廿一 静夫得报不列 陈友生推背图 自序而下三十余幅 图绘甚形似 奇怪专目 多不可解 无为后人妄

穿凿附会为之 訥尤恶 饭后复看一过 特出城闲步作忙 一见佳人 嗟陈云野之房段桂坡诗稿

助其兴 携人也回过桐君 赠小画一小幅 计十六 与鼎庵一读

廿二 晴 家人理屋 余指示出厅事 月季樱桃 韩雅与兰等懒不可状 四更安自是 潘兰 昨起灭

火大东风 吸找代其事 并不使过也 三下同出一棋 钱店 呼剥出大东门 和丢鹅房 看其隐庵桂 烟多黄天许 家鉴已

识旋桂保壁下雨 讲邪 仍铺满多隙 人之瞭雅 有之被打窗 填石似近理 得见余为猪礼 雅声傲 名店乃出于门大须

论地收望 径壁再过 四阶归途小易桂 多贺少画益解 临雨月 茹出佳理会 租真念文 雷云何快之为手叙

生素逢阑见沈悦生木 同志其画先往看阶得 告以不须 私未取一柱也可 解立于山枪门岩

大侯之名古城 烟用程宣宫白成勿手彩 颇具实 老见大欣慰宅 马伯之 五求已出 昉京之 老七立娠

不过此到店吾报 老汗 市小烟 云雨 一只 益为蓬方 归已夕阳 过工内保陈常往四子文

过郑野橋 王之扇索书画 伊年少 善画山水 欲能放 惟不露 惜法不利 力笔墨亦足 过城人

乞役者十九 真音楼睹著 伯是辨 卯 ……

廿四 阴小晴 入园 刘敷多 而功玩效且礼宫 视之云叶俱当 盖上在朱国入室一室 余素以树园为我信之

不一如过是少人本可蓬 命归等真大目不解 归剃头何石 者笔不佳 六时来沈 伯为兔安文

觉来劳叶之 去耻之甚 而防者若辈陈门不堪其扰 广大弱者思其怪 者掠 三下出于

前池 衙中川居 再扶归 恒程一语 市数归

廿五 晴 休数阴 并雨 仍入园刘 程棉 是为人家 访桐君 二大屏一许 余并书 佳静佳 ……

天涯隱筆 善由園 督採島桑 堳上北店荒角 寄鄭 入和園 閲中振德王恆承葉自按 國政不合

鄭靜 室冰桶 北道 洞高炭店訪 律人不值 店閲 於由阿園歸

律

廿六晴 陰雨 韜作 叢丁地劇節 田藕地十許 稠蕭 徒也 精英葉春未全佳 於照人物 山樓作陰册寫

硃石爰未完 出西園 見為約 諸往書肥 值之亦卿 再同往於秋叙 日得閱皇城 斯玉鉛順路還

廿七日 己塞別裱之 寧脫望園不遇 於時日之 採樣莫而蒼而見雄 隱不可特 兵端不可開此

必文園用兵當慎之加慎 茅中議之極 局不樣 此時衆閲 討究精術強富 今多者所畏 乃至也

計 夕出三家 無事 屢風大壞 園之循諸 甚大而其處 要城樓園市已醉 日 隨以仁 從由阿園歸

余服杞泡 燒一顆從燎 飯出舟葉 拂煤之嫌之 安若農之不可為則

廿八陰 時 韜 蹇 畢知大脈醒之巫秋舂 未看九帖五玉 是全然指此 像迢入此 四中而至幫之 入園劃懷 芸

委敗 淺地而祝宥佐推凡 而於園 藉稱全不只 豈葉 洪而可存 罷無禮因桃自是不思 春飒為家無收性

大抵筆 三歲 且護為 有變 上巷 炳隋 如此家鄉 于此收成 無望乃處此為 震 恨伏棄於路无奉 承旧墨為顛 書只剝落之

不知三四日間 忘叠百路 看謀 攻嬰日乃係廿八 而知近日神情 恍惚 所據因磨洗之

未後天陰 雨 葉已插多 上午西蘋 春收十三斉 所余五元以外 所得仔堂 思滿而至夜不去

工楼 收將 半夜 叶佰鏠

廿九晴 貨葉七十六斤與陸鄭 共收一元 西收 拜大價 烘此種之作 善所以不宜 大其懷福也 傍午忽肝腸

文叢 託筆 昭罡 偃指書 收好 托訓 攖痡 是日極重 涤雞 痜治 追來後 陳拔收大來程 許明與付

西電停急，據東面團到虜兵，兩日後之旅順收復。東報言問四有爆烈彈在其久，又傳俄將旅順

燬棄兵艦，自行轟毀，以旅知口塞，兩路絕，勢無絕地自存，以來之計，則十年經營形勢同而存口內艦

七艘，則策淡亦在其之矣。又旅俄之要，只傳海軍兩艦隊亦自燬之策，以只不復存海軍，計亦左矣。以上所報

果實，俄國軍國勢全失，必起全國之潮，與日本構一大惡戰，然戰事不能於年亦即能了，而實襄足為國累，實

不能阻我之和。逢西俄兵屯據中立之地，日素向俄且滿滿之，乃為南端陽之要，即素抹黑與哈爾賓數千里

難守，況其不特哉。收若無程，三之三前一出城市紙。陽款以與松壽一說，子敬之當得到而往季只仍不

程猶日望往去。頌其心安，右並即。葉　又年葉　旋往陽園歸。　仲告何望上前細事

夜病少復，千叩

[illegible]

又[illegible]

[illegible]

[illegible]

又又 [illegible]

[illegible]

# 娛廬隨筆

[illegible]

# 光緒三十一年乙巳正月接記

三月九日四十八

[illegible]

上年季亮四弟借去天下有山堂蘭竹譜兩册，上有居次仙題首

又去蔣悅泉借去戴文節石印山水冊一本，兩自題　三月廿九日還

又月都小蕃借[illegible]目錄　四宰已還

國朝先正四書家　姜西溟　汪退谷　何義门　張得天

以　翁覃谿　梁山舟　王夢樓　劉石菴

嘉　王虛舟　洪亮吉　孫淵如　鄧完白

道咸　何子貞　曾國藩　魯琪光

趙撝叔　王祖光　陳[illegible]

[illegible]　胸然[illegible]　[illegible]

三十一年元日立春。昨夜四更大雪，至及二寸。天明大寒，朗晴。余起少遲。叩齋佛，撰寫謁祖

北

先昆叔茅叩賀合轄付二伯。押歲二角，洋伊等出游。余亦往大嫂處，與內子偕禮懺。余

登天后宮拈眺。宮廟一第，從舒人，乃由南寺落歸。若孝孤之嫂處，至內子一路北寺瞻

孫枝仰揖而知伊歸由北寺。登鐘樓望遠，數小孩以手取碑，刻捺柱外，奴而非從門，從柚木者

內然一下兩觀大雄殿碑，乃明天順里人某撰書云。寺建于唐，成亨宋元已路。至今清代二大改

起，今大殿之址，至今卅年前方修葺。余遂過北寺若口烟塵，瞇目至近埃。識地積數寸者，數十百人指陳

石灰謂可合傷藥，以為壽考。茶露舖底歷來未嘗斷園儲楠木也。今也僅于田址想小廣堂，閉之不啓，感慨係之矣

陽中歸

思

初二日，陰。微雪，竟日閉戶。讀杜詩一元五角。前四日託二記，伊出銀四毛，用戳印片十下，寄陶孙老稜，為化祖祠禱燭

指六谿老翁與胡老翁其半世，乃廿年間鄭諸子，別有兄弟來訪。下與而釋。入晚林宅見照生父子請各季

亮出賀高階大家謁大夫，悌神主，與讀西學，歸滬，陰路全在廳，紛又入桐宅加賀，又見鄭氏龍共

涌

庚順生告急，銀出三元。另吉罷之後三四年大項，而一面實決來不然，乃为剥咣責承并海之，入晚府平，然以平大

素此處決難久持，被其之者不知。傷歲作何事，伊亦陪程，幸擬与陪士去，倒戲今以戲書，以送未畢之限

並令支付榜合號，妻十二付一，乃歸。片謁鄭世兄。陳楨來，與孫來，薛壽桐、各表賀，与玩白石大贊戲

至五十枚。佳縣北而北盂亮平生僅有。往來於心，留中不書。自十二月初六起，一至在不書錄

初三日，陰。早法石查玉方數片來謁賀，出之。閱古文辭類纂。春若春卿來，游衍，折梅十余，得岸上，聆川鳴至四

四毛，晡四十

夜雪甚厚，上樓寒甚

初四大雪 是人日 昨夜雪 晨積幾尺 至午未已 思芉于厨房 影向楼柱坐擇 一書 抬向一白 如海雪 後蹬向帰 過廣[illegible]伊
留 答語上隣 多性了一[illegible] 出一三寸玉 記龍皮 棲乃古書也 從三元[illegible]之 註雷 夜未止 [illegible]未[illegible] 夜[illegible]雪 依燈 雨[illegible]玩
情
于床 菖 景衣襪[illegible]

初五 陰 晴 晨大[illegible]于卸琴來 言晨[illegible]手[illegible]生 伊十[illegible]辞 [illegible]多 究[illegible]而自不看 遇[illegible]一再 [illegible]說 [illegible] 乃余之
戒之 [illegible]實 [illegible]中未 [illegible]開 沙布 棧 名 [illegible] [illegible]全 [illegible]合 似[illegible] 酸合 注 [illegible]則 兩 [illegible] [illegible] 信也 一下 [illegible]二下
余[illegible]居又辞 楊吉林 張之 方[illegible] 等 [illegible]仲[illegible] 自肆之 [illegible] [illegible]居 大 更動 [illegible]取 [illegible]相 又[illegible]村 [illegible]似
及沈保 [illegible]西居 [illegible]說 居事 而[illegible] [illegible]因 [illegible]情 [illegible] 回書 知四[illegible]又過 長[illegible]辞 欲求 圖 不知 果能 [illegible]也 上燈 上[illegible]
夜入席 [illegible] [illegible]佳 [illegible]兩[illegible] 為仲[illegible] 伊[illegible]二[illegible]王 一談 [illegible]四

初六 晴 午 仍圖書 諸 [illegible]為[illegible]學[illegible]已久 [illegible] 仍之中學 九下[illegible]書[illegible]來 [illegible]留飯去
[illegible]于[illegible]中 [illegible]計 伊之為人 日[illegible]不[illegible] [illegible]不解 [illegible]路 [illegible]也 [illegible]不[illegible] [illegible] [illegible] 四[illegible]事情 [illegible]又[illegible]
[illegible]成[illegible] [illegible]備[illegible] 健之[illegible] 諸 靜 [illegible]健 學[illegible]事 [illegible]不[illegible]

初七 晴 天大寒 [illegible]于 [illegible]日中 不能 [illegible]在 [illegible] 閱[illegible]一[illegible]探[illegible] [illegible]一[illegible]街 [illegible]步[illegible]三
夜閱[illegible]花女 [illegible]了小說 [illegible]國[illegible]

初八 晴 雪消大半 [illegible]之[illegible] [illegible]出 [illegible] [illegible] [illegible]如 [illegible]王廣 閱 [illegible]馬 [illegible]不[illegible]付 [illegible]一再 [illegible]年[illegible] 之[illegible]
見了 [illegible] 已 [illegible]完 回 [illegible]風 見 [illegible]乃 [illegible]久 [illegible]燒麥 見[illegible] [illegible]對余 [illegible]伊[illegible] 靜[illegible] 余都[illegible]
[illegible]部乃 [illegible]之 [illegible]本[illegible]付一[illegible]遂帰 四[illegible]夜來 [illegible]長 不[illegible]人 更[illegible]木[illegible] [illegible] [illegible]佳[illegible]
閱地學初[illegible]

初九 陰 雪甚大 [illegible]小 [illegible]二人 [illegible]健 [illegible]花[illegible] 四[illegible]玉街 閱[illegible]一[illegible]探 [illegible] [illegible]有味 [illegible]午 [illegible] [illegible] 冒雪[illegible]

二三 訪叩門延入以己作楹聯一屬友一伊揚周培之代撰　又須柱聯四并書屏幅　並請嵩庵奉至大留以
去向十一往歸程　因作兩聯　學詩知看廿八年詩佳兆族割業　黃庭兄弟為之未帶再成家

二五 近夜雪不止屋積四寸　兩子不能歸　夜寒風密雪　閱文一再醒
初十晴 晨起二三寸雪止然消晨回揚至衆　余殘和原挑幅八手來二幅計八幅之右　張宮於春來黃二墨收集求書即寄
由二傳信 討墨濃淋漓兩筆盤四　年來諸陪帖　三下兩百下拓粗廿四　作閱四名案　旁晚留不条作聯付二聯侍之
及暮未出

十一晴 靜以世壽齋備茶席乃呼在四財至官四席　十三四の兩六六每二元易加題工　張泳未取聯詩　留上一來茶
汝三起 付四尚信 請代伊揚周茂生聯　八秩年庸安無情保老處枯刻成語訣　兩男氏祝柄燭徑

有託書壽幽衷　手和二聯共七對吳侍之　朱松壽春以延壽禮松并延余往沈　遂宗飲遂伊与沈
及色仲和朱稚堂合甸仁太供佰住便余与　沈光夫免校也祥以飲久出押　請久去　近二下飯後出沈氏入見
訪仲揚并松　又有祝学　向同源以百元一股共二千股也因与諸人長言并押　乃借仲稼同出　手很見出事
去知伊社大庄詐三万如為例共到庄賤兄不聯不聯根閣乱粘乃查竟諸人花無以之真　果而未用遂
一二指示計飯一聯書遂宗　弯竹布書余款作日遂之　急患間至只利所利二元　出城之留宿朱
不假的在邑似不敢狀　余稍信甜乃出總廣四紫雲　紅牌大相遂一再詰黃文之
所為耗已久　帳書詠宮將迎不實　余囊西邑遇且鏡之不能不得其罪狀也乃甚去之印借三帶
四　夜閱報　四錫仍古董四癖癡　載問不已且于伯士譽碩籌学貴其事三角又付

十二陰又復雪下　保戊來閱余石及畫印留年語久之去　延酒母禮　伊來請信徑　日勝去揚廣不

笛布宅，偕友諧談。陸某伯、張秀甫、于嵩年、諸易甫、賴鶴書、林同甡一夜談，陸寅四席，余與張慎之從

粜与若舫，晚出赴廣雅及市，赴北寺巷宅，并王守備、劉東甌之諸君之招，旋之廣易堂，燈歸。

是日送李鶴巢以詩，作者方已饒坊，市衍布成和。伊宅者去數于角，諒不可晚。四更不睡。

十三日 晴。雪消，泄浪微風。同伊門詢知去年大下起，赤葉合徙之，李星五十六四，少陵詩書入翁與郎

初園諸莊恬然丁恬宇，與張渭源諸伊取近書畫帖諸物，小暖與了叔一清，夜中午膳。又過李亞

書陸壽季文度十業二卜，書到廣，借諸拓閱，閱源書，過伊宅，觀宮名件，全大書，去續一話，式海與文

一夫和季宗著有説文一科錄，七星龜，劍坊住。又蔭最十二山水册，全宿耕烟與余等相持。又

孔宏園，阮宋四家書及小住帖。又王石谷之甚平之。又李唐碑諸本，佳甚。又石齋十數方，佳

西鄉十伯小篆聯，陳鶴庵小帖，皆真而不衍，生印。富。二冊，錄了，書去壽傳，精至洞之，主诸印

諸伴宅上孫，經伯田流去，錄後日一，節墨刀二，又吉之建四銖三錢，寶貨六珍三銖，貨又二大式

汝璞子持一第十九，字小篆式三代。又云件二字，式相同，惟指方圓，有别。兩畫一張，西武文

若十五六文，皆屬上物，出國書條名譜，習雅序多振一一。離久别，歸

歸見已安，而牀并子女均已到，一間，三兩娛之，四鼓歸。內人私女等二五二從補諸推遂寢

佛西 姜意舟三到，晚角同六胡二郎住

南 晴。早起，謝清生生玉來，會佛遠，衛三四先，謝欣從玉伊等來了，謁賀廣三全，桐了二卜設，謝

席一以二回楼客欲归约五而不来自往邀因午设席四内外有二道佛设入席晏毒後至石府
菜不免佳 何已昇 席散伊等往读书 陈子燕自长来於癸年 谈两家子弟五人留数味 询及弟子
不知知也 为伊四娶说之定不从荣嘱别去 余出店 知孙竟来请 即出去 旗兵难捕作陪四不假张许缘二
人　余来乃弟留宅不肯再谕及店子呼哧生 余法之 拆伊之桥帐连不能决 曾上年大哉之不查
请余执先查田不能彷致相难然不符　二奇将宗伯之妹入祝存 备稍取时二三百元偿账五平 账生一乐枕预
嘱不敢收免大度 手头留亦不为之谈 谈久不决 乾笑粥千以能久刻不到 被议移后 集士林先子十巢列入
席 古旅客之往也 与陕滩女谐谈 细川为情　六小四点天远馆毕又与银与厨往能少留 以去 城已闭 一路月
明如画 竹 雪岑收拾出路上楼已半夜明矣　是日五妹等去沿 九姑维女友毛三花被芸女亦等

雪隆
起迟不觉 视众宗拉梳物不能开目 内外各一扫 理大素帐 十下刷毡 什一两 鼎下弟楼寓齐全不
理会两子等以横帰無信 今往店而长工不在 稚弟星翠模赤了不能 就其子理料之力为不及此 親自作操
即了 子为长嘴 章信相亦许四云伊今晚起程 冬至雪下 询伊赅往樊王旧棧 途会计出 南洋芸叩相亦相以
雪限匿若 厥五欲不宅 相亦插 台屋搽年入内谒 谈下为言多事 余请借之入学谈于时戎被伊他 御与未得程
本言笑哉伊平有 措借也 谈间伊坐偎檬睡达之祷 入以稷重阴谱之 抗诸百人五日临之封 惟笑不足极揣住 旅记其细
道陛日上上杭故 及归使之杭 任君师范一年年 与向志不合 相亦空 於天明 树 硬り 欲为健桃り李 并宿伊宅 俾今か五
学费 我五匿 微 相亦劝为旧 或论五南 任访楼 长 下 做 浴 久 为 读 拟中 为召 以助之 该 路り 次 を 谈 与 稷 为 书 余 此
到店 晚 于 此 言 仍 去 浴 向 晚 书 取 五 十 元　又一再 请 余 言 其 店 却 笑 谢 之 後 我 亡 其 弟 之 栈 在 伊 北 五 汤 再 乞

早为家實又叩金缺 以目不晚告之 冒雪歸
夜使理川李拍手一切 令静付李元 向裘根借取 金二付李久 呼挑夫不得 取又令金字未轉今金四百天將明未託 陈七
近因夜過半 内子舆使已起一再嘱其附友早 而卯陈门至至天未明 向伊等行秀
闻雪有向 夫公有意多嘉惠苏墨河山墨畫銀 刘新若来访使住

使川
廿治

廿六 雪 上午閱敖陶等檢理物 若生雨 阅典閲羅隆廬所著書 以状令子女各一區其極佳 得其六日 草擬册上
留加成在二八 交揭多 面告張事人看畫 二更夜不寐 面腿冷 作寒 襟不解 伤病

和鹿
口拍

廿七 雨竟日 芸北女来 检斥式得宦寫行 長女看果續陳 所安而遂 歸中代領書米 仍理設 讀五經 即以呈極
李兄等素李之君 出由一區之 倫執所致 殊为所谓未深也 三下出鴻店 見留江舍 查古項 得欠款 令悟即
用刀快反友 而于柜上又广为解之 北字所四吳 園林来作工不值 访之 陶知其舍之母 新年叩头不理 母偏心太
甚 孩子卯争的所之言 理条声责弃济 自立者大利 尔母决不轻弃 又有吴工趣之 思不来 甚不多錢帀
鹿阅一眠 式川来山期 予罗角收半 携歸譯阅之始也 金牧来賀 与谈谭
静日讲读日百遍 佛法不能折患 临临请厭 又去医院

廿八 雨仍連倚雷時清叔 静於書卯李 莊吳寶榮 升玉门樽桃支 年祝盟收祖宗神主 余于叔鞠取 亦袖
退遠 静根蕭大木長壽生蘇 奉细雨情情 搶寫類字書 令類查先祥音字 未去鄉
以正月新年十二为上燈 夜十八為落燈節 至是收神主 莫新年至此完
夜阅陶彭澤集 百三家之一 懋然圓知高人皆意苦而求自立者也

十九　晴。閱滬報，戊刻未日見遲早。如莊打要，送鹿耘等回，未午興，云一子韻芳，女蕙芳，

孫西溟來，為言于滬閒機，文事試佳。以子僅歷二十二石，媽不勇于工，至一兵，請余代

書考所過，至是始決，請余為安也。告以米業未之市，若子梅，張呼怛子，及瑞氏世業

是一時也。遊覽于奔命，猶為憐也。以二十元准一定作冊，又分一筆，交三下，寄趙七，到店告成

事平。諸君物帳，北呼四姊，子補店。元為另住一工，以翁祥，閱其要，諸未妥，故也，再一店

忭

焰云

宜廣又送告知，乞留日，待住居，擬抵揚，詳致，應後，蘇城，訪余，居間也。見仲和，告

時閱孫和鮮，上有題贊，恨福少些，往見鄭叟和，貧甚甚也。而水烟三瓜，俱出君摩費，何怪其人之

是未曾過鄭氏兄弟，語將余鏡，與全石來中，竟比較，各四神四面，竟相似。內外圈俱有吾作明竟，幽湅三商

還余二寶貨，又古花，不白。贖日記一冊，行書極平，是先君蘿溪重碑，為

未有過之也。昨揭手寶藏，與余藏拓上下。碑首孫浩隸書六同

相君的，出吳興山人，余為書跋

二十　晴。早煮烟上坍庆年，午咸烟分半，旧存卅九斗。

應仍閱彭澤集詩，于庑上易裹衣，見有魚秩蛀虫，每口平包廿四現，錢七拆。盛衣又為健改夏衣衫，食麪，嚴寒來年

八十餘歲無衣食，子不能養，余家以廿年前曾雇工，給歲資助之，無奈我貧而兒輩學資

未止，但期健兒能得甦生平業，有學所得則累積，乃以漸達自如耳。但數載家況日棘

上一年，共記告貸利，計及二千元，加送館，可謂危哉。二百兩之歲，廣生盤館，二千零元之多，以余

八股之一核之，則在二三元以外矣。是日頗致年貨，又全盤仰華俗當時修飾，校田首庵懈之切

實賓將年又來，尋常失心情，歷亂如林，幸無留語，久著禪法詢云已出申，留午飯乞换而去

午後，都山蕃至，罷延古鏡，伊將曲園方圓作照亮，進懷三角文，外圍字相同，惟為不辨

中漢四神四靈鏡，製相仿，不還，要衍一冊，余乃檢水拓多寶塔、石臺孝經、大聿、快雪及鈴

縮小漢碑文、隨軒金石，看不欲賞久之，在徐居，竟敢看之許，信往入深柳堂，呂子康、劉永甫一撰

小蕃一丁，細審實蹟，新書之被三狼為二也等已下有，都欲以興，但未能刻，嘗步運寅于州，指問告有名

積大永甫，請以千元未久，畫賓必易斷，兩手持桐錯，遂述一再之宜，適音似與以千北李巷，別北居之適，臨留

公一旗工人已至家君利，和兒工價，須付。余向住十六，所差大旦，親兒人屬諸余正勤之家，允以再括擇

送張甫兒　安婦禮帖

而吟生有一生附大夫，住少平，即乞頓讀。印圖未告至廟，此自小去也。

補光女孫姻伊往賀飲，余以久不辭熱卻。三角借店一書，令李國送來，旅歸已將燈

天又陰，夜枕上閱兩蓋增悲儲。醒時口渴燥了甚。靜齋用藥頗利二

廿一　雨霏微不絕。一新年有雨雪蹤跡，閱自著舊術，昨為都借讀，筆別黃光益，草創卒忽，必需通今春乎

前西洋我莫能以石印問世乎。昨都借余附日錄三本去。檢所收零星尺牘，以陳參書屬志

評兩林自乾隆至道咸間百十通，但宜存上品，亦不過十之二三，然已芟之蘿之十不及二

中選書學人之所能猜，難得如此。又檢金吳瀾陳氏所刻花卉玩之，又劉石庵梁山舟合璧

形傍一二至夜。郁小蕃孫玉昭應未合。是夜雨不斷，亦不去

春晴汝身太不適宜，嗽甚風寒疏脏，又加肝陽，至不能起，倦相時許翹夜飲，雪彌

雨止　課諧孫福四星，計十二三兩，只覺其難，余亦勉強之。　稚穿梅石竹未能周遍

廿二　雨連綿達旦達宵，然春夜至夢叢皆滅，收盡壞之盡。昨夜太荒寒，甚遂傷風，呻吟

難絕衾溜冷汗，將七十歲之味，一夢費騰我胡亂神思，三更後小後早起淳讀

多昌風如昨，閱韓文十本，懷及汴種兩室，必有其根而無人至，街徐恆盡蓮蘭

書無人氣，藥經本性，清行動為慵性，而此在深山海的

蕭尺木山水長卷靜以羅未易居攜出而玩賞，此第七果眼光因定為真跡，則應請其
加一跋，謂余所跋居此刻並知其查裝也。東坡策略有云：臣嘗觀西漢之衰，其君皆非
有暴鷙淫虐之行，特以怠惰廢弛，溺於宴安，畏期月之勞，而忘千載之患，是以日趨于亡而不
自知也。此以諫北宋之懦而移今世尤似。蓋天地皆于動，使天而不知動，則其壞與者將腐敗而不能
振。與序志士勤上下，相動用，除險精神，振正。宋苟天下一日赫然奮然，其國勢之盛，豈何今存臣王被國畏
葸，惡怯而不西昭華，此世之情，真不可解者矣。傳秉不振，自昔伊然已課。湯孫四十課第二國文編

律本年

未刻，得四接德十七在華陳十七來，拉申羅宅取澤三下到畫
都釋書刻印之律，迎吾儕偶飲合飯。羨吾已因技癢，試畫三印，亦較昔大進，惟眼不蒙，此
藝不能不讓稚存作篆第一絕技也。申刻渭漁來，贈予古黃布刀一，貨布一，太平百錢一，又
宋錢慶曆、宣和、興寧等四十文，皆朱繇家之大黃刀百餘求之數年不得，一日得此，欣
賞何限。諸語正久貴，此金石并產，多寶塔等又貽拓，錦錢百之遺古錢刀三錢十許，皆
上品也。其中長安、五三銖、貨泉等玩古紙一卷，內已書成對四副，一汪洞齋陶篆書一，
呂吉石篆書一，陶濬宣北魏書一，高邕之行書，多長句直聯，囑皆請余加書折

枝花卅又四小幅，又畫山水五一小對，特請羅未翁寫篆少憩辭去。雨中相過，真風雨故人來也。濂溪兆亦來，為四子論伊家事，余不相聞也。

廿三日 早晨雨，陰，飄揚未歇。至午始陰，晚見晴光，真苦雨也。上午理拓本，點鈔作書。午後，稷臣弟自杭有來書，謂已送去洋學堂，已於上月截止，無額云云。未刻，蔡濂卿來訪，索觀碑銅小石，乃一一出玩賞之。伊亦只於此碑頗有佳觀，談久去。玉紫閣二首。何海二表妹子在縣任，係本月來詢所著屋。伊表弟無一成器，都為隨條以屋少而雜亂言，種種乃去。余妹來為陶子聞話。濂溪借小毛外褂去。渭漁之聯俱歸拔托，有懸三聯上墨淡色。濂卿究是書事，略識碑石之流，於書畫境全未理會。座撰叢留巡防為警察，凡警察只為產經費難籌，則春夏秋三季必了一處減作六成，應已占之男不散，而地方得長安安枕，鬻人起而之耳。況將來警察之指必迨巡防難信焉。未將一樹不務，名實不而實不務，則實以叢為真為叢驅雀了，苦為地方自治，則宜將所鄉者多減應一二，傳送到監禁。

廿四日 陰，晨一見陽。昨枕上胡思多端，作古桂詩等。早作雜和韻。午後，小蕎來，攜就金家內竟觀廟，乃知余莊之漢四神四幅之作，惜蝕字不可別。大半因之塗實其之屋，伊母從往觀索金一條，歧。玉紫閣二首，大之于以去。言未之訪蔡濂卿宅，和以出，北由橋間過，借之伊家新題兩

書屋題君石款靜甜，係舒持雅，內有戊已款，去年寄排印二字，尤綠篆，然最佳一小窗紅一君紅袖二楹

及爐一玉銅一白石一竹臂擱墨海硯下作井字狀　一竹節研求金銘蓋　又一方硯　玩樂長謀小收乃

別出而北店見洋一詢　留店店務有一錶來司時之間用之長工市　青鏍　時　留　好　持之四點之

晚飯用后

壹進甚爲慎斟　閱鏡譜鈔鏡詞與已鏡核對

茲半隨時覓擬本鏡銘云而跋語注之　飯罷熟　課孫　將畢　撤　遣叩門入見劉崇甫　來

於千總城守同一子　美伯本訪生官　並與　居石不信其和爭罵　并及賓責　招屋之劉余告

劉崇甫又來

余與伊家情事并都程未定　對伊爲都程而至　談久無實語　適桐君至入談　其書

甚稅二人一再勸之極此約之一程一抵日可不概從甚合宜伊並言　照時之代作跋與其子乘

桐來出古錫

桐來二人出看錶去先後並從家稽合子足來全到定契云之　留點而後於此可應時許去

留桐吸出　製刀一刀平五千　懺吳　雨錁　三方錢　二似印底　一陽文長圖　陳園二字　古色古香實佳

吳長□陶菊蓀信談

錢去事又留話　附給而華表故　族人　菊桶四官　全一吳　生長二五年五十許　詢工價　先以附至與

之段　意之之在從以做法　附四張　閑店另覓生理　許我任做二　售賣　其人尚誠實　宜招徠

之也　桐辭去　談久　同伊二人至地路勘　一一　指出　信宗　膳宗　做宗　并篆　塑地　法

事。伊云昨日上工但宜停去，仍拟去二角，又欲借宗派市鱼一秩，令二人舂照将来分鱼，并逆得已工账。

思汾早出，反改聘月一事不能为之，其历乱无补也。送郭店东陈范姓士阅孔家事云。

陈调梅来，述昨未议事。两子与信首至双庙指示。须叶宋宾二宾，须叶宋禁马。地方户

日　夜书致闽蜀刘拓千金已允，后再寄业業。二元书至当面下契付银云工桐。臣予康乃余之

五八晴　先大夫忌辰，祝祷。早致伟吕子康，附请信，業宋延防章程十数，又拟丛书经久长策课和

急为愚妄，高百十遍，尤不上口，大柿遗年犹弗能读，复再三阅而始皆诵，指殊不易为量。

师也。钞郝氏金嵩中镜谱，自汉至元百馀镜，余略书其铭句，将伸图记悟分别年代耳。来后

出之渡发忠庙内查。调梅　晚归。　植卿　均在余处示上各阁销帐，计市五六七八四图收账信已千元

已用四千元。卅三月以报一厚在内余十元。其勇四人，月六元，连火食，什长加二元，余加夜粥油灯草鞋，而帽布傈衣

号挂六秋制均在内。而冀樽节，因其余十元。或议加巡一月，须添洋十馀而指计不敷也。或云携由夏防，或云

长岭，或云兄全城统办，或俟北局定章。至陆刘来为陆剑星钱。陆畅信　唐镜英等时许。广三至卯

六议携长岭而俟北局，我议由家及课。自三月起至十二月止，日以二百五十钱乃可。一元分四人余辞之，旋出至郝氏署。

镜谱而名西信余搏得。马枚　唐仁寿　凌焯　读语四信已归入衣人尺牍中。诗俱平平耳。又阅印

及拓镜十许，内三四佳，且好者谱一刻。出北到店询利赋一分，而勤敏业其项入红帐，实为店公谊彼恨

西厓壽針料 每言永壽之壞相指比真二石等智慧了過 松風閣法在焉 錢時行一擇 詳查震澤約

真知閣 朕方璧雖施墨一也 亮對此完 夫人作究大詩宜換退二也 説彭 作傳梅生物宋執丙錢箏君餘桐不為

全借久之夫甚多出題選一 貨即於二十八銷 求售一一刀 折去下平五十 一秦半兩 余於帳下 寄來雖十半兩許一

角易得者誤始未成 實已應 恩刻 不暇為此不急務 歸 晚間 呂子康 寄云未手信 招朱小二過問 席料宜

備再選則難免甘 於伊須之敵壯 嘉借余林洋用已過年

夜偶為蔡滬秩作 竹節硯銘 詞云

竹有節 勁且堅 祖貽孫 千世永傳 灌蓀以舊硯端石竹節硯乃其王父壽庭所示 歲貪 故加孫為因系銘

廿五 昨雨半夜風轟門户動搖 然不暢 故早仍小雨連連不絶 余知 平四和魚行 甫色魚廿斤 連魚廿斤 卅五十尾

呼阿槐以厕桶往挑 將著諸池 并不寡少 畑十信利出頭息 余亦借與彭附股一 陌根已付二角洋

鄭愢生來 云紅字到 懔元 內尚有帷 偶欠弾 湯仲升 寄居得安 善生意之正 信利股陳 拔節少

十二 素本悔 付惠如信 只好隨其愢 看伊之如 我僅抛之 半開之擴帳 增用商場息理 各隨其往 符此錢

敗于子雲等 惜一切將所為 萬之乃樂 本將添付成衣工 備 午後微雨中 踏謁玉園 問所操奇

放魚苗 歸云又已添池魚五加一 計八十四 十八斤 素之不應 數之加倍 將來起魚則余於戴阿之曲 分派伊賬所

請一阿歸入待出 錯分魚也可乃吾荒地種行不得大利 伊須近益 伊住處 將令為被謀 知天之予 拙也

一艭艭々撑蒲篷禁示其歸程辨真踪第下流　冒雨歸　拄于上岸一二　回過廣伊高過荒烟

了懸謂余告笙市大魚肚　來郎豢一所以補益予疾　柚二片　小餌入田　畫過彼似情留以余之體不能以此爲人

惠　噫彼人者究竟腦未受其災耳　古然蓋僧　思及天下萬物均不過以大小長短縱橫相參錯

以因成天地日月生動植無一非然如焦作畫亦猶是也　以畫山水中樹論　縱橫參榨如樹一尺榦而大指

五寸三寸一寸五分三分一分穿插之即畫蓋皆無不然豈分之有踪則無成之趣成彌復勞

古人皆性境通禪悅其所以然而順言攸示學人深淺者尋味者耳

鄭歸

暮雨歸下二無異殊　作付靜儀二函　素其無信到

廿六雨　係飄揚如久無數中　於舊洋錄上學　田屋　估價　佃名　地畝　各數分列　另開數簿用十二年　上海計九年已分

余作事雖不甚細然求之今人中已難得百一　說又加之日記半年　以示遠后　烟謀甚　作函靜信攜以

寄鄉付16

土已三元的到廣照　沈叢生詢及店況　乃大發恨責罵子淑之列　一閱畢　報此訪孫　四官云工人以爲

假日兩房來　吊衍之孩工不照間宿之擊斷　即函南市寄以鄭付郵寄　鄭有問魚苗合造之廿外屆時撥付

約需一元左右矣　松風一肴秦中兩市售去約值一角耳　旋歸

夜芸官發病情與大而駭　哭泣喊母痛恨自戕　竟不辭何病　柔意度自實性吉壯　以夫不戴月　樣

樣且地不予資糧　氣急壞嗌　且不能刻按懷　即信佛之義　鋤去　堆長此攜之而翁者

午不能在世矣　余夜因咽作梗时痛　因约记或每早蒸汁烟吃甚或吸太烧以目眦投　饭饱

大著急至沪依石已下午出厕跟言信　盖以昨年春坟防使然耶！

郑静

廿一　晴　早喉痛不减　陈牌来告内子去金牲图漏鉦疑非胀大惊　请内侄寓诊　乃视后云余将应事免

书画服喘旨下　睬而以凝得补之　并神主色藏　午前陈碌之也　午后腹中作恶如厕甚苦

三下出到广渭渔　持孙輇伯氏镜二见睬大吉　泰言之竟已破碎　铭文尚全　与谱中少七字　其

一差小铭词殊不能识　其竟铜色完好　朱琭翼然　真佳品也　又示拓本并十余古钱　购入杉风

茶肆同座为钱畸行在霞伴行焉　朱晋生子梅子　出沪上名书画家仿单　卌余如汪问梅　陈六笙　吴昌

石　金心兰　陆廉夫　杨伯润子　胡公寿子　吴伯滔子　姜荣昇吉　扇须二元加一成　研墨工

郑景心　西如汪洵五则　笔入六千元　予为近世书家之高运　思先世董赵　芳不及世也　与三四人话久而破求道

亦出　时有笔翼　采入将目逐去后　惜然　乃一阅招於店　桐君言已穷口　书乞余加　服中花井　道归

三十　晴　煮莲墨一罐　为马庭书扁一通　三清书依　不用　云妙　心通每天乃六大甚不得侍　刹起

晓山相之来舟　收归归寓　留午饭　雪雨孙去　作书致渭渔　北田阳园到广阁招　仲衣辞

湖北典子陈之留四　取马并丹租　不付　约初七　其内货屯阅然　其余常逼　街市如此　况家衙耶

携回去　秀華歸　園中僅收翁租三百五十餘枚以所借初二　視劉子長付訖

二月二朔晴　收易厂扇面以補碑損　魚馬於第二圜詒佛盦箱　送白虎樽間前朱雲拓令歸蔡氏去

叁事玩不出來發云將去四千枚沈桐君持張寒季直聯說加偉莊井燈後一匣請伊

賓客又古錢事出　渭漁來持陳麻坐　費此懷次　二七言聯以汪長先聯不雖補四本易

保匠陳費七十對又無閒無光孫子賸又同去唐碑一本李文碑　潘勤可得上首鄭撫伽印三

借之陳仿逸健倩慶三一刀平五千錢平上　又古鏡以不曉檢去早歸　桐君出渭番寶藏

謝北齋闕華又臣瞻刑訖資之乃去　四下出至杯仁巷　洛秋搜桉先後兩二千不情　鱻以刻搨不宜之云余業去

户刻魚戥他至賓與余及桐信刻不宜係化諸不成計長後之於桉為此　乃前岩　葉鞠已化去見

斥以英俏出其指示賓出不住二崇其成印不及一寺印十元立可以還押租屋中費的笑借匯實自是

之見云余房即赴一拈樓乃去寒　然須去此店後誨來訪李笛江不作見　四本陸之合並已完五

王綬村等談言陶潘玉若　桐武來歸　陶雪梧約後附去　乃燦蓋其去錄二十四

交蓋昌魚翠

遠庭約游二三刻　賓座即門入縣異留合申刻又來未到　其業必以陳達成先詢都

賓座

應賓偽岩蕨再寺人余一二出其與劉情形已致多信今日示與劉還日房謀事今忽慝

自到劉後又見他縱無着不得往還及致璞帶云云伊又忽而應不成已耳夫復何言耶

知悉去矣不能再用以得操一至于此耶　見日照陽光入山陰一庭上

初二晴 昨夜大操喊叫至卯赤膊傷風 午已携兒往候楊後不晤 少悵之至 傍對聯易退查並對照易
换黑也 勞裁滬地圖 雁唐碑 九下 四點 來仝衛而往桃葉 留之 叙其人全無心肝 恐那吾款
嚴極未可辦 午後 寅賓來 謂事已諧 少頃呂子康同劉葉甫并子 其伯雖至 書所訣於房業
只允許似所識有未妥 請全剝斷 一本其兄押契字 一租屋立摺等 並與三面理斷 押字即面呈執收為憑
為伊剝說空條 幾事付以可前借屋後書一補押案附契 咸諧之 卯林楊與周付寅 乃收免議書稿 大相吏路子康
植春 論局中諸人 余語以桐至卅元之數 伊告劉亥不必書 並桂冊等均而由伊書 後劉亦認書 卅元而必從日後續還之 由主
李義 了康 天 伊亦不允 余為解 只可作利上又共一分 只打九厘 乃允郁佛 延請桐君一面談 寅書付許桐列諸 後柳又從
相用 中議 更寫向陳英西取條二百元 其譯平 讀合曲康至樂書卅 寅書卅中譯 平元作英盤可為屋居代筆等約
去 其元捏一元作陳用人一元 預差些紙等 共罡八元 二人句分去 一分 蓋太陳見不真良身之勞口止亦之周而
留付 與陳 以現成寅其利益而甚至夜悟 收分散去 余乃留寅夜膳 告以一切 職以君子道人 言須謹慎 由小而大包
事悟陳向寅多得之 借矯書 是未留江來謝拿 以物多寡者入于門之 余日雜記錢計五元去
征 家諸年四十 問了成延等分派也 諮議告店事仍和六七書 隨平 量少幸能習陳至普不能丟
夜付二元与向陳分所押極 5四年 請告以勤慎而作 伊其識字 守之白能成家立業 伊諾之
初三晴 午四洗某于門 警者之 院帖 蔭健論 又靜論 茅與四家去付工資一元又一角 買漏
諸促 担一 午 親鬢 四樣 忌辰也 午後早去韓呂子康宅 伊言 寶賓昨夜5劉又轉一更 遊陳一

蒲静　合合伊刻碑陵面對，西為中伊內為寬，并陵中太寶刻，花木自居功，南設桐依笪也。乃出訪杉洞，依付
晚子楙防伊漢熙函亭久，詢以申宗行所，鏡書中五弟，任老號君秦男里，彝元箴棧謝宅鈞長。
四日　日本使乃富使在也。出訪渭漁，不值，多錢印波之，壁上二楷刻楷法，鈐序之青行文姪，中宗鄭二匹，乃出訪
亞陰　笛江，又不值。四千枚又卅用一角。無聊訪桐孑，出近于門，見渭漁，云甘錦帶一，古甚，直一金字，首已折，而所
乃借訪小蓄居，李伊子鋭，乃書澤磚硯銘合訂兩冊，問之渭樓乃錦附行國季四年方甚求刻也。小堂仍
健來鋭　一函，敝函，寄桐孑，庚之書瓶琉璃，儲書與乃程直收業甚須肉子自手不及勞。周人石方九出，楼健李誤。
住詔居　孫氏印抵一甘陵廐出一，一將軍假，是佳，此分售拓十餘印，皆未真，且劣甚。隹拓葉以後反劇，撥綠根
司馬
初四陰　天方雨，袁某來，成四院葉，余書神功廣運四大字并款，年月具名并畫楷隆陽文二印，
暮拓二石。李君小蓄所示一刻，偽為王西巷撰，屋中物一刻，壽者蘭竹，其方時行刻來印，爆其中
臨秋之下，無氣力軟，熟釋弱，畫一乃取如此，售無真，全院府錫取此，市依而已。余至渺梅，其文
日本幣印存一冊，與之閒談少久，出北市野雞餅，遇桐孑庸談。渭漁宗段，廣生子拓孫氏
刀幣十二，見陰有篆字：君山留成宗，另一半字。又蓋刀一，白刀一，用工，日二，廿十日一，明一，一幣，畢出刀，背有郵邑三
日字，皆方者也。閒聊夜桐之膝坊屋，被推洞之，宙殘又起，殊加恒心。　四年之經楚方佃定日間被人放火燒搶
樊云十餘，間甚可畏懼。
初五　午陰，午雨，雪晴，未後長雨。直一妻年三月迕也，而某巡婣，而枯葉合案主，從實生足未不載，崇本易失約實

無信，早爲渭漁寫梅蘭竹菊橫，黃聯中（山陰人）至，未後始完。未四出棗路居取信，三下四樓傳靜夢等
詔到，紀廿一曾寄去，兩理不至，刻乃思累多人，悵甚。十餘日之久，至是始擇此云，達徽加理，事乃多倍
作人也（王振聲頗元玉）。四孝未取來，筆桶布竹篇把一。作畫衍二股，四孝來。以雨不往來，細閱又補之
對太寒，實無自得趣。夜閱雷海，遂窮四起，心焉如擣，夜難將眠。
廿六　雨，未時雷雨極盛，早裱淋漓不歇，於點畫稿目，獨不作無室塞，敘妙之趣。改書以少着筆，多用示
程後畢。身子軟弱，豈瘦削厚。四鐘半留飯，送者對河曹典屋。余不爲置語，彼爲率來爲反
後人且後居近，瑣瑣相擾，責無已時，乃勞家人不寧，我乃不理，真無識也。筆與春米二角
共二石。作畫衍數則。
廿七　雨霏微，竟雖開霽，午後政見晴。若雖歇，思外出，與人之無長性，好附屬外面，實爲可結撰，西理
完美，乃知衍四竹出，余洗足剪蘭。上午作畫衍，放時多理不得，錄及他書，又試寫人物，至夜
雨不絕未出。彭寄呼薛實生以茶來易桑。作彭季亮書，送還天下有山堂蘭竹譜，乃致相書
掛掌於桃花院也。夜寄芳興，寫上大人雖詞意學者，而無異一感而哉，真無知淺識，余亦哭
一字不解，時時惱之。年催已老，我欒此餘自立也。夜加飲，燒書，醉滿甚。捨行曹笑話六十自壽
七律廿六首，讀之。夜雨聲如潮，時作異音，春暮恐成澤國，又計及必酬兩矣。

初八　長雨黯黯　澂渥屋漏一層　隨園詩話及舊盤鶴　摩些石供印章向取馬相不得　朱筠彙生　桃燭
釋氏四十二章　午后廣雅言　晚請魏牌酒　校是取四元　一還丙工得三元附伏鏈　擡以轎後園廠
接使六日　第三本行
泥滿崗　汾槐他步當語而視砳女竟置不問者之等期　旋由池上北　春水溢流　游碧落　澈到店
接使寺以官家函之不至　過鄂局詢官在者人帀得者行一盡安用備　市詩蔣院泉在五土廠首迭
法送鄉一言人傳悅伊繪祠書圖竟　佳飯長話出　又奏帶泉冊　佛八　大門北轉廣　毛以所用數猴猴
瑪吸程恆瑞与葉廣在一注付鈔一角廿六帘已詢回映　四出茶陳亮山与李毛　朱照寫玉完　酬照四元
來接乃歸　返寓又至二更　雷雨又作　熱作　燕年并慮　雷審地層　蓋盡一然　氣善出致水溢而盡留覺
中國視為書院　則人當例死百十里成災　天果悔禍則雷不即開　否祭以大徹轉開露宮棄遠勿不
接實西人因價力也中八香方卷一所性理者
烟帽
初九　雨雷不暢　雨下益嚴　時作后雷不大　雪如綿　付使福二帘　寫石印題曰玲瓏千叢石洞
借士清閣藏諸神帖　校王絡梅石圖有别致也　午後訪康階　劉蔭甫伊卿
仲　來告言徐康石已沪回要見之補押事　坐定隊條致伊兼取寫　付蘭犀於仲先寄張
屋石來力
石邊桐余回可若全人出邀仲　自往請半下　康石至六詞泥繁事均備不相值　又半時仲回之
刊契押
桐隻滿不能少着　樹人來又未晤　樹人到中出契付康石押　似有疑難之狀　既押畢余說

起。摩訶菴唐石幢寄息揭（月廿九）。又信致余桐等三人，言多詭異事，已請汪巳付，耍笑之於異論，真不識可見貴耶。一刻陶去。樹生酒後吸煙，言無味，飛雲對言：雲下積雜，猶寒凍雲佳。昨夜又早雷，考辯然百聞處異，數作天象可畏。是日又不出，雨甚悶。夜看書箱。

辛丑年陰（午又雨，至夜大雪）。四衢取第與和，晴之。又廿八，又令紫石隆水開通後清。稅歸云有小桃杖分售，余但就兩說植家無法，桃為善之遲可還來。午後閱《董蕪》，檢儲墨可待所《墨緣小録》，此以生為宰敉狀元兄弟炜焜，均科第，去二兩之甚易，夫婦皆嫺翰墨，真神仙中人。一生不就重任，官一二品，當貴壽考，此時甚謂科第（生平所附）不知其何福備此，真能羨於無家也。旁夜四四拾刮，景言汲。雨寄孟房倒儲誠徵和柳，往乃更係又雨，書舍正要染之，終不作，未加件論。夜與四子爭論家境窘追，因無用費，甚悔。市肉只（金）藷，秋蓬半斤，計洋。夜大雪。嚴寒。收來月量生言。

汗

十二　雨雪，猶閱書稿。四孟後作肺盎，挑像仗玉，余偶作題句云：美怪老夫應感好山，迫被前勇裁多，因憤怒感作也。午後馬夜來取廟簿，盛之做法，印送墨跡，謂結善緣也。言玫謝者，再感淑芬兮。前拜田，余詢余健之狀，素稍也，遺孟，汪在不出。

廿朝（晴稍雨）　昨見陽曦，然猶峭寒甚。動後靈復處日光，如剩餘眼見之，想難令其四十餘日不及十二時。服唐李文碑，藻跋。午後鈴仲和合開以仁大帶詣在滬市。余亦見識，乃未請，還走知心否。

主指寄健論，四下去柯君所，如寫為言廣頂事，伊另有戶友出廣西一畏海，一彷年一金錢一百兩，惟未詳

恭健鄉住者雖居杭，以蘇卑校留山收未成印辞勘店閱報，遇鄉當信隨之，邑宅友後數人復律到，費三千餘

鐵矣。人皆市井酒徒，吵少寫者乃領一移典董事借者少讀生上燈入席，內三席，共二席，主席二坐同東南居殘坐

蒼至祿成磨續其錢，鏡夫及乃仰和，回以八大業平平，伊等沈酒於任，與高采烈，拇戰猜枚，意宗至

於桌譁聲喧雜丑，四鼓未撤，朱松壽依往年為主，照料備燭，一再請收手，據5欲者別宣，二三下擲係

饑拜出，伊等猶復與未止，特虞取程符，初七八九十報，仍留兩寨堂窮，悉聚以歸，時已三更餘

夜閱三日報，均已四更以，全5鏡其論防據

十三　仍陰雨，陰晴黑，暗而平見，閱雨霽，市語素無據說，閱報至未刻，意四邊之，錄俄文國據國上價

先論九志士中國政之憲政，日勝俄渾河，[illegible]一殺，俄兵傷七萬，俘獲五萬，戰品數百萬，陸兵艦巢上

陳自[illegible]鏡炮，鐵陳閣炮台營伍，敵局學堂，碇石，[illegible]堤上，以四行保收詳立價，高部[illegible]

如刷甚苦，病夜寫作，不知何日得暢，竟日未出，傷四收說[illegible]以

十四　雨不止，雷雨，床床徹夜，速甚已及首，至寺全懷慕，多雷燭墻坍，敲虛漏床床，甚為閑人

接付西山稿病，西寺雞韓閣察之，秋昌試驗，著之多雨，生平僅見，尤怪，西街四章[illegible]一文

年　接健兄寄，教壽里四萬，[illegible]庭宗錢之，已到剃頭，付前鋪萬裡，說[illegible]木殘

剃報

收之付[illegible]　來信以承盤架，寫示付健，[illegible]敬[illegible]廣仙出，明日節孝祠祭期，來生請，恐不能到，不往也，下午寫四

作小石座之兩未成，而覺手順及心，毛筆在計長園之未成，言均不甚心服，但於動作二字相反，此實係人懶不事之又
嗜睹，頗難草撥，其于堅坐談事安致錢為雄，可謂安侍。夜點，送夜。閱展園叢話三夜未已。

**雪雨** 陰陰無已，真可畏懼。下花種于盆。延鄭歸來，詢采滿空，即未栽。竹可栽，定五石碑，今覓小盆桃種
垂花結果。本設粉書，恍然已代，實無肯細回及信書議等精僅。魚肝油一瓶，計九角五分。王治梅
十五石譜一本，二本。其久節山水四，為信次至而，接仍即栽，再作石近夜共寫二十餘，圓其手腕。

收悅錄 魚盛九也

借石譜

**晴朧** 惟此用筆柔，此不厭。學多，夜余信慶新報，去美提刊，看展園叢話，至三更不眠。

兩客偶過 利種逸齋

夜閱考其并，以為似不得細膩，不解何故。四時成石座。下花種，並識鄭健承送連社刊。

**十六日** 仰之雲見道，平次法益之飄揚，與成大水，去動，全失故之本之。接新報十二初二首。德國欺山東民

靜香士 年

國家務無權，俠与之言，先成何以體。又移道不能得山東，五情登報，真說硬手段，強武我國，而言不正
執此若不與正理，可畏，奪還國權，如聞之憤慨甚已。然華又以黑毒不成，若根送到小桃種四匁悉

接桃子盆

接種之盆，將係以開花佳耶。四種之合佳。接靜士寄。陶抱來，以雜誌書言。枝狀忽地辭出門
不解為物無僅端侃。陳係來課晨字，便南苦之猜謎。日見元伊怪務來言，余以為相護恆容
就之集一本，實覺可憐。作石三四十冊。喜治梅然辭事不言，苦之山水冊中以為勞，今而來可來餘
查閱草 之得恆於藤。常夜至三更，寫石之間，漆聘該物

夜看隨園叢話十餘日閱至兩卷 竟日無閒 似老學究 惟之病好書之而[illegible]寫已

攜欣夜隨時來信 錫通代人書謂 去年之大幅並其信去 予今不還

十七日 上天字號御衛 雨 午後首朗霽 雪若矣 寫帖十餘石 完印訂之 題二字曰 可人 以石不能書 書可人句 人謂可人也書

某君時往陸市萃 王諸梅之來開筆 極佳 均已摹寫 重海上巨手 三下兩雙去到處 市以腿兵

祥雲齋茶 去開山貨 交予付洋一元八角 什角如此外 五市漢碗餅六雙色 六角二 閱報知各美國條約

嫂以俄國私借無款 各省各存之俟日俄戰罷而返 抑有眾手耶 何以文明之真實我之保 報中作之以為

感德其有侯口俄戰了畢 老仲居 詢達衡住杭州 悅承來談 狗耿無閑 無論感謝之 閱出帰金已將

夜 甚晚出時見 似四錫帰來 四見果然 四錫之執年菁蕎地想入非非 乃留宿

四弟本年 特之酒釀不成

腿出浴

十八日 晴 時陰 本日未至 此見陽曦 起 往至舖 因研粉調胭 四弟紅胭 皆脫籐 每包以桐君 胃無之妻

昨日帶白桃梅來 並以竟不須陸 數不惟忠 地保備 四君 午公 砍此 每斗下午價完 前將來[illegible]

等以祖母病篤 不克留 四錫帰告 四房為安 付租屋 閒房資本未滿 反退脚 押租元三元 竟似難

病矣 伊女先以發二十 自某予 余于午後寫之花卉 不佳 與地路遠不能往 飯 內子以兒病也無擬

之主 更黑如墨 精久 月重至力 表居事不能 向推完 轉賴已久 就勉出一生 于之前歸居店 入租完例

完二百七十二日元 砍此四君二戶共錢四元 我返偏 遇之 遇劉榮甫而完銀 同詰 又遇王筱村 回入 拉往內坐 遂

话。殊袁汎汎佳思，郭往五钤邑。琮、寿、郁二时过去，往乡西林戒中风五六久久，因本五于昇平楼间浣泽氏可许

程蓉生、何郁斌、程荪、郑东方郎、郑璞而归。初王子恬寿西送，而君焯送陡礼

**九** 阴，下午有晴意。上午作墨花卉，用新扇已定。吴其帅之母殁，来报。送张安重文明日开吊，伊他大寿一联。

补花一株，花下菊一朵，藤下月季。于腊既生，设色以为权。陈之二十余年，偶脱胶，擦不耐，颇甚悔

太无限矣。中晚孙琴斋彼姬，携保送来易方简，仿邓石如书八幅，上午去，所定见伊君所送来书画

仅余目之，说二五日观，随送令乃玉，不谓不来，复余即往谢，其书画谈还书价付姬，洋四十二元，下出访

刘荫甫不值，与郑屋梁寿彝一谈，出访伊王衡广阅一报，吾其事。**天**又微雨，惶然遂归

张君□送医书六本

书三角送吴

**十** 雨。修摆脑漏，天吾衔乃补，年前书菖蒲料。又画石，漆胶器，手模糊之，来云：英云太已年殁，乃祖母

明日大殓，借衣备留送。信丕悦娱，画不谱。连夜凝金画心程四件，三画仍程在，为者目不胜悟

**十一** 晴。早往赴昨晚同中为付达卿，静安二画，在理画玩，携兰洗石，叶参张拙仲，补花二下出一金球

店取粮串，二遇广儒揭人，知此中填母询考，数已及百廿人。吾谓之路旧难，不论新，且日铜薪矣

麦麟祥卷，吴寿山家吊其母灵。少坐，广三为玉同去，却隐。无客，君之既而钱东府玉询，程林云何惮

服，借当估布，取以闲堂所抄疏，与清河不合，拆离，任新厨，吹求年，侄不悔，乃荐厘局与郭法精

与向姓寿，但之来匠且不合，宁来，其中情形支离，稍折不绝，细也，久之同出至玉溪画，适见应谦夫，借入内阁

时振，途遇林生，云为女学画，无可习学徒十七，然则所闻新之，华乃向其指，佳者三人，一扒一兹一杜

吊吴

而當此先以歷史則此小[illegible]學堂能解，論及小學堂腐敗不堪，校董且復手事不欲名義，祗自求利
最可笑者乃請一寫名字，問乎曾學習數進全未通讀，學而識且自病，復用一非王堦弟子鍾煜之彼輩
塞人口，四字歎作貴處也，視同兒戲，甚矣！士至此，繖人為不為鳴鼓以攻，且也[illegible]之以填寫答著，未足
慨，欲以見作來歎也，[illegible]道其呈請遺失，典指請收執，典禧[illegible]要安之闊之憤恨填膺，而來歷以有違
材胡思自居，次于[illegible]之[illegible]，[illegible]不久時矣！兩京北闈十九報實。靜達鄭歸，遲臍痛，竟終意也，何其不解

鄭靜達

仙函

亿

廿二 晴，有時陰。作小條，出[illegible]思致不屬。心[illegible]至此生已矣。得謝[illegible]歸。擊兩孫同莫與一[illegible]，屬[illegible]擴[illegible]二集。亦一
小卿[illegible]，上午排第如胃痛，作小痒。未初，小蕃來訪，借一老翁白髮飄然，[illegible]見之館，小云乃只
岳丈許子誦先生過詢，知係長安許珊林先生幼子，珊為[illegible]錢約五十年，嫁論[illegible]則年上下五以送[illegible]
子[illegible]識而未寫，鄭氏[illegible]言知余者。珊林先生詩二首，[illegible]去觀。[illegible]道[illegible]小蕃錄出，以存[illegible]檔。珊為

許子誦
小蕃來

兄稷畊
詩

前年已入御覽，去以[illegible]有御覽錄[illegible]題，承以楊昌祈[illegible]人[illegible]之書[illegible]下出[illegible]於楊[illegible]。愈請大兄一沈
住杭昌慶街，伊之兄于廣生[illegible]與之圖樸，亟少同樓吉與高騣登、張耕[illegible]合入稷之健
近與六相識，俱列五名上，而春季亮之兵[illegible]任，在都居為無一職，方之過祥、賓貝、璧者，吳梁耕大史家
藏其[illegible]扇，兒[illegible]雲泉行九心，[illegible]為祖[illegible]書，家著張[illegible]田，錢[illegible]樹，陳[illegible]庚，汪[illegible]洋等，[illegible]
錄春之[illegible]、[illegible]竹，胡鐘山水，劉度仿李唐棧閣，又王鐵棧道，[illegible]指古[illegible]色圖悅，同心目也，[illegible]北[illegible]成事

兄許趾卿許俶君閲，云即見存大石而售。桐保亦一見乃回。
夜書寄淵和字，書四頁十二字，示以不能開截。是午後入園，晤從柔，見近游日錄二本，刻成二卷，佳思可感。

廿三 陰，少晴。作畫，柔以墨較未設色而舍。正刻筍悔合肖林戴于柯，三古平六竹玉高弓枯葉，許府云卅竹侯
瑞日載卅來留午飯。四近往雨柔，扶未成，出下得出答郡氏客之許，下次名灌祥，辰拉又園相近其細印
及只二曾犯和出謁間談注事及家鄉蘇家澗，夜復增感。談乃出楊尉表所查全仿文印
磨半陳定圖其中，次為自作記共十四幅，第如相。略圖神以生花平度，初署母難婉轉之，甚現難雲
應是其將生至六十，連遂際遇，以及兄弟友朋之離散，一一筆之其作，以雜著體被運筆處風規，饒才
性，堪殊可觀覽。惜作結乃稍閲理，對照筆墨細心。人物車屋布置既多且佳，採取曾經為理，軍先后友
而云寫此者，若詮次，並要一談而辨此，新本題以天然壽，一石恩君而擇其不視。夜四 夜膽重，胸間且結痛。
夜作淨岁子，題縱之及，收猶不多。四讀書里不有哉

廿四 晴。是日為小暑，作小景，讀畫，又作柳十數株，未小半，写順以講談未為。柔偉保新辨書足強之，居未來君美
至機諸社和文該府信，書閲得十六幅，況被審提，特核全拉而近稱，以注之有四孫為書皆仁信外
批讀少四孫失傘以一再故房向其乃之信書禄又審陂武安信，又少四孫書爲京說全目力
為心情沒不能作工楷而此證實為精部等先，要為近御書法同標，寫勢不為愛談及

訪過孫先人生書理略不作惡罵想不置 然閱中六月 潛孤存有閑雅樵自出胸臆

子繡送室閱經稿本 遂州試士案人撰讖讖之 寫首 持保語乃子蔚先生子 昨見年已二十餘 宜其詞面揚然甚中

智閒步士晦 國文雅雅以此爲人才別於異時東西洋之學者書古體有要才寧生相隔又似大洞矣過哀而有作錢

法者 潛留說飲篆 覓一樣尘 云爲小人入齋賢等考子法文 即之大東洋學 金雞湖之云伴一路爲三科之層

來輝 也曲廠客青（入國書館 看晰報冊）者見 許沈之二君本部見于部 比來一道 設士博格 市葉

下占七 蘇一行乃歸 郁姬之夫來留夜宿 又有姬金 吳家店之輝說僅飲者 六留宿 委度告辭也

往安有故路過 雅作多脾氣 手足少有屢以觸忤 今已四將來大不合 闔氣者是少也

四將 四夜忽又往 諸梧看燈 不歸

廿五 晴 早飯作家寓寄王西澄第 語言未完 又爲吳氏作輓詩并書一聯 金姬來語看郎語 金甫 云處

與杜云泥上見 將中 寶山來留食飯 云下 客于店 見子湘來函 重譯一字 程不知愧慚 出識詞膝者梁執

遍見方四來 立往懷 語煙 陳柏林 程頌謝之 又來懷店 告大生辭 可惲余辭著三日 吏而懷一節 前信挨怪

見杜林 爲予反復如工不宜此等者過安功且程之如蹉跎府 攻託足然揮袂不可不慎 一自示以忠誠 從須之達又

示生之見 悍於玉鎮 駱名日事 請自擇也 可久之别歸 布遣三元 吹小菱畫于益寫 陶 費良作庭臆

夜有四 篝識字

廿六 雨 甘烟上 日本 度年得烟 新等 旧存簿 山寶生來留飯 去 柔到伯作函致梁作未完

天作仿植花廬主僅作數枝雜樹 携往郵寄 廿二 勞庭色未到之家 天津地理誌稿二三元 厥作字太酗

園知其筆必開展意思宏寬也 僧和以四小楨取伊送之字 在梁 附大系竟將新捐撥撥于地 子大索

穗芒策 不理母不為壓筝則日大 枉安集來閒事耶 佳兆也 受之 奠所以寬之 鐘昏書徒不出

夜静予思 寄与 座之陳設 居大 又過一烟棲 甚之大織 陰晚至 又有三の偶人收 少角稱子 申止甚怪 仍以由此 陰至卯

廿三 陰 陶 偶詢 全盛衣已 為静安居書法頗 固其字 以都人之範 又說門聽 八句半 忘憂為心 無法識鉄 獨料寫馬 騎不過

十許執耿承侍座 談之暮雅 露宿 隹雜中 宗人袁綜 至季寓烏傑 臨一晏 景山水心 想未辭 老不善

柔定心情微忘而且攜腿 真妻無三日晴也 同懷雅遠而趣味蕭然矣

感春 夜作一詩

紅紫芳菲開一番 果成甘苦認前因 百年難遇塵中客 千里宜存知己人 山水緣深留戰本 海天

智上只傳於 幽居靜驗花間衣 畏 伯由來果出月

廿六 雨 柔本歌雕苫湯笑之 然雲霧靉 早定 夏柔来 午后往 修兩鞋 沈勝生將往送禮 又送楊吳帥 眷母送禮 完此係天寒

凍過晚 攬綿雲大 試作小人物 因话 麟見山鴻雪因緣 例作 余自丁未出世以來 所遇所行之生

車坂 擬一百六十題 閒目 徐俾寫之一誌 畢生 聊誌哀樂 一面鍊習繪事 以承子孫 後生六

本有行述碑誌 傳業實錄也 目新百詳目 生而大便艱甚 夜老叢稿

廿九 早陰 閱雲齋甚難 以便列定 此下色集 竹長老題 再讀覺都齋 李太原伴母

初五日　清明。借閱錢梅溪履園叢話，載此碑，謂是王虛舟吏部篆，為王篛林家書，如謂擬綏佳體，用筆極似，而刻手惡劣，有失壞之別云云。州前跋。

周五代以來同有碑版，篆額俱以鐘鼎篆寫，鐘鼎銘法之，雖有不古，以及近陵等書，唐十家碑則亦偶見，未見碓書。如秦而書泰山、繹山、會稽、碣石諸刻，石頭泰篆。陽冰仙不足論，曾見刻石乃名開于右之意，於此數字擇為小篆，得之生宗。山至李斯之大手跡。我國以前籀文等于書而不整齊，亦至李斯而為畫為橫直以刻之，始同後世百代之祖，及至秦也。

9

無怪乎中國大地之不振而衰弱是。是亦有天道焉，此亦未嘗同于斯矣。則將四百兆之民橫絕地球，多國與其數。故今世紀以多數之民居地中而占勝于少數理者然也。天付有生以民，獨稱為（不然，何以）人民眾多，猶不能過小國，且反以不敵寞。天心難以存少數之種，以為過甚，情長之械使長新，有合于天也。

二下午訪張琴齋于藝學宅，路為丑哥買色紅木同尊之，卯門獨至已出，[illegible]一過。催庚家，北入和霞。

有吳佰二天幅，任伯年、孔在加店李。紙扇。陰雨，觀店內出城中，小烟三角，餅干，蛋，18入杉風見。

悦泉云有人物稿，可借其论山水法，而常深涉也。知咏生已回，云有事归，途尚早。

炳春来，见佳人再过，惯由报。来道其昨回里者。

寒食節 二十日 晴。四晨出揣摸帅，不得，傍傍斤许。余拟求写其父字，附帖横画付之。二角先来，余以作意。三摺扇面仿张甚进，盛宣果于来作。春样题。出到店，启柔行市鸭子，卅枚，并扇花洋。以画了此，至已他出，其意云并赠诗书甚是。郑深夫知少子二已往观李罗，谓已灯房，师云已完。未有其孟并归。诸松一不得消息。

坐午后印圃孙，康过之，谓前廿年所买生姜重药性计惜，以前时七枚与之，若不给，恐不美。断而议价，张价不作，应大约相去不远。今了孙笑佳，欲得此性，找结之。虽若求而于理不合，找再四请，始付其伊作结。伊允年议，如一元不得已，又悻悯之。后往乃假，按一元付伊之，即出收清，未存之。

二月之朔 晴。晨早食后，携孙往随出，看三弟舍，又许而归出于广。往又出市菜，秧（买）五十枚，又诉计清八角。

广借舟间之房，宗开色屋，墙基看之。泪再四，余阅报，适城隍神过，与从金鼓导旅甚闹，又祭扫女孙犯犄，百许，孙织衣裁，适日甚多，其岂图，思安不可理喻。据深所在秘窃，以大钉，其断居，相入窗，数年则偏出，竟之新情，其更大，不能事之。一防。应自催剑扰，有益也。遇郁，都赐，莲更在广饭，又帮留入其庭院，乃而归。存未饮也。食四种菜，辄应。作各稿，点。

指存烧以作画。应芳弟来，访郁氏，见其兄葬三十廿只子孙，十一示。

吹臣 学弘

禹秋 升 记

门口... 出而归... 小蓍来，谈不住

録詩一律詩云　又一紙亦畫　余詩有其第二一首錄伊當且他日當再他題

卜築城西地喜偏吟詩作畫亦神仙高人獨具林泉癖長物欣無翰墨緣一紙

壽補獨賸少子百年鴻印此遺篇先人手澤勞珍護歷劫滄桑幸得全

乙巳三月從孫子和兒婦廉妙試金墻都小蕃書屋存之　先生在一枝巢葉遺詩

詩 先君子四十七歲三律 錄觀詳別 訖此素讀 中求郎正　猶叟許淋祥

録還許珊林觀察五律　九日同人集館山齋即席次韻答陳筱江先生原作之作

石佩莫囊空人云我亦云相招一樽酒共話半簾雲老圃自秋色隨風懷

此君 懷雲峰 醉篇無好句落帽愧參軍　丁亥菊秋客許左子長二十孫嵗作故其名映遠　侗叟憾(?)

初一晴　翦頭 為許子旅作中楹 未寸思還而又催筆信手 寫招示 四種禾 河北見鄭淨夫返之問

共他陳為久之去 四言 楊生 逐旅浚佳二緝 并賞件 仍呆臣雲高 浚慈贈之感 鄭(?)來陳在重予

未 花靜 但農之日 居寺梅多在一處 余作一和詩未就 未 招靜 君七日來 鍵共 當誰長行 半月之久

年 付健郎寄到 印又兩 復云 昔已寄劉君八道 遞道也 弟之妹 清名三 撻世東報 八程構(?)店 益三年病迴至

下月已 此而發但我家用已甚拮据 寄送陳榮翁仲林之才 慨校壯債往 二元 乳燕 玉甚 印月八道 乳而手為難

夜燈作三觴以李之昭君寫，為嵩之異甚矣

和子授元韻

○歸野茗居性自編，多君乘訪喜逢仙。也應舊雨勝今雨（君有唐中陳近南冊自誌所歷，倩楊冠吾作畫，並筆奇絕），詩話攜

緣延昔緣遂錄副墨，遂以示之（余藏有煙公詩三律，因此見訪），煩一律，乃呈予惠竹。（書錄）仰賢期樓席（煙然曾入鄉賢祠，君訓；有鄉賢祠錄，均官吳下）

投求名跡重遠篇，君於木頌，又予然其殿。陶珠和墨人（漢媒）難識，捲樸夫宗曲未全（傳聞其遺書）

竟一日改，因均不得全，望力悅。（陸和）余依園呈不全

廿三上下晴。寫禮玉地寺戶之酉。作無中幅，完首讀二句，下款用手，與其稱考分合，亦不周到。回帀國夫人

根和下墨似佳，經及畢集，然全不受墨，可恨。改詩四拆，忽地疼哉，且有他病，二下，鋪步王都，定將其許煙

以真往前所作中幅，頗云伊每三謝（自）宗楊冠吾之，鷹生圖寄閱，其精心結撰亦甚可愛，詢其生前不甚醫

嘉平見掌墨一道，秋人重正不易也。告伊與芸老看附之真，本之此子生訖，悅承子不復他往，寫，郵存闌，假四不達

之十二點陸元觀，仰席擬莊等一見，淵夫之意在與諸人周旋，入庭談席，余與照生朱。徐蘭之子華飲

同席甚抵不堪，食飽一下，下署西之前，印指煙與照翁送其安家而回，已更餘矣

廿四晴

四病以度為詞，同與全雜納食，因群癮丹半斤。山馬程三元三角。西園程同撰，獲其以清芬記

和柳程，祝限年烟且將衣服碍柔（上煤之），兩以限唐三五百日不見日，此昔全不琉生萬稅以二了

三付靜論二幅，實先告穩，又為陽湮作靜死長屋小條未了

出午赴丁館見族人日帳者，今閱伊等請急叙人數年，須示俟不爲之意，真不肯了也。背一百至廣

為廣濟藥竹布，上作六尺，洋一千一百六十，收一元，應找四千四百□扣木。又為麥被面花六尺九寸，洋　又白

布二丈，共洋一千一百千□一元，找錢并市招一角。市人言州主為御歸，閱往址及後，報碎興

因鄉墅北獲放火焚掠盜，近為之究供，係鮑杭委種去，以救火始至待疑，誤信對不用刑，而御史

請盜不辦，而以及若主上之撤其案，令下仰勘。又責地保，乃以橫殃此。而鄭公罷大總管其區，以兵口字名

郵寄

收二元言

用收

近行

翁差捉人，乃此事而誤，此仍成事端也。北風峭寒，雨旋歸。

收付帳如

庚帳各

夜閱逸吾三易小，閱金鼓書。挈暨全蘭出看，游于行素格，同一大獅、一小獅、一被麟。

初七日陰。四　病少瘥，然未能脫然，殊不爽。作無梅花書屋小築賬，見功力入古人山玉。大雨罷，擋藥共錢廿

玉庚條後　梅卿子雲來，靴擔扣料　四元領　伊應未做，帳扱郁不應卸。閱二報，昨見趙　仁　二百吳子閬去錢

宅也。至大東門彩長春北協胡郎，八尺之左甚貴事。女户已核之，上樓看棟梁，依行因錢而乘，然二份錢

薛其也，中心甚憾也。

是午　沈梅卿來，為乞代條布。又語二日內之圖書館，為設小學堂，與教堂事。余謂之：家賬不速，大伊

家自主事為言，母之民運閣之宅，人口甘間，一文元及伊族細語，其家世

迴四

送收

初八日陰。四日　病如昔讀。陳匯行祝，用蘇州所編詩，付油一兩。四楊而送來，望說信三百十元，閣之店不知余

近境無以應也。鄭將主為總人大營，而執兵毆打一人致死，閱大衆皆上有此事。閱大文元，而言退賭

為焉薰畫小人物柳，真亦近刻，墨尚佳，然亦逸老，惟小人眼力不濟。三下出訪錢東府，不值，詢何子潤，已西

旋矣。到北見子伽，貴房友諸人，余恨恨無可發揮。又值嘉為常夫、翠史，抵北協幫引，計年千餘金。

林健寧云衣已領，已到。午膳，書一單付肩，約掣三升。心情困悶，無一善可友之侶，出行亦難。

陳桂林上門來請上號。一見健人至昨日來。

健未歸之

方

無旦

初七 雨 四點 陽十餘次。惺，余磨之，未已，食粥。而以黃昏震澤上人又二三元。此人太無志，徒兄母諸無聊，故又非

物。未有快氣，未姻杜，尤作如卅六，留之人江飯，仍不肯作篋與，又拉不成。惟書文小唐碑二百字。

健人送羲鹵一大碗，又金橘頂一瓶。不易得也。亭方送一雞，共書。

初八 霽 四點晨 日早陰，書致魚，萬帳。未七日兄為人讀書，往日加勤，伊年二十二，尚不能為稱以書，故要令昨其母

來，前次申，又代支洋二元，由子，又易借角洋。程桂旗人等屬為書堂一扇，葉之。來到陸虞先申

五點飯 四點燈 無府曲泥一瓶，又糕付懷等。力威乃送謝一詞言。鄭小薰雜書送訪，贈一顆硃砂，作印泥

五點夜 四點半 摹帖，寫小薰一扇，又請加畫。稱之，書流畫，以後土中揚出，模書久，昨即寫三元書四

霽賀 方蘭士贈帖，為佳，然品也。未得蒔之，才書者，陸翊堂四尺四條，又閱諸硃四條，挑抵十

元金，領之，即為裱書，所以且俱蔗出力作。北轉平銀無刀錯甬一，又十城匹。

平西和鼎萬沅

訪寓仁談房屋事，房以不可收拾，請余暫許以了手。然余實厭于此，求舍屋而堪，現往人安
事畢一堆住，大可浩歎。而其記出在其上，頁取與王淑峰仿也。歲入房租藏一分，概以全四
全由以答之也。　金肯為四扇，就處又地震荒。

初九　陰，午後雨止。前補書時陳劬叔四扇，陶詒孫扇面尺山水小楷十元，以不見士意，付八元，限七月廿二。
抵歸金四幅，一以仍見其書，一以未取息也。　儷孫為補書扇，貺扇，何鏡易扇。又為小蕃寫招扇，一補刊。
送楞小蕃扇，乃保孫全作，送武昌稱為印趣那土故也。　四雜合集　王三為印圃以扇寫與朱默記者。
小蕃　王又子為印圃中歸，約題大相達。兩人皆按河尋呢為人情起，請余於俱不能步作。
此不知雖用全，陽不自求自立，而以家用俱為汝母撐，霍不甘。今者此實甚下之甚，余亦不
能不責其無志也。　下午玩八蕃帖，兩三中宵萬卷書，保松扇，收美閱，兩三扇，新步墳八幅。
未知必為屢昔新比上燬焦恐，爭余應臟閱者，而待保與坐不忍，惶急近擊言，至廊。
己生路
己紀　閱讀一晌，保與出，中間又一刻，印閱心之者。　余與亮詢為生，甚望保蘭報，雄也者大。

十一　晴。母在，月大約上家舉添丁之喜也。　此內出工匠　己酉卅
十二　陰。早打點，致辦印，陰細登四小扇，仰首遇人，張付靜齋，報生子，年後印圃來函。

郵靜陪生四乎 書俯熟視所為情形而聽余見先書將此沒處宽死之事余不能言也因為令尚省去衣极厚
寄青三元 住西恩等等伊雖談之未必能離伊於十二上周主庭瑰令訪余 趙姻叔伊祖母 八十六與四婦一山爾往
查以昨過節至趙升與唐再宮之九下查格 等族云留趙仙處夜去 小住狂書仍其昨來假離 寄棠
生住 附四元 厥見書 赫文廣 寄昨四章也 壽晚因昨夜少眠兩目眯身手不能書 及夜將到橋
初園本 早烟 杜生揚相爭審一見 林庭同余談許久 知有煙癮 臂於年掘諸因其藏之壺措煙具
蘭軒隨至魚巷 炊已至寸它之庭上看之 廊一棋 四二更 小兒數十語年少無狂金鈔寒年一刻過
余四十擔見 來書大一文 學訪男王保甚稂村者之子 薦在飲大月時因事去
致以何史至真仍二更飯上床
十一晴 過節 小本做雞 市魚蔬 肉與節皆既也 處日陪至格堂柴事除 入園見菜已為人當且去生一夜草隔
過節 積蓄層已甚而說 欠二百之左右欠 二月之久馬欠有之久 詢之皆不以 且寄去菜且樸耜真是人氣而至次
地之棄其地為人小孩利其剥 賬因大恨夷而黎棉坑又莽攔安之有地則至望詢地界最要真無理焉
至四懷玲寄人 四拍兄付來 柔丁柴四十 於行 四維救命則所作工一不全 陪非同人四書 牛話神 說罷
與小鵝其後飯 華本君園四不在 翁懌以菜 好文垂 保四六此人乃訪 鄒氏先來去許次六行 北轉 鄞霞
諸仕公 干橋退 健人抵之入新元 去燒香之未及伊曾 周去於江米友方之同東 余付鈔 之見裁 清云錢去
府女今日去關 辛 張其夫子 望無過禮 乃知 佳人至匣 寄與正富言 遠禮三亡

廿八日庚辰振又廿二定梅庭冊其不出一安出一元以明日芝梅庵過余多佳品余以印乃往謝辭不能安坐
秋亭加贊五六百文安之張柏克遠乃廣照過辰之門見蔡燈者鳳影牡丹對聯壹世總聞蕭人費心力於
廿三日陰則小晴青用余謂局約此係錢枚家伊為作題風景語也四庭繪事明春挑榮品歸見桐君謝余作花卉法帖均下
擬月越溫送四庭以五兩肩不能扶往閉螳出即下雨不斷余熱以上校之彼若千無矣未嘗
十二雨止不斷為題溫四小屏皆不得其用西印加寬韋李日表謝不能往又少霽季未知出又雨濯濯矣
李樹卿僕人來報其夫人上吉陵廣辰門鍾氏至此以產而殁其家氣熱全矣為遣沈達生大概過禮
每叔扎知三兩庭雁雨不止伏案寫字作如人撤作駒數圈志生時有要稿
十二早雅細雨午後晴題佛遲迎瘦深義前四千歲時大為懼畏義再戒恐不書此屬體也義順來函
靜君筆茶黃書乞借又付一元共三元收矣為其少爺即來將午撫陵義順請諸寔往乃即討禮也而后探出而禮
其黃之譯素文接靜宛寺附圖文七君料｜第三四冊均有五色函又陳山以陳屆以董思翁后田謂來畫
踐行臨又蘭卷之付裱給成多珠初闢明請客在校醉著出韓翰雲書事共加一二無加元
四日五卅又二后書城市歸道義中御驗之書宅附一匡遲見同於風論著伊卅卿來過屋
四借一收費不世之一以家不能顧為撤移但推西事余見物涉思滬北以地千金而以靜
資起十詳情處十年內伊房樞住三樓現即來錄借入三千元趙處成統讀收種條緯入付也

刘係日刊，既爲國雖亦可通，長蒼子孫民賓，四十年後地步更不知哉，信也。余竟看此種静等，未必
君子胸襟，况其下能見此乎？好亦淫矣，最之。見之諸信仰六經者，林一語。閲報知俄艦已至，我所賜與
日接仗之說。雜市物歸，未見賤色書籍桂戳。
夜階步，淫出欲燈，乃回蘭，出由魚巷出西門，至一心庵也，望海塘燈火萬家，星知將事
星稀至，行十餘起，人相接，橋過，由祖廟前古巷又于北青井，真城隍，妻扃，庭讀七年
猶狸誕肆，竟似亞入四。身重二兩餘，喚内子以起攏户，已黑四更，何只此陰。
十四 晴。起，六下鐘，至樸齋，餘品出。冬益昌棗山竹 陸 送细圓母二兩，太太者以余生僅此一老，草切也。履之
菱之 烟12 洋一元，付送請簽三四兄迎神礼，出示賤概，李司桃至，乃令川到淸步橋，王大之细家十二已往周廟掃
善即喚，沈愛茹入基所，請后土，莫大甚跟楚鑶，八百，付沈陶廷糊。李先回，余东討就，欠租限，應畢二
擔12 李全付乃至细圓老廬，送書，詢其諸人。春林亦在，諸游勁，捷之，謂安，核向予，坤安姑の歲當實
德來土家 於是俟頌之，汝一刻，辞出。多人往春英桓，應余于濮岸，余星不信也。二撫于途，四廣橋，復十一字入恒
瑞得12 四廣洋傘，为吳友拓取下根，付桃公洎四角，請證士于宗，不值。見李竟并二秦居，謂於此時四
荆12 十五日 雷雨不止，欲出不能。作書無心，陪溯陳慧李荆，枝樹七称，滕秋書不能。夜大雷，三更戊
大風撼屋，陳郁之亮世元入來，授七鳥兆水而十。樹枝吹折，兵數至海底少已

晨日不奉印健詞二闋下 擬作加等
十六早萌將午有雪意 所想不得 天寒以甚情 必當未甚以近燈 則近車奏 時先業甚 是下界行 於伊字
云多諸不主余來手杜平樂 湯昔福云許主君 況日 海棠西窗彩扇 佳鬱 易主楊蹤 閑步 喜久經屋
付儀 之大非泉此庚戌傳奉 以不付余田種香 彼紫木 西湖誰壽生子 莫春將晚 一月已完 手恨壽云去人氣及
鄭叔 為指其一之去 我瑞林匯之魚池數我蓄劉主趣退居且令我物之妥 辭詩融但一入 而實到府知府去
鄭叔 悅覺慢 才湧大貴慢於李 業非跡也慎為公主 回閣報 告鄭健乎 鄭叔
而己二宣之佳 庭詞 辛田許少年同影來訪 書燈黃 余止勸之以西湖卸光書 三國之左氏
十七陰 借書數問 陳 林子柯榮以一二八冊八十本 玉版洪武本大小不同 乃一弄以照檢之 無不可付二元五角 其近日價
臨別榮 壽年善元孫來耳 遊凌集付記 於菊葡 拾竹根架 詩陳字如去 三月字 5 閣以上書跡不肯讀
海冠雲桂去北上 嫁本隨秉 去夜不出寒甚 力發重棉現諸不已 勞用炭鐘燃 進上床猶加棉襦
安不能溫古人 褒衣寒 數十年難觀 此苦換人身 妻死而層又加限遲矣
十八晴 陰相錯 閱金陽借以著 內有王粟穀名筆 怕書不能去 付遲書秘種戳 于廣生來友 去松勞
葡萄等閱 吳越故見書畫錄工 楼行 越讀 三章 閣之有味 讀之字 甚可清遠 主說桐
君玉名詩 積之乃伊家中甚細比近言 時已五下不覺 此泊玉上燈 小孩皆以近燈鼓之 堂園諸去
近上燈 然而也且 具路南此矣 五更皆 但之本閣所去近過 謂兩皆不能去 陳獨之家遊至三更 余去
勞動 越讀同羅 老宣權遊門 兩種出 子業已以 已不以再題 遠動 遠言 以當 鼓 何得 揚 之 遂以
十九陰 玉園 乘之采村 談 程一下行 程子 鯨 詩久之 去 之 無點之 皆 以 此 之 行

光緒三十一年乙巳

閱越讀花扇舟雨著駁汪奇字之盡其論汲汲與陳奐實見其是也要此見識與世文
未能深淺且西學未聞焉能盡循與僥之處遺而論確耶 三下后出于廣觀報 只十頃
入邑廬看刻一甚無味 過季梅之長談校事 于殿陳校林六法鎮慶厰 無問地厰者可知
詢無每病壹心避文叩田汝戶 去一生 方來至店言其在于未乞市餅一角 小立路中已雨 及無若口雨
已密不得已入雅店避之 俟傘至久而不至 後無耶 柢冒雨踏濕行 上客座示淋下 拿一收鞋屐
頗頹 入吾子康宅之借查其粹太佳 乃里讀久 棋 雨君雇輿而歸 即至之 出已奉矣
入夜雨更狠 二更大雷電 三四更大雨少住 聞房子畏九點一鼓于早中心 過寒出房子皆
辛 半雨大作 甚 客寄夜為李楚卿書撰楹聯三副
午晨晴君甚擬暢印色不一新 後陰又作雨 尤怕不知何歲之多雨 殊成大水耶 為李楚卿撰集聯撰
三副 栽車擬作陳四小屏 又為仿子焜之楊剡碑 泗水筆 甚恨 獨劍法殊以佳稿干 返睛而不
廿 庭前寒菊保 閱越讀而已 意口不出 小孩望迎燭為而歸與
閱有衙役于燭與大教借與人入陳鄰書助 晡 伴等談擾間 蔓新子歸遂已其於
佛再批 是夜事與四姪談 頗有味 憶在生時 最健 靜談停 此等事 不得不為得明
廿雨又晴日 壹來 八十日全晴不過 十日皆晴 二十日而已 不知何以求 下之無奪 逆春

防遲且大水麥頗及夏苗又恐旱於自己害大甚善人盡衛修葉偏閣能如此
屬作一秋景一柳桃亦似生脫 揚大來言山西在王都歸縣重一訓四孫來說士
接靜等 十五日又為監生性無信其情似狡而不下種菱林一下農無一不岸岸而又不能執恐
大患 廉廉病 接讀慶佛後謝來以未生名伊等不果 大麥怕寒亦又不務子
凌諭作 而求子不為人即一又接靜生書 知陸撲已到任念業林力學為學文集一冊
壽送徐尉雲一冊並閱報三篇 徐賡芝卿為羅叔蘊所抑 權寄將以研錫相倒
知今當心在上行不一理保私意甚與華克善人言為此
小江林工 所寄大東行 家樣論 交園種 三四兩日還 此後二月中 撥王申一
草起 撥冗相時 栽竹擬作山圖 廣庭詢玉山隊留猫頭案 准等畢缺不了 是日多所論
诗 十日來 附減去二錢 又左右忽忽
○本年生日為又查得正月六日 二月廿日 共二十日中間六日 共八十七日 只十九日晴耳
廿二日雨仍復綿綿休歇於時照節令氣候 收麥二眠 舊秋蠶已上頭眠今已過 去秋雨五六日 今家尚無一收 應到遲
十八日流葉為兩而欄且為凍而遲 時不知作物年歲 余計紹兩多 故夏少收 如頭多對刈 未似進
退老時人事之擇亦無感也 志之 上接取靜之書信及先大夫表嫂女及余 讀壁各書信稿一

收弘如 袁中丞神簃得以诗寄，尚存寄送也。去年冬本 計絲三十广 四孙在地下荐生种收到 祝祖师谷祖如

付东工九 付阴细移之工如 送麦金生娃嫁喜礼 送徐尉云耕耕交恒闲宫广 收金四孙送挽诗往书卯

廿三 寄石胖带去 杨大一来

日晴 亭午有日光 因子收春未来 喜返 季莹卯安迎礼之 余作四屏之根柳焰完 黑以印临雪景

略写其概 桐孙来谓广请之追饭 何往乃素 萬卷丹诉之词 託孙子附合 阅并行 余历参一望者善

彼端手墨之如所 能会其心 且饭一询也子 乃额之 有沈归郑之多子 郑去后回 并来和霞见 五云来

花市屏子戴五所小联 伊子隶屏、隋文轴、小联、诸本、护本、腾楼 偕书广询 玉相留小猫 阅报询子

淑代寅三转询子问 旦小合股连陈 绝以为动色相戒也 街中人小人海俱为看灯而来 去城市小避廿

一夕仁大第庄 松寿孤过 桴云仲和之谈许久 东三林以道询 拾开简一谭 北风极大 又寒

上灯后诸孙往观 去看外间看灯 锣鼓动地 人声鼎沸 胡二官来饮 灯去把 留住宿 客宾之也

二更归话 郑婆灯未合家闹 丁去余以为愁心 又往知来为远 乃一至门运以合照 既半时许 谓已散不来

诸人屡经无趣 九点后大雨倾盆 雷电交作 收春拟送

廿四 大雨 元宵日 屋漏皆湿 胡二四婶同拾碎 加瓦于灶间 并陈姻嫂瓦于我处 收大偏 胡二玉来训借伞去 为程编 周六来留

饭后跟于庭日 杨大庄金生、荣二夜来宿读 作陈屏未完 打点车马 竟不得读

廿五 阴 夜极雨大雷 早四往去十帮 谈后广三 下屏款 春读收款 叶小平钱维墉 陈提锚司

不知此已自擬去，結其帳，答無秩。未間，退，余則出，五時交卒，竟不言，如此無人氣。寫付靜論二[illegible]

樸靜函 蓋已半月未寫論語，於以出手，猶見蔡女嬛，深其好寫擬，顧備地于我。答未言否，且填塞伊悝

寧 此謂其頗不識事忘，謹遵北橋見，莫道甫與陸學士約相訪于廣知，林白未看樸靜，廿日寧手

付鄭考 北加爭奏，直以六如寄篤主，臨命三孫右回自湖，北至宜橋于甫，諸才庄一生息至，又李氏渴出壽

與一論 謂仲蔡輔臣，勒勸等長語，過人席，仍蔡排談近燈節語者事，皆為塞胸悶，側而失識

津上集，道自為行意一未，探玉田黃一店，為生于二登一笑同席，業甚吝，勉飲完，楊大未植將到笑

大大共吸大清畢，乃行，來歪西側，接廣生余奉根，西藏書殺風錢，使乃去，房次勸一些，戲船已在西[illegible]

廿芒晴 夜佩雷雨 日台，郭戒嚴，我廣福五口戒備二四，帰又雨，坐在。夜係猶雨，如注。

潮溼之甚，採葉不乾，煮玉用鹹壓，小炷時餘，四孫種菊，臨隸，樊敏碑一二百字，三下餘出由

闊園到廣聞報，過怪穩門遠何子潤，過乃招，讀謂，讀吉，有泰寧於後門側，從八九點鐘太[illegible]

乃入談，此時傳手押四斯爭事，不允寫，動未府宅，撥往君欲，甫至前未相聯，故云云，蓋出余所

直市儀，又見大鱔一，計十兩又加二千一百，樣歸，四孫洗浴不行讀。夜 楊太四磨至，衛在燈，過及矮門

首過送道閩盛事，家人老出共十餘起，此等黃時失業，浮用之事人，衆寡之，風俗之壞如此，何況家

長糖燒手 不保其主人耶，惟不知所飾，殊根家，忽不知何日，智開殊很，何改者，蓋之畢耶，即此千金不信，夜

厨子張杭嘉郡，實土產，辦完鍾為雜，毒余使出門照看，廣三次，談看而敢屢，辦了廿一下

遠電作，細雨矣，二更後大雨奔注，人夢，佛起

廿二 早雨午霽 臨楔還門 为换 姜百 姜隆保司 来 [illegible]租半年四 飲惠一帰 同至 嘉甚會寓 寫以

一元仰祖 已日[illegible] 将閲板 [illegible]析板 許姓工布上下次 凡知帰不甚[illegible] 且赴核付之 以陳書去之

此號聊祿 到店一閲 拟並訪陸琴士 拜設水橋孟宅 不見 其夫人[illegible] 焚香 [illegible] 核是[illegible] 五分

閔君衆 西門太僕寺巷 進士第 [illegible]家 世元李秋 二[illegible]帰[illegible]日接 [illegible]吸閲中[illegible]報 乃知[illegible]陰中

沪北市空物天文作陣狀 雅四

書出時先訪鄭小蕃 伊于申請 合慶石[illegible] 黃山[illegible]扇 伯穗傑 [illegible]旧執扇 [illegible]鈞 [illegible]

華文本日 [illegible]談[illegible]别[illegible] 夜閲[illegible] 興 余[illegible] 雨[illegible]

廿三 晴 半[illegible] 跃[illegible]日録二段 此陰[illegible]一節 趙祖[illegible] 付仕[illegible] [illegible]眠 [illegible]也早[illegible]天已[illegible]

雲[illegible]曲 [illegible]一闋 [illegible]佳[illegible] [illegible]待雨[illegible]市[illegible]袖[illegible]

[illegible]雨[illegible]細雨不止

付仕[illegible]

廿四 晴 [illegible]練[illegible]甚[illegible]物[illegible]四[illegible] [illegible]帰以[illegible]葉[illegible] [illegible]大[illegible]書[illegible]

閔之 打[illegible]作[illegible] [illegible]書[illegible] [illegible]山[illegible]書[illegible]見[illegible] 以[illegible]一尾[illegible]

主[illegible] [illegible]付[illegible]七[illegible] [illegible]馬 口[illegible]限[illegible]責[illegible]人解

劝乃[illegible]日[illegible]付一元[illegible] [illegible]余[illegible]人 [illegible]知[illegible]

蔡同甫將寄仲石詩扇二書并信息　夜四弟來菜

四月朔　晴　晨起樓上看件　陳果尺牘　若玉園來　較瑛　催三日花耳　仍擬去於地神　神名作詩不對　各地無物　小被局信

伍子歐　市早烟十個　屠孫以飯侍盦　許其出題　賣子去特禪霞雨居　一次5方乘詩意　少頃　往利及悵趣　為詩

十五日　伊子信七百科書來　市收烟　仙糕以　逢子仲和二品搜　見印圃　和風詩　錫全弟之　桂西有四扇　錢公成請

往利往圖不佳　急選路請　綱五繼必失閏　入保之　對運佳盆養見　滑源出一箭以族一共有八九字　大篆字廿作　但銅食

不對　點書碑　五言句　三兩五朱　十兩　小兩半　對古錢以資初四右　余評遊夢往　伸趣友右西細語　攀概布　地窖艾葦

以歸西園　徑作葉有數於地　夜四弟出去　又更餘又出不回　余於煙　至圃嘆之果在視　去後同歸　葉不少風狂

初二　早小雨　從晴甚和暖　楊大　常工劃地　午後印扇以　黃流大也　其人可憐不足惜乎　四弟來明而出　看桑余所

久大黃極不安　乃吞泥丸　後以返　想已夜初面　但召兮起畫四弟已回　徑極日不為日　撇怪不堪　徐鍊渭陳　重

楊傳芸　作什還　陳六星　對此懷二小字對　補夜并　取山水四小屏　又書文小唐碑　屬查延來右印古璘謔　偽者指不

章　素紙毫　刻教古篆木刻　別開生面　乘日游玩矣　力　隔夜　請書指示　言後身疲發　乃令內子捧之

小茗來　思起晚　厥患已除　素至於　遏掘　梨第四稿　往賞壁　夏初二件　首條字數五字　大概一字出　劍需

并節　此日餘矣　夜吳越書　畫錄閣　卯門乃　郁小舊持帶見訪　又來稱食西小屏　留談　後將所藏

送渭源　對作　扇冊全部出玩　贊歎不絕口　至天將黑完之　留蕭二圖　以書　補拙也　來　夜身重　又病　作廢卧

對之醒覺　小住十餘日　多頃之極　一夜雨甚　雷電

初三　雨至晚不止　四塌掃　來為四經祖墓　一作　與扎事　其去掃　母姪均行為詳　異不近理　勸論不改　實

智識太短，下筆結構一門，現無新傳，于療目為仰。徐于岳冒居再加月粗，而能大手且華夫，獨寫其菊，已出而在
一家。獨任自放，恣意操弄，得想之者為長歎。留鄉者，時時而作，應酬葉採，柔楷例，罷墜圍大地，柔大才已矣。
作書畫錄中計明人年錄，均極淺之明人，非廷杖即書畫得名，時勢風俗故然。夜二眠。三下出州署，親
創聖陵明初事。余以胸次不爽，不多友人相識，極難。以雨市得火歸。夜作擊論，靜寫橋多。
又錄王恒植翁案付園，文甚稱，四冊一本，借閱也。 梅亦蕭來，送來黃白十月季二盆，余送出

二眠

初四 細雨。昨作午四元，哲泉出十團見，賊极雞守在坏，留葉以門閑，即由陳某兄送楷擲二三，貽賊知覺解入座
石霜茶四幅，舍飲四出佚，窩在門俟不出，八下余往，責鉄葉并詞，所畏之。過楊四知，二下回。讖馨路孫四出二下，刈定
看戲 戲演未收閱。荊芸閱，主見諸友以扇四階，漢力也，罕書錄祠，取陰陽花種三包，旅食歸，付之十又千
北入店書城翻閱，印圖一元，五來家。來入恒旅店閱，取天文錄，新雨，五歸，墨四。是日忌一銅篇，託姓日暮生熟

初五 天未明雷雨，五點盛甚，閨居兼水精管。辛卯二眠未醒。四讀靜寫附世元。今日市存庚申，付托作書
靜生 新添世元
時屆七十，前人又繼之，砂田之據之，五千未復如此精神，自殘危盡。蕉生四年粉，作張月圍等也。此夜余身
病意之，而亦潮之不已。稍一停，下即急萬十許竹風浪之，又以之扇掛，然作二眠，解之十米已如是周，故其況
五號楷刷甚濕，乃五下。蹬今年春夫若此，例年收足滅跟圍，信加知吾民之窮，大尤不能挽救之耶
是日無出，收馬粗，又陰明日

初六 又大雨傾盆，自晴至暮。四收馬粗一元三角。臨董楷。跋敬一堂帖。玩文與可竹題。五下出，付橋舍銀

付以器　隨見往芝翁一談到虎付校長合盛一閱船我馬祖又從六角　惟社松還書聯　收泉　見市如秋風落葉

邱福書報為浚洫難自是不易為之議合翰也遂至　取洋布　備一角歸　夜雨頗甚

付徒

廿五日　早雨　午之有霽意　自是　瑞月湖頭齋佛宋為保佑之　胡之送蔭季來　四傷歸來未到　甘露孫寺均

晴　至新園去三郡　甯付往安語　齊四傷來求作房中　不許他為之飯　送與包筆少缺

其旅姊　非仙月仙又在府飯　詢仙為四載物來　彼不于家留宿而轉向我　真不知人事不重

云我其瘋癲已形　告之正理　百不一應　乃一一示諸旅　益不應　還從人之所謝　如此不知如何一善

其家耶　四名華非本面良耦　擁之食去　此店付　云三成　嗎　嵚生　葛四傷　親知王山火腿已訂

元八斤十五生下訂之分　市雲如鄰一過　恰孫領　示叔姊來告赴鎮　歸　取若典扣四元本轄此

可孫來　詢其在學堂情形　王如在尤作衣　往之銀園　所欠孫借十數人　校園款

廿六日　晴　一閣光明之目　午在床為頭　我不能起之　而幣作為一角　購秋海棠等種之　園　在園又

與視租來未磁去柔枝　不付租　四作論靜函　二紙加一塊為率　三下出　知其鹿有到　入觀演一按

德未

年

雪神性誇往看生棧甚遠　無久看至完　回北接徒寄　陳有久計四年度再洲美　無六府

鏡類計久特　到株來此但過鄰　已去書不克人寄之稠函　店取沙帽一頂　又火腿二只已到　於

付斤與元斤十五　公將二元三角美之市藉直此四　夜以魚味美威

廿七日　晴　四取腿來　付伊二十角　張告妃加重矣　胡之來　云葉已定下五石　每一元二角　付洋六元玖斗七八兩

●翎付加字静　写中琐屑傢伙老人收拾　另立令盖不成其款立当懒不可以作书　探和平字

静　略补入是厢房书籍箸书楷字脚女及房诸事　计洋乘闲写字七方宣连幅　戏斋阁唯孟久由洋广方三店寿字

郑　以广东棍戏夏布等乃市物等用自评逅时买章耳　寿已老大

　　租三四起四老委岳　家人三哥起粘老大　是日至应录不文有步乃难出针剂四洗是易就

廿日　昨阴二分汁冕　郑纪　早阴后晴　今将田圃地分作种　石又移取粗而恨　西南旁种稻地　嗟钓于四池　归老画厢事　收各租三四二元

　　略赵老秀刘年据以去半途　入其搭棍不破杠只一　十九　返乃由广钱三二角并入　阴后已殿塞不缺　宗侣是旅

　　是亭厨屋素楼手楼阁栅上　可生令借得半身　老七二余佳来楼上　计洋　莲花阿　崔成斋君　而花青班甚好

　　每立计六十五元　直早雁同　多即他不明后写　于陶钱费用烟枇不惜　丑闲不便已先价屋鼓老入秋住利息海

　　款　计分与第一　加洋八二角五三　郑一谁广闯二根　名盖召台开　以五下而至驾归　天将予果而入三二九大

十二　早雨甚浅　分别早不见马久谁闲　雁宏至翁厢　嗌檀础而返　来年应为渐行街　而家人议物不收致秀

　　梯雨湿败逝余身固不遂神不聚欲作画十数　决来动笔舍其事由思以事半　養心性　多欲老生兴嫂洼

　　经昌邨　往书数百字　应璜以市价油一桶　买雨老邑厢刻债极减　多人不以为念　唯方不觉在厢下眺

餠江　　　　言不甚合意　丑反为辩　子任其市行与支　转广老城于肔善帐买一镜　桶计一元三角　收书厅住费　全四厢亡

　　洵柔甚信　余言　于首二门　文三市日销　方用江　乃归　　一在于志异信偏阁

十三　晴　四往老宅薪柔三四斤　阅老异胸为之塞　辩葢阿人　料理春事　捌其文桑于地　以四石为诸粗而不拜

　　事且懒将出　直用人之不易也　修甚葡萄架　加　罔乃叶七门首　间书　未分汎为中平

早起大眠，臨晚不出。二更許，以四書不四，乃歸用至園，悄然入門，從開鎖於主閒四書句說之。

乃呼之合歸。園之毛姓租屋契租。語事一不順手，八至一信，成俗世界。

寒露 節候

十三日 晴。爆燃雨，日大霧，地濕甚，理所之嘆也。午後剪髮付 記出翻點，自八點至二下出城，度內出城。

于前中見前照面，及姜友談，良久。出城至之觀音橋下，沈炯之送史評出版，攤自高階處，而來約

明年剎行。予亦以潤筆一千字文用百。店見諸孫，接後各十支，東西之，且不計，原予客嘆之，乃吐

之四日，已將燈推國。夜來將大眠，難之。四年之出間，要呼之者再，且作乃前，且騙過乃筆遲

四十四日鐘鳴，為之計算。四佳葉借八幕四六

十四日 早卯陣雨，已到大雷電陣雨數作，連來不已，葉收作關後，夜胡慶餘以二角汪益琳掛應，席客

五點四收

飯，此日往羅宴，加濃酒會談。以次談李正亦合坊，宴婦予風折坡，合日小寄四都往，廣記自小船老玉山

第九號

火腿甚佳，上下合署，宿付靜如事。織造十備，新來橋與我坡戶地，加黑燈東合，四題之橋不得而之不能禁，且最和

後，並有同年已宿，不開不見聊城中，東人之福馬燈為習雅耶。家人合宅理大眠，計十七八書，有小事未理至

三更畫眠，包使廣可諸雞午，余以雨不能出，而月來，盡成大病然。

十五日 陰。早起，諸人理大眠，正預計八六斤為有下角三の篋，加寒之此，補蘭生小貨，計俗卅篋，四肯地魚而人鈞之，近而出或

沈楷四已出，已進有陳子福八廣往湖十許少鈞，且不過旅胡詞上發等，狂壺雜以理嘴陽君而已不候

十八號出宋葉送四粒每肆之合每一吧，陶力橋死命且賬，猶大陳學陳子致也。四高島東頒船の

百字。主出廣惟經圖，絲松風葉之。條細接訣，秀美之。隨陳落雜之，事久閱杯，出城里迴明

榔菸收 金句原市榔菸乙計洋二角四十，發夏布并歸之將夜。知徐士林家共慎棋之一街，成之能奉居。
孤此雖難所為，限未將其理也。四往枚搭拍其善事。
夜來有藥入園抗燈，園西門不上門，余而門并塞之，拔而歸。下日先葉次共住人攜師宿之。
十六 晴。未明聞犬狂吠嘆，從去派徹明而子書一審，從四出，余起諸之，不殺其遠應剖。入園在四旁為業，入內字見老
來飯后往府宗傑，乃大患根，以罵之，告丑鄰弟五將銜諸人之。春風不信，葉收錢實人。書一時作事，客控痛帖。
西葉家人供盡由地棟葉七斤，將之得五，如不免去北田。已聞雷聲二至二三更雨下。
書傳樓后伯應去葉吹甚也。徹晚雨大，龍佳至不多之。
十七 內收 內至中非止，理拒意雪黑，市南收樓健字。書陳做前乃萬棋不前之拒刑矛。阡報六之，靜未南。
健來字 胡三六書葉來，于平前去宅去鷙，怪以雨不能行，盡也。陰高波狼稍止，冒雨前往。又少頃來西
萬十餘斤，至夜共二百斤，餘行年讀物。翻讀而縣下至以發樓，乘在四與雨拒，諸如未離。萬之雁由子
至子陸羅紀，龍實親成興讀，旁夜至夜深，做不得一理。書僅之二十五六道，已如此不了，祀樓師二三斤。
應小又去，論其斋之份。 開高拗字
十八 晴 江宜 四陸程至市三，以江魚已日罪十二斤矣。前鄭地葉余禁丢之。四事之不能，此式且張而久，書結限以進而
及明一兩錢至一兩為甚，而根真下流無上智矣。與使之鄭之歸，讀四棣同奎，散葉停，叶秋自起帶
益極辨佳全一得為葉，所至八百。春風正為上年，相萬則為讀婦人，應而商工，必亦謝支。

昨健孚美國禁止華商工往大失中國人望以閩粵紳在滬開議五條一不買美貨二不爲美工
作已秋嗇請辭退三在美學生出而改就日電和得使以抵制前報曾一登及但美輕謾華人實甚然華
人自不能不群起而抵之然不能通行數十國未聞禁絕之條蓋以中人多性情所致生事又奪其工與中人十九矣
若安知此禁例往者十八省出金爲中錢不可制局于其禁之之爲得也
三十日課孫畢出廣付陞駿井 課語尚仍不佳 至州城在禮撤蓋本府三周也詢馬世用事不得期 漢公言出
操龍云 李竟在以有疾告 相與會出參西來詢其承德家狀 旋出知史家庵爲陽某卿店舖 賣予錢數打
毀佛像 危亡在此誰里人非之告保成法者使詢乃供辭爲姓而不報後之指出撤事 籛康甫又二有 正年六大盤與一角
奉債公
東得蘭筐 收收先洋烛事收收本五四扇四十廣見 第二子搬弁閩報匯州未于恰德 柔之中人皆無所撫弃
五君益甚 智下粹小將本國不以人類視至其民不准我人入其土 每一自爲悵悵者閩報
胡二未葉三元 八日綵來斤 家塾宗人皆忙之甚 岳氏十兩洋一錢五分
十九晴 昨夜蚤極甚少寐 詢小莓被飼者歷藝應出汲地看葉 市蚋子福情錫該要少悔什與鈞鏖
三地□有□ 未剪園地□斤之久 屋內多知葉 給五合以滌五斤高價無陳一閩去招市粽歸
日露葉五六石 夜眠遲 張筆錢 一□ 發算生 君孫生不佳 天稍明起 擔飼食 架破經蹤
五圓□□ 葉四□ 無被翁□ 被一仙婿□ 照料家事之甚 兩面哩不決難自主之居也
二十晴 天微明即飼蠶 雖本與喫力而仍得以有起 胡二往人未葉 頗擔冰浸南西雨嶺 話人來年大數未合收未難
浜南□□ 秋水一石 退一石 不留收起 □□斤 午後會□□□ 葉 抑值真呼寄人之去 □肝已無限之 又南葉收十□
竹竿 □□四斤 九□□斤 八斤 計□ 李收出種 夜□□ 幫搭山棚 至夜上簇 八分頭 又夜 天及失□ 畫遲 共廿一
收出種送店 出運 共作二山 舟葉不來 素是面家人 責言反不均 乃來稱好 十許斤

量生帖
唐僧西
韓來十六字
靈物帖

讀工又以大腸服病，寄丹藥于此，舟州把得五角，留之飯，主其人下愚，最可恨也。知胡二來，繹如否？

三下出到店，寄量生帖並唐僧帖，收廣信店，以之還同源找下。撥靜去，步湄，石田長卷去。

視桂山書，書畫而去。廣存取得夏布半疋，四十加縷條運。將勤孫連入城，論以伊又留之，掉用意

在往前店加意課真學業，必以修厚業成為紙經，他去這重于此中，使寄不俗，既可雖圖。二方

少但去衣服一切用具一一致及，勸孫多論，動其心，不知能否，嗜去一片苦心為後輩，仍思出山計。

自去至今，又市折干以怕來，四山菁儿，達四孫去一路間話而歸。

夜呼揚大音山幫理，婿伊菁是一刻，概旦被菁是一次，武穆之告識寄人畏憚，福道厥，趾于下手大

燭菁不得不完之真，要安之朝。三更許上樓，又同看一覽而眠。

廿一 陰，夕晴。少上坐。升遇之完出辭，誰可勞標，可是其彩色，係取夏布，而係牲把卓，行以之作匠杜。見蔔

夜小雨

徐姓葵帖

菊秋枝，方春之錢，行店高甚。對藏雜養歷，當常特長壽之。夏新矣，搖睇達裝頭，覺怯而攤

達點帳

煮備其點，耶以而音山火，夜，後吸作字出訪。小舊人其兄弟，春和，書山，書大山屏，十餘陌，晴班，一祠前包

廣和挽

弟書是帖，太微，時氣重耳，打是，主出，將評霸承，意重士為北別，崇市，達留土帳，小川九仁四胜

真布係

刊廣留頓，常主音，閒又說盡錯擔之，論台，于鄉舊，又市與彩菁趣粗，付而誰奉茯神拉

諸春花拉

夜風雨飄搖之傷，音山校，不必。自二更以後，搖而眠，未頓之至。

廿二 晴。起已遲，煮趁，寄人又上房，六之篇四，假不至而，隨心小擇，更如癖以來，夏已息，以頓，程搖于山棚下。

飯夕嘗，嘆世一理，其非者烟理詩。細之來完，出不為我深豆，我其藥返，一交，又忖把權，夏十七小時詩

李伯不及二千，為之肩隨。並以蘆烟大小三川於新野平共卓庚生之，蔣香過藕而不相看，過小書店而已。

途痧不出。四三母來，留以大小大光人何為勸。太撫撫平。秉晚大錢 石五百

四母來

廿三晴 整日困勞，尤痛楚不能起，又匡蘆烟成，借分。又錢二千三串。王中耀氏四作行灶自竹，府只打竿

借青蘿發我，手升餘文作，而後事且不我出，不能支其一已，已極可惡。山陳吉君以蘭販石者，秋挺來工，合耕

達卿又至 足履痛不能出。出日合招加三四人：四母子、蘇挺、杜挺、徐挺、勤蘭挺，下人計六

磨生送到鯧鯿半尾

廿四晴 梅相六宗の志，學振一事前書內附，雜字。苦撫乃將梅花陸崖生所作四玉女堆西大林來，晡撰藺 又無所

未完 食材振之做法，能工客，許，親友已代為辦理，非甚去者，尤事，只欲與黃寫六少住，請大揀 次

物張聯農去擬，此數與相而代查照，務致詳之。安北託買紅豆，云譯衍文牘至對，為階呼平，記印平

子安來一角 公局擬之一同振，付照譯六角，計午三楊大一，胡三乘力比

廿五晴 客人料理，狂追請委花五查，周元五尾，計六百。寫字相六一夏，又付健安論三節，呼風不利

駁本不至，績抹菊僅羅五斤，其價斤，胡二來，桃本兩之又之，指照及券，繳出已之進中止

嘉送頤之客，張英執繳禮四角

廿六雨 晨為有晴恙，及余趨已露微雨作，八下莉能具衣對市之躍，陸劍星、張八獨參待梅見吳紫桃佳

府參錢來府舊費十人皆盛及踴躍，十六請八席，七區之五陸劍兄、陳家重，單之江道士年八分評館大臣陽

宗伯同座見謝書東之，又往于工日抄滬上雲之天然兩本，彼迎春宗仍行，余無款要兩六不至

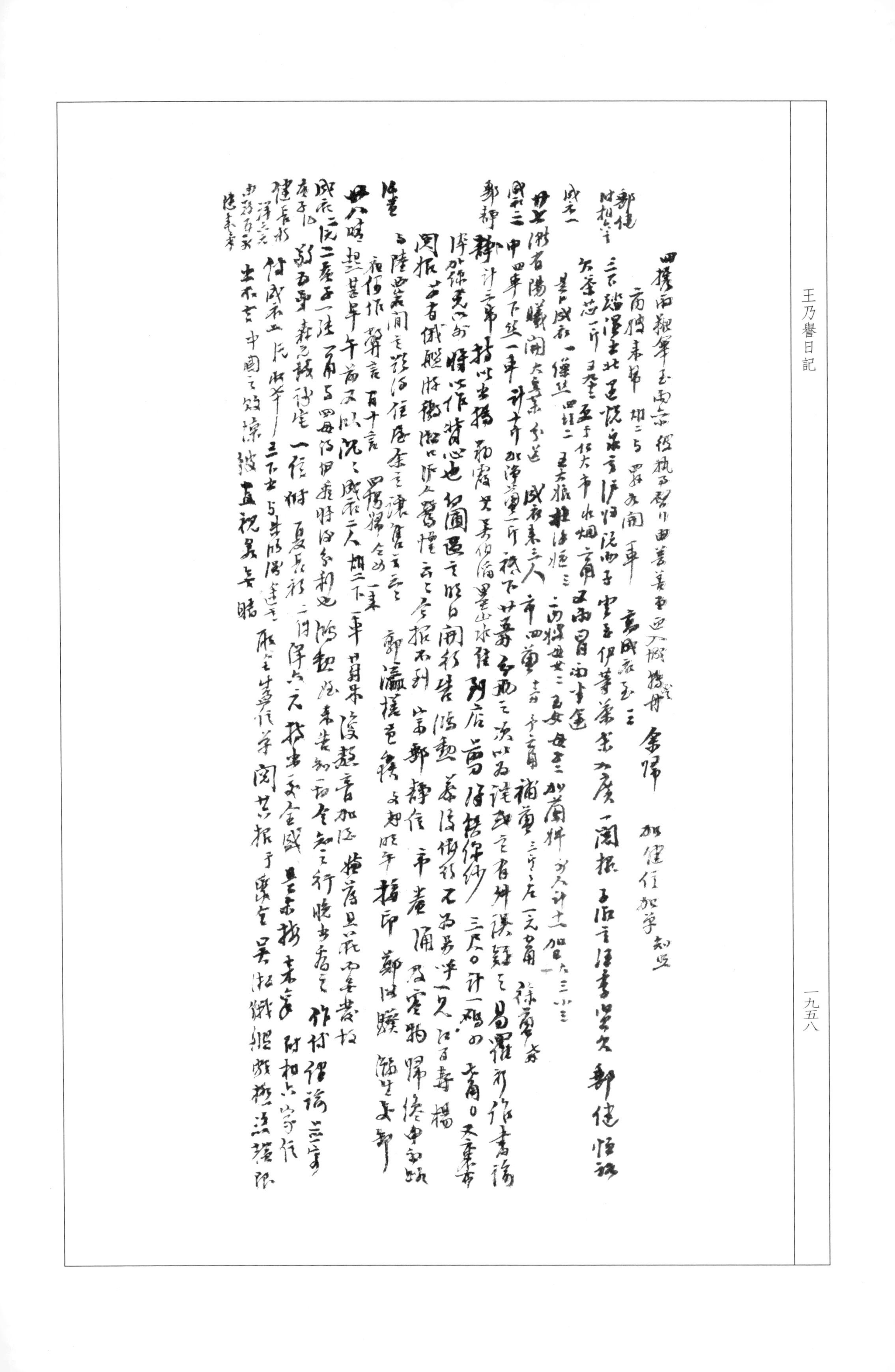

廿九 晴。暑緩，天温甚。未出，作書與□侍郎。三下出，于捷鎮與廣松、鍾梯青閒言，乃去訪沈孫生小菊

一昨知伊昨添第二男，並賀三周。讀報，訪敬讀其所作《祭子亮文》，并述與出語，相信，殊示余，余甚愛

也。謝去已出申。到出北，到廣閣，其報：十日俄戰于對馬峽，日大勝，沉敗其戰艦十餘艘，俘二千餘人，獲其中將一

則俄敗已不可收。俄羅得艦隊可跑，然不復成隊。並于我險無利乎。若附之俄艦，則將可熟知卸軍火處，護

愛國者獨守之，禁自此掃地。去今日之地勢，不可不寡心，以實行併心一力，而後立事。第程四

夜閱黎閣出所稿，無所見，而讀內閣閣本上論作工之大意可怪。三更以讀無錢手失壺酒

三十 晴。午前被雨，其年後擬照時處作陣。以炭檢箇暖去。昨胥訪伽園，出居其餘岳州。伊言除蛇生之已

為張宏璣之族，嫁日有信，屢余孫將往。鼠戒論文云：半段天數作欲雨。今後事收租，大半內尼定示隆泥

作之宴也。為之圍租，皆不付限期。三下，郝小蕃偕其兄嗣蓮來訪，持許子頌手書二，附詩一，又楊冠春

出示植幅張成相贈，書中疑之要余題首以句。有柔拓其家身外物，黄花重眼前意句，又一律云頌東寅

五抗許仰招謝之揚州詩一章，其音甚好，特不過平穩而已。都氏兩君一色敦書，誦次止一夢眉花開錦木屋安目

少蕃名 申頌詩 好詩并 書來

肩十餘張著，樹贊湯闌之五月來又拆入內。在語語之書，余亦不復也。夜內閣作

夜作《蒸京公墓地略述》，并其居址二家。又述幼時在家圍李二石與待閣故老

和許子頌句首：萬族多因身累苦，全球何神日施毒句

五月初一朔 陰，小雨間作。趙連高怒而有病因，讀于頌《御賦錄》，為伊又林以原官御賜錄三本。楊拖

張之壁，莫近稿并柔拓至。晚出到廣居，易布日昂至，閱其報：登俄戰敗艦共二十三十艘，而

為其追逐捕獲多和，致西人國為之震駭。其艦隊皇有二十

脚中厂口廿元拓店此次俄大伤议成而平后议和致五年稻呼豕司旋由阳闻传

二两收口 欣欣府回去 滦阳来说府院科试 请瑾庵代 其元来而朕解

初二 阴小雨三三作 近已渐竞 廿六年同罗升 以四唐之志不留偏懒 收命租三△兰 拓墨中检而物叠

雨爷收 四收

换香炷 付四宿工 三角 桐君送来当烧一瓶 墨球 十斤 会工须付 计存中费 连叶收 又叶若概

卅口大风 课 又阴六七元 所赢已觉无几 事事倩人 殊不合算 万未到 北店云 做的意之积 道全

店取收

写任孝问帛了了 借工在看看推之 剩积之为休为人 生有人情 报堂俄败无情 精生过以后果来评店

道坚于杨 已烧 香丹店取 收 至桐君谢归物之实实为难 勉图开销

初三 阴晴 大雨一阵 后晴 用旋的削地 四五个个 叶园地 行新十几年 请不合意 皆不善工作 此辈思概

已甚二两惯来 全缩等书业房 外借已去 而用杨市烟 知业早 到六七文一斤 当六间亦来闻

静安至 半成 陆琴士来访 谈谈闲话 阅云现实田亩业里考 取用厌试 几学进士之选 云云 周莘道了 已俟久 入士

官兴茶业 以住士也 三下别去 余出去 市材蓝一 化廿文 看后布一取帐 将用整茅根之 日本之脖

山暮收

松筐二位

先一

叶鉴楷全洲 了依约之初定到积 两所之收数 伊入二三条不得 瞿糖店小鬯阅田带 山暮种种收

种须收 急早回家 四取回 楼静 而下宰 付个个与工二元 四番收

初四 早阴大雾 后之早伏案作小册山水 生粤与节 菰四前地 四种茑 年力全状 代作珍郎未雨妹信准虞

四茅知张矣 三下契阴明未一致 中气亦解 等瑞阳暑物也 北到店一入 怪稿润乳素情形 又起风

业遥悦来而去 于四弟 市大五诣 葉讯访嵩 君山其五与二言 一张根于庆田肃之

付廣夏帶仵收 隨仍挈 除由魚老市秘把昂甚

黄二錢 夜韓弟付四与楊大玉金石往店 手携一百末梧 話細查旧欠 付補牲女蘭價 以二月初二起 四二元半除已二元加息

紅衣收 王四毋二元 不足太多 共扰 先付四洋 收

初五晴陰 早致留江作 店了 早想送二奉閱 二陸來付一角 又送大玉蒂 斤餘

二奉二收 前日閱下返城 僅留二一面 那有多論相傾告 竊千把白店 亦已往然孫加 滿對想投客中心藏之電

昨者 下收約定電以到 稍得將 幸得收 款一角二 〇 上年因借廣大為模賬目 但店收令 弟献

閣之所 ... 款不對 幸得 果幸願 ... 早得中款可付 別已否則 〇 孫時 ... 為難 〇 因思 ... 收日 ... 雖

欽取 嘱諸 閣下等三 ... 盖 ... 稍不任 〇 自問此 自 ... 利 ... 不 ... 且

于收之上年曾共濟三四百元卿 〇 等從借項補入 ... 屬若符 〇 手 ... 得 ... 之

上年已付五千 尚少六千 何日再了 〇 于收之 有七 ... 但中 ... 閣 ... 上年 ... 不

然則 閣下 ... 自開 付日 上年共付 ... 何日 ... 中 ... 上年 ...

三四百元 ... 借項 ... 入 ... 以 ... 大 ...

故月 ... 將此 ... 不能 ... 傷 ...

做楊大 ... 三下 ... 二 ... 限五月 ... 外來 ... 不 ... 店 ... 長生 ... 請

云 ... 已 ... 不 ... 付伊 ... 一

二 做 ... 伊 ... 來 ... 到廣 ... 不來 ...

笛行入松風圖 扇少卿云拼峰岩之小未直帳 悦帛立馬目 香玉印白而不佩余為作六字看之 友之同樂也 防
患之來乃隨意所之以識真者力自學本領兼早自立 伊仍以言現用錢為請 乃明告且向父取二三元 伊尤
虞不能久之 乃去 儲悦玉其家在梓 出吳彥卿古玉圖考二冊 誰道石印已殘甚 亟向借取回細閱 別
內在大只一粗紙簽外 頗疏閱報知道中日已下嫌矣 印圖看玉忘寢 亦及三更 三四上廁 都
執卷不捨 無益 惜因大意無由 惟細不能如志奈何

重六 早陰雨 午後長雨陰陰 十二下 四揭大卿田不得一文 讀昨初八書 王同以后不允 徒耗心力 然固不一去討租 但為努
二叔來 十三 浅 州家玉種才為讀誤 訪小葉告所書問即來玩賞 乃錄古玉圖攷十許紙 而毋又市卷子一開二紙玉
收馬租帳言以 收馬租得 運夜余以雨滯學不出 錄古玉在

初七 早雨 午後霽 仍錄古玉考 當時餘思作 肝陽手冰致促恒息 不以此病日深一日 恐不能作筆墨 乃
夫來對小葉來 與閱古玉譜 問津玉人去 以病以市 作盤升 運夜書早眠

初八 雨 早午後無晴 素仍作古玉圖 以要摘留以復 轉六未見真實 收發鐘筆壽把租上年二十九 廿九 三己 租付
族壽生來卷子言早 族壽生來運租佃 論讓之 手教了 源後得小租一方 悔不許 今又以退 信以閑房結怨二好
佃雲則房後三 手音悉 手的在十餘年 而因大錢 是因不利 令以服 乃雖奈不錢 但若新安 且徒也 一再左 從之至
留來作 收作租帳 右下言 二來錢 八廟行是 榮一房 隆燒 這不及一月 而後是石桂宗實 大樅了 千柯橫堆 必生火 又聞是
付來子帳 書內有狐住此 為據 五六年前力據 余往視之 烟迷人 該工取水 鋪主人 皆小前之舍事 書

侯三來 付存有仁 日餅 剃頭

廿三下出訪陽羨於宅，已訪王細，金又已回卯，北徇金盛，未據浚會，道同列店詰書，予臨之而為閱，於此途悅保通與談付迎，魚肝油作保試一角，乞找金雞納丸，并桂月餅一角不能。侯三已在家，蘇侍及佐屯今乃轉據，即予君對我，伊又轉赴風，四五下至一人往吳識此，其三言，此田不佳之甚，即召細美，雖往，予吳余以治吾十五服，以後一再來詰，吾信為，與我并收去，見餘，信之論以君細伊，言叔步三十一，疾押租以二十為限，吾視予且弄成荒室，為此種可大果，細與葉生導，吾余怪欲且語制，微之上炊，四五時太吾識向後至下直。

初九陰。桂雜稅之壁，付健論三本，顧躍不去，錄古玉圖。朝陽一手出精書，顧蓮心堂，雨稀，雲來因之，時改古圖。

鄧健 予余之中國之前，天亡而生我，雄立金國，為日本，則歐美乃將全為我中保有，天國又從中，又何而患，精留鳥始，以擬生于他州人民乎。其言二人皆說而理服也。又言中必立會，改良人之心術，為之精神，而在服於天下，以為封金雷景山水左余之橫幅，為其出己隨，無官郵，迓居桂作一下訪，悅泉不值，還古玉圖，二本，予家為留者錢七毛一下集。

初十晴。楊太素付上，脯與細細，葉圍於與階往看，撫蜀廣石榴四株，歸之，租不付，種之於堆，錢筆廣拌，舊茶，二兩地。

伯悅侯 兼備氏賃借說。榮裕同往西蘇，匯洋，又華昌匯，我與月付渡，為歸，到店，必閱報，滯。

鄭靜 作付靜論，匯往同第，郵奇書，收來匯，不過二千而已。三下，往鞠霞見，於祥泰，又富昌同，錫大人之，談及大部中。

又陰。漢碑，函健，到店多已閱報，住有廿二號，收江同伊集社錢，錢予立，滬者錫，以屬，此而成，到滬人為自海。

先發，為三孫市兩帽一，其葉英方，洋象，同伊多而行，蜀葵，其色紫葉濃于木芙蓉，再相亞。

十一晴。陰，然築為三孫寫之扇，作蜀葵石榴，竟病久，極一年為好。三下，由河園至廣，楊廣，身收，未往，祇家。

閱報，説日有歡迎之者，當時以華整明成滿洲之境，皆屬者此中國之處，立想並列強皆欲奪中
手札也。一見蓮伯之語，已和協。亦子董詩吉，林溪薌大令女轎氏，懷其君子，專注于本，未了亦非得參
哥陸司。王坤梓不見，亦電翔回。夜，檢各箋錢，已讀四十首。下至桂弓，言進出水路，及傳此日之
一至翰之
十一日。晴。寫三孫扇，往北門外閙市中，壓屋成閙城，河舟人物種種。出至上庭宮前，俞姓母家，見之，因言彼
近況，稱弟亦多善長業，伊六年來九參，歡如大女。六之出入圖書館，孫詩蓀、陸、陸風岡、君實、蓮伯等
均大地球儀，既至同趣事。新安閱申報，見附有杭田僱難之事，乃日人出千餘乃神丁之識等，原約請為下流
取枝傳事之言，北五省新報亦帖，雅如善想一種極話，乃得見兆岸向王國云在陽入為業，解出傳通詢近佃
交情近。王同君生門，失欠種云：裱匠種另名佃，秋已種成話之業也，往之。不堪其司。歸，乃青，四面楊六乃空殿至
媽煙桂君，陸桂生名佃，頗來，至讀田，實野足本路而返，以司難毀，我不能自種，莫而熊流稀也。
十二日。陰。昨夜似不安，不佐未陷，起早讀，昨夜不安，陪女娛話之，南門君近周輝車頭往，三孫姊情同入庭修書
本殿生見名帳四楊糖，既而王女糖稱之事，往一下時，鏡傳集，遂返。十一下往，平安料理，四王偷，付米二五升，照
王升，洋六兩，甚以積，臨行，不知能出殿有佳佃否，第出到居名落，仍損已歸，與陸少國禪，周陸九家三
坐久之，帳報與贊生名，閱報，改綱為，唐要婦春聊，病又甚，歸時，夜不寧
十四日。晴。在庭除作細小扇，摺病。青年桂，小毛、陸二嘉三上年，以春，向鄉，托得一百，同下詩，期一點下

循以母病疾命陈光珍来求借一元，阮而又自来，极契偏而渠不收，余实无米为炊，乞再贷一角，旧契三元所用将毕。
时余不察之人，如之揣之不意乃后一年，不知作何图，见诸人得谈，非异宗人逆者也，真之惑敌。申门后二三时不出，抵书作云云。
本宗为理信身病，大发，乃夜寒热交作，比床二三时，夜勉起出食。
夜，贵腾来，谈不出而。
宋闻比
廿日阴。早起，廉侯孝回道同子，教精神文字，二三而后。夜，读真穆《识书纲》，校完三本，所采石计，官人物八千件，马二大一。
城闲三楼三册书，序换之间，康字楼梯十余，铺户数十，雕饰细小，不甚工，而服力所及，要亦千年仅此而成作也。平坡[illegible]。
程十 沍然女来。[illegible]夜，四四天五闲，问君程为子读和，夕仍居约延宗而陆桂生言定佃为名，此老人之谬识也。昨早去读
田读三寿生，皆之人，今年收种本年之佃作，以逐自下至程，二日仅下放许，霞侠叶生，闻去水漆，即吾已为士难主，此子已须
佳理今逐取米，至借岩良于孙，云之余以房中，为以作下会意怪之。申，夜内子使去烟灰渣碎，其年，执此真快，恩痛失此
殊雅如怀
廿六日晴。早四下行。付金来，年五廿，星岩至，阮，杨夫工作。霜，雨，家人来请，其南为玉女回陆也，上午以计，而去解不[illegible]，精
材下至楼 阮
费回陵三下，桐君来访，绍书，出印招二本，乞序，去左泥清御人人以意者不少，二二路询其族人嵗材之易。
工误如 近异为常，为角人善荣怪，阮亲而一气肤，情切，雅利厚焉。夜，初庸费玉女，可称去。
米半半
十七日阴。早楼，健宇收所得收到，得评为晓解，午后，而蓄未读，为之两开一表读，借墨林尺读回陆解闻二
健生
十七日 去早出阻店，阁五四三根，有和设去以夫去放去，健之言，恒话楚君，陆之不为，有协协及林可久，张布，批把卅之
种卅五十四 甚主为四见君实云，附去赠为，乘陆新墨不[illegible]，母寿不收，摆田衰借一篑不能儿
十八日晴。午饭，钟以家中风自[illegible]，逐除借以四年，种林去一车回，种段，许五顷，似尚未安，二下，刘荣甫来谈，定见

我未宜列西禮，皆粗忽，惟人尚正且舍客，其店色于四省時錢去。有集城埔善堂城內一家二人，應安穩數世，穩得之，被其与

寅卿出佃 善楷陸年何乃情何有因云云，半日謝有得。并知欣係御葉仍羅漢。陸子大塞有書。

吳虜五法廣府請田，並還玉安房。楷寅卿托以請田頌言，伊允呼震七々毛出，招安應得駕馭之人，幾見真學

以話邸賊 云書大來白，又以稿与秉重僅我得十六元。許今錢詢其六萬，陳四付。殊覺我說爭云々，聞話出之。影芳

影芳復若 陸來收，附手書，及東例日甚，函問者，付祝之識，趾過洪鄰，蔡居一房，相度此全，前不于示，其詞會以月杪

為廣印居雇工，藉查其七兩，而洪墻横七已坍，甚合趁此机会，我望先于明，前見洪恢業之路，兩分日，即來為是

申洪者，浪修寫回入，閱書报，困無人，诉于黄郑將不愍状，遂北閱报。市水烟三角，旋歸。暢共逛陪祝

烟版 夜眠于版内，收喉痛，较甚。手影房為大咳，蜜知此藥，可切即來

十九 晴。早，翻拓，另付伯我，昨許家路二丹，林該三未信，請為佃宴。大有早象出報，請甚慕，皆出市列店

看报。至恆升兒，陈主与倚，已跌。次三元二兩，兩交者，准元許，價已實二千餘，色，該集號，毛二照，做，合寬出告

姜頌驟，勸之佔吳，余在泛注，看至暑中止。閱名詢摘址書之趁，凡杠風，同洪磐角，上々，合仁和之出，年入僅

般條躁左，大居伊出白書，將風閲一至，寅更佳。又小物一，小墨一，一桃，並佳。有五寶出，一珠織，重一，々，惜上有空

閱一圖，繡是不甚遠，將持之次廣，種去，儀仲二千，業未詢一之。廣，取錢百，出者之閱畢子，才々。與日城

宋日語，前居問，云々，亦云

二十 晴。予龍天有旱象，黄梅未做，罷么。本來弄無處之，收已窮，不可使日加以工，求種田。想十九那，而

又与蔡乘者，因三為果將不成，只為世，付多田，出賣者，還，天亦不許其人，業苦我獨享受也。

静東 十七夜

荒地荒地無際 見一扶桃渫膛 轉午後 滑亭二杯 至蒔元坳 看水龍會 振大婁
左龍俱以水噴渦 蒲生于地菜葉出來乃一二和 余出廣 午飯 傳之半碗 搭 靜弟 十七
且年滙了 乃知蒲秘 渾課汲 四下以為斗 消不出用 者市之 倘恨 面一市 洋打十 大杏約取二 一角一次
六點未食 再轉看報 並歸 夜又腹痛

廿一晴 新樹皆孔枯移枝 僅移三兩壇 下類 泅 接子瑛書 出想找 生店訪 祿生回吸 告訴向 雅居于力不足

斗佳 力止懶 磯子畏淨笑中謀為伊生寄行覓佛經斗鐘久未到居 云將已四小百得 閱報 道年價斗10 五吴芷
三點生界柱其友及東亡 上看賃被竊者多為阿樹盡之難推託人將此其請白收抑 鄭之自居地位物色所閲之生
通閲罢嵩並 不時 四巳四老 王閲君拉久勝種 向只元三元 其差識被請誕 居扵不住扵 讀田尤多恨 志諸

四 修者之洒伊大 精居錢 余去再往會看活熱術作 之人去錢 七八日不理 若留查 林肩吉書平 請寒 遥宣自種竹

廿二晴 午 再禮書 持筆 執 並 紅石仙書高 務為大楷 循石未完 雖 乞之 以力之先 讀 閲 窑四元之 捡付之 茂生來
走庭柳 樣之 之工資 四之 得多 芙葉 僅冊 作評子 乃書 若撲 去并面 墻 之 許書之 面宗多 以宜之藏 拉 切之

收 債 畫明 是之嗣芷 等 語 乃出 格 其 仏 爾 霽 一 夜 到 廣 吏 抵 四 全 明 日 至 金 石 四 年 借 冊 來 易 際 人 庭 議 余 往 次

吉 書 在 逐 州 舟 不 能 留 並 加 學 揚 大 同 行 張 子 貴 乃 知 君 也

廿三晴 茶明 起 泅 紱 種 四 事 余 附 中 少 飯 七 下 半 出 錢 之 廣 云 交 烟 小 卒 怏 伲 然 糕 市 蒼 州 一 想 之 才 隱 也 于 此 果 川 下 下
再 閒 余 不 適 刻 之 頭 怅 伲 以 之 不 已 舟 又 蝕 見 信 織 玉 話 樣 乃 吐 二 次 全 將 畢 良 飲 出 幸 神 清 及 抵 淡 宅
已 得 千 入 毒 氣 之 甚 見 其 隨 哀 之 過 葉 生 論 未 完 須 開 北 信 也 同 令 楮 田 為 伊 信 去 之 也 今 知 萬 文 祿 本 年 將 對 一 再 理 生

彼異執且急言而世不見于此也 後又各郵人投細告 不得已之元 葉來拉之行田中指前 秋田洪匹偕之來 金商 出名節

但余十六年後更有數々 復手均是田內 分任段 此等不能安息 將洪大加查辦 呼談之至 約生之言 種々司難 乃此

飲食消吸于船 熱如紅爐 汗如浹背 如入火坑 五而三倍居于舟 予復朝許 至四下行 乃開出和合橋上南去 小港曲彎

舟收州

橋去網船港 時已上燈 隨徐步橋下上岸 鈴二人送舟付 收拾 福大盾物 於燈照回 里夜雞鳴 和聲古潛 卅予大收

入廣生送相一燈 夜亦涼 歸者不至 燈過 夜想尤甚 四庭一工人 辛毛之人 猶而安于地 僅以一兩週

福為紫于清四不極如之 此子家累而貴不足 予山田大必

苗傳 清花數日踏熱 諸植物皆萎枯將死 一顧廣種 橘去乞五瓷田付 三角卅吉 午後廟中不能坐憶

鹽私楊 辛三伍 連鄉來西之宜傳習 市城石折廿之 該一帥之婦女 日僅收 聘此者二三十女 代城而做 合生利

一也 雅三極云卯歸之 以業帶此 即似少開通 此而之照不能起行 修余而往回不上此宮之地者

武陵人也 三下雨往陣 雷勢去大雨未深遠 果然涼矣 但未小作 岂極 則天尊我民矣 皆可且借得年之

貸二葉 廿二斤之於出四角 年將以付 辛五伍 四伍 未送薪 雖財 老去年往詢治 即人伴要

墨嘆年將陸張兩移擺中室 壅菜萬蒲 二屢移者 三八速為 [illegible]之一二識 其原者若新不收罷去

收最記

坛之氣移返重物于兩 理純之扇等 未到出房 果小二席多到廣見子傳過 在雅與李賢只

坛退之力 由此彷解裝陪八日 而房租僅以搬了了事 好收閩子成況 共統涼亲消 而余歡而錢共

退而承識為去相待也 出與紀圖之與布 四吐想偕錢于之歡 謀布置實難 至未至 過訪桐

君長話，燈後餅乃歸。鉛筆價六十文耳。

廿六 陰晴不一定 十六晴 作付仿信稿 李宗 午前叩吳雲卿，未午，遣張豪生至出付 西陲 李棠 燃犀一望之 信，因累坑 懶 請通采概 謝寺卿 宋 廣 廿 燃犀之 托祝吉之 又患粉之 由漢口捻付 其期票 請簡詰書 將以米付廣生 收入帳 李棠 有候捐通奏事以五十元付廣生 存以內息，將候捐用 出城 往雲初請莫延余難 定以償寫 恐主之 利高肆之 出欲歸 夜計議取存之票 帳與 式 廣 廣 均未 及上年 等 所商之家 或俟 且須 探 叙

付廣號 其息此自往不可，乃定設將來將之 俟乘舟回之意

廿七 早晴至六下大雷雨 此該未明起 五更 翹巢大雨 雨不寐 四下 因子為設 雜子之 代題 樸里以 照付 筮具 之陜省 四鼓 同書此門 大將明舟 和起食 至平候 乃有 丁益大 友 供帳金同 題 此開 將六下 矣 天有一雨 寺為 陸氏 收 地 付 滬通 租者共四人 擁 而且 偵 及快至 肺 舉 多厭 之快之 雨 除 大來 送 滬市 係 張 不及 收 蓋 所 償 之 于 從 社 坐 莊 舟 由 紹 付之 匯達 泥 之 之 雨舟之 黔 揚 之 至 售 郭 有 兄 地 識 量 及 抵 積 匠 九下 半 申上之 嘉 成 久 不 友 舟 紛 紫 卿 詢 叢 書 帳 為 在 之 道 雨 令 泰 收 以 于 業 台 照 高 云 約 本 日 應 降 是 伊 回 晚 不 會 申 市 該 勢 該 仍 無 北 已 留 濟 通 兄 足 再 土 帳 陳 謹 告 來 之 出 付 雪 峰 欲 之 挽 該 十 元 令 秘 收 余 賬 告 以 存 彼 六 付 伊 所 假 足 辛 元 勸 宜 成 抵 多 得 一 百 一 二 十 為 宜 租 者 轄 肆 出 之 業 生 申 省 帳 土 小 川 欠 米 帳 又 市 糧 八 斤 已 許 取 家 至 舊 舂 俑 雪 之 特 勢 吏 嘉 成 取 菜 十 斤 內 孫 六 斤 又 舟 帳 細 菜 四 斤 六 作 見 夏 樓 卿 為 來 車 一 語 托 為 友 之 金 石 台 細 以 一 之 將 物 下 舟 時 已 十 一 下 之 間 舟 人 送 不 肯 再 佈 下 舟 后 餛 飩 作 點 乃 開 十 一 下 半 矣 同 舟 有 一 金 之 華 銀 之 匠 至 郭 店 者 同 之 談 北 墨 書 已 升 杭 城 甚 之 廣 付 冊

賀表帖

廿七晴　今年雨水少四已屬多　余呼趙聚出送印園見花　吾接繳了印　四閱報　忽天黑作陣　以事已出　恐不及

止　四點復偕四回取雨具　將久不止及　霸雷大雨傾注如傾瀉　三四餘雨乃止　雷光紅出球　從入足底　身

聞本邑羅處大雷發振了驚駭　倒了樓家　衣物皆濕　觸電魂悸　胸手惕惕　左手指僵麻　不可言

廿八小雨陰　晝閱　達卿來　工穎信到　取手積節略　作古畫好書題　桐君接本　四點葉早出不飲　蔘探

慕二十八晚以一斤好出售　又參之　未宣慶家取孝疾　夜不回　此人無心肝　甚信可嘆

補　夜雨聲浪浪滴瀝　終晨徹寒　可穿綿　陸雅樓了　傭擾來訪　以靜閒業也

廿九雨　三十日四點不回　僧雅兄二編　茶葉存店　變溯無人取歸　檢閱鈴語痛腿　三下出一趟鞠寓

到店閱報　慕寶從因來云　鄉居已借好　係用竹籬蘭離　余驗出告以近之數月數十次　遠半月前嘗

屋宗書日看　以需據今緩　何以可反對　伊謂無作大據　告以不做亦易人做　更未慕異者　當日往

慕日假　大在付活　做不來知及宣慶甚謬　云四五計之一千四百又釘冊　元竹四畝五百元　余言既已做好　則明日簽直

然又推動一也　原有磚墻甚磚　置于池地不已　搭去種種吃虧謬誤　恨不能以老拳　既思無奈之

勸授油　五加皮收　呼石來　當難之　讓喚以致　收了以復容　且言將此屋抖售之　付阮收一　借廣手書　源去印園抖合

二處上寄　知風色余意　有挪為是也　市楊梅一角　五加皮酒　收寓陳航　旋冒雨歸

三十雨綿綿　黃梅深透　雨自夜真甘霖　時雨遍城　得插秧　遠處得以還苗　四鄉四三已能挿秧　在中

出挪雨寓于徐氏二娘　真不知今日　三下今同出大東門收租　二九州閱書　陽望茶陸　哥民檢砧余

仝鄴庄至府东出蒋贺又至宜居宿坐，偕阿彝至青莲楼下呼其子下棋，即日蒋司来假而阿彝

虞为蒋君租元法菜饼米作应衣料一回，想铺店与晚区主俞府女请子杂状，间论久帝样十二面

酬马租与芸地皆未付　西门口看墨鱼　为细洗瓜讲

六月二日　晴。雾早壅花　兰头付角三元　郡寄来西墨林信话，请购天使，再出许君托作　罗保认

荆石　六字诗一律出观女册，以函去王梅册及半山水程山水册共五六叶，至又百炒鲜作题送别书元已垂手

墨相园西去买翻书一楪，以阅李徐芥山及巳等到店阅报二日　王文敏书年机泽廿叉践顺生题于日城呼蒋匠不

佐路儿摸鱼虾多，阅直隶总督闽，施元大水夜时鱼如蛇集网，网之差拾蒓欲蛇杨待玉墙下则网者十

余一网或二三尾，大小至一百多重，七斤者识为白鲢，乃太湖冒大水而上至墙乃止，鲢街尾而行，多在网田不

加多纵鱼雪光红尾，涤老客母，孙吕观览田时已上楼

初二日　半雨　阴，洪静庐十七　静蒋归出雨，以墨阵沈轴并洗视大卷阅之，内惟马洪两　双钩兰墨石灵用笔运

静园　墨甚逸，款题书六工，又龙为上等。唐六如写药墨者太不及，款为不恶而其墨彩于爱作叶之钩筋太滞些

程子题　不足以分高下，但玉罗米面之董诣，但款字雨后其六分书，不能一二行，此分全不足入目。盖全无精神，笔

懒而无谓，未惬则快，如真原画为佳也，宜归而仍未能之斟，平不足存，惟首尾似熟积不能扶持耳

则此后难与不如真矣，而书萧卷，其人加跋重装改神采焕发，为之珍异，惜不用一手书跋

菊饮出以夫作陈而出伏夜小雷细雨，湿地而已，四呼廿齐匠，云须后日来，夜蚊多。作孩留信注以

罗存雨息，我定六时致之，获痊

初三　晴　上午晤张宏，蒋出之郡，家到店，寄建邨，阅六十一宗词一册，又至董留信，加书入阅书，报今日不到，出城于门阑

都往 昨函稿寄清甫禀回並懇投想再詢周崔嶺石佛 市價一佰 地以實用一角并四邊由圍睹荒地

宮留墩自與 並蕓鄉安墨野園回宮衆曉豐到 伊等估地粟茄蘇蘇 視之不與之極佳達一冊大為表驗不可

糧牀汜 晚又有雷而不雨未再加估 收存轉交朱德

初四晴 浮熱閱 上海申報中一論說 午陳克珍同來二子 已來之余于本月三義告故以一元承抵 明日伊云候不收又以契

收陳繡之未允有付之再之失契之偽 余本不以此轉售 恐但取一元角未讀付二三談之 去余上樓撿閱原契碎二四條

后 陳閱之為偽只契本黄紙不成 而為故押一色一地 隨無根據之也 伊列代筆隨不押 又中證二四 今但伊名清未畢收

四府之繼之不能而寫之論之 追二子未付借印文之去 其實陳蕃之心氣淺 而將偽契禁之 陳此之類 蓋書由伊代筆自料

今晚字雅隹寄之以為賓 故纔之心懷悔矣 與靜論收藏且進一二十年 眼光係到 勉成同道 然此為債而棄之

無為識者 偽者再而自仍之心得 即林蔭洪寺見 鑒賞不精者 此為本極難之以備考 而言識解書畫者每每為

能蔚 乘為周匯燮之 半同停係石級 隼省堂手見寸精遠寄閱 堂手四十年中 考覈千百 近等于上之品 雅不能決其

必能 其筆手之定而實之 然亦不之近世與蕃泰吉 理只是偽矣 其書畫功力已深遠 閱古要件 而眼力與寫法多之看天演之

力在其不能一流而亦自是而能走也 而非等種類 六七歲 墨書為最 前後日得大悔 題留 但得蘭一幅 壽蓄

晡出到廣橋 篁仙留談近況 且老人寄語 其言累之 無非生之意 習做作 再議 不惟之大衰哉 且置

篁仙 且聽之為合也 閱申二報 惡狂風見 廣英陳畫悅象 乃重入欣 且見便相沛山水之有怪 原不能又不然

寫陶詩節 雜詩付孫遠寄 帖初難 是其中冊者 御有沈印 及不多見 鳳閣印并批 傳乃係陶

與嘆茶 其自書擬仿右軍十七帖中書 甚不信 院亦不可不云 古之書人者來作書 雖佳而難題 價不閱陶之人

清之蔭同年中會 贊不然一以一元計而得翼 適價也 怡然自得 玉山之寫之亦漂 樸手 徐山而未歸美一

而執翠馬嬉土鳥章至若積海樓以譯

初五日晴 大熱 吃大煙 十五年吃烟 省來破在寺宇上存照 廿一日再聚 至午完 枝不甚佳 四頭取工錢

四日 三下去作篇禮本 續更到廣詢陳惜全將歎不能言 會善議哉 枝肥在為宜 令匠只做此 偶書寫

此好則必不於五點美上存多年 借此處有利而較勝于他處 逐件與人合子自在擇 居典不可再字

以生意年姻情也為度 而借只相好年息不用 但恐又言善保同校置 似者陌情只一而他也 道新齊洽

以楊梅由陳蓮坊一種 閱報 市楊梅一斤用一角 估算之 又掃布六十 錢又發司 房今日來函

初六日晴 用長毫作行書 指極不易 蓋錢有力名家必用此筆 不可 江西藩司宋之來 與之坐談未刻去

初 昨日工作計問 七百餘選無之角 并藉本一切打好 乃令四姪往前紙照 四匹布為蔡局書隋 且為聯詢

孫金銘且累四年識至此可恨 兼去到廣東 善保不諧 廣且有疑 但無去城詢 留其頭寸 我此頗難調措

與初五同議四城籌森一種 閱報 改中路大街貨店之逆歸 夜收多且極安 除以

初七日晴 大熱 送黃莛堂 四補居田蔡呀木匠前 而宋司又來札催更路 許之 即告蔡以居復原舊也 閱集

西報美機器及茶莊女盜事 蓋去兄慎堂云債款 蔡其宗壽 讓我為幾月 數日定 乃為代登云云

廣閱報 即見藩司云昨日來函 四冊之 前六條 復定稿付對學 朱將本長卷 三支 一計馬對 不簽是款

初八日晴 夜陣大風不雨 藩司來二函 擇滿中稟及附居閱 准一位擇 三下去 一冊千鈞店匾 當村書村上話

挂完查八王竹西一路 畫廊書 全根 十六上樓 要書樓整記 兵拜 半路 付六三之冊 現以查伸上字法

完粮西一 每年家加六文作学堂费 向本七文 共七十五 官律不许 氏力之郑只需派准 而得计一时 吴襄卿

回帝梧既 云倪老毛已来久 七八月 有佃合来而知之 而知其病危也 即访刘荣甫 入谈 久伊年七十寿 虽亦不足契

楼上 前吾信告实验 宗族云 路出急北门庄 晚 李留仁云题 陆 榜本年之寓石舒 买坟 天诊起陣

路中风腿 署去 枢 谛衷乃归

申相州

初九 晴 阅修一位採小说 夜足浮腫且黑 痛痒不可君 莘步一概翰灵 信赎小二 信做康至再 到广士威道

和保之 楚子 因知伊园门事 不实设不往 于义大与形 度之 铜 只可作于亡完 城市 虽其佳 可收十许 后张居为 僕相地

而此無作 以我上状 跌此二项 皆可畫 慢 無人可下 揮 毫 假打一与之 合 亦余家债 松 等 四 畜地 一 向 勸霖

残 笔 本 院 不 宜 为 奉 嘆 堂 家 设 状 阅 招 于 后 归 以 廛 而 书 早 收 马 杞 廿 角

夜少凉不下 雅意怡畅甚

初十 晴 微热小雨 美金山来 年纪 善 宝 师 来 即 去 三 下 夫 忽 作 陣 墨 雲 奥 兀 畏 于 行 动 返 夜 空 得 不 能 眠

地 近 城 人 未 之 西 日 难 郊 三 里 皆 雅 腴 盈 畦 读 自 而 隔 井 四 也 为 疑 善 事 心 中 惶 了 谋 少 法 计

西 县 放 腫 且 有 光 彩 日 甚 夜 也 晚 一 溉 然 觉 九 宾 热 头 重 多 汗 身 凉 汗 淡 之

十一 晴 雅 阅 而 阅 梓 阅 等 剃 头 付 四 工 十 角 付 三 庄 可 保 松 甫 诸 入 柜 取 寿 日 共 东 六 价 西 二 字 谋 保 以 屡 本 六 文 此

四 林 乃 柜 者 与 保 契 张 不 出 乃 取 之 与 桐 一 之 到 北 将 出 之 遇 陕 帐 金 于 格 之 未 福 至 欢 借 款 颇 惋 以 如 四 元 定 十 二 月 底 还 无 知 矩

北 厢 买 票 珪 质 子 留 不 付 之 其 索 亦 弗 伊 始 去 遂 仁 祀 与 松 寿 来 益 大 得 二 事 是 也 以 难 于 再 不 不 语 也

隱慨　廿七之利某雜誌四處之工二三之吳大帝日譜三兩四

十二日　晴　英雄血肉史　閱飛角樓閱雜書字　午後偕僅伊來談至三點　旁晴書店之沈欽用十二排票　是早

往宗作長論之鴻甄紙昨以印楷其行主人徐　正記　來往取紙其數印上角注金錢戒之　萬一之開務

動作和衷兩大之道佃之指喻以明示之　計三張　而玉海堂交之　看王曉雲來　保存電之子　渭清珠

其及沈凝秀一談　西漆印藏二本伊為愉談通之　張不能　恐有種種不治　諸危機　故應　與樂四入

閱報二函刻歸　夜山浴甚適　梅中風月甚凉爽

十三日　晴　戌正二　睡由利説租七角　主山為矢目　此戶見雜租與通之上不易也

翻切　陳夫生租字　來　段桐運古聽猶本　陳此　歸利廣雅堂書店佳　遇王麟臣　兩忙閑看雜誌不合詢其生　作字致張店　又錄之托其收

看自主卯日餘利好音書局　需缺兩字　所該抱仰其價　于仁記乃松壽說越上傑　而磨承雨寺諭所寫

見柱保三　與報館議成其失似可余六合　報不到遞四　陳三之正不出而霄上緊接詢　翻事　商存求之意

十四日　晴　夜深甚涼早起擬請其理髮店　陳來拜宗　一一寺收甘已述閱其六妙人　四川惕仰之

閱三國史　晴由北寺以出乃久偕保争英雄之一把　此寫死借知之者何殊之而來　殆十倍也　予此不之乃争

見王梅侍史書館至王店　閱二日報　廟信宋書缺　易松存去　印無信息乃巾四

十五日　晴　四四　陳六來知其擇宜　偕來遊　嚴德四　曹子來　後之閣史由王寨傳及張懷芝等　周生　卷　又來之

量長新言語　蔣翕書店星匯　閱報至城訂定　而國論云譯　通書合玉其月　周告以危害

付洋作帳

濟平開繼刻局經作庄號計名之而去已提半簽許訖而見留手對門傍其家一項交與今有同孫三

數余告 印用乃不實 該為今出余在 孫處 假伊回去不至自往同孫往開要單付余 揣之 孫處 交付

健歸 時已上燈 夜飯長壽賚知有孫說付事交 知健已歸 旋往北寺西 收屋租一年

健換去十四日報到 同出用紫人得申書 廿七用 稿件檢討也查詢健一切

廿六晴 出遊 為紫陽書院張星聚 健至滄州會之此入清和酒館 呼王記燒一斤 魚片 王 次日 撤魁 又四斤 又

與健步 孫之今健請印圖付之久不至 又催之未而至 先打一色 與女三頭二對 家刷三次有好俗作石歸云云

祭趙 為之伊別云 余等偶廣同回 午四健邀來批口事 至六催又來催陳欠找帳 三戶張子根今年之

保佳稅 若而能力完存欠即不達情理之甚 為事來云今至蔣屋告以付工 不為一天 角食四 傍往者料進四

蔣工子民 追討工須上開角四一年 伍定不已加一角作完 追討許追其蔣工 課要挾 加之 狂乃不許 做我隨易催 進

另者 續之三天 百而得 核生程不已甘嘗 利扶力任出耶 天乞作陣 勢大而下雨 催隨地 青映由後街出北門 呼早

尿粒帳 為蔣工 告以留以予之 伊風甚 仍照來作書識 另市 臺冊 還廣 同 由報 即歸

十七晴早屋 蔣工來四合往再來 蔣木 余請廣佳 院四以 行作代佳之人 四作事下各 頭緒 心中大 躁而無 厚 數不自持

蔣東屋 閱地理和 橋屋 恰 當位 多書意 記 憶 真無絕之 境 盡事之不能 應 年里 之 程 佳 如 雖 為 田 如 局 收 小工 視 以

及見 須等之 石而 由指 本 伊之之 三下 結出一息 至 諸 應 入 署 取 錢 雜 費 二 廿 年 是 為 張 辦 事 再 嘆 尖大

自法堂 東門 入 旅大 樓 至蔣屋 取 看 工 從 天 而 河 事 事 不 工 之 還 西 屋 視 今 重 應 稿 有 雅 即 張 黏 之 再 還 家

工屋 看不甚 之 且 茶 陀 冬 宋 工 再 一 攤 還 西 伊 更 躡 嚅 為 雖 益 慕 之 山 蔡 工 實 只 徐 林 一 味 散 勝 隨 相

廿九大雨。沈逈庭王三習潘再降瑞庭通翁心齋來，令至德行找許鶴房老二松告二我屋殊苦，薦自王

基。以其大丞候。臣口令拜陸以昇都達也。伊諸閣謹從入城至圖書館，見二六本，並請少年一

廣雅硯 閒別說周並昇楊學風翠芝聯子雅静偕偶來，余不勝留，即北過沈梅卿，云寄黑石屏伴

與陳生 輸返望之兩翊讀不絶口。余閱拓印出面印圖，知其佳。廣雅石硯共爛且存，以拓照與之，往來言定加

共媯 惡石解益四人面陽閣歸。

大雨。陰。六實姪一千寄快來，允亦來，送月錢廿，同留飯，免之。陳太生限以月物，囑伊填付，余以為大甚，使佃付以實。

布衾上送 來，史可記伊少，並不悔改，指示之。慶壽錢以子雞楼起，讀至三下鐘去。魏生元同蓄之，補屋子至以枉往

甚佳。實山楼更不及取，分於杭樓某至以現付元子，限收五分上再批，兵五分下照去找，大之擇一誌之，各接和

大之刀簽名錢復回取移店，匡校風孫聞漁來，士王其窮，昭馬士二十冊一節，乃陸季夫芷書，接物胡樹沈

樹鏞 舊藏本 秦權屋三種，漢尺，造象風塵，漢磚百十種，皆古跡，俱可寶愛，佳品也。又院宋遠而拓古

閱同及八埔一冊，六種又錢幣化作山東陳舟所拓，銅士尺三頗，刀布泉、邦印五武，皆備，共四冊，題閱之以長訪

日為方角亡与友印 約於乃去，王逸之宴去，王子長菜，附屋知作細紳不敢，乃案詢之。閣根知滂世同佳日諸法雜集

廿庄閔古

翁逸歸。夜到宿詞迄打三更。是日陳吾兩雨，董太僕雷擊魏胡桂一人，謹言在一去，城大厘年

大晴。莊樹宋桔惟請揭物核所壞，不分移來空宿。先毒忌辰。拔印圖像，理張打色，以百壽百士，且乘情

因房紙付傷印打就，候予至寓，但須擇選上等者寄。昨收男房信，付宋蔣五偽二下鐘到，置墨幅小幕，皆以陸氏金石云

前備并見閣蓮。殺色不与之，借出俟楊之學，余北盟跋賦。出留拜別屠媯，傍晚暑雨歸，罪兒亦下，印至翊川滿盟

已打成，而稽予閑甚昂，与核星且所出之，觀藏專典諸大少，錯不復見吳春樹。苦窮送晚免之，少頃畢一翁

玉阵 典旺 耶棠

玉一冊示以案所交行典徵蓋遵每々往還復完小幕已在閱見最苑渭溪也 鍾鼎款識冊所製陳樵所臨收

又黃福田四幅風岩捲涼之 又比起風停岩雨拓硯銘百件自稱莫而下至季節 松石觀玩一冊又以十六枚砂壺式錄

色拓付善 皆大掛款語 陳 壽卿之物 又節墨念四 六七 舊四盤子成任刀二十件 圖錄前節二三十頁

及梳殘損無 又錄松壺扇冊八頁畫脫細畫頭刪小楷精絕 蓋語詢孫戚玉叔又玉堂石精又退一世前圖去

再至閱兌所帶案并發還 先本晚至廣 取百元便由廣閣歸而歸 夜算核此案不符隔使再復多至

九元日若丁帳石海人共四百發付完 健尚宇盈所未 併看支那廣時五人至善料 日俄和議之道思想深為嘆歎

二十 晴 驟寒 印色拴 古洋元 銅元已得十許 看麻去 夜經世新報 瑞琳出西陽 園到店 慎留兵四百元已剩清 帳不廣帳內

今仰耶穌 便閱報 頗人駭 山無陰雲散 閑南梓 耶桐 外報言尚加拖延 多撤退 此定 深宮知恩謀 閱並

案以時晚而止 午后局口 夜甚 作帳作片 約挑 天氣熱烈 到甚 過歸

夜作札 北京學習告 抵斯美 琴華工友 錢仰閣集 風子熱不往 聞閱意而臨

廿一 晴 炎 藍炎天 吾可醒遲 四扇歸合 存家未發 三孙病日疫 辨若吟話 似懷之方 午杜椿子來 呼其母 討女病重

存廣 悃 甚出到廣 知我伯遇款待 每一元 余悃廣生帳 仙芬取百元送出之 深覺和榮謀意 伊云已知改正

又九 又告須除 帖及用以以和之不符即退一百元已多於事 稱伐貨拜未發已先臨新之至定和 伊再四告實

泄悟兮川 使直言可得利 且照開已陷十餘元 余之武即鄙出 畫意不在多 多能者獲厚利也 伊云兩合二千時任恐

照一隊云 又款款用 認在甚良之後日之乃出 閱報 市常物 洗桂稼胡之一語可怪

午後洗澡

廿二 晴 熱仍不減 喉息甚苦 不能作事 早古催花 出生拈得瓦日辰 剝鐸 付一筒 午後熱甚 汗出如潑至

剃頭

午夜不能[illegible]社稷行至[illegible]望之歸途不到　夜楊大來留拜往談回

廿三晴　暮熱不已　至[illegible]社生　閱隨世文新編　未刻作陣雷轟轟　此四下雨至暑退　稍[illegible]于蘇家新滌移以新牀　雨

小雷往收陰如錢得半時即未得作至夜得得小雨耳　以寸水一勺似已津逸人　傳為之一醒　夜三下

三刻來推篷一樂以去　夜涼意欲人　雷電繁作

廿四晴而有暗[illegible]　四下起　午前陰陰以蓋晨異寤甚　似大病不解　食後不能及前　三下餘出精神實

麗豆　晚陽新御一言後房入趁房食　至[illegible]角收累[illegible]歸房　新收生患病回桐　詢得續談一刻付[illegible]圓旋出得要

書據代　改印款伊即伊付廿元時未作月　賦趁息未出　晚面于房弄舊擺　[illegible]還之　三國演義洋板十冊　圖尚佳不得

領一兩[illegible]機[illegible]所從七角午至是一日　[illegible]加余不許　惟天將雨即付債筲　[illegible]朱字[illegible]作記擬至底留以後

四刻與明兩大臣兩題借[illegible]少止　雅[illegible]里雲[illegible]布急行至此寺地濕腦[illegible]房[illegible]困[illegible]甚[illegible]大雨

擬家視神[illegible]來　[illegible]　[illegible]大在房[illegible]靜[illegible]之雨之　夜多以不安　閱三國　作記

廿五早陰復雨至上午又晴　楊大來之　談田里[illegible]便之五分之一　又自種[illegible]升　青收[illegible]之一二元　[illegible]堅云必往劉地[illegible]　楊大四之　四四四

張四四往于米七升　共二角[illegible]一角　再業等須三角　留此午[illegible]兩[illegible]而回往化錢[illegible]　閱三國志三卷　龍書

未刻靜小[illegible]來　第[illegible]之[illegible]臨評統　[illegible]辨劑之字　僅與靜自[illegible]也　獨之[illegible]至[illegible]不

小筆[illegible]　[illegible]之[illegible]人[illegible]工[illegible]十[illegible]四[illegible]之[illegible]　[illegible]漢[illegible]不

留[illegible]　[illegible]之[illegible]而[illegible]扣工下之[illegible]　[illegible]閱

廿六根　廿三[illegible]陳[illegible]國[illegible]陽[illegible]　以為[illegible]　郊[illegible]告病以余[illegible]　時未　[illegible]付細二[illegible]也

天仍雨，一不出。偶過陽門兄，至閱君大治表之，只許出月十五後回舍。謝陳道于大哥寓，撲桌之惡言陳氣。縣令之醜之為之一掃矣，遂辭歸。夜心緒惡劣，健兒喜亂動不檢束。喜寶寄以安來函之 以二十五千二一之函

廿六 晴。仍閱三國。已謄英岩信，書請購字以字書事，單廿三四十八，其多不論。新字書，余一人盡心理，背之師書。湘三 照日 于於大市場烟，五與松壽之鈔，五年秦與。書中稿有架兩貨定店抵用。以下予不得，乃佛作宜用三四之。以十一月按期收函面出，伊作保據，否定房據，具面付，仰鍾之七碗，旅閣根錢相風未見，塾人蓮市糧，伍收七百千。又致松以信謝，天已暝，錢爲之節，俱尖三一毛兩回。夜健之相以為後財返，並三毛過思，免伊函拜於六整，六尖不情，乃鼓勵此又告其撫好，余二兼佛氣，余大抵表以為之。年心此移鼓，鍾失五存文，又多情，況次大害矣，函上之伊於未履居收伊兄高崖。然相子姿有誤，余譯少年之子性。然細以面筆揉意之跡。

廿七 晴。樂兮 自喜瘧癢痛益甚，底遍四仔門。吴秋母來。柳之來信笑。公〇 帝六保安依陳父張。晡出于係楊節抑國之，利陳九。以身發癢面勝，到店子備之出城去印圖，該不需何出再議，錢亦太擾，言不四年四八月，按不到，問帖重居欵節。加意心過，作大便松守，二章未得利堂，限開，硃泉之三元，印作保，且七起息以一分一，然是分，故多疵，心又不欠，擇利害。余財與有財，均為第雜，西歸。

廿八 晴，大陰陣雨。完王祥此 小報閱 閱三國不休。喜寶母來為家留飯與譚。全蕙細舍伊夫未來以談。立 平福的金，健與四付洋定置，完懈。回夕保已撥錢並一，王說此戶桂柏，完納道保，又未催，由面須柏之十一，兼不勝中作惡不遠，四下出三之，要國事。老溫次七百宿山家佛，期人為議底撥均合，出來蓋處宮君求字，閱國有義信，余到底，與松壽不見，特之後二批。柬未有慢，閒印些樣彰，居此來市，錦子之飛過，陳和仰穩，速不出，移往主經，欲以不趁，厥三棄之，蠢松壽之玉。同未深健余書家之事敘，此一一用四五月為譚，收材壽云，此亦知一證，即市寶點四達，達見布星存。

松寿說雷雨堆作急奔騰馬比刃家之强弱某某氣理神疲益一震而靂之猖大也只之少緩 已往叙[illegible]

卅日 手柬相詞 午後來函了至來付租一元二角半今年與之農事 夜社縣祥于辭二角去

廿九日晴 祭以閑静息乃起 昨夜三更臥四來雨即出宇大吉以行看開月體形色五十年來此風閑憩此以飾

往西報福息而以顧問穿繩挂爐為寿二高恩寿 午後寶樹來晤談吾為與之言四事瑣瑣

母王細租多全 桂生來 四下出北寺山門之閑八年之矣 魏二下 居士穀來訪留談暢之新信先生話

檢學證大蒙以為名利索四二果要而以徑燒為字居一小蘖千日某到二石弦不智要通二三年但不

此書呈署帖請不讀四書焉惟之部伊振理禪不見寔世好能法如天人而無門入難體之[illegible]稿食燒

往士南琪仿

麥十二斤付鈔一角此後去報一喜哥松寿梅歸去年春買票固未之夜月不為明閑官挪來補入小麥負友人

于過抱書掃除 電來云 天又欲雨勢未澤

夜雨大星斗入涼風颼作 聞要者 取暖相錦涼日 好賓饒睹石磚

七月二朔晴 四俗如晃秋米 正津二篇 往阿羅美 暑佛酒饒告以為細二斤惟未等人愚不知事西館

四日 陰 晡去北寺街攤留冥之 前二招永限區 廣聞報 取馬租仍逾限陽日 俞開五逸康難達 其安的王亭

碧山悟以三面之俗也之說 移松寿壽程振見于店 取奉與廣重梅十日共姻家 順一面行之 過而亦保云昨

宗之懈之 觀此厂係抄來謠之一錢另 須加二角 去另抄寫余居以手云 昨未取 而隔懷佳繫名以該又不符以

實胖 李 祀七夕柳史前也 平津閑 廿四 陀浩

初三晴 烈日炎 洪燈 瘡子如珠瘡瘡雖見 閱三國至七冊 差不出步至地 擬桃已發 蒲萄小熟豐之秋

后照看風只憶而難 述開羅八卅文 該禮四章

初三晴 赴倪椒邀早剧谈 并出北関拓卅瓶馬柱 佺叔年甫卅下只 齒力尚稚鼓擇
初寿詢家世予亦嘆 予說守最末房 已易西服 家人嘆之 又之論付乃 歎息有徒否 家書
收馬柱价
馬柱 三下有陣意雷轟 傍日上雨 閩三圓石若夫 昨日摺痧后氣瘡 傍午仍氣極 以小雨涼
有雨馬柱右拷 伯滔直怕極二元 靜不敢之 壽之主此手人極弱 惟以戶間止有一年 秋已
一衣 余以大熱怪之 其人深衔 乃揀用助汗 收回時 內服丹甚之 壽付百文 資之伊去 覓之去 四日望
核帳又
石帰 又大佃三日 來產 予怪不回 昨之 望之 因有人詢 諮粗結六斗 又四四成為陸去 恆仍歸又痧
去圓錢米 至晨余近庭束出
初五晴 採菊菊秧 今年少且皮不佳 露人來拔草 二時許付錢一百 三兩院至晚為止 靜取扇冊閱稍 示一反斥 臥之
三五帖
三圓去 拼完已閱完 四塘之鋤鋪地 三人付之二百 若去逗錢 拒取撕 現北戶房 七十日完 伊拒去前之
抄蘇銘誤甚 某付伊之不甚找 若又來佳加之文 殊不可解 自許若干 去年此中人亦夢之一付 可笑 韓北
一見橋之屋頂不到 誌西
初六晴 炎熱難忍 房茅大添作陣 夜雨甚微 涼爽宜人 四之說相付余 往由付北至閩 又改換一味
強模 又為十年一小女在傍 飢時苦甚 四叟坐看 四李全家梨 仍極扎取去于柯之簾 採石榴花
一枚 大小並苑 七弟相邀甚可玩 供之瓶 三下時 賠至後橋閣有戲 往請師傅年之往看
余以天氣已少熱也 乃令蘭拌炬掛之 河閘此頭場已收疲 然想乎鷹 余亦再薦一
晚進 睡去 表屋已拌至尾子丁元

均以鐵不敵西術，余不能與細辨也。黑龍之古城一帶淨盡，一夜然已錄世人未見羽圖可匯，五九年古錄之

四月居庭遊滬濱來，佳紅葉近，合謂之北道雲藻詩人法越閑詩，至晚案上而消，筆底取所，六華文勛

金扇墨本題跋記。余嘗以不通西文為歎，而西文十語無此見物推手之語，惑之在以扇冊中一張以天雷祚里一

雲留滿邸先辭歸寓。謂之馬戲在走卅古物，用蓄近華武擰椿杢之

馬只和工不付有仿人氣。底虎抵制不用美貨，傳單並白話告

今年有抵制美人虐華工，中國全境不用美貨，商會一呼全國響應，諸國體以抵禦美人虐華工卅方

現存之勢，此乃中國民權發達有千年睡醒之機。吾華自通商以來百年，事事為人所算，古

財產土產，人之勞弱之，權地令行此乃感反動力之結，團結民智，附以增開智識中所有語之層

政府所不能抗者，民公共衆力以抵制之，是可為全國一大轉機，一大喜慶，而於東方前途，唇日人所

忍泣忍視中人，本勝國貴口之譽皆從意取敗矣。果能之有恒力維反約美，恒禍免國，將無敵我

則中人自此名出頭之日矣，為之欣喜，距躍三百。輝汗洪書以志，時已二更，夜亦太餓

聖七

晴涼爽。正人之程，俟為早市程升，居季梅來與靜談，久留飯去。星早德出與守靈甚，及季還鈔，如之下

出訪諸生不值，轉入劉後收宅，新羅剛檀板簫笙相奏，見蓋石鶴樓，往。陳秉鈞、郁葆

為說戲樂公，曲唱黃曲，談至幸廟，相與遍入西宅。弄只果錢氏婦，陳甫子年五九矣，往見亭仔

海之，譚瑩南洋公學，余座以塞為失，馬未頗申福鄉南洋早成業，而有之遇，唯使高中學已正，銜之三年

且為學，上海西區，如未至縣肆，必請六人，南洋公學同細家群反照石再入伊根為暑古蘭，帖十餘，請擇院而

以檢母自出談，兩加蘭及兩畫館，夫一二口拾，為之傳氣，談家事甚至四下，須翻出，借[illegible]书看，告大樓下

二女印女雅印蓋閱作古跡指示之也。北到店閱報，收馬租。仟發歸，已燈矣。

夜仍恆多不安，且寧寧歎。四句似未宿。夢女一夜大擾。付四官工匠辭。

收寫件

初六 晴 身體儘覺倦，病體復添矣。復以為再喜學女士鄉閱太白詩，極睡達達。偶一作書，殊懶怠。

適夜以餘藥重之不已，竟日不出。西歸至初九十未也。

初七 晴 四庭甚之，第怕是一老，耳耐地靜打，要以畫，有伊之辭，亦催種種，實以年晚大費，然帝急急謀出。

山谷先生指定一目，約以來貼到。信聯曲雨集，寫石，瑣小蓄西之，其董武鍾拓本，未照，善出於細，實見

金冬心畧墨楷帖，長四尺○，闊一尺，本漆書長跋，作宣與那上憶採山拔而作，時乾隆二十一年冬十二月小除夕

百壽老人白印 押角一印 後附一詩云 晝晚未寒

口

題北宋冰墨字花屋極須愛，付大寶，謝其醜題書，論能不愛，花人不易有。拈袖

不作十六一夕，腸梅本也。北到店閱報。拍站北道宗貴茶，批官與民一例不笑。升川世祿開場聚錢，仰十文，均佳。詢作康廟御以十二元與之，仰人

字遠起無主，復祀之先，同錢香蘭抱一行人，撫小兒，訴無衆手，又兩舟被拔去。為有潛和，與物在官，與無棒子而四，真可

次日同祀下日，仍往開場，是是談之，好似此，五十元而祀祀不驗，印以了事。善哉之思，況其自為，一筆是憐，印能[illegible]一

那樣械搖翻謀，報之三不申云，何有司之筆筆花甚。由此道路不思無友，旅歸。市物五千

初九 晴 熱暑甚，寒收。靜起程，余而歸，益甚是疾，又如以睡，其鐘大師響，似不是安，以身不誰，育而出

靜行 夜間王燭老時不寫，起下樓拜佛一堆，未六有四。是夜四人十四四五十五真，住一錢。採蔔蔔數枝，挑斤許

十一 晴。早閱《諸世說新語》十餘篇。旁差一名，使語左前軒逾來，爲之保全。集儲錢辦，使之發經
[illegible]壹之
太倉庠生蔡東田，今年七歲，去歲荒歉，百不足一，宜且知者。前官追三户，乃已勉力完過一户，已屬寬
以爲善俗等以爲方隆修也。旅[illegible]追勒，而使又不善言，追索責，使者久。候出北門到店，閱報，未又作津
即撥單連一次，云如已。市肺菜回。晝沈福生送磁桑壺一對，粹來
夜雷雨轟轟而甚大，至二更始。余于三更外起如廁，冒雨親感冒。

十二 晴。家人例[illegible]餛飩，閱桃和想，食之甚佳。夢從吳蓮芝畢來訪，都以養空世法，同去[illegible]伊夫宗之
高華武[illegible]招內銀十元。我起新武，謂曰吳隆，日來伍積去秦本之石稗也，墨印[illegible]天一勤印董守
世祿至今四十年，[illegible]完科兵貨物之，依店路云。又出閱《[illegible]》，歷招古鼎刀二十餘，刀六七，剪中有六[illegible]
執事[illegible]，太和五銖等字，所畢見之者。現天不任，以舜他至出特，新器又至，是以堅記綴之，字句道刊，店在
報丙報館之詞，居之，而[illegible]多人不[illegible]。考津沽十四枚，內有華人阻挽貨色進行，即中國皆搖懸逐等云，合執
[illegible]鉗到華官其事物，揚羅及田，戰[illegible]信[illegible]。天白無根，陣者兩[illegible]，使至即令出，五四[illegible]中[illegible]到
門外此湛淋漓，一氣猶力頭延，慎極已甚。天忌秋夜此上游。大雪雷風雨，[illegible]驚絕
夜三更後起，招祖，已得供果[illegible]餛飩，而雷雨傾盆，後以三次，並後呼家人共起，拾至天庭事二刻
六出，乃擺設菜筵，拾之。內一席，外二席。獨號二次，撥畢，分果餅與孫輩。余以呵欠，復吸四更始以

十三 陰。雨雷作。又似作秋涼，總值棉花，家人列出，寒而倒棉，收拾之話，乃有傷矣，心富，精于[illegible]，續又令使
易退堂，[illegible]蓮汀梅以寄梅筆，似已退人，乃辦置何句，無能及者，唯自[illegible]也，猶人不以，自亦嘆息[illegible]又[illegible]
郎子姪二人來拜，候試[illegible]一卷。今年入津計已六[illegible]矣，備之[illegible]全

四日 四五鼓醒，賢自雞鳴後雨聲潺潺，唤之起，夜去不厭。余責不應，乃付一元，以急於農會故也。伊允不來

有程小侯同姨丈盛馨，廿年同姓，云頒照入內觀之，計仍拜司星出，余亦訓伊，加至卅元，再請讓以去

寫日作乃理裝兩盛書，鎮日作梅稿十許幅，似亦可觀。夜姻病作要，晚更深不著，擘信寄。極不可

五日晴 以陳葯膏止上夜病，即換藥方，致中上午自查收膏，以備日摘食也。來信云鳥杯等其六年二

保安代之年銀壽計一两，予以十洋三元與用云。此追陪姐餘奈五弦草頭殺之。周履成餘奈擠頭填完訖

此非吳 陳久陳乃之皆完，余責不應，標為代付，恨他人慨，偽亦之，則十年內外皆請伊一人完之，況我何如多之，之兵一雄允

上有函回 完者支五二，另之久保，是不知分量。是老既又須，前完之未可之，晚此尺錯半二，另二伊子柜者陰事已填去之，付山完

付艇上誤 家鏡予午 備三角，上年二，但言現有成此洋未交，不許五日後付洋而川。三下五刊店閱之，振送陸，留取二，並來傚託也

小生氏 寅日洪二三之，周先所以並致之，抖來門，路旁于湯，根短，得伊談致，收陝青出深之，與情同惜，林源原与

示祇年告帳言，一見李栘旋四入市，達昌小土佗，店，且奈許悍，收令二月具取土且後，百取也

六日 苦雨 晴，閱世説文彩編，作梅。王西來又吳弟來，取三閩昌，詩杷予又不得。 善寶來，洗汁領孩乳，杜施吉又來上三

廣青騾雨橫風，水擋諸陰，陰夜不已，指而健而為。五庭而出

七日晴 早閑，題糾理，過中元節，祝神禮饗，至午後。四挑蒸菜一籃至，朱楓新、吳來岫、李林之卿並蕪，四家祝饗

姻以赫有小寓，默示也。守吾來，讀作先包余往，攸作柔許余根，適工局司事之妹其，伊思代求，頗蒸而之

余信准余不與，就房其謝聞，口後令伊自作書，陳後強，又求余作稿，秘勉允之，責卓自為之，晚揺

訪沈曼夫

益壯茁枝　煙桐君今批信收悉　孫五口繳　罷出訪沈曼夫晴雲　去群亦屬自中表言思靜以我前端

公陸若出洋　聞之大駭余因以為其計左　早指出以為無益家境驕勢多作中　公司或開之龍或農新

日本考察　或組織乃西大發展利權開一局面氣勢不在官上　計不出此乃滑之于官而出資則自取其不

遣馬川二元　來識　函約二人　來者到即請二局馬如去耶　今之去已失其勢楚恐少有頭緒　並若乎及二字可爲之而出

收徵金五　此刊底版　遣馬川上二元作收金月息一笑　計寄早國報　存信斗書色　或任其售各之　黃揚居然加面

斗胃

史慶二人　出門照之御寄亮之八角　乃函角結之　幾人之費　數年積累　偽作不堅耳　向康借六角專之　恨極之深望之

收任卿來　函陳任卿　三十六　一角函約風瘦不如子二僕　其相繼去為推許至將　煙余先去

君之沈聲甫不得　或人作字亦未言　函　以　掃地　籌算　工程　二兩半日　又七加京　礎未用其　籌　五　元鉛

十七　晴　牛嘉烟　以小壓回　裡　底錢

名益法　完　楊大年　踵出論桐君之誤　積之　至廿一年而出　前二和壽之　朱東彥　過訪　叢伊徑往之　陸離　飲半折

取桐斗　呼帳與姜　陳誼在　致之　伊坐付鈔　角許　而翁而來　謂其君余　君之不見　康生收錢　旅費　以生之斗

收康三元　斗二角一只　計武角　以向康所借三六角也

十八　晴　陳叟以以八下前　秋雲招　竹樓官　康仰祭　及　六角梅　路前二月　陳叔老云人物召來之余不置信　康伊于三元而已

靜甫來兵　若之　真之未言　有六角　訪及　鉛　若　爲信云來之來　午後不適　大似吾病　嬾之以　地保又來　楚完　而一兩陸　可小之一而足

晚出到底　揚　靜等　吉　薛書　劉姊　征戰　衙請公出謂吾之　有印藏取信　累閣報至　墨寶齋　因請陽話

孫二示　偏並　無功　趣　因來人　夜半而　中寓　謂但　而見至　大家　極不深　水甚有路　遍見任　精久之　出而言　者　有　是非及

右拓古錢本十數以天將夜即留吾去云 是威元寶篆五銖 皆係相傳而實 而重羅多名以換 諸兩真之費金之由

照會租帖

回達兒曲中留多人游 並窮實也 乃過唐之并四圍 山分之佃租帖五列 兩錢未全收 旋歸

夜四五兒來住 三更後大炎忽來多 侍與余三四不寐 是日余病不解多時至三四更時

十九 晴 熱 時作陰 熱 然雨 李叔言 以精拔 然當其處 而許計少翁來 僅計十翁以半月後正月來 而係乃付二元 三角 收案

十翁來

與之係算計加其 說多 而陸蒼保化林二元 合伊知四吩置庄點明 奉揀張作抵 然作其給住之右平

付旧租帖

應書作扇一箑 用瓶紫彩筆墨既不融洽 兩日 晚 油于筆 終以見大不能降生器輔矣

二十 雨淋漓 繞日不絕 天氣然寒 而禦寒衣 隨上書到館後 經日陳閱 經世新編 外有點畫幸 似是

意趣怡身懈急不能振起精神 作求偏不知伊于何底 右脅肢下脹痛大感 殊不廉 日下雨中往官來

謂愷生已到館 請去者所識 仰其技不知也 令以是病 且雨作 轉去 乃令知之 吾事亦請愷來 左右一知

政方在啟心然陰中懌之 偶非庸事 然多意分中憂 賤處 終夜 蘭將 衛四鼓 喉 復又作 感稍為稍

桂生說其病篤 欲延其折狀 甘所處 請收出 蓮乃晚然 然未可留于後來 一知此後余損以是司 性揣而不能書 寫之追卸

夜雨甚 淒風狂 吵係棉帳

二十一日 雨 濟之 孫書一 不極喜 頓閱新編 于學校門示本數十年云 絕學久幸 朝不重用 又不盡選 是進之謂也

付保租 江 地保黃來 租主

太傅一元一角 茶子 文伊所買 寄書星 兩洋約今賤 又為多付十文 而詢事 書字之之 乃遂得陳老 務來 衣包

六千

煩揀 報付保伍 兩今夏四 欲六三壽 合從洋來 寒自取哈云之 回下勉昌雨出至半路 尤大如傾如然何

身濕不能之 一想于周薪多 再避入上元坂 衣帳施卅 許書至苗生 齋出宮田不少 有人往以數元存舊傳

廿四日將笛叢樓三夕結構成粟作蘭圃，以扎穗之，慎上園即潰烟現字，以木板及柏之，面怪一也。久雨棉花

之柏桂生 函來

大横年一二歲，四官以紅米三十餘石，銀五百三四十兩，撥上多一千餘兩，又加入陳米殊耗，不知民艱，專仍北利門帳告范

延告柏桂生了，上日往問伊話還余手，因报已花母手之樣，主不近情，須連一往。余雖之蘇，思不往，此子不理，乃強

也派宅

去己炎店，入其破宅，啼哩音聲，一見面面扯，兩告之語無倫次，云店已与三班計貨，預先外屋物其代賣，賬既已支云

早看以前年与余強爭，自是不協，今又三付夫之五千之事，求借余，詳之前欠只可清楚，此次東即將之看往，今夜伊四三宅云

隨擇告慎己，與伊欲去宅，該家殊之百十，余亦未提，督買謝青精伊四入內看視，其欠欲留拜去

報考庐表道出会神役米镒工局，宜惠每間屋月捐之二百文，程北如補捐，敫者可增四六百，少或不捐，以知

用以收路之灯火警收垃圾清街，主董雉寸之家每捐二百文，則可舉一董，四六舉三三，不捐無舉，舉董權亦

各人舉植，舉多者為里董辦事，此乃地方自治先聲，太本面及辦理，似宜真良法也，此項要或採行于歐

夜雨甚寒，蓋眠以棉被，淋漓達旦

廿二雨不止，真苦雨，達宗昌畫作，棉花來已一個日，其如鄉人之生計何，吉夫何不仁乃爾耶。晨侯往觀，顾宅賀壽

丞臉祝

途來課孫畢，去之柳公与該戚在閒之，往余聲者看往清典要去日合杭，吳留午，爲主店口友酒，以欲之之，善曲程

壽慶紀元

候雨未，清唱于延，与陸琴香一語，閒至庭入席，与朱小琴、朱多子、六子、沈玉養午同席，七區四小業皆平平，而以呂痛

心酒神德無以雅閒，四来待乃不像，看前烟大鄉燭而歸，靴隈路滑，戴不能，空人顾家，歸樓首收以戒

寄之勉行為戒　夜閱存超祝　是日也慶壽一元，已定無送，乃限不住耳

廿三　罢見晴霽，出靜論一常，以照樓星患方文，九下來報柏桂生書，廿屠董又函雪余

是夜睡甚旅畫方以嬰孩既而金姑來告以耶杉鍊花行許入館黄濡端主洗九房中行廣又過十房用
抽掛取此卷之乃睡失坡䕶出天之病均難而止夜黄不可患益吸不上口且塞頭痛胸悶陰之無使告
局僕人紫之然何可得耶　上康俗七八程痰吐甚多
廿四雨丁香不已未获芬積程不止而不假其菊意衣藕絲十　棗八　陳氏送梨餅　件　棲出弔十柏小妃一菓
綠琦廣第得壽　追夜不出坐雨閒絕　信亦不寫
夜閲讀歌劇第一出完　和靜第詢郭鐘義下屋府房
廿五陰小雨欲陽　建借四鷄雞作食　伊借好衛生學問卷　徽山丁仲祐著之三十三頁甚有破中醫之陋
老大姻册採取　不大白條之云耳　廣甫抵之季語代買管二筋支　樓三　又閑果懷生咿之語也　蔡蒼擎二孫之
海濱彬以安利養氣莫少食疾不一小時四
廿六晴心神不暢閲衛生未極完　弟恨未寧人全忘肝既不將房屋加檢打掃又不以進出說欠置心　拖捍塘年懷
鄭曾收　不一事全嘵之焉總不一理之孫之女猶不收散睦之堪為吉嘆　再病中為郭及許諸從字人比我病太之不如矣從日
好壞不堪回首真是運料也　陳氏來請之自留應稱喝錢子撰　擊二孫遊之弱之久　廣與鍾梯表語　竹生子出特机
是晨聞雅机不大若或静细不清一連易二十四齣　濱如南椰子擬潰與小調香腔清全賭之細思其理如入手　叩嘆入微
鄭靜　新聞報之懷習成紋子是譏笞紋裝入以批運房遇當判戚吾不實理想者合書於四去之市　勉強之至到店詢收已
　　力柏悻仍不還珠釜人程　閲報送市鄭粟收廿隻　寄靜讀之又還水烟件　之午　市館菸燎一角即歸　卍院
是晚郁小董來訪不值

廿七晴 晚夜雨 早四点起 至暖素圃工作 三面見素并耘而種如婦未苗銀 三面灑草作烟書 桂栖子來 二見多支雲

三下小窗畢嘗蓄 取多尺種閑 并除十竹叢石 擊三孫小姪至之圃嘉觀書 菊帳偃剔小草 及整地磚二排

見糖給工子怪 取粗粗不得盡使愛清氣之回 蒸之陸任旨 夜生自序廟紀

廿八早雨晡晴 午后剃頭 洗足 但以木片土雜蓝 晡暝欲雨狀 既而絲絲飄拂出于樹 少待乃強而說月

於清井見一小蛇 上身長三寸餘 綠如竹葉下 四足似龜尾長尺 形狀異甚 細觀之 此蛇最毒 即

讀鈔書竹蛇兒口云之一嘯人手解救 閣去賤 然此類猶靈 見大丈所作文徵仲書七律一首 審于鄒山

畫大幅 計六七寸 何多也 然但真北斗 底殺振二 取斗不同 朱梓鈔 安福且為柏氏主張 而為多事自罡

見一女瘋 年十八九 乃林城中女 林下發 宗人不之將 可悯

廿九晴 陰雨數陣 大點二三次 日光下大雨甚甚 接小蘭來之借董帖 乃付鈔一本 及浩翁道 捨付之

玩舊冊自調用筆 以洗舊法 惟于董閣程未去 書悅可也 不然 何減二雖矣 晡 健男人回 接靜

其學溫遠 應更存求 隨東于瑞 乃識白 自備讀 私隨 洪三年 得全 又須加精中書十餘全 得為

在煙經 遊逸園 太瞻而靜 代為之作 云此去年之計 且于智識 存太餘矣 精神不振 地程未乳

一生城樓過游行 四鋪 清氣 天下地產養種植 又臨陳書二種

夜四回云 圃稿 仍須租園屋之租稿付之 今而付押租 而從內稻租不得未付 安自根部

此乃室雖甚客有便也 是夜雨去

靜峯 王共

四共芳信 二報

三月三朔 早地濕 獨閑如水 時陰陰 欲雨 大侄又結不甚 三日五侄 苦思 園系中 也即付浔葉 從權 明日與

付恒斋 书莲仙映字买居 许莲舫 二人共二十日 因十西碑再屡 [illegible]中旅 今于广州五十六作 往往[illegible]之事 某事由

麈来 静农报缉那也 留兰来了及丝价宜赊计算 所欠五十[illegible]六元除利十元 计存五元余后看之值要且

为阅[illegible]伊后之事良[illegible]子林款并收五三下计余出余到广与作之 阅报知世二知照居 [illegible]舟 九五六开

市梨荠角评归 夜雨健稚之要之

初四 晴 未明醒呼健起阅 字亦起作良 四挑之香 [illegible]出日光已上于六即起 盖亦不能再卧也 [illegible]来玉

僮行 理吾物 并去访小蔼不值 看其庭花 匝编窗与绿僮 诸蓝物一谭 到店阅报 于[illegible]店[illegible]花西壶[illegible]柏

孙之婿归 与子[illegible]谈无人理 种种[illegible]情 两[illegible]依桐不匝 且谈此后忍日者 烦矣 真挂之峰种 可为天道

联之矣 市饯中归

初五 晴 [illegible]作小雨 [illegible]是清[illegible]西具[illegible]作[illegible]而[illegible][illegible]惱 懒而畏动 不为[illegible]信 今[illegible]福[illegible]即

戊五一件 翻阅经世[illegible]编 [illegible]印图来[illegible]其[illegible]计于[illegible]四十九 以[illegible]即实[illegible] 来[illegible]加同以[illegible]此共此数 余[illegible]今[illegible]

书[illegible]升之伊与[illegible] [illegible]余[illegible] [illegible]真[illegible]服开 [illegible]取典票付之 [illegible] [illegible]付[illegible]之 [illegible]中秋 [illegible] [illegible]

与[illegible]入 [illegible]余值 [illegible]揩一[illegible]存留 应[illegible]亦可[illegible]情不做[illegible]也 [illegible]团天景[illegible]惟时已乘日 後取视[illegible]伊

不一理 [illegible]未[illegible]甚[illegible]理亦不一四[illegible]而 [illegible]少[illegible]且一[illegible] [illegible]由阿[illegible]梅[illegible] 杨四[illegible]之伊必[illegible]而[illegible]余

[illegible]即归 四四 夜[illegible]梅下[illegible]风雨均大

初六 晴雨陆续 日[illegible]与雨[illegible] 相凑 [illegible]已[illegible]来亦[illegible]天不作[illegible] 殊不[illegible]下[illegible] [illegible] [illegible]不见乃[illegible]

[illegible]由[illegible]于[illegible]午[illegible]完[illegible] [illegible]申[illegible] 陆作[illegible] [illegible]梅花[illegible] [illegible] 而[illegible]不知之[illegible]

答仁夫并書，并同安茶壺胭脂二盒。夜仿大壽六卷二種。買八千文市泰一斤四千，月餅餃，作夜廪閱報，改修史案。
茶葉帳全市，帳不符，讀至未明。許西湖詩，夜至迴，四時只買落，見益昂。蓮藕九半斤，計錢，過雨，街路泥。
歸。夜四更，來閱作報，述李五語，鐵路日如何，只人所為，殊不妥。

十五 晴。讀葉書，放遊園。吳完昨又作折，家來未出訪。郝少翁入見其日語，并告以四一面，久談。
留科舉等，伊漸陳碑，為余說著述，年與進時，必遇余語出之狀。四中西位，你中一事，竟不一致。
謂其出城之際，過王如煙，借問之。印圖二本，提紙意時許乃同，及余答，九待之間，並出界久。陪伊夜半。
玩。並攜回廣栗，順市葡萄。旨包之，數不佳，計價二角，誰不到。予即赴杭。
夜四更，至許玉翁菜館飯。當日九也，不能止，乃作篆，陰形拓制。付罷內，雲雨落，透用四牙之。

付洋四元

十六 晴。作朱墻辦并不易。張岳兄來，言陣過四方故數十元。兩毛殊異，即復信之。并刻你作畫諾書。
小蕃來，候久，出程相質，煙卷。王精在毛筆，長款相贈。右額又腫脹，痕故亦未出。
夜雨，做小雨，雷雷半夜。

十七 晴。陰相續。早談色完稿。後暮桃柳廊段途。三下去見之，諸君不床，為不急做，懷悉有得。
同往逛，美以轉延約講堂它用物，買貨珠，不生又料殘層，寺錢店一想漲。大王閣墻大怒閑只。
負情與湯及伙户，思去已派，乃回來周，並入觀。那府落來騎，覺里實一時無尋詢。招鐵路之帳。
天寒，夜且不良行，勉此取馬租，找不一時，彼如木雞。坐奈過度，取三報，回觀之。
夜以閱報至二更，將始眠。

初八 晴 早為看報 收馬租 [illegible]付去廿一 尚空下 無烟可吸已甚 課 麟孫無一課 已是高科國文第四冊將畢
以昨金梅請至海神廟抽籤 姜賢演說 有三下習 [illegible]於虫甚大 過照生為倚入廟大廳
人已擠極 約三四百人 其中一少年說來哉 嘉言諧 妙有家演 此實知下等社會者 後有一老
年乃孫君 係本縣之父 去說甚動聽 李梅所謂老人勝乃為誤人道 周書館 都[illegible]朱馬
新聞報業全世界為大之 今為全[illegible]家 個可幫 令中人[illegible] 只要手段 [illegible]空 銀流
出方夫禁烟 自有會置[illegible]不種 無不可從[illegible] [illegible]得[illegible] 智[illegible]力勸 而信任人任之
劉三五年前 運歸 說向鄉人[illegible] 印上[illegible] 許之 [illegible]也 [illegible]張君[illegible]對[illegible]也
印北平 [illegible] 店查用 田[illegible]小館 病體[illegible] 殊不在意也 ○自計將[illegible]不[illegible] 以借[illegible]燒下[illegible]
夜收多且[illegible] 王大[illegible]四[illegible]宿 [illegible]六保全 [illegible]兵[illegible] 又借還清[illegible]十餘元 [illegible]開[illegible] 筆
初九 雨 [illegible] 四[illegible] 不事事 [illegible]又為[illegible]工[illegible] 不用心 又[illegible]令[illegible] 室[illegible] 作小[illegible]
[illegible]蘭[illegible] [illegible]園 [illegible]去不良 [illegible]閑任其 [illegible]地 [illegible] 乃為[illegible]正北到[illegible]
[illegible]閣 [illegible]馬租限[illegible] [illegible]圖 [illegible]事 [illegible] [illegible]也 伊[illegible]將[illegible]入[illegible] [illegible]
二[illegible]計 [illegible] [illegible] [illegible] [illegible] [illegible] [illegible] 又不合矣 [illegible]
[illegible]胸中[illegible] [illegible]三丈 [illegible]一人[illegible] [illegible] 無病[illegible] [illegible]
[illegible] 是日[illegible]一[illegible]

廿四 晴 病體支離 作字不一字 四大不離于地 潛意過除以銀出作塵被並無爲不異怪之甚也 請靜佳

付健請一帋 法界無到任 又付靜請二帋 全書致蔡四夫人 擬去吊往 因君病 並不宜

業 病中因憶邑中都風支僨雜蕪 余擬出以千元交圖書館聚積 成數 可乎 機任家人

有不藏書 將如何不詳 則存交以千以備省數 稍無用為有用 以開風氣

〇吾邑都風尚俗不一而足 其家有死者 而家無用 則其人死 則必燒焚衣服諸物 少康者又

必十件 日奢竭 併將生平未穿之新綢衣 傾箱倒篋 而付之一炬 僧佃有少有理想者 及智者亦

富者則必二三十件 在四筵床衣 更益以之何急 種種雕刻一件 付火 至其寒貧之家 不能盡其

請一也 邑中延請於殯 詞 醮 王恩年中喪事 每家用箔 不下三百元之數 有力而有之二節 上攻小至一

非去知又塵塵無藝 平等之家 又費在十元內外 則又何苦 而為此耗 有用之錢 下無驗之徒 富者可許

二也 因人既生來 死其歸亦來 亦不足譏 而作用樣乃邑中一遇喪事 僧道懺悔 百般懺悔

近家亦知笑之者 僅也 瘡疔出火喪擾 哭注無窮 鐘鼓喧耳 所費又更數十金不止 此

三下俗 喪司全圖 用圖未詳 近 計日五千 計洋七十三元 得共付廿二元 計五十六元 共計四百元 由德道則

下 〇下去北 葉原延伯係以不得 不保付与 其去之商会 不可據伊懷之 先捐焚衣箔延僧道 宜捐

廿五 于慶見之 英伯擬明年赴館 其理往舊伯侍 仰往拜見 上諭自丙午科起 停止科舉

# 光緒三十一年乙巳八月　接記

娛廬隨筆

吾人要在真正直實去此四者焉得稱人

然智理潤活不可不自覺有者也　日

文生七月廿五

節御　節御

然經有不待業階長全　任中外　恒不滅

陳三卿不甫　在上海　華美保险公司

柏尊不能于斗門衛內安祥和乃有

枚妹在鎮江　令與洋麸廠

壽祥生　在龍公李　朱八生　關子蓮持

高万齡在　汪韵篋日開協興雜貨店

乙巳八月廿五日 晴。午后照例茶點，是日余五十九誕辰也。寶靜偕謁宗師，府病勢略減矣。禹鴻來訪，言四

寶靜偕

科種書者張桂國邑伊乃欲往求佛徒也。前揚舟乃因為斜川借舟，程是懋孫來以舟之

借。買舟於廿七來，行初二三啓程。肯伯丑先生伊家晉事並塘春，不知能借否也。又云施君

病故矣。秀庭言四孫玉圃君伯宓孫田致仍杳然，彼為佃此饑窘難佛。

加菜付靜偕日西壽潮于楫而已。

六日 晴。廟樹中睬物，捨及乞書又雜之。朕齋十餘付均無帳冊，潟燭作從，廚亦窮碎細，秋

廚房諸為害。據同為出兩瓜菜，錢及十餘千文，是為長欵。孫子忠示書，為余何為耶？真

躁躐耳。近廣一種習氣甚盛，為詐余惟手剩錢。姜段珍書來后，傍晚出於園語，貴在照

新樓為住人露臺而視，不見滿地草葉。四孫但稱淋要，堅臨住白馬廟前刻。夜黃飞，隨北入居閑。

報見留江楊皖三附胡保師往，唐主張西忙即只。伍大保建史卅餘并予卅文，又只二益君主閣斗楞。

又仁大冊筆另寫

歸已徽莊牢矣。吳王御山殘主乃一時人山水字集。

廿七日 晴。檢睬書二箱并大幅屏通，未及晒雜物。剩保建史十餘作弄并頁。訂插本裝成，將歷拓古錢

二三百枚與西湖古溫室本分門，粘連成書，擬名陸渭漁拓古錢真本，漢唐以下。

二十二日

晚不完　保和和尚　焕江一瓶

六月晴熱。然至午後未刻烏雲陣起，雷電余座，雨遂大似甘雷電狂風，忽轉清涼。余早作墨梅一幅

竹石一、墨蘭竹一、墨梅竹蘭一，有佳有拙，有不可入格處。晒書畫至此不勝收拾，忙甚。午着四运

書致竟夫，請其轉為馬

議以直論，該馬夫此次如再縱將家畜再行縱放，所責令該馬夫拆毀，定責如此。責罰甚宜，可謂

有異擇不敢諱怪。城地平日毀壞，伺採風聲，或伺獲，一閉則不獨城中覺之，答抑亦城人幅此

之善。況此次罪藉日重，閉下宜力圖之云云。此附書鄰左。〇言實屬事，該者云。

華歎令人，桑蒿稿為馬料。居民無地，城市皆作牧場，雖屢懷之，亦實條也，故附議云

四下雨止即。沈竟夫與王瞎言，刻即具稿，事林認将余信转觀，乃當于某處分借地以木欄圍一馬場

令該馬夫，從年不准散放。信查實大熱，限四週內以為告竣，罪計費二三十千。余意尚不能，竟然以為嘗

馬已非善事，責言彼馬贩係乎之馬，仍再熏擾不值，譬事不致，城內居民萬馬害，不獨一處馬令

其本年其事為存，程不禁也，在城為仲為士窮，且視不為之地。是程云此次如有再馬使之越於，亦責

以後其係則自照辦事，分其見地，此真不可為設事矣。一時亦屬乃確，何可乃書

准四月取錢將烟種契押租去一元，付只五角，退換，租中沈福榮、貴居店、在治日，俟以原契來說

既以借人，收當不易。再三乞只須照千　契　杜健廿三字

收錢押租五角　健卜廿等七

廿九 雨止不絶潮溼 四帝閣 二角 十七日布 報紙 廣生鼓詩 節記 閱三國演義 晚路若可行雨又滂滂乃勉
强雨鞋持蓋出過鞠霞注出 戴用柏二素 西扇一仿倪一仿米 中字有數字屬殊平平 擬售余但
不善 乃北至店閱廿五六頁 以柏只不還 返徑之 其子狂皆非人 讀詰誰妄求詠許還其錢 不令此
輩逞其負義 爲成人類 但祗責以速行清還 猶俟三月 初上還付 亦燒遽 早見孫儀甫 述程其病
狀正乃余同 前均嗜煙而然 致足罹自然 艾修志良 宗正 上燈 店設三席外客一 倪 徊家幽樓 一叙花友
留湘至一子 四小六笑 自茂咪業 俱不見佳 其次之者 僅林與之 備工章 仍不甚暢飲 彼餘四刻 點燈以歸
雨益甚 街中水如溪 幸行未時雨已止 得雞雖到家 人去力頗疲 若遠離 亦一樂也
三十 雨仍不斷 桂花盛開 亦過前賞 修小洋炮 閱演義三國竟日 計十卷 午飯以昨肉甚不熟 今日仍不加
爛 爲之蓄悶 氣憤憤 思責其家人 擬不可過 似此病娘精神太壞 囂然焉以傷身 至晌今已十餘
次 自不能抑 其奈何之之之 未刻看伊行來之戰 計歸矣 其日為言之怪影若大謬 多用自是至此
大費 恐不肯行之久而精如保日以疏 尚之是 吾能亦隨作 宣稱如也 將青我被逐之言 以凡
今日持去南洋還之 識國說稿 四以常留中 令往鐵門 以今之氣憤 恐加以裁作 潤潤德面若
益傷身矣 其務不理 以别個子往答 仍空返回 稅之過去 其歸悠之至不可訓 清月吃
夜出不釋以除不安

九月朔　雨　且無織　廿四角先錢　閱經義　替下薛禮堂　封四元來還付其所今四條幅　云陳孫士如亟㧞六角

存證乃出經赤來字條　陰米　川　又表藤多八百好　又上　仲子貞七聯　川　俞曲園　山　封其代書限五日果履以定余

以種上下無定　重思易鈍　以俟再佳　然差勝先　如有取也　叢四五圓取視稍當　錢內視先取不起　視歸本

收叢返粧
還收
請限伊出書證　亦必出　余以不足情也　今視歸自立前代書伊感極　實工夥　候匹淮古六決也　余秉今無恒

乃出市　飯錢五十　用一角　四四客收出　探傍桂花　潛積第四冊國文科將完　上日竹行榷付五角　未定為後了

初二　陰晴不定　市戒札以四五叢居看五　閱三國至夜分

戒九分

初三　陰　下午雨　內子往蘇真觀神并　封易肤舟不至　子雲來談久合卞點　伊有四代拍事　譯至將夜去

橙日談楷不事事　上潛明第五冊國文上為科

初四　晴　陰雨擾　自三至稍至省平館　田子為余焉織佈細手以中國之女勤于事者日扯佈極粗一二三踐

寸絲片縷而不之成細不為至難至若與男子于此緣心苦意久害事不感而惟女子無看此

思對惟不為壽位者之事了　未上小生來談便付雕花為付保余知以將樹料送至再付葉

已付五元一角作儉已船先用年許至今書無塞再上勞耶　以論而來料而去　擾不叢住舍于底

小生來至
健字
及門世並難入印象從速之　又擬健字共　其之論三言到從見速矣恒本字至七日二三文

舊膜揭二次將壹於城樓下以納靈氣　四以前未取一角

四邪江

初五晴　內子又往禮斗　晨作扇子又隱矣　九下藥二帖　聯三帖來還程太僕　鑒者云付還價

付病悅

不合又換　陳仲巷四小扇質二元書寶三元扇加八日底還四元遂付之　夢魏少壽由陽關到扁詢帳

初閱上報知五大臣出京初登車有少年人攜炸彈僭車中轟壞車內死一人車夫死之而五大臣幸

皆受微傷而本請赴警及巡兵侍役不敢近唯有詭異者刺乃克向車間訊則此炸彈乃京中人

所有兩宮于載可見諸大臣聞而驚然有異謀聞之甚懼　該匪于京卿如此將作數者至於其險將

功如何見人諸臣大未傷死則其事非小　請　上諭責令五臣陽遣可發佈之一端也　留江人看浙滬儀

聞其相只但為十丈而寵聖及五六兩回歸酒枝　晨赴蜀積烟者

集二一

初六晴　遣周來錢幼袋檢写云　寫扇三面　一使老一生陳某子也　一小館未完　下午大小雨太不適

肚腹且均不安　子且宴瀉大病發作陳自吞　至午向帳生殘編時一兩十文　又益參條飲之

懷取手巾一方兩補摺摺甚倒床不及上樓　香嶸園月神思不清不食至三更瀉吐兩作潑保永瀉

即滿床自不知覺　四更瀉稍瑾止當始知漏狀急上廁而引發取烟具　內子與蘭料理將王取又以不覺飢

病未瘥重吐瀉之因或因昔長粮芋芥糊多之故　右未抵奈子燒歸絞去

集二三

初七晴　早醒愛頓已甚不能起亦不能食　取服飲種種一二錘又瀉一次腹痛異哉　先生命來校黃鍼代

飲及種種小菜　家人憎懼為之轉　朱丹伯衡也沿

儕夜芬丹伯（與玉來）訪視，謂感退外散失和，用蘇梗諸品，付與予即持方撥藥書

陸米還答牒

夜茶服，更晚神安，唯氣力大傷，夜一粥，臥不安睡，予餘次次醋口渴

初八晴　初服昨方，唯大明時既不能起，而以中覺氣亂，自必有熱而沸人，起時又大不適，前服□□　□而不克合脈氣

第二十

下降，滿身發漫，況反覆例，計時能起甚久難之。八下柏之三處來，語其桂林店恐而又不欲，大與其重予

爭執且思他十如花，常好用大種種，不信余前說，不為置議，合似來細訴，厥不出來，乃責其之拉，亦似太自由而

不思兩年以日日不信，今不能宜亟退，令自主治之，丑計君伊出亟廣生欠洋五元　伊林先付不錄又易伊子健叙石文

此等人服如虎出無恨，如之代籌然，書時桂歸號哭注憤，枝語先么弄，風何異果人，頓棄。況伊又與伊均借欠，桂相不一二次乎

早飯懿色三，中午飯半碗，面目憔悴。巖極來，桂極留地，私出後門逝回家（內子）疑問驚惶為弄

杜兆當還

今四荷等鏟工，機往，俱即往子陳廣來找住，樓之于邑中窗書，大洋二元，一角又錢石，此易補紫等，令回問妻伊

注韻知當處主欲死，余問，但在家中吏定洋叙，令伊主（即拜今回歸）此歸，數日意心，驟不志，旋為遁，欺破其善人

理（用人日雜如此）　余夜對作蓄歸以青種騙煙之錫，黑夜物揣歸，妻歸，接河枝起。人心日麦，奈何至此

復四往取馬祖，但當恨不得，予孫責四復用剛，伊玉裙稍作弄伊程樟樟。夜余獨里無眠，三更後粒少燈

十二

重九晴　痛略直　壽靜誇事為即擔來年，排為壽數應入文部　靜之有階，滋之望，照治秋蒔

事孫成刻予畫　楊者來信，見勝冊之格，店之話，途中句平靜，晚且回桂

静来書示[illegible]　夜閲[illegible]　[illegible]少巳　初更四[illegible]睡　[illegible]

初十晴　加静書　付健請　吴[illegible]道[illegible]　四[illegible]楊工　[illegible]工　五[illegible]日完　计[illegible]　计人工五十

第一　付静借　付洋八角五分六　四[illegible]收来[illegible]租　洋一角[illegible]　四下[illegible]沈傳[illegible]叩门入　坐之地[illegible]加倍　因予告余

[illegible]　病不得[illegible]而此　上年一再[illegible]加價一元二角　而不上门　今伊又思[illegible]洗地　[illegible]

我不[illegible]　數々說[illegible]已[illegible]　二次[illegible]　[illegible]道[illegible]　加作[illegible]　[illegible]

出卷柜収　[illegible]不[illegible]出[illegible]　[illegible]人只[illegible]　保[illegible]　[illegible]以免[illegible]地[illegible]　[illegible]見[illegible]之　[illegible]人

健来書　謝之　[illegible]四[illegible]不[illegible]根[illegible]　健来[illegible]　陸[illegible]

十一晴　書局[illegible]不[illegible]　[illegible]一[illegible]道　许[illegible]　[illegible]進學社由　[illegible]　市[illegible]　收

[illegible]作書[illegible]于[illegible]　楊太来宿　夜[illegible]陰如水[illegible]獨[illegible]

十二晴　達十日以病[illegible]　[illegible]便[illegible]理酬　[illegible]法　經[illegible]甚至[illegible]日　以口[illegible]睡[illegible]日已工完

送小書[illegible]已[illegible]来　実[illegible]病也　致[illegible]小書　[illegible]店送之　保取仁大　[illegible]條　一大包　[illegible]

取仁大　市[illegible]刷[illegible]　書[illegible]到工　[illegible]二[illegible]来[illegible]請　以　借書[illegible]一

[illegible]國來　借書二頂　一[illegible]二帳二四[illegible]小本　[illegible]伊歸病自余[illegible]之　達車[illegible]請[illegible]

[illegible]　國[illegible]之[illegible]有而[illegible]　伊[illegible]送[illegible]矣　五[illegible]道續[illegible]　[illegible]到工

心耆來長談，記陳皓甫目表來稱云收藏書畫甚多，蘇浦若子云因為既陳宗伯乾隆□年論之書。

十二　晴。午下允泉來，乃為□旋長談。伊談謀得官鈔，和两云陳不甚能，蓋伊說于張居之中稱棉葉魚先祖有出仕人，不能阻撓也云。予勸予勝予乃說之田借貸及六七日□，又陳漣市新市為其住處于洪寺，俱為長節撰匾人，即俱失，此處在楊枝云云。晚午以祭告余，應使四節，□開世族為第五祠，祭祀錢神二十元，允泉後至，雜匾廿枚，錦轉十三□，買茶于房，又契條各節，三百□四，四十□，四十□，鋤租一歸無存于房，失以有私租此處地平。四錫來，果未不靈，更甚。允泉送撰匾。

十四　晴。書送秋進，允兌來。陳光微同陳圃，新以法書均不見佳，五扇多有霉脫，須擇□後再送，後俟來。晚午勝雨，陳甚不見識地，□盛指示並益也。素馬卸仰為人于學體，望想居樓其不收題其陸為予大匡撰一匾。曾廣銓云云。五安來留島，多方勸抄。五島云請再談書多半遊忘，且于小學書□學不習甚惜。袁翔之往來，中國歷史屬學本，談之斷能見歷代以鋪分異同流別，雖僅數十帝書，傍中為之錄等書詩兩法日本撰著體要也。伊藏作為日本陸向。五島來。

十五　晴。撫靜弟寄付世元付照，春去付房收弃，往張屬房，信兩西。前房既淡撫人且屬便一五。無甚為。余以贊簡多責己，四百金之王同男有田弃給馬六已有信元又來。閱士報。保靜來。

十六　晴雨。晚不西，葉在地。

十七　陰，小雨小晴。張一兩畢之扇，係大文節。山陰縣，孫有善之氣住張，又一扇作崖下洗。

糶谷米，市價每元四斗，收錢使它日余往之，次租四斗。王阿四父子來見，無子取稻，遂三下錢
昇沈詩錢來，經樓不休。取稻租不得，又不可忘，而馬前畢亦似將於田中喚保隣至
合兵將與日本因議定互一年不得多調兵出境，不能一致者，且加焉
來健常收稅租會
健來賀歌本將出定，略談戰務，馬隊運一路雄魯。青在四年祝一仙祖前於
阿侄今仍逆為匪，以其情誘而擒我旅長也。次侄發又來閙樓，小子與之爭執，實無顏之尤者矣
孫小叔材不亡，市二葉書錢為未成。夜讀天分外，作字誤筆，記存書為要
十七 晴。四甲蕃米價三千六七斤。晨作付健論。夜馬廷驊來聚語，共來定插秧各處村保。夜照
子四識往王佃所稻，余思已自往，實則不識戰務閙事，但余身不能耐勞，後夜廿四日所也，誰夜身實
全力照睡不安。五女歸寧。夜雨
十八 雨。四處所收，四合鋸柴板，余亦飯，伊將將枯葉乃作，痛以爍相換，致敬
付健五元。五更，森之且將附健見五元，誤其轉送，全四將家全國所收局回，架所當救往俗屬性為三姓
夜其冷二更又雜蕃燈無實在甚弱
十九 雨又晴日，烟二來，代買轆詢其去路，舊廣打照畫稿，捡視殊多趣，而好於寫在匠，怕一如舊長住回
不能傳作令子實自請託為惜。傳說又有三來撲，淡採言安放架話古匠人難

光緒三十一年乙巳

市酥羊不飯最有味　魯應四世權嗅其兄　兩大諸本而予我厨嘬食　伊于我猶不而為事　已覺坐良

自尋錢入已讀　令且加拉莫之信我　聊另事未了　其實有目肥而悉已甚于荒怪　然哉怨不安

楊大又之往取稿需多人多二萬之　而余細計想稿諸不足年　今故只稿　共田收歲作仍攜佛嘉荒

至夜醉睡如之奈何　于是徹夜不安

二十　雨　終日不斷　市肉一角　閱隋壽三國　閱四惱歸來云須住沒龍　捉歸請宮知靜祠處所　四光來

綏樁五夜　取到廣指十六元七二號

廿一　雨　遣歸不甚　心為之碎　四衡四云影響相據者詳看既查勿門面僅之重　而肉脆極米須待又撞一事勞鈔

寄靜　作信付靜　來指大潤之只論來三君為日伐樓兵作戰總失人命　對屬理應而二國婚借不宜傷　他有手

之如今作戰外要人為立天地間耶　試悅痛有理四項解不能兼象　此三民重向只挾持事四只權不可隨時雜已

內汕　逆大臣本得不知夢陸外諸臣隱瘦偽書後此則刺仇相同　云伊今直亦甚情憎也

廿二　雨　四外兄呼來　洪二日為工益難作用之數　閱隋壽三國　是日天寒已深棉　廣加被褥　猶不勝

温姜秋田來宿留焉

廿三　晴　僕取和保陸二項　計二元七角四　三下往麥叢未殉缺以云雙仁府未家一張大帥未伊有上江人

託其手持洋十六元還其小元　則此事尚在矣　屬陸楊取利六二林檣矣　又云西大臣被

靜泰來　附達第

靜誠述西洋電云革命黨五萬環有三合許人並加入會其故皆前番之地黨極惶流陳可怒
之兩論但與實業似有見諸少問答　遠田棲來　之索墨乃與桴之　稱靜泰來附達
時衡任云其蘊可得文部条識　伯斧誠十之納資郎中可補實缺而保伊何以不稱陳然
觀之言當此輩事初五極壽先財力學　傳者不及功名劇　者諸樸冀未免　國頭之資賤

路周惠村

茜　嗜詩昇同　附孔　韋園書視　擴己寄完菜茂華墹花生瓜船寄豆少貫不重　而西涉門不閉墻上可樂矣
種之謂為宵此彼嘆　陰視相今　還西額歸生一子左室啼之世　回在地罕寄職余為欽息不已四間周
來村立宗乃入京　德居久泉話招香鈔　問以勝負三元乃今立局仁和仁伊謂之又云　稚鄉前為書勢

知服鉅　樓朵

匪閣樓又一陽營　書業泰擬并學畫稿並為害　且有今將軍　廿　權代年不堪問熟推自陳於
須同字列此之青匪大而夏衰已　又問去兄將至秋避而不理並舊請求勸而神同拔入日吉拍閒此兄
生成再署　還而張信付久泉　又像談　達撥不知適是未　暗后　三下甄出論小蕃去　用賴二局一全倒局
少可讀決陳馬照主任部　以其十部京中據匪氣甚　此接蔡濤賴（壽曾植）　拘擬為被奈貪攛書字著書侵擬也而四者

收小欽紀　收

此誓吳居莘雨不翻閒有兵衰西青匪信不而危處云　久之出北列店　惜生之上日名折利　不悔請另
存　子淑詢應應問以任季買跋云　良付辛分付賬格意應余　憾　遂收之閒擬之取韓料　請勝可靜
悅眉談伊子芹電宅可今　四子而任余拂宅一敘話託相壽而望　自市詩贊望陪園四已燈甚發
歸園

廿三晴。上午晒日柒祖料簿。十一點校林逢語。剃頭。午後往葉生局，烏長官新佃來租，葉生通之七

陸來祖 從子一石，俻茶一宜。年近校租五石，押租七千五百文，當付一元，訂下限五月杪付清，即划成租契

烏 葉作中。烏往在伊西南上，移是酒飯，至三下去。作西薗陌 三下出，于對面棋之出，公祖見，陸丙

四百中 由一元 與沈炯孫二兄閱。半下一府到月上，種柳。校牯，係孫也少飯。棠堂至園，俟伊所尋田棧至，雖應看視，並往說，彈人

元用帅付作至一青，杪付伊，伊付票。楊田道北，天已晏，晚，知照。慶生由後通判付公祖，微卷中閲報 汪大燮作本序

有郵去奉紬醒，壯計一斤，索眂。近陸不貨，移其松田

晚夜膳。陸宮茁陵店充粟家刊，大經十二紙，計二斤半，銷

廿四晴。以墨作越合家，敬之。平後三兩，猶來。二下出訪沈禄生家長談。午後出嚴，過金田富阝，西注之

沈禄生 府 沈長之 至東府 大保人 印國 於再來 作

扁書章檀廷胡 拔灶屬之 岸之老，禄僅硃，雖設上店 伯和一至 出返沈長廣 于之，善柳花，不返，坑書齋 周府，霞市，岳雲 伊宮保麻 七元

似使約知而別，退堂去，又抜話 欲遣子及書事，亮不可之。快路過孫東府門，開入見雁玩，不多，後退堂東府至一揖

證學重并書西之擾，皆至 約與沈菊于合佃坑，可趣 見照中小帖，可羨 沈培初 均一種，不及雁，趣之，分靜而直

拒銀廉國，動搖偷于書道，乃出達逢桐君一之，到店即出訪使人 已出 與尤姨談 家事，又返印國一生 見難

自之廣取，前拒廣西于仁大秋帆序，定體已刊 計十二冊 二斤 譯文即令回付取

夜返上樓，以描樓而無，夜同館鳴大鶴

廿七陰濛霧 晨因借如來，遂覆四與王函 作付靜信 陳書另計二紙 以急函知振復 由子而英棟花四五

付靜 送樹夕吳健人華由王而為其兄借二元 兄回石元 于化大兩湖扇匪六七百 于處甚閑

黃花另 王應多店及伊戶六七人 謂今所十數之者未歸 被匪人擄掠 伊云之嶺理如盛 益岸之搖耗烽起 另

大半遷移來城六十許 有扇匪程伯與靜同進城 余佃告辛匪滋擾 頃之兩軍據林莊 三方出六元共

虞陳田大生嘆稱 新匪四千米路 或三隹四者 每戶二千一步 及八字橋 辛有青龍莊內將出來 示而入 洪百昌付

晚未寺 石子匪至大毛北 各以全鎮燒燬 於其[illegible]之云 余家靜函快報以歸 而比仙一方

廿八微陽 午理扇匪 爰一送諸禮 周書村都季卿書來 付伊二元 因之書函搜擄 伊圍陳某[illegible]最甚

代兄出院 兩林以得知巷中匪添加付種之 謂其權髮雖殺 為之言 處請各扇物書成并加序 保正逐來催粮

許村 至等定時彼已至 須當二千期 則許言須當日完納 迎示且四則 狐狸性質也 伊圍來函之 十四伊借

甘兵之 青匪仗 請往另及督 伊則驅以另詢一一之論 示之因出 余入陳知仲伊子見 衛已遇王 錢家苑新宅 乃住付

推捕 赤方司 扇慕貨 則木工至伊出也 又至蕭照生宅 見貴秋江說 他中來伊之子指[illegible] 而照為扇合已出也 又未同兴張

書前扇帖共三丈 至此前有一卷 辛桂林自許部郭官許四言 早前同李道 或云擺兩 常陳军

三情 或之三百 或之押 板許該匪拒捕 于田中傷我本四名 殺于禾中雜中 旋獲匪目方 即刂

王泾餘匪四逸 又爲[illegible] 上自恬[illegible]獲而問供 撲水逸 又另獲四五 須訊 而我兵備[illegible]知不敢 乃退往臨平

送致 健把[illegible] 健西上或之 僧省[illegible]兵[illegible] 必以匪巢在大毛泊 之[illegible]逐往[illegible]捨也[illegible]北[illegible]守城[illegible]

城内惶急也。以撫店至城也。上至府，後德甫、徐士衍、師[illegible]等均來探詢。昔有都中但來謀保者不一，迄于往尚閣報

謂：許村西已全近，以西西毒余甚夏，欲出城守，宜處或來翻城。又恨郭令[illegible]識短，僅請二三百人以為

往殺相持，且和為傳攜，而此作為以為杜大盜，而以該匪船以千計，合[illegible]各路四面竄通，土匪時從，不止加倍矣。

捍禦無動力，然[illegible]不全掃除，蜂在郡境，彼且挾仇扯旗，更迎[illegible]甚。是收捕匪黨，激匪也。況郭

身且不回，毫無機謀，上[illegible]皆書，不知兵者[illegible]，與東府下，宜預定以舟為避鋒計。彼意

程出本至，豈但華城，夢之里等乃以為先機，彼于此去住亦猶予人耳。旋歸。

論借

廿九 晴。早，四[illegible]揚小洋[illegible]一未售，僅之七分，試之機不靈，還之，修整。[illegible]四作茶桶。

金在錦[illegible]不絕。是日[illegible]四[illegible]戶[illegible]計洋[illegible]一角。余未[illegible]，[illegible]已付以福。

收少津先 要防者，為姜和母与曉山[illegible]四里[illegible]氏帖，對看印證。仁大典石門，又付健論，為靜[illegible]，[illegible]陳調梅等[illegible]三下法段。

付芸蕤先 青卅 [illegible]廠与陳調梅、許晦臣及[illegible]卿[illegible]劍心等議要防者，[illegible]握早而北，局未[illegible]張寶信[illegible]，[illegible]之我

西泠[illegible]四[illegible]加二[illegible]上年北拔[illegible]未定[illegible]，則[illegible]百松[illegible]拓[illegible]英什[illegible]高，[illegible]

必須招用[illegible]拓印[illegible]

[illegible]卅[illegible]乃[illegible]論[illegible]和出于[illegible]門見[illegible]，[illegible]店[illegible]之作[illegible]亦[illegible]付礼文[illegible]

收少三元 至[illegible]門[illegible]重[illegible]店續見[illegible]付張[illegible]夫[illegible]健[illegible]讀出四[illegible]清本拓[illegible]四冊，[illegible]

寄皇生 拓本四紙之，[illegible]洋菊[illegible]園日報、讀書匯及[illegible]，又[illegible]廣店之付三元[illegible]，而該租一不付[illegible]園中[illegible]歸。

寄仲歸村帖 付三角[illegible]。歸已夜。[illegible]以[illegible]後已[illegible]入冊。

十月乙亥朔 加付静循 大叅庭 季是搭之 以下角市 九里亦錦 四市四知 高乃毛乃二丽幸住 周庙后信 德乃留

禁队二云杭军为云环位 大由大毛 戌方作 其高纪土作平獲玉 而待十橋北 戤舟百十 列陣而向北 抵

拒並甚近也 后云界赵刹舟 称不提赵摇 昨日作照 将军余朋楼作西 陆氏之寨 都为此也 晡西庄

搭租帐 寐愤思沈稼生卓洪为身事至上城之 三人日不去 烟不来 馬前傳 亦不付不来 钱租周收三角

王租找讫 四道至閩呂 僅付讫 豬房洪唤笙灶 夜痧未醒 未以大黄阮以鬱眛兼病西安

初二晴 太亚遍州兵情也 四市四知府未傑兵 孫右云駐邑廟等处军容甚壮 二百余帮 陪孙支于钱常庄

閩湖西方言出寄有未僻叅之宫刊 王庙宾入圃书館闻 南方报事 又道天北營来兵修武備小隊駐下

静循 楼北收達君 上大川共晚置 郑陈夫沈吴夫回一之 到庄收陆洪唐沈租 循问馬租完了各杠季

収庄租叙 郑云谈 庄已去杨去城阅能痧观舟至胡世泽 岩静循市郑宗收市陈廿云牧坎然梨饰旋归

四作筆篇成幼之打磨记写法之 付其二贯不安 夜大風雖寒

收達君上帐 初三晴 昨夜寒以不安 起集廿下宽衣 又实之内子荐衣为備花 大糕于早二庭之大龄五千岳下咽神

情之借宜莅庄不如而不言 问坐至安館上樓

初四晴 四市馬 未搭菜 后世未出六未行 尚又食家饭 四三陈姿不平阅至圃来祀 令视堂道另租之不欠

已付五日次堂数一纸至此之 晡出访小蓄并剧菜 遇見马屋进至观六房册 研田东共再于頁 大都而回

佳平大 共存 少西秋之 西呆 作作 何信一字 但曲重难之山水 庙阅本少

叔彝來取　傑伯兩次出大郭，竟不得十一入目，其世風之下可恨因之也。　廿九日　振裁甫帶匠撥舟至鄉鎮細

情，却實之至。萧露聆　唐墨畊代之言　傖莽稗史　續君　列居莊　款具收，清付余。陳士帆相怙知

靜其年　佺　務不同　曉山往　戴店　先留洋三元　匯代季鈔款。又靜佺均一年，以閩墨中帶鹽　陽乃見振心

中談墨段也。去傖馬租，又約明晚來列　賀蒙君来閩一千　計洋花　帖米聲掛歸至

地中包買有，自言沈保康那隨至家，孫之婁借收，號之不去。推搦之藥詞，佺以不遑不怙

然傷　四兄弟二人在之佺，出彼侄指出地租之不能身偏，田檢回不得，皆出，乃山無謊許並一角行余推

沈保康論去辦　永不許。沈從安之不應酬心，出叔許曰：若居故不知實在之人家，即要死不論此。並以拜以盜例辦均有

雜告知有縣官得錢度日，置同例言置士兮，實忘却隱根本，給回付子卅一兩去，但責四太罷

過數只不詳，以留不至，乃無出元清。已最株怡出收中上換得收，然沈本怪作公又據出實處入下流伊見

伊借去刊之盤查　條之有刻者拼若地詞位矣　知其沒見收

二十日晴　去看張英世，籌傖馬租，居少之均無得說，為之矣。不能動筆，精力不佳，胸次作惡故也。作一扇

墨為佳，至晚不出。付酒四二角，連市置物，乃師應此旅也

廿一日晴　作冊三墨以碑紙，隨手拌西去。小著未出筆，文政金石即前見之傳本也。又云汪甜之之三元四冊

昔之以一元得之，出閑者二冊亦甚之，余許以易一本，以陳道士未就中步此也。因大隱其求長卷

高隱樓大帖并舊拓各帖玩之將午去　之拓靜安為閬寧御　帶逝摩多名排蘇租居
蕭事如何家務頗收拾居滬云云　遠英金山曉山兄甫在家　與之談并示之時已三下鐘矣示先
以平靜之情即抵之北京鄭　晤悅系一談以閱帳　與怡夫睡多閑談而天又雨即之並與拙宋把
大雨三限十一村心中恨恨而全國相未隆　少余　又拓而靜本金陵網一匣九卷高略唐春周
八業來
靜本青　又丸局　又陰　遊多并之陰晴五時以後雪乃歸
諭靜　陰微家人以為遲未用頂擴加一面　根基一書難回之也　不能積金積加若先之也　余意祇任為之
日業　不可得也
初九　陰　小陽細雨黏作四郵　業稍居不來必至　蜩　老人年信　查烟　大帖以國日　反寄以翁朱　卷輯卷國齊共
其餘函函刻完畢　古風路字　從唐不出　又無
初八　陰晴大風　寒而重衷　作小冊四并得第二閣二冊　珍送譚甫　以及前語也　手成見家來　云之執四一云
阮旧覆　附加輯由本樣　局不牢拔求加二字　大錄一三首其不離如多　付伊一元　丕樹作　精皆全年雜子　六文古稀甫
付名作　一墓誌蓋拓之去　即去取　舊住擬譽成日　此係之兴刻　至十五門一入異要之武要　陳之諸夫人將左氏乃訪
渭回及悅余均作書見　前來申　今之而補之　到店　曹　曉雅料　昆　王松風見　閱看鄭靜兄進業園去
馬相大伊中應移意　于是閑語　信據　云又養之至　梳洗一二　乃歸
初十　晴　馬來　詩業　大之林　農之原畫也　四陰金君收直　其之來去　陳中甘日隨假往北谷畫計五年一二六陳

澗松與鄭桂卿來，告以防攜了元桂鼎，欲借款，又要經援前後戶，當議因為田子訟告洪成向開楚成協

**静台事**　二下出到店，拔静宇。又云已豐庭、馬濟良卷，計押租用元目，相十二元，定議十百中，我達穆，請余迄出實

**健名事**　盤面收場不追，特一概矣，亦積二個了不知不錯，三了机收多而逆，爰四票二式，而自立開銷，收五百一年，不了

了，根基一無，恐升已難，種種不協，不為細計，甚多恨也。且余病甚，修危慶已多。又指健宇，聞知乃元已到

一路，始又到同。馬告居地出售，云前許已十二元，此四個字。一再告之，取易布與子，友謂如此，三次，逼，乃悦，乃又同

**嵩峯**　入松風一座，晤開其云已與馬租，健實未在，以序押闕，退開信，告令居，仁有料理，不能不了結，一以降價求售

銀價為四兩不能折，而法止繳一千九百兩，則與上屆差二元餘，一不如多求退。余告令將物知反較前好，真上台之

作弄乎。晉在出見，未小二，誰之，床云，料已稍其家已出工，不知真偽，因大加責讓。又有瞎者，于之北鄉

這告請之居，者掃，即勸年楊歸，其歲房時房後居地，初說出抖出地十元不許，後居歸與子來，斲墻樹，余叱

不理，路去，並再添修，東廂令楊保，請借，堅不許，接居之貸款。隨之居之歸，今月初二死，其子亦吞烟毀

**居地**　陳德收十四正，神其面攩，該楊陳。與威張，向乃為之料理喪葬，值其住屋十元。彼瞎，乃係岳子一再請

金罾，本作五十丁以地有四椎，須一葬，伊說保六元。俟十四人葬，即出與了事。余以為了一似屋，必違離亂

西戚方，池三畝，餘四築，並不還價，許之。盤貫之他人一文不直，然無人要也。應議還了，想似乎該出之志

實真見，識之短，轉而離之，故令揺宮

報之

日務申外報云 邦西公勸俄人收西陵道府縣鎮封印 據云雖淨者並派之小兵 以小火船于滬

西三郎一月 致國書俾西 主藩保不用守兵 小如多設 又吳湘驛 勢俾捕者已革 至西多藥孫

先造謠言毒以為狡不能動乃與府縣議者 防護要邦西學事非越子鎮防不可 乃迫令府縣

藩請巨紳會留 紳傳聚眾於府以三雷但歸商之 數以革吏上司 隨而許酒加三月 然慮他日撤

防而有他衷 本府吳東 邦鹽臬 而知府升了為府縣幕 又陸馬官 又書縣官富民家多計

五弟 自文郵 吳漢庵

夜足腫痛難移身大不適 精神日益難支 似不及半 則東西歪倒急急上樓又大便不快

出園橋 確腫似此不但不能返都 易且恐有變 豈能安然在部耶 屆吉后子

初十晴 早督 陪方石蘭 指使出 保園 量居地 自西城下河與余西墻起 南至北 二丈三尺 官街 自西至東 一八丈八尺 一三丈一尺半 共十二丈 官址

讀靜 南首 官街 南至北 二丈四尺 占仍欵 古約地七分六毫 保收莊子 藏菖蒲 村靜 請全旬匯 云云三弟 伯韓 柔桂

三弟方訪沈覺夫 告以便得款 蘇撫諸 作函先呼 飭責 李道 家子靜 匯 三弟空匯 務留 助備書所有入

且后訪人與何能來耶 云前擋倘官予等出再收 取者一定 可與謀 便正欲下宅 寓居后內書 樓其新

即在遠至動身 以洋服合宅所 要巴北邑 桐于市方 前半以 鏢碎之 有名借貸式 送之 兩書 邦辦

出之藥 聚合 在之洞 俟 萬三千元 為伴的 銅元機 四州之也 並入居 還布 早 入余 快函 三向 撐代雜

且也併入靜 修見 看報 諸署 見 去 晝一刻

一穀風，晝入又入檄方滌。渭漁、沈梅元同兼卅、馬郇卿在焉，拉入座，強余一飲。渭言田庚鎮新校印士布

牌內廿四回　旁租來十二來乞，飯後之許，余責令換之，又不見一物，今尚取去，有無理，即惠還

家僕至家作書並於付二三卷不可，擇語徘術而去。夜膳後仍鄰園雜文

安卷未

十一　晴。早出庭掃，去未盡。錢鶴客來訪，董卿屬代借錢，彼以年期，余許且代羅致之，與伊至方解而

日瞻余書種不能多為，錢五具借居之，相談久之。二下偕出，顧霖備茶之，錢逢蔣五來，偕居訪只業

徒得以伊留至吾後，彼欠款以往抵付，得五百文歸，即到店，言馬租仍向收期，貨已全無，岸之情織

諒為恩尋，向抵似安至如此，奈何無計以聽之。渭漁至門一語　沈娥仍未付

是日得施大病已覺危，思歸而四　重三百米四医喬夜　舟載廿四擱　七已　三斗　言馬但不往之空

晴呼啟大令載往雅四卿

十二　晴。早四往挑豆桿舟　梅大嘉家人為往　程物下舟　閒已已刻　二下往　沈梅又來　余出園傍祝遊　收錦租收廿

付施病　至滙下訪陳渭漁出金石冊二冊　鍾鼎錄鈔書武雜品　沈旭庭等拓本　又出泉范　三冊　乃取至陳壽卿所拓

主　借新膳　高摸文揚伯路三幣　又二佰九　高收泉種富　所拓篆文種　金以書借傳得壽卿泉數十如已只入

渭漁　手出種泉　皆以名泉譜錄　三日程　又作如泉不小信現古摘于御　煙渭兄拓泉　咸年豐四天國聖寶大泉寶泉

書閱　日年泉皆有　四品天國泉以五品得之　得史思明得一元寶　得人以三寶泉易之之讀　又出五銖泉范　施石天龍文來保

宋並又五克一古漢竟四更新文贈余者年之　又計借石莊舟四壽偏幸于南田白陽書劃者之否

談久之書到之店　根不到　精靜來拿昭虎已宣付十文計設月朔但不

静皆知余行书作何设耶？適爲程祖棋伐挂，彼石笑安之，有相此，後伊越会，付程再修，字皆誤，無移任

他要于國有据也。　楊吉至，痊深四，余已上楼，付四角四三元。　一只王闳吕借之。　申

十二晴。早剃頭，作居地契稿。平度山蕃於汪甜雲催扇册，并手頭爲秦瑁册，本并紀恩詩二律。

扇册，余形在兩中。汪妹的扇，易之然，以羊易牛，唯在崇家，亦不以價之輕重論也。小蕃觀然，道歉，其須册乃許予。

前已寫紀國圖經，以一寺遇凡作字，狀況侠，工孖庆國亭景不易印，置于國杂話少久，至三下。

出訪胶宅，見殿赤弟，細談，伊在扬池洋川而来，家清布大篇詩等。再訪爲不甚爲言。禮堂，子得安部苑，又在只内賃房，予談久去。手桐庐

詣雨宗事列庄，谐佳，馬祖棋，程利，於二依归。一重書，烧不阅之。知仁甫毋寿，取夏易物著

雅中已滿式國产者。是午，致章鈔集府。生中有日报，且当其中路过，於其桂庭家物，照聲託其隊錢楊義会施，太仰来，余亦

雨蓝翁乞作

今覺勤最閑，湖國地議之也。以告姚不家

别

十三，大霧轉晴。梦来，前丙不暇游少遇即起。告廣之访易仁，往前郑徐氏夫子。仁甫陪赔，乃大赴席。

一府輸以財早物，金一人也。要良小飲。仁生施爲，華商会衆保险公司，均中華律内地，火险一再例，所有水险爲中之價，例于初，且日向取一分，以爲此另剂，所重不肯，其先竟

海寿

十四陰。閲謫来各件，四作册稿。

來薪英金山来，與共話，飯後，訪壽同由，晚，乃致杨雨侯，詢其近年，来言，面景狀爲

何華付之。浙泻来里，請飲，說舒江芸，詢桐蓋余之能书，桐所的鞋且北與

謂隨和風茶話伊罗路　拂後華素居回時去里西行傳五角　舒居西之桐門做之
余同伊少特看日如洗乃色　消氏因順語果來宗　繼背男去古玩名之入座常首席
廣之桐君蓮孫如高及主人王卿談譜話酬回亦乃至七道　去箱東樂和平齋燈乘
月歸　書刷以為贈有紙城地　係以不免之保與其交畫　以古甲文市一錢
十五晴大溫　早作　紅恩圖冊寫圖亭　一老楓樹　一童只寄　送稿來於柳　桂桐冥
山石布置似右可觀　題未定意拟去詞小舊對之　道去掃葉及此入店閒之振
於風還　閒看上馬租了借路以日付旅歸之余見桐　足之腹痛不適
夜便甚和西醫丟石砂及衛時良甜　早傳何名
十六陰　早携師拱手　過節　上花此梅注理料已覺備然難全　羅穆舟歇錢收　半去往出園廟
福佳
節以銀交墨即送廣居　西箋付使去　滿之磨！　余日作稿寫沈傳稿　又來相擾　氣急填胸因
能出字去并租了乃君不去只之去　西子又為支去　出字都為租又限　夜往必來一閱報指紀
回之閒示舊酒去　四宿舟中
十七早晴　午大風　未小雨　至夜少大　黎明起　有使出四來挑發菜　余子廣取之文　市糕點　叶　旅于遣

下午 赴杜宇一路閑步至洋步橋茶亭 兩登埽塘 沈 遊丁青中加土 十五付之蔡脯閑市 改土
佳 上坐陳沈 外祖不得 觀戲西北風緊至 壽送大夫來 樓西 比到閑之 前已二下 上市 改土又開抵至
靜來等 出橋上茶肆小坐歸 曾祖 暮見有汪桂棠者 鄭岩孫之 埽理 告以祖地 而未能記 家宗立契約
閑庭上坡 匯鎮錢領十兩者 奧友 者 趙丹卿閑風情水 踐至百福而下 上岸 寫 蔡亦道令四君
延 丹譯 丹付賃價 拜客 留為同小初八馬祖屋 未接又付 付店到店 接靜宇 附達續之 知矣
上了 顧了 亦到府執盛議云云 光臨 此 風雨勢大 信至 家 悟 燈矣 付四上了
六陵作坊小書 及 達衡 並覓夫役 附帶 三書 令 送 傳接又來 樓 底地角 帶署 不為理 地保
又陵借租 令年完 前已 且全完 而上月定 而所租要 傳之謀 乃與 友至 當請 者 告之 當推 先 至 番 南 户 九 月 付 與 先
五山 牛 科 龍巴山 病 二千 九 十 矣 此 而 秋 後 加 黃 而 此 事 及 終 將 未 遠 去 勢 一 轉
十 張 居 市 一 邊 根 道 小 門 請 其 庸 料 其 歸 習 之 年 有 光 成 村 不 準
喜 晴 早 下 午 諸 之 紀 與 園 放 午 時 達 衡 至 之 村 當 將 與 伊 說 今 伊 往 也 事 不 宜 及 佳 下
見 上 不 能 以 有 否 未 渭 臣 等 閑 小 識 布 及 農 也 全 服 去 三 下 出 之 當 以 館 下 詩 面 之
閑 話 西 莊 不 及 陸 美 江 然 五 一 時 而 下 歸 去 北 樓 舍 山 寫 了 信 之 均 據 詩 佳 矣
新 招 配 之 婦 閑 之 送 見 禮 大 留 坊 信 服 日 曙 之

是日芸送小叢書、文史、許氏三種，且香伊家日報，壽日已發，余六元，帰畫及泰

來予借得金石屑四冊回　夜讀報　書蔣揭去一箱帰來做首写

收甲其雙帽

沈借錢物來還揹　二三更看金石屑盡

二十　晴　上紫　店三五以二百洋計入六百許　來鄭洪慶來借袍及干貝上瓶之　二下餘出園看視

紫店言借去所不得即此訪留住于家還不值　瘦然回　廣十五鄭為詢雲　開安言馬相覓得于周銅店內

求古物且一貨布　有一煙碗　當銅三層底燒蓋　幫作值糖之　十九日索崙許五角　推合用　又便宜也一廿

梅蕉書中小英小荣之糖米補丸　五斤　煙棧已上店　付西付上鞋計　潘花四錢　陳五和　繞煙　陳渭

拾煙鏡　本二十遂合之　松風茶說話至久　天將黑而返　夜閱金石屑　君古玉圖本　久未看完

廿一　晴　馬四之中　書紫　煙之　庸試煮煙燈碗　并以碱麦留之　而晤衛大人宿年　付靜濤課階林書不能讀

留以仙

三下出找庄訪留住不值　乃至馬相店　找中又語多推誘模偽　余一再執之　云若再不去屋　惟有取門板

岁良晤

姓宝雨　鄭晤李金老　年八十二矣　一宿廣來交　五年月二日四十元息　及八月十八日至九月底約已負　艾付還柏桂記

宗靜念之　撫靜李抑鬱歸　還留連入　相怡悟　余付判　固之種之　陳悟夫及以信業福昌金銀花頑新盛日北

指靜　至上燈乃回　靜翁之雲逝從中止

廿二　晴　四更來予飯　余錄金石屑十數頁　付身心未讀完　洪子廿七完相　上次買得偃村家範三大冊皆

山居荣壽節好物并使乞為做背張也一帶二層之　四頭全採泉本十解一楊刻人物甚細下

一三兩一兩十四馬鞍場家店陳晏之　余出示以扇　並有同候之信與銀二兩托其查還四孫于細宿
取到一　五米直百一　延柏秋印　託吳廣文郎帶付之　旋出之極風　待示借及款　閱簽條迺馬程
廿二仍出寄去錢一兩　信之轉廣乃歸　取作大水烟一斤
廿三晴　仍錄金石屏　而兮候不來　擬回之　吳教每擊独天寶至　談久在僕屋　近仍吾意子喜神评还
房地付葉柴房契寫　仍房地只寄子丁壽生未之買　詢其名節　慎中人付葉紫陽亦連中六元　其弟出實當之
契之收廿六主契廿六八畝地租付收訖　廿三日地契可秀生不來　其契已寫成　但以房陳氏未
簽契各情　乃係余家粮房無用　又索保　限廿七日畢　乃令至北寺黄金入訪小姜來　值至房房
入粮風見　馬廷年招之　迺留　乃出來之　備茶課罷　適開吳令應余一百　限以月初交卯午
出三不妨　吾只有取房契目　極厚閱吳与之好　方能出罷　因房仍不賣　其之累也　將借便
示来之金石　出申仲古之舌録等来與觀　核此之人物廣而歸
廿四晴　大霧　仍錄金石屏　與之于錄帝　而戲有子觀者　午後吳教每擊独通鄉　三下出
11粮闲
初晝閱　抵老与郭保去一談　到店通恆之見　郭大極言來侍伊西擴舊室　雖苦極伊遥允改
三日上午
閒之道宿此銀　與余借恆秘鋼角十五千又一分角之租易収　洒若人和　乃代致之　出城君印關告致千柯使
粮以一角市內　一角粮待房歸
廿五晴　早至園之　查地及菜墙法　至稽麓早烟一斤半　丁壽生信　馬桂榮刻司　村契來以中及　兩注粮

廣地 [illegible]

未合沢伊另撲而了一再之未近情大袁之旋合地检其方向更支爲并允將 今晚地之極格去乃陰卯以吾

成家 共六元內扣中字洋銀沕分 即付洋三元又又廾 馬中又玉前沱四中洋 孫名曉極去ㄖ至移三付訖 此君芸

小二房 青國藩誡三年除熱論也 孫稻 抱極未予飯午後 未小二取名木来 又今 飲修汉植材[illegible] 索 伏良實 付芸

若付施 仲元 作錢笼詩藁 若四去云幫丁馬指挺 洪之角 往付仿扣 餘之 去訪小蕃 話間知新有仿周少軒 而

許六房寄為匯票付寄 洋一万 未織甚予號 去报見静 各集齊 告寄 看名侯 汪弟到 孫去一同 鄭大 及人于

格兄丁長生 甚之到店 乃於風与 陶吳渭臣閒談 孫兄丁馬 告四 抄力 乃付 元 錢三元 僕乃日 來取 我付之 天岳

卯 壬亥 上燈而歸

夜之西友夷不成寐 因思地与織綢布廠与夫上门沙進查辦

廿六晴 作詩來成 付靜詩 若金山戶来 著 三十出之 十房 岳婿家達傍出寸字看 郭俊東之周府孫 来取去協匯

仔什洲 未正甾 郭少沩人電京迴敍不往之 沈蒐夫 店玉有 柱達作 昨其又能口辯 短識 玉安去留罩數 力請去翁仍府 悅泉

宋字 辞來 文 宅看華雲賦借出 渭臣 販告年底借年之 嘉来搶勸推打踏虧 以元县惶繞僕 余辭不允 系為鄭正行特

庚酉新報歸讀之 日侯少村薛议洛陳了日手與將不陽手陵 各近酒五大臣及各省议鎚國費致貽矣哉

夜作錢笼詩歌 数之改字五三数 次晨再續 作飾呈成之

[illegible] 若昔便仍山右陳楚富有錢花之百餘日 計三個見面 讚作詩歌記事 昌龍

又有[illegible]三皇聖作名所南北史[illegible] 自有輯之事

物而外將文字 佚記 詞有天地廣遠記載 濟人智 布自帛菽粟以外 [illegible] 郭一 凡百民叢

制作文字精完滿，泉文遵流簡由繁。前民利用隨時轉，挈力布寅晖輕重，如郭窍肉辨
八 秋介 淮叔 子母篝簋，先生山右雄嗜泉，所得土石銅陶刀鑄，自齊管仲下及秦漢，篆識工一字萬金寶為
退省齋視如璆盤同，招為予謂陋行三日，示我神游中罗星宇，亂嘤嚼目精，行入五都市
更披泉屋錦同嗜癖，嬉嗜癖予世人積泉識五都，要徒積泉殊異，是考古數見識刀筆
一世不對今人書，孫子問言，戲猶書，請勿書，懷辛苦，別岂拔谷方寸土，錦裝玉匣，入府出户，屬為古玉府摩挲
銅齋硃墨主

是午陸渭笙仗根來，匠錢二枚，又示汗簡鈔本北隆間 九思室以十二元得說文古本，為人又借去 来五
余言不可損壞，不足恩矣碑，碑可謂物之成，然有財者余傑得之 是早丁春來付此作說
昨名泉列雜十七十枚 上午改作古泉詩，得已不愜意，進已用心不足，就之范高快之作，亦甚見大畏人之
仲寄自作二年作錄得 泉花三册 汗簡一覽并詩書，以印元易鸭信，償如約，後信給例以
刀一廉，出而見惠，大刀布致律，及出到店，寄鄭已色，又与 阅五一之入楓風，陽廣之樣，青潔大指甚
寄静鄭 而一諧，誤多久，谓德玉云早使人搭，後說文十六册附有小刀二及一匣字錢相贈，賀与余索取
佳者字 相心印合，而因遂又加贈一廉李，兩不留一日，而為數寶之，吳因与論詩之者，余及其碑帖
谓好泉 刀句 出字玉上，燃刻廣所，一根要帰 阅泉书拓时，來补未增留，留伊補缀

廿六陰。春病稍甚，重閱《隨園說文》，無聊悶悶，寧當刀子挂。隨作歌為佳，粗露真可恨。今上存半，伊拊吟之。

此地傑之評，宜責我將來乃開別番也。之下渭漁來訪，還壽卿詩，已爲作之，批其指摘五一，未定其易寫之一。

吉陽見訪，因看徐士所簡說文並六書，談至五一二時久，茶小，看衍讀之。欲作詩冊以載生試失太小。

〔階池來〕時已夕陽中，身且倦瘦，持靜室。陸菊仙來，石卿出。乃畫詩稿，首其詩了，丁其寫字仿之。

〔菊卿菊孫〕廿七陰。早起因何多身重，真難受也。早飯筆寫長詩二冊，用新筆不甚合手，書成字顏。卯正後至葡萄

〔漢卿同〕至錦樹與人商過半，以一角市腿肉，養出至翔雲借牘，其中來同到。店過馬店值，付于杉風見錫之姓。

〔雲甫來〕廿八晴。大暑之市，牛肆二五市糖汁。過小蕃告以作詩，及夏廣生語之，伊苦議之，防推之力，條不知世態，即此

亦了無見識，可歎。遂歸。袖報回看論，旨來要求中之石村，直其似慎，意而與合國共議為善。

防局來，謄書滿合路中西代看，付顏老廿。

三十晴。大霧。午前作墨之扇，仿雲林。另有木入，午後入陳。度與梯青、海望、虎李來，岩仍執筆。看皇肆圖至

什一，雅仿古元之。適士留筆戒子看說，請匯小蕃來訪，即回。晤出二冊，一詩作獅山訪塔圍，一作八詩寫甚

與飽讀觀，拓磚及說文泉譜，華老之云，所三寺橋樹之。出已三下，至于園，值視古屋，叫懶之不理，其木難

〔小蕃來〕多惡。到店，過葡萄二，限匯再過馬租，伊母仍附諸。望之佳之見速下之二日一付。至其于情一再理論，達楊保之告

之。月泉生般臣一下，徵其無頼一味，出佳之氣而以欠，不一而足。此實難于超業也，歎。此後故往回轉，心力以不

活，悅最迂，輿入。松風見渭漁詞，狀頗不再，因少無此詩。改寫成之，上樓，袖振回。

收俞西世相山人兹　錢阿福　三元九文　四杯四佛付伊五一元　涓作朱来五搨楼眉

十一月二日朔　早瑞姪偕乃侄日感病留浆浆　雜支　早洗足所　買屋箱　補阿達出　閲題注説及与许文封

接此係係訂五先生年不能若此矣午後課　隨孫畢出訪　錢東甫于家共谈　黄菊雄東乃與凡

皆係自種　伊之穗之已呼令来而至未合甚娱谬　所有日报　伊接會作後其擎　房已实与　元九　二三

次舫郭公事　其无滔禹先题马并求作琴手柱　冬之出此到店　当得一遇马桓仍然推棋　而为多留语

之松风五潜涂　閲説種之五上灯　夜阅随园诗话

初三晴　早作缮後　渭涂上午后　少费事　作小条幅　不及半巳午之际　渭阳侄来　云下去五

国改之業书报　报碑　居罢之　道加架付还　说无注　并讨欲　沿伏随斜余衣箱拉之来往又

余　四補遂前西　古五园六卷通二本　隽快送　自来五斗至　暑士　三四斗一档柴九斤

绿柴五支　前之五鉄为合付树租印书　金二至未定四曲园到店　待遇马桓　敛毋

孫之取覧余理　口之付三元一角五分　金之在舞而推之取门板伊邀　税收之之来　就

業也而不解　马归收之矣不惜　一谓前之三石押租十元以有借仍找贝实二中　清面

写册以接搡盗术之得四张多真注之陪凡楼之底　金年歌貂而向已呼四　印店门板

伊仍随之税之同道　闲五细之吵天不再为训　只与醒其自为　四　善相诉其解

園託人來請看書並去，已燈乃歸。　六宵夜雨報風，與到園一了，請尹杉被寄約明早往看。

初三　晴。早起，張師母與晉甫由園乃廣，至徐少穆，路過印園，全到，至路沈門，言和五至，施少談宗

（又往步　四千杪）催租，因不在家見二媳，及申將等少停，至印本乃四，至新宗園，森浩成二隊，十梅首

未嘗去招點查存，並由地如入整作詢一畫，農拼租四畝，作秋金四，印家之徐款，至匠約

四處一種李丙店，問雕花與楊寶叢，青及宋帳一戶，匠納未成。　拆廣已銷號，又呼帕起入記

（烟化　借己賬）烟收過五成，親到一兩，五両貨，至杉風與楊三乃收北頭，算清。　開便來付一福泰錢武銷

（付定之　收翠户　上屋）稻倒之種種，各之剩數，又布與保存，借定地丁畝之糧，借廣一元七角，付過，但余四尺之完

七限，只為住一戶將而移，與姪卜向年大替其衣服不認賬之，先一角。　將丙平一小杉查付力之

馬桂將梅已一再告其勿捐速保存，知其保，保與忍取押厨下，是費盡此而已。　多唱詩

點印去四草，至閣君租，各收收約四廣，壁畫交日伊錫。　喜助補庫店，分過禮補

收補　往回饒，桂是先烏，道報至廿九，三千二百　中多　上詩五讀學華帝乃日供之

庫　回庫　閑在多，陸先生，出活有三　新宮六宗二大　承華健其四兩府至，即以報對

業仿之　書借林蕭之長工，文傳其壽守之，

夜深四喝彩，明日報之。　查碼四本全一件

郭外閣已旨　陝川中常卷大大　請將某、二字補勸彩　斷人之議二

青甫帮府辨信寄又函謝伏

初四日陰晴　早為渭漁款拓碑七冊簽　午付信謝　渭翁早出園中有客函示祝歸今遲不果

論德　將光物取回上趟夜下蘇門伊渡上去此轉屬送一元七角兌院成完之稍遇祝明我將祖

東方看竹有裝折及示丁月退租之法俄欲息移公倜儻再没入松風傳家林余戴五只

城余聊識以先子前行救已有次了無以為善事大自知其子孫之福真可混混之總息之事合旦川令

之峽火劫示謝與秋霞万賴十户千悅院没渭漁玉函德馬亭又不離于隔壁石理猶守渭漁假

謀揣古本著處函來到為之用功書以告之　自為道人再人物培西之祝天人　尤君照像至時乘程

于康侯指歸

四紙之緣為破卒楊

初五早雨涅地千涉　未驗渭漁付遲至碑七冊　然鑒成不為犯邑書　作山水率幅尤小義又　未宣以筆

先秋声日用以

置石的淀中止課　潛翁以口齒不清乃告以阿木難諱深書伊震之法西庄辭嫌無甚罪

也地俱狀為来付我用已為降之者云三下出訪朱泉生不往再北西底之馬柑黃老多尤犯遠

之其蓮北七城壽旺子瓦僕的務社程入松風遠遂再悅眾拍出之其中地没已為鐵路而書只十三

將日伴擬款本將計四千兩存者斂日伊三處為信汗入五千金擬備後老堂余助大意而出五以黃

難之而余為靜之計至得二二路近閘地　于月祖以侯陰鼓屋至之府来思種其之計　見馬廷夢

廷將其田屋爲何實計，或未成佳之，應法付之一算，執之要旣費，欲久之，悅亦爲之，因將允予于十五，由此匯

工雜底　廿二　玉書六還移，計多二百余，租七七千另，別措二元餘，四點挂扇，仍付余一千，應允，伊又更付匯店板余六元，照

約罡馬租　日匯但屬其嚴限中人，限請原中，彼無道理，同予陳請，因執其另十五，仍不還運，何謂對允，請將伊店

大六爲屋　柜檯眼板不能置問，三兩同允乃散。得爬華姻一言，悅然仍訪，歸已上燈。傳疑不來，問未思之

十三日　晴。實無從設法，已深擬真如何求，四與前經之治安，截于杯，力不把四事不能力，其心又迫，關嘆極，未挑

丹極升嚴施來，誰留菜，未來。芹弟申刻。薛悅卿來，久談，伊以僑中地予出國供院，其意似有於拒欸窮，余

悅卿來　未稿之，其于書畫而不深究，並以火中人物，極忘古稿本，已向借之，至秉芳借出，到北店談，爲和板，約回歸

言無畫石處，久坐不遺之，索余一算，抹以書出家，但實約合，那板在之，又松風閣法，兼重言其閣弟，以示應予承

爲借稿歸，已上燈。抄報三，初二三日，以肖像，病未睡閣，應于揭示，爲之甚，爬太苦

匯板　報無識，已時，乃中止。

十四日　晴。閱新報，日中日協議，滿洲中東…設余實爲存係之稿。陝西北山延長縣出大油田，日陸路聯西路，賈佳…　十月至…

閱報三　對國事，奉告郵部三論，主國　列強得土有只，歸後主憲，先主劣審比，的雅度之，寄書傷人國，化土之法…

日僑自達慈兄，我當滿洲，強創同盟，義國稅…

四日

五店轉過訪 悅泉及陽洒均不值一与 鄭仰園 手邠一言有過松風照 錢梯青回茶房請公為

庭語一再成西北嗍无每語未合而多再可至面伊謂並布內 偷 本 敝上及振歸

抵茬肩茧萬漬說金 以債日極詞滿游了以不來至權為奎圈之民之權先者惠盼客長以莅押 在大昌嗍逢吉里

○初八日 雨 半楚姻出性庆收 日姻羽來 至午畢 隨訪晁夫 以訪錢般 渠訴請金主一加絶契還得 ○

隨晁夫

昨李 還電論議 趁居指施其些力斟 訪錢瓌揣謝作而休以其勞可也搭李並穆陳飾

請約東以暑歸而做懼乃急收總為貴是亦伊以還有李日芸晚承 嚴論今不再從稜以端

前撤其子自新 ○ 三詞深感而懼伊度次堅言並以加數與何則願自主一加絶契爲年果之在

契卑伍一契作絶今次已加付洋之則於何日仍執前退和顧請 議聲主一加絶據 以姻不另找 白價九百四十

鍚亦 ○ 即將此時日之李俶 ○ 此日回惺于匝匝 叢同官圈 雖殿又所借金 願由玄執謫詆辯 並聲于接洽也

契稿字諭 至還以伊性匹閒如也

閒仍粗學

羅悅

主西孫送往 四日仍粗語鈔本 甘後似廿日日至五日 共九户 四日及伊景會求付工資 而以二元爭之 店菜地為

庭

遲鄉引至晚 祿生家 孫惠夫指府甚重其以內訪根且租送找狀未 黃者四一棋鈔錦店

程錢布從泉來 說係大山人物串來居學校布

賀晁

時李 蘭陔至之國命帰為子惠才黃也 久而旧乃自往查晁 而爲五千地據付我責之 字論悅泉信到 女要

二鼓甚平之 二下出 問子至園查無 到 達男路以月內要付還 二鼓 以密存殺勝覆 到樣同居 夜以照

營粗也

粗戶引渠作 去止遠去君則任撇推樣 至明 他土話要來 錢杉風与例不著 閒諸 布 常 料 補

歸已夕陽中矣。夜鎸銅及石印，紫入董揚翠樓屋上理簿印以讀，合四小品。

初十雨。舟作陽曦，四年四月事諸不湖心穆，會理會中明亦例，時只值年取，彼得林等丁百年同光，各語對付此人。今野夢不合，理由低三下出，不知馬達，鍾即預備，不再自誤，誠勇人莫伊誤之。遺者共意勞劍刊錄快。以四角申至根風澗池，以車字之不治，驅趕人之兵云，其人未去之前，其君死，闡死不久之尚，以美甫語，借一元角，闡云。作箋筷。有莊山馬。其全石每五價中，計倉達有讀帖。鑑者以四角申，伯加廿文，擅行筷十雙，花星名。付託寶付鈔乃去。夜，我讀任世文。

十一日　陰晴。天為不正。早，寫集去，衣冠戴成十許，啟課孫畢，出之大東門，到大南門，評晚店，以屋不諧，即回入閣。以一角書館閣報，南方時報二。過啟雲所案來，墻不甚合也。北轉店，又得馬祖申句，再誤，翊運僧閣入榜。而古泉光一角。金市錫臣提一升。又去至舞比南山，龍鳳呈祥一手，一角。而謂伯桐藏，成書書千，書五百，書百云。四弓幅以昭日乃奉中兩，及兩年相留。但桐于孫氏去嫁，頗為伊伯者，遂長語，居士教之，碌碌，六七起。東四甘根，牡荔業之墻，以為善英雄所也，而以二墻四尺為率，則十字不足，讓四字而免大難。四泳俚對云云念之。盧取二角，知上月甘梅。諸如此士見，銅角不撓，詳備閣角於矣。收祝祖君文。陳舫白時武泰頒集于王虞，速臉之，不甚也。過陸模店一之。產業箸芸之笛。

○　著不侍金御弊辨印作，超居万祝，出之，碑者樣城中，書家俱有餘地，以植補貧。大御游生計，自近年為出模造，去富貴擲炎東芳十，甚于古人，知亦有地，繁歎久被太害，遂福伯為孫油盤者，廣多所

已力請當局已爲圓禁 並函致馬 作賤一再言之 生乃係附廣之人情 張防營畏 表 防營香名馬料作
年招放 惟開墾種桑爲春之要政 而城內爲此禁馬之禮 不爲嚴禁 蓋作仲者生視其等不校 程
杜門謝目 是不出當局道往 今以此告特防營 牲畜如以爲實禁 始以日權作一年 稽出牲送 起 郭召子并
查務速急切嚴禁止 倘有任意縱放 則罰銀 嚴拴護免貴 於是盛力會同城官
倘有仲不知置表 則非害亦在馬矣 有友來 由委云 擬一聯云 本務貧人桑葉斃 馬料 城地於作牧場之句
擬聯本之根據 此種更不可付 往說彌里 且俟異日 欲 慎海言之
請助馬去
十二日 早 雨 十點晴 午 身不適之甚 居官相同一日 同馮壽生 少年無職人 談 看沿地相開 乃錄四 佃作 余之後此
官田佃生 一局佃桑 定租地 另地復其以先 租一區 田開之六級 去北 另佃四 親字 租種日三 錢之四十級 則開三年後 照租 而 變佐 轉 乃許
業務 並 目前之六區 送一小 斗 同爲 催 佃 之 係 防營 所 有 全 四 畝 京 再約 限 日 復官 出 視 租 界 至 移 西 之 屋 也
再當往 談 論 前事 并出示 請 議 葉子壽 付靜讀 又作屋 完畢 茶 最良 出 耕 種 俵 來 少 往 年 考
扬静 是年 爲 高 先 去 後 令 各 居 秋 後 續 有 友人 商 舟 居 于 舟 三 家 出 之 北 千 園 借 合 西 遊 移 至 廣 先 生 占 用
先批 又之角一錢一時 曾冊 保以付 各防員 伯之道 馬租 佐 北 例 書 並相 推于 城市 萬 春 于 萬 壽 亭
西區 程門 市 西區 之 樓 佳 靜 面 事 過 郭 鎮 照 及 以 追 田 場 四 西 區 南 一 區 及 錢 入 同 陳 調 核 已 出 而 四 四 之 款
靜佳來 坐 他出 是晚 來 敘 等 一 事 不 就 作 事 嗚 在 富 之 事 宜 明 日 搬 來 種 之 方 諭
十三日 早 陰 雨 之 表 示 租 作 房 唯 地 金 坊 洪 州 少 孙 悦 一 年 伊 以 權 係 官 院 到 爲 定 晚 飯 后 金 係 時 搖
晚 往 詣 自 已 研 書 稿 詞 馬 係 郵 防 營 及 其 業 生 二 人 所 敘 乃 作 書 稿 送 園 借 祝 庭 香 濃 自 至 不 謀 出 尾

四種菜亮不事事，能出保將萬樣要筆意工作，即作皆外行，殊不成為長年實帳之本已。作古畫或十餘字

付之洛陽，三下出訪桐君，留寓陳白磯水，往借閣諸文，王北一角之島，祖僑之，又告祝明光圃時已，陳調梅亦又謂贊翁

本箱，步至福，聞得弟言，其實伊先生告即陪候再子到店撥，晤復，仍言未家議，證此事

與布，係以餅市，由本箱一具，乃藏書二石，取往大行布，時到，係 計后叁八千取，祇責半，擬乃天 到

在王郵護寓某，蔑 四四家 三の史致盛裝入香港時存仍

十四 陰晴，大阻 翌作，事不甚。二五成禾，午揺痧 晨宿，壽生又往，馮壽生來，議定要來，和院定 今即搬來，並與辭脱

二租議，經說定二十上下未起，租稿子之，此地伊說，真者昨水田年段，馮森旅，仔壽生又挑二租，物未使，蘭佳而不

諸親不肯議，出錢二推，言 五四軌之，求文以乃未宜，遂同之曹內生屋，我與居，示以居之莫戒識一切，昨布大料住扶

○ 衛生之實，十此也，最要聞之，極為萬人日常一二斤，華國向做，亦自擇水清潔，為之，就理局

更宜講求，憂乃虛暴，城内各水井，少而且不潔，甚○ 日常將洗發，南門魚菜，在家之水亦

全人居院，鷙說者，國華之，宣考伸，設法以防之，非獨謂作陰德也

余有築池子西衛，以太不合設，人○路過雖以此法，有蘇地成屋也，開孟翔，于晚步，以收新氣，時見有

挑水者不絕，俗相之，淑田畑，署民水，洲田南衛，墓鮮居民而汲水，似接子河，及此池，稍清，滿白歸

大職果以為此事未坐，与吉理也，然已，舉之日記，孟四池為○ 得者近十年，得以蓄魚，侈

大人蒞任，當茲者將縣署之余力辦之，蓋緣當者挾仇仰伺，借己之葉之全地迮暇修辦

全鑒。思計此處之失者，祇魚鳥小而人，於此担水日百十石，不知此渠枝其害且百十人矣。一也。

池上百步間為道場熟地，此地聞之，遠之。問初乃一道院，屢以惡城內多人，柩葉均出在此，縱橫百千

具，雖有義塚收埋，其為有之，而百一，其為漏之業，因之事，左右行之路。風雨暑暴，棚卸極遠，而其地之水全流入此池。而担者既不解此，而挑回此水以

燒茶煮飯，供人飲食，為疫之，烟胃之症也。孝此一食此閒之河雜下咽矣。二也。

柳思担水之者，此池挑水者日多。大抵食水者忍未其往。閒之北寺西有名南島會寺者，地較

僻遠，水較清，俐無有名之者，柳署與西二巷及宗所需者，似令該担夫向彼挑取，該担水夫偷懶

省步力，屢召曾允，此甚為惡之尤也。三也。

今義縣西寺清涼水中，藉雖向御之水，于島會寺，遠則必令就往，屬之以信余云云。其因御屆

宿挑水，必令就往，常同情挑。四也。屬縣駐救南門，鳥巷之居民，安則留令

圍道場熟地之柩，令行出戒，埒其處，成安，須曉諭居民，切責地保，以後不准擱置薦地，招傳一種儲

戒查出主者，罰金，之地保等，加責。承徵

上二年之疫症之源少也。日見多柩抗入，口屢妨并出帖，如著赴白警，侍留即以深究，惟藏並迴避

懸猶伴也，自時攘攘，知袁得少遠（中文）矣，然於名聞人，相交處務及久，當知該相交知識，其偽然不理，曰權力換世傳之矣。

我日書心力而已。今日寒風吹面，難出（室牀作）甚，乃宜細將其注腳。

二十二日，衛兄來，細將已至，一女一孩，猶易年，精衰為甚，余歎之，乃言北易於布，如保俱俯（三十二日）之道

相同見説，為言之，天氣雨甚，取布借之，益田愿已還，今成衣，迨益以廣居人也，僅存字生，日惟五人而已。

（湘留信）其諸友不自事，漠然不動于心，不見其為危甚，即示余近友，在作奔知，留湘之行，経責整頓。

二十　十五日　陰，雨作，閉戶抄著錄稿，寫箋卅許幅，午後，欲抄書，汪來（携子昆）稿，以為大難（于是），古人者以卻不供

尼政甚苦，以政治益多危險，留之，你收節略，作出然無所見，積心之來，何也？中川一觉，言益余亦來北手拙見人

高生之林來，以墊借四五到，居至信，長租，余言詳入仁大過，楊市考其兄冒海圖入，彩鳥，其書有一種，星巴橋

沈一可猶少年，舊雄精手製，次日沈嘉夫來久之，去後四兄沈作轉手沈嘉夫，理以四元以不原湛擇拍出售

三日，陳多教，聯仍是之，上其書所，手捐之至。四四　其弟六一來，李恰一四至

二十　十六日　晴，大寒，陳騏字玉千，又加錯，印不象，書之手既。打魚來，你魚去，所而一大包，四斤支付，尤精來洛島，三下不顧

（打魚）沈嘉夫傳之，兩百兩收稿，已一再請自翠不再之，但如契不以示，也淺言，再言之，我首詩稍之，該年處并錄回，余伊（許之）

（沈嘉夫之）強黃西還，余以手帳不淡，欲勿折，伕送還再三，推讓，不及稽之，大之來，送沈綱之，與筆送之，打之市完話

意乃松風綱之，談之元曲四代字帖而有閱之，實為馬稚璞瑕，惟冀是二下午，廷章來，內之，見樹還文

寫租帖 往現只措三元，入租付伊廿三元，月初三元。西字請照平定一面，房全照原紙印全。還向再日謀，是此定數誰定。

送酒菜稿 小菜六石林名燒，甲粉田多處，故全移開六兩是。后砍去馬欄，右列石扇，更可觀迅之。天多已去，徒入松風留他。

町在虞日安 后見一抄印只以附已上燈。息歸。

夜查魚盆之住。當長生与陳喬生來言，此位輝雖大鬧，已逢及扶余坐已託侯被去，而不勝未逢。

此已初刻寫出，定名錯亂，可程議之。太息。

二十八日晴 十七日晴 接慨移供事新 瀟蘭 作湯佃租契稿

租稿 馮喬生今同訪田相插安中，當長生租訂。大長海浦西內內後俊鈔地六公，荒地四畝，廬屋一間，東西平 屋

每月租三百，按月支付。熟地六百卅二年付訖，付租洋三元，作兩次交付。其荒地照例（卅年止）鈔洋四五年付起租。

玉姻屋秘錢租金，地內一切任佃發闢，收成均歸，不另索，任收任種。照此為租契稿照。

年居士觀來，言目前之病喉，靜平便悉，如字所圍藤排六病。同靠議，據言字界之房屋帥生若周

請出之兄弟來賀，成屋於月中已為要卯等[illegible]伊未之辰不至，寓所石牌要又須加作千，出面余為之[illegible]

西陣之西嘉唐年高五舍，深代為伊承辦，作措款，計其費甚缺，与退歸矣。伊已戒烟而為自

本領嘉錄再過陳見，歸練甚善，遂往又至慶福後豆進入座，晚贊面後，書說下程途，旋急北到店過

松風見，仍未林馬務租易拖遲，而費華家馬威龍及張。 拍在研田來，余待移俟，全入星寶閣之有，蒙果子和

借酒同國四人，二元七，又費六六七，業雖有一快，費極一。共研山一共有四界，將而又來間余暢，四家石一場，平平之請傲之茶

燃見又來 戰 董卷同伊郎，作借伯次之，厥亞空余請來喜而，陸仙勤記余之，留玉四時，日暮而歸。

於方右報云閩和關之重案，沪道[illegible]争之權，又其會商公署，起電直執之堅，必有大關争辯不少。

未施租初三升 是作法為也。此間等相應作九文，合市價並爭競，疑識諸君知之，豈肯相遜也。施了，糙米米每斗糙每斗

糙量十二升，且有穀壳宗，不為貴，且付呢目下甚賤計料。

江 十八丙午 晴陰。閱往世說編。借華陳周米三石餘，四卷糙米斗，四斗之静，近庄地濕不能出。

帖 十九 晨早小雨，午後晴。閱市為銅元，收市書者作備，而仍作十文，揭帖陳請，主其者竟出野蠻行徑。唐八報來云責任出路

店之三下地為濕出。園壘借說租，出屋者將行門，書見衆物于灶西，遇責生又一再懇求，并力擋阻，乃為壓

地猶貼，乃壯入店，看招風揭帖，思罪商公，而出亦未赴作九文。余尋事一不置喙，此可不能兩美善也。過杜風

過說欲伊趁伊玉硃的行，正其鱼幸，習畫，伯塤說乞玉物，鳥成就售之，而余留硏田以為一角，不售，余許以四元，仍如

十二 無異，是日說也，乃過杜詩詢欸，若有而椎鳥租甚少不在，楂是茗話久，少歸。接訴孫，亦于廣

書

欲不來杜丐 策蘖。其年仲者，為維馬傷出城木嚴禁，為宗思種植，本天地自然之利，却亦太濫，寧出

產大宗 並有城内隙地，遍栽桑種蔬，歲入不貲，民生利賴。乃近年來，率[illegible]為巴日，夜蹂躪

糖至蘇州即移撥，盜以致已墾之地日就荒蕪，未墾之地相戒不墾，勢不至棄地利不止，擾害生計

殊甚。乞依諸州縣舊章，生之道其知甚者，黑夜驅入，即入[illegible]諫而阻，即被踢禍，種種殘害地方，實堪

痛恨。嗣後凡馬匹，倒有馬料之禍，斷無任其肆行，復縱令自食之，任其衝，乃馬斛之為害，報告

萬挖聯尤石室藏書一則　伯第內陳寶蒼生地方公益想見環坤

分行太電墨　衛鐲李鴻藻亦遠不須馬四商投以作年論議老人等兒　今蘇馬匹須物議馬柱薪道州

言之蔡鄂　蔡鄂之人深蘇徑義萬求　彩訂董汎一律　蘇林以衛民生實為可使

上海同文書局所送函　同民共議奪主權其力　夜大俠郵團路之要以推不去　已由集寄郵　閣准

江

二十　雨止不晴　寫華盛頓茶　晚日不出　接謂滬作未匹　隨解金石四冊附　寫錫伯一函　託肅泉收訖

謂玉海二冊　匹論目　太布印相法品族書帝王傳　未周至太半有無意　有之版式而其好作偽自然不諦

泉收訖　作附致嘗泉之人　其於石書一藝斟酌注為著名焉　所去印識四真而篆隸各體皆就　高張別微何為推印行之　不為人指摘　有似賣弄心粒　且用洋連史寫　尤惡　飲自以為能刻印者耶

靜兼見　寺　自閑之事思不合也　謂達致余書之　服子余致議揮以他日也　閱之又至夜始完

作付陳論　又致函邵貫　並付之錢之近　梵清　僅付此之足其匹家

江

廿一　雨止　竟日　庵陰收訖

作付寄錢五信　附話伯年郵　鮮維收訖　又書名　兄辨古泉不合數條一函　合之四

佛魚　禮馬粗　呼在閣廷大　莉縣云　陵九七折　共問合表

夜時四存寶之　孫鈞石文探別之法　文字有五星　李長小倚名三十叉　中擇傳　借聖宋元寶

世寧　咸平　廣國　蒙文十數存于別串　又閱經世新編　新悅泉談卅三　全行帶在泉頭

水

世二　雨陰　異有雲飛之　一再詢升于四　全整理戲物　余計料和油　擬選集竹幹土著用　禾絲渭漁附

是貝高若之事　詢雖然工力為細石題簽　詢實欠之十字錢　其目京本

巳晴

華嵒鶴峯之幅陸佚特宅迄 陸畊紫收惠夫陳三元 石屋閣陸作六頁 以上字閱印之句具印名光照 吳之并沈氏

少坐酉時至店 趙鳥租 朱屋不在 陸悅泉偶禁 四來宮 徐舟中李之冊入 松風與渭便談 悅來六共座談 談者人指陳之

並小冊畫渭浦之予三角 一帖惠龍之意色圖 黄對原西圃仕又七年今府 予還三角 以五元售不以為真少資也 許人送來收天

黑以歸

廿二日 晴 大温 黎明起 陸以李 以代雪斗猜四幅 桃以出二次來 眉以李 家觀陵光 家寄來一斗二升 付舟主代付物印出之店 知悅泉已差假 市內以舟食 官陸金小

月四日舟出發 鋪年內 二有廿六七斤以一元六斤十兩 以酒猜向再市桂餅 送之以猜与悅泉同下舟同至悅陸論 十餘子甚多 笑坐

收草兩斛 至陸店 守元泉發 陸以未取租 二下 狂談石泊舊仍与悅 出其府中英華房 入嘉晟与王友面舊乃還 茶作悅收了。还

烟收 補丸 台 十中英 市裏生膏 帳以舟一袋 市糖 三斤 又二角 静山兩 陸葉中西藥房 作速南至祥橋門郭祥隆銅

苦竹收 店詢郭他出其住与歸 時已多 以七南至旧家也 引入內桂廣銅店 擇了十村閣餅 多意者乃擇以威堂 直万一書五斗一

糖的 福壽康寧一幅 如來海一隹 海陸濟鄉 一撫帙 天下太平一 百壽字一 大天熙一 大歡陸花風鈴一 一小漢鏡 一古字文本

銅的 清必漢物陸篆文楼糊四種甚佳 又二匹何印不辨文 祥之 同一斤十方 未為 予以五百文換之 陸予另有銅牛馬 古式大花

圖屏以 指壽未頤偏也 又市竹籬一雙 予一角 錢四十收 下舟平送 留江小祥及店 并購太古劫古票 事印四嘉与酒者六殺

清未作 為俚店 洪平內用作五百元 添為代措 前已由古穀投之 予乃告以君未烟出而 另先仍空 以一千二百收 四月底烟管

还舟作 共之 秋村雲未宵耿 余擬将此仍作嘉展中典頭同約合之 徑留夜夜膳 之望其月初四日 取茶葉四斤 找洋三元一

茶油缸 真已中英六 上海 士為開公重寧華班罷市 樊梅舟偕夜中一多人 郭祥隆銅器店

模黑回舟 天又夜 澂溫雖甚 夜似極不[illegible]

廿四 陰晴 雪大風 [illegible] 赴開口 于梧市 [illegible] 五斤 [illegible] 計 [illegible] 付元取 [illegible] 上 [illegible] 開 [illegible] 一 [illegible]

[illegible] 上 [illegible] 蘭芳 [illegible] 和 [illegible] 泉 [illegible] 魚 [illegible] 開 [illegible] 陰 [illegible] 家量租 [illegible] 租 [illegible] 四周 [illegible]

于租 [illegible] 三 [illegible] 三石 [illegible] 五 [illegible] 兩年地租 [illegible] 開 [illegible] 加 [illegible] 實一不 [illegible] 乃 [illegible] 欠租 [illegible]

[illegible] 石 [illegible] 不知 [illegible] 開 [illegible] 由 [illegible] 家 [illegible] 向 [illegible] 傳 [illegible] 典田家 [illegible] 二 [illegible] 石

[illegible] 米 [illegible] 馬 [illegible] 馬 [illegible] 六家 六病 [illegible] 向 [illegible] 不 [illegible]

[illegible] 已病 [illegible] 木 [illegible] 不理一 [illegible] 下 [illegible] 相 [illegible] 作 [illegible] 乃 [illegible] 作 [illegible]

[illegible] 石五斗 [illegible] 五斗 [illegible] 地租 [illegible] 以 [illegible] 米 [illegible] 作 [illegible] 下 [illegible] 已 [illegible] 許 [illegible]

夜 [illegible] 在 [illegible] 非上不 [illegible]

廿五 晴 [illegible] 六租 二石 [illegible] 米寸布 病 [illegible] 不 [illegible] 目 [illegible] 是 [illegible] 佃 [illegible] 一石 [illegible] 五

[illegible] 二 [illegible] 死 [illegible] 許 [illegible] 下 [illegible] 不一月 [illegible]

人 [illegible] 力 [illegible] 四 [illegible] 三田 [illegible] 下 [illegible] 開 [illegible] 二 [illegible]

上 [illegible] 城 [illegible] 開 [illegible] 本 [illegible] 佃 [illegible] 人在 [illegible] 木 [illegible] 租 [illegible] 在 [illegible]

石 [illegible] 不知不理 [illegible] 大 [illegible] 租 [illegible] 四 [illegible] 十九 [illegible] 十三 地 [illegible]

[illegible] 中 [illegible] 年 [illegible] 石 [illegible] 代為 [illegible] 開 [illegible]

[illegible] 四 [illegible] 不 [illegible] 六 [illegible] 來 [illegible] 入馬 [illegible] 人 乃大 [illegible] 地 [illegible] 租 [illegible]

又上岸買點心等，又人再三訂約，即午初二送至余家，要留來使口甚，心清恐不可制，即開之。處其無丁對峙，只主[illegible]令二舟在岸量米，喝催之，信與上岸諾之。伊仲之豁十日不至，家不知。今在對岸，於家被不詳。余得拳擊乃其面之，其人莫奈，以子晚[illegible]均去，其時只三人阻，渴督伊進入，讓舟不靠，且個乃里之，初四或米不少一担，以後退租，決無再誤。不得已被送開，送回寶珖入城，以收田其合家來閱，即請僕誠留余過其，某保根等今年遭旱，前者又無本，大聲而病，亦無用，語之十家佳一般度，故過日之豪郎生言無理，余甚不解此輩，如能理論，只是三石，又再三推敲，任其益暴，四第再續勸，乃改二斗，日熟風下舟開出，停橋，於陳生錢個收據，又東亦之示諭，不一，盡之又諭，因田至小塘則乃伊田，頗生民手逢，四不言，但之收租，如東撰首無允付租，種種刁難，不可完結，付之悟想，知星戰四城，不及，送下鈞，收半再設復開至郭店，飯後訪程，吾蘇丁家，暄言無情詢，旋只[illegible]瑞林在此來送一面，兼話兩家無事至久，更詳，辭回舟。

夜飯不安。三更[illegible]作，喜丸[illegible]甚。

六日 陰，午下雪片，[illegible]止，[illegible]舟至[illegible]，[illegible]作舟，[illegible]。

推東不肯，恐狀，余不能往下舟，四[illegible]園[illegible]責，四一面[illegible]租，一面付[illegible]，伊身付[illegible]，余大怒。

告四非押租者，[illegible]余不還，書進之屋，[illegible]伊父[illegible]，伊有[illegible]首至于田[illegible]，[illegible]請付之[illegible]。

今伊自誣之，亂言退據收責和告佃退租焉。有此理耶？勿與諸佛，令所下再逼役追佃事，去千米五斗，
并但給三石，余定三石六斗，蓋草宅板租價之板租三石，契價換短，實行田甚難耕，去捲賤智堂，三斗難錢。余計只能取
又反借不肯，指郵伊弟無人理，所移多少矣。
添百作計較，更又反覆，假狀乃畢。減六斗，卅錢至郭鎮。又訪李老。廿九長林。出南田莊前冊。廿年前未又借。
佻十餘人物冊。前有陳叔屏經之均飭，長活良久乃捐。又市米一角二升，午南無返，捧至城已午，海轄上米至
岸令區沈稼生三石，廣生四石，以葉米作完法用，以十四石四斗。至家，一廣閱報。知川閩事，保兵援死華人八十餘
年人焚捕局，各兵輪皆上岸起炮，西洋人不傷一人，作道無解，表均淨盡。出示急電。見書，張至日謂亂矣，出議
爭回主權，當只假陸兵以強硬，反失主權。星至洋滬匪兵，保護而詞有實辭。又米、麥收冬，防費一定運
作大詢。欲四五陰清凶劍，發至時餘。第難若，楚氣不能擔布，及今有日大痰，起就坐，旋起行，呻吟幾日。東街西
十九　舟　米至汪共卸
至石維柱棲，抵家又咯劍，乃因出此擔重更于是付購償，民四角四百一角，計四天每日四鼻，索研，咯升共肝。
日適舟上之當安飭。四未沒盤過。夜以病去神投益精力不健，氣促神衰，即止樓居以夜，事沒百欠。
至千方　自攘自懷。勝得全田以向五六疏學堂，反覆倒數匪始佃之安理，民之大苦也。
廿　陰又溫。晨傍夜補作日記四日。致馮友夫。聯晟信，告以帶寄白票，西室數知照之。張安畫來，眉告以不能再於。江
卅　財左大　晴。濕，寫讀冬書三下。出田園，看視即北入，建男取小土民川土后作，月畢。全坡月妙，題并原序，至廚汲取。
以聞何衛玟、良之先，朕本日　余陶七詞，佃黄生，閔易不信事，灾戒的德責，封店，雜杓風，鍚林措擎奏勿。

師言有高而闊直大幅及備查檢佳之墨寶請久慶三來告我屋宜伊得予以果業淡必遇靈壽用伊甚君宜也
贈君盆斯伊似於之渭澳至付我小鏡寔載秦聲惜字紙不惜估悅而斷絕閱吾僅備馬屋甚古玉圖多陽文字所難
米力民舟即北吧價馬租平高腊山羊蒂兵淨況得少乃遇付成石工我的還舟我的肩力乎
手荐廣交到排廿三户道華竭力過制流蘭左閒市伴兵上岸起燒民之奔章而被擊首死三千餘人多處無船
均來户大勢已平靖而不知其結果座檢古泉收藏錢圖說文甚詳伴深飲
廿六雨伴露織順所居之李姪媳而不伴一事自播標髮髻隨其去付飾媳媒作態而食慢且多頓至而加融
付靜德性閱其夫不要騷之出西按之坐有用此等不能作家掃事所余一再喊食去作付靜德論家鄰
喜帝松松番5州坐成廿三移擇搪不得大者急後乃予又其抵色當得之三下出翁寡備償色于前歸市
草雨到至遠君約弟看付移居詢伏夫杉舟云宿之廣雲云兇紙款殊去志入色麻巷刻伪演三挨去了
又得灯作昔相攬乃回隙帳兩得旋一計得一肩來歸馬租評付悅不允旋悚之仍由廣取二根再詢仁大來到拔之
改之付廣解廣所存饒居到希搪居云云旅歸
廿七雨先日煮烟土小住以惟厭煉以烟奇抒住大不聆馬昳同范玉到來云伊佛費為多人取去大對聯存又
篆來收槻氣音權取來去你出筆招牧匣未去知所回并知傑余露絶尤侯晉理再三不詳不得已之初予放舟來
館壯存可而程又一再留約時光已不來所為而不甚給始難之宿和兄來春米為推不來
以老能洪出而存之成之年卅刻字已平三下肅殿間雨北
道唯抱壽于大門知款伊合棧司往啟那處許回存廣順元乃出息隨余以其勞歎無將至

手司再三推辭不受，以道遠爲言，畫付瑛（計收此攝）因函，均將票託，再函茂出付收去三百元

收杭川百元 嶸押口支錢收付者，十六付里元再付與孫（于松周）執伊去處回店，共湊洋元，請店墊二元，以轉，順下留

收幹亭銀二錢 天一票，至夫晴而未刊，巡撫宥則者，然乃函達君聞信，查于門，馮友爲君至乃借之店，昨仍將來當票填

何杏舫 設立票寫書元貨息，付洋拾數，伊持之店，說家內收房回硃云，收轉悅陽，四孫持去，共信并全回

余租子七租子，收余租一千文，申來迴，付對面那，橋，靜甫住甫寧

靜住寧函

臘月之朔 收轉租錢三百文，鴻生來，留舍，晤穀概，伊狂睡，鈔露西屋，爲一家迷計（二十一來公稿局來）

小（上）廿對月，本年五月，計收伊兩月，十二元一角，病陳錫麟，陳信，又至宅，又羅鷺仙酒

收太銀壹百 付使安保五元，存交葉馬寧（函收至其店存手）收入廣，馬與陳（汪店仁人），又來云，其佛堂高孝，雖又往理，實辭

收懷仁息 善、朕之租米、黃之等，推繫林援，刻之不休，過達君，而未收昨，信息陳已取上，又取小土

付函 我保悅內一玩，保信話，旋至廣昨，墊悅至量，乃歸，爲未晤也

初四日 今家和之祥生，富探蒸米，廣閱說文

初二日 陰 葵生又未合，概祝出屋，已到自由格之圓藉者，四弓高生，已如挑轉，十鞭，西弓歸，還西間不允

祝近 贗五月爲黃也，至財解回，午付靜讀，付中布華君假庄，早日定數，知此款可廿兩外云，又路

付靜 雲濬清青黃為主馬，樓以列好棣，三下午回，出話以為與生不值，與其序條，又入

路轉濱 莫夫宅葉之（馬寶）伊于加（久列名）都司出城守之，馬，議還其墊付，侍話，里元伊里不肯，受推辭再三

付沈函

竹巳早拜 余以其託伊振營地，乃將貴板交趙書，令伊竟推交情作為貴款，票亦豈多。促伊印為人送函

竝甲心款，伊甚幣和計而反疑此，退還竹紀早讓款拜，于恆順到店，四柱傳花押，有何和尚之者小銅印，記

市上銅印 舊去竇源取者，乃一陽文吳氏子讓四字，堅細，然必唐宋物。又有瓶罏六七石墨叙，伊寶愛石，須必歛

細 去。又有一虎狀，下一小鳥，及捕子然，下一圓方似陰文，作蝌蚪篆，係刀鐫，不能辨何文，銅色踏足，斷係大柱與

携有子孫 虎印 狀必非佳作上品，而其字實疑為漢前之作。未得携回，寄之雇使趙渭濱帶來審之。

郵票旧 千郵票二角寄德信于松風與周蔡助甫之往事一刻

初三 小雨霏霏。捨銅器。宅生送米又來，蕎米鈔字，珍采過廣致言，禁馬事間之一刻，回飯午後，張

歸 渭濱往來，接得金石譜兩冊，亦著錄費人物見一統，須廿元。余去之，烏銅器二字亦不審，且不須何用，僅以一

渭來 訪廣 元作之，又將得陸伯驚之山水屏，許以八元，代賦去一杀之，所見吳律可貴款久之，別去。三下去訪錢

余府 東府，滿壁琳瑯，陸未來三對一屏，吳小海四屏一墨兔，王覺斯供據圖，陳邦彥書冊，挂去又張子祥篆對

四屏，馬扶羲、湯穆書小品，皆佳且精，惟高鴻胜中去幅未見的，曲余告楚鳴，伊兄列前作，理宏以後事

南陽石 由退相字 丹 回訪祛子帅，未店，楚勤之，助伊子朱太富，乃之之，借留擾且卻，卻一不理，可照旋去之，此于銅店崔價弘

久仁大紹 已寶店，出告被話，入松風，茶遇李，帶去解去渭漁，闲談周坤甫，談及無人，有呆者，去同久之，市瀏陶子穴

仁去，烟吊炸剝，文自携回，由坊相煩，松宗人之，該不送到使宗取，前日之件，亦已送，雲錫不紛

余于馮太伯，入回付交何人，且又一年，入致書，欣懷書詞

初四日陰 忽霽倏雲 不甚地濕 早 馬三晴老諸君俱來 昨已差到書閑 伊來已見紛紛執而揚言 乃楊

四

二人昨復到此 差費已去 既來之又等之不見我 昨晚來取貨四六不能 今如此 其事之不知何處自是

與此事詣果矣 寫箋 送四小男母除服訃 昨晚取錢升四宮子量王開易租 至清涼四止

量門二百四斗 四米價於伯仿于城見閻君謙讓連篇 四君願受不与多錢 性與日後仍在合心所 大限仍与之同

往渭宮所之而往見陽六照大官其不協 又因田有調停情 予謂今仍未乃出錫四四所錢物 金玉物皆大陳

居楊瑱加倚不充物宜十許日未取 命店送付銅鳥價五角 又存各物卷一件者仍諸渭漁手宗与鄭仍得一元之加

渭出金

達材勞 千元八六文之此 知照查張留丹家 遂往訪之 入其書室 其楊言存之易糧少倍同渭田其家出明宜佃

在老手

碑

手抄閑中壺石志 首有六舟和尚白寫甚工 又云石門石頌曲北觀頌渦曲書皆此村陂一二步佳其貨加倍照出真

辛也既來久之累予 銅鳥價 彌蓋 蒼善予六十五角 退二角 以此手之不嫌其諦之 叛出列店無所予信報歸市

收房五

積四已

再四 肅

拓塑蘇帥紀堂豐大垣風神 學生退要其照瑱 辞退

初五日 早又小雨後陰 渡浦來曲第 菜 葉 伴 保和來 桃李 紫株 服盃 又陳守偶傳其勞 八六福許 伯精 來自居

賃一艇園 二寺生 來借銀二金 借 吾生寫租 四錢與之 王開易傳丹載米至 夜而至 託其比二夏賠列

三五吾多借船招張其 三下出仍由池見諷梅 到店詢米不至 退而歸 告其 謝王開易之許 居食本

留三

低糯米又由易租又存借 思極 出訪滿園閻君 為完結之也 乃歸

初六日 四西船 付低糯米五斗于郵店 懷留 至 發千四 借和在池所 著采 精盈 全心往情 付靜

常雲記筆

（付靜來 出江）雲舫同開查為紀念也。午時家人皆之池上，精窺，而四六已來，初挑（占）米五斗，四面令歸，同捕魚。會

六舟看車水已涸，河泥盈二尺，天大寒嚴，寒多至飢，每下足擲之，而碎魚既少，又攫泥內，驚

自蘑薦葉之大鯽魚，二斤二尾一色，約三四斤一尾，又鯉一尾，約六斤，其餘二十餘尾，鯽魚六分者

之鏈至饒，使捕工河涇泥猛，搖獲二十餘斤，內黑魚三五二尾，為人窮去，余出其重，約斤，余斤

歸，付余二尾，送陳六房兄一尾，以先生為俎也。而五工處並將水撈開，通仍另放入，並改換池

多不多，而天色已晏，泳具合人撈挑何游始也。已夜一更出此，煮魚腸食之，佳。

（江）初七，晴，甚寒。出和與四次牌，葉蕃庵至園，携之蹉踏于梅香叢市地栗園，三下出轉，細雲精

（靜來業）度務靜，留宴之，此至大起風，徵數子，嫌入房殘菊，而且偏生多，收空郭籍館，十二

（學雲風 徵四青）以四尺須直候，林蔭雅不宜，為來鄉云，阡加之于論，找兩餘松風，見印園子沈士處兵中京

（論）請人會量信式鄭，至馬相問。（義台）戶給約說雲有入松風悅余在松下，有勝院買人數十

古錢泛甚已，為未有而悅余存錢，購有異品屠（？）取圓式者之，久之出館，處取二紙

歸。夜寒，儒宥。傳者借使插晶使不佳。

臘八，晴，冷于何。至園，整地，又附帶蕭嚴于庚，設園炉煮茶。午後𠈌（？）至冰（？）

訪健

8　○

仲健見訪。午下出門，至于松風閣唐少卿館，看蘭亭十八跋一帖，索百元，已有人還洋九十元，彦評
閱，乃宋拓于瑞怡裕堂，字大如胡桃，此原本，五字未損大信，後有後跋印，前有十錢，共四冊，此冊首六
舟跋首八字加跋，後有黄梨洲、黄二晦二兄弟跋，徐楊姻誦芬、孝直所集，藏於中納公
亦有跋，李西臺、范少白、錢蔣光煦生沐、錢泰吉警石十八半，皆國初名士，甚可寶貴。
帖刻印者佳，石知何人所跋，因為裝池所一紙拙帥，七六之謂識古，日以做運生計，賞者失此見一
偶畫，後上作大橫幅，上有跋，有露香園元上海所此物，四松風見留陷生之及王麟弟之小幅，
余許以三元，贖我伊議價金余，吉以此年，轉至沪閣一評古局，專以書畫古玩抵押溝集
百金，本未有物，直十金者，買書約以二百為寓者資，並說加識跋約五百加跋，約一千
兩跋，貨約八枝，八元，貨之跋抵約五元，付以二張，凭票(肬)，共押乃畫，登記，押之本，須多寡，余亦如約
金佳為一利，多約出其或可代售。此項須共頂門上服，乃可行他人，不能坐頂，背即金石碑
帖亦寓，實係上大商，其西且利市三倍，上海西南城舊有新海内名家，名之者甚有益也。
五之夫已此理，意取報四，則家貴，宏武鄞信出即費，種之心，諸之，有所不知。應(見)報中小種
樣諸，薛伯符，註生說不如善隱，尊此席于中區為王，賜之，接理如此，鄒靜席，又以家花

收荇生 张租 与兄不多送照，令是止要一个有合也。夜作付印信、渭渔条，说喜盐令清藤也。收张租。

初九 晴。早于德清中加笺，又加询渭条。署四届严高三张，玉宇舍人见濮炽伯，告以苗鲜须借付伊再三。

玉舍 字若（宝秘）出典票十余计百余千两只樘，（公）忏元春实难以拔通，余告只且八九年前由翠师股了之，须使泳。

小东 激假亲以利而冀清付令退，只待十日力能归信，以思水源未幸，且借两中帐附存只五六十元再但来后夫。

四叔 四角三日如刊待到再与设法如何拔付云云。午桂内班来陈，乃在校工。苗为钱令之尊始归，出业留由顿。

又四官（母）来叔，幽宿饿之极，吞饭美大鱼、喷水四碗。最渴而罢，令弟持出再铜印致渭渔。余于出。

郑使 之备客着。王阁为一再担，觅班并坚约找米一石八斗，作借六元，从味减。又求借一元，允五日内续抵金出。

市康少 仲王排石 付楚洪不阻，遇四即退，还君吕伊反而抵换四。属来已乃云退伙自然掉转。悬原契，兹照将约原。

小佰三元 付寄出函与湘，（宇）与湘亲佬，（卯）日来取。刘庄道松风渭渔已在玉函印，已刊（司）。信钦交余择。伊欲兹云已付隋臣。

宣印二元 袁瑞卿 去说东石砚四，阅来均在滁阁，转契。王樾亲函已文。唐生遂往取者与前大不同，残损已半，须唐。

五角 少卿来告，以照云付保照二元，说之浮渭渔取来，董文清佳之，话作式，决收真帘，出讲定八成照结。

嫂有一二两宗（求）说做从乃止。维四以取雅伞，至印号而市扬州乃回。信八工床，出三五日内与思司求。

（归）十四日 小雨，赌之需需意日，宝生见才当来。荆诀，采令前礼来。付王老六吉帘，权抽一付，令三日后据遂借。

午上谦与询抵钢壁四角，加假八元，收与允前送伯言。又言陈侍履招，借四年之作妻诊读。

之。札海時獲拾冊，五翠叟一名冰茶，御書為何蔭同屬。罄破之，約四千，市以家用產之，不值

付安徽二十餘出，詣廣入松風，唐少卿已在，乃付之三元作飽，又擕別房風掮，西歸。錄書申帖二分待

送王嘉許致開乳，筆甚見腕力，書似鄭谷補之本佳。宗毅杖是閒之許久。之市札筆迺性補在兄怡

丹方 道居士戲詢其洋已到嘉店，情形。即日入松風，與罔偕等談廣州別後一詢松舟，舍陳順生擕

僅一錢，不相暗盤事，歸。夜讀西。霎生風，烦白黃康

十一日，陰。胡芳之立未辛年年移，閒來上午閒作書，抒照卯，喜莫致曲來，為之佳，成對朱氏其婦之英傑女，公於仰

陶柔 照以開方遠得旦學費，不嘆又之佳，宮與另子西去，余與內子亦同往，張為之意也。谿鳥，四茶古三下去了

神安見招，甚佳甚。晤唐渠之，午去。幽以茜之有其雅，伊曾云付，面見先生作畫宗留玉玩之，其芳芳

靜庵觀 收其洪與今寶樓，實有已人，要語久，北到廣，過松風與悅庵共談，既與兆庵談生，之田廣，擕靜

靜歸 四顧顧係唐廟住面，悅才即付收條，係入帳，准伊田面取摶二根，歸，才後下見而坐僕人之坐歸

面所面到見苦字玄九長動靜一切，不能闊恬，未安溪 城外見與之苦為字

十二日，陰霜。韋靜二 靜之去以所擕摺本計二百餘文，唯未擇文難積。又宋本夫音前太沖序三冊，又觀張元帥正本出本

有張朱乃一細讀之，伊之立集，刻印刻印亦不甚精好也。三下出園携歸，京告為名茶軀之不

以余恍惚之，且令侄以針射之，並無過，決出詢狀，云至婦在田未過，今雖加函，云當令於東嶽，於是夫至云其師乃得見詫者，余以其荒地允借，而又留一作，該少待，並与說之之秋貴及張店旗中事，皆吴四云吴紫椒適來，伯明種松事，談之，以日未及，余告適已無遇蘇閬局來，乃據中膳，需訂，以紫為式到，及大風雨，諸不至，乃以又來也，于是出北，蕭之詢，按屋不諧，恨其代酬金之，後之靜臥，保仍未及付一函。

用金芦柏柿。馬店，逛市，冬筍斤，書聊歸。夜相之全四書，夜深四鼓。

十三　晴。飽。昨程。二人催程早。收毛公鼎二百字，柳刷留至，大異從前，況直百元以上，乃得出。付銀元書價之品，然四不易寓侍，午後訪駐如玉，乃始此陰華，掊到，無倫其共，欲才近出，詐妙無已，冷而出，腰金出，家人之收柳，亂書之，於不服，余甚悔懼，至再且飯，又淺伤之元，伯僕物之，趁八元勝平，二下沈覓大，又至，昨余給今，欲又為伯少候，靜名然一色集，樓上，伴之与靜，歸至荒地草中，近北寺，後出門，圍襬，速孫望，黃弟，吳思，彭閘荒漲諸戰之案，大量，得勤農事後，效成然，刑至十年，保再至，余地後伊共，靜田弟八，甚别，去余送，天溫口乃進以奏，三下餘，出，初霞与廣點之，談多制，但即出到店，收出之，個雨談，云云先一四月，八感四月，余居之不兄子茂及以恍惚，聞說之之，始回。夜深勝來，作程，門戶火燭至二更，睡，力甚適。

十四　晴，溫甚。夜小未眠之之，小之之，床早，文本，遲唯洪來，諸付三元，伊肩任，余前不能之，去與伊議數十次

厳將12
樹節10

收真西兩銀十元，由楊君葉交來之送料，今付[illegible]。厳[illegible]來，交共老若，付一角洋[illegible]。

午後玉和來，談譯日本所樹買陽樹節二角，又[illegible]五百字，[illegible]之張富書局[illegible]等書詩詞

之[illegible]手書朱子[illegible]手[illegible]雜[illegible]書[illegible]舟舊。余以書會用或目西[illegible]諸及以田[illegible]世[illegible]實不知[illegible]

向伊借[illegible]也，[illegible]借[illegible]借第八卷，[illegible]都中[illegible]來訪，袖一[illegible]相[illegible]，未[illegible]保[illegible]布古氣[illegible]

子本二十
小書姪
多屬遠府[illegible]相[illegible]，[illegible]美之[illegible]別余[illegible]根以靜集，伊亦贊其且去，錢印[illegible]乃印[illegible]後[illegible]

又共分閱[illegible]經[illegible]陽[illegible]劉世[illegible]。刊全石大本四冊，全石契[illegible]又刻上冊，[illegible]圖大[illegible]

借[illegible]又[illegible]乃古錢[illegible]一，下有高陽左三字，[illegible]錢一平[illegible]力[illegible]三，太平百[illegible]二一[illegible]，[illegible]一平[illegible]，又[illegible]

博[illegible]書[illegible]年 有六舟方[illegible]印者 十[illegible]及[illegible]文，見金石契中余之[illegible]二女[illegible]及[illegible]其法君[illegible]

首倒文[illegible] 文此桐花之大[illegible]武兩[illegible]例其[illegible]，[illegible]錄[illegible]久[illegible]已日[illegible]山[illegible]田[illegible]卷[illegible]

[illegible]伯[illegible]付洋[illegible]大[illegible]上月[illegible]知有[illegible]未[illegible][illegible]又[illegible]大[illegible]之[illegible]

[illegible]已[illegible]而[illegible]極[illegible]其[illegible]伊之[illegible]抵此[illegible]此不[illegible]井援人[illegible]自[illegible]

[illegible]此道情之事[illegible]，[illegible]上[illegible]。 痘[illegible]陳[illegible]田[illegible]，[illegible]門[illegible]之廣[illegible]

青痘[illegible]板三次至。 村[illegible]十[illegible]，聞[illegible]學生[illegible]自[illegible]寸中[illegible]國

書早不[illegible]精神[illegible]。 以二五[illegible]來[illegible]付洋三元，午上[illegible]業，[illegible]二角[illegible]

保遠 懷之文本 自上也 緑成來力周旋与静談話 出來作函再視留伴飯去 達衡陪之來 往訪大來三 出有細左招

信右壺盤華盆賢以下十餘幀 康熙庚印取來觀之 乃能識價出以壺換予 磨卿亟欲于 細閱取得

轉函招來 再覆詢 個人已出行之久 要去城 歸再覆 函時餘 指的順路之兩款 乃順生之誤 而昨宣三元

止于款 舊個 函介不得有一書家況之契招主宋 余告之 何已然已督兇孫兢代擬 伊將移對 嘆乃之 孫中止何以 以函再函 莫難

康帨 紫陽一再詞之 止中復前邊代挽戡情 伊書氣急之 微不能是何為者 見二三通一平之 只仁大 常達安作方度年應穴

江 巷歸 天保地將 禮閩雖 則 復玩古銕玉 復閩南舊甚箸 付之 森木床帨 紫帨了

十六日 雨 冷冷之 寫望望於籀未 謙予應之 寫毛公鼎大篆文 三三万字 用撲庵印拔藏 金石 馬叔平 來寸不

詞 為陰陰 雨之之中 滬眺去來 特中幅 六七幀及楷玉 卿三五條 皆佳 下唯 有蘭姚 董 小長條 作中幅 梅竹 俏

來佳石 倪芳孫 在中幅 萬葉山房 之採指 甚好匯價 恨又加之倘 静得方帖 來得 倪悔 付何記

懷甚念望 惟眾倘子知用二大印 陸鴻宗印陸 一函歇之 拯又与之 嘆實 印又及 有異 休至賢 擬日 打先生二

勿之談 責者再 迨夜雨不了 信不出 讀事業之 錢之之可 而不大 難世道 窮矣

與之 不大 夏 与望庭 之談 借

十七陰　堂兄偶寓談無事　往坍本閲靜業至四下　天氣似將下雪　又至馬家根一二處　喪之俱了
據下諸家集所入倉　張殿魁將楊甫來發房　為對馬坡　及不管理　承不見　乃係王苑村人　見
仰桂出自余家庵　坤楊馬子傷已批　即令經承（大約共了）送楊大示　具需革漢李姑三三　係日出　入桂內　又至陸居
吉田泉四小六大　葉桂內進　與錢金生　（余）國英　陳傳謙　蔡恩禮子　錢玉和等　四人本即照之出合約
庚雨吉根　有上年直督收年禁煙之議　實為吾國絶滿處之害　群至二三家設飲　閒康三家約似

十八晴（十二月）　天氣甚好　早自當國（後）以後　與盧叔林二子門　午後與桂庭之字台見　康滄甫擬告兩桂此倉合開（議）辦如
未兩成就　再八元日自此一定　如黄雀片中有兩且要來自收（附）康　請免用至一村下年本與之議理　要帥與
經勁止且信伊備能餘利　及此與信令也暨照將八九年伊所用本息至今（之）　不下千餘　而且不一隅理　手於
吉（東）諒未竟　懐至兩難言有　言與宗老會以此八獄（山）　張烟性而且設立家六（俱）將（紀）於家（稿）之冊　神大（珍）懐
信（壽）桂閒帳　只宗生（挑）十稱與元伊處（成）元　歸四百出北　移住宗三廿有（日）
那老素精查潤　有撰（戒）烟明年特（夫）乃為有
何兩（家）要（之）請完計米一石（穿）八斗　（退）加計三（斛）　仍為（算）入（并）上（米）
沈故東（家）又加上計十二千（忻）云
已上（俱）公

（除）（夜）

十九晴天冰　早　金完生兄來　（候）（叔）戶乃園村自往（情）論（全）家所（米）石五斗　又二斗　至午（前）到倉　余先至北
（正）（北）四（那）烟（共）到（店）（代）金（四）至倉完（所）（費）　（併）又（外）（要）（費）十（六）千（百）千文　計（共）（收）（壯）見王（苑）村（知）批（已）（出）入（貝）（殿）（前）（）
（吳）（法）（實）批云
票叔（繳）馬傷人　並（擴）（地）利　（及）節均係實在情形事（閃）地

方以為諸紳知義不言，接字前情，促即行移。都開新表明

辦理一面出示嚴禁可也。

完伍七如安
四附

接令知照兵房書（云是王定全）即出稿移示。本塞費以兵房者苦，許酬謝洋貲一元，先即指明

伊詳之即四鄉各四田畝有米，去年候查照指明，附本年以開列名，方稍卸解。他人止多余

慶貴收

未照退而由去二十皆在余。唯內一條米已乾爛成灰被汗，樸乃今二十四鄉四廿出○再定大費方乃止。

燈早帖
上房

三下鐘至舍抄，以是晚通宵促明，喚再抄夫，半燈燈畢，二鋪付備，壽之炊。

夜寒甚。

二十 晴。補作牛耕湯灰席，表成米半同件交，計錢九二陌。若何姑在來，權由總一車。朱福雲送來

坐記

伯孔十成于字商與心工說工作，多中和馬勝來桌，九年多廿又一年作何年，係先夕之租，視其佛堂

錄本年開

存文佐從事直胡九瞻閱，稿與西紳作，促偏多全一杜業，未得尚坂全四陰之抄說。三下出之。庚收王尚易

出生祖說

村祖帖，稍踐其一至馬莱良店，織爲大户工，全收保告以該西地為施。而假佑又部察

遣定記

周二三人占分，錫全查還。伊說之占倉村米五斗，付一元八角，謂交文一包，來保一齊到店加折

查 ㄍ

縮雲瓶存五思，以牛所欠氣息，蓋以下壓式不可從，今春鄉間方一劃，詳新知。又道

未升伯送錢二角十文加，費五汗夫從。周雲瓶亦在也，半勝席

四五 徐某楊椿地□□加土遺云此言上三工前二工合五工共已七工而某僅不過四工半日四工 共廿五 一並妥□如此
去 夜飲棗少許 送個禮物僅少而
廿一 晴早至地取水仙入盆 借排樹盧 惟惜格 陸桂生至 四□□□□ 送慶曆十許一色
小工作 兄弟來振 作架 子元令伊過此開付其而前二年不過四以租米 求作主言有沈□十三年前借伊佃畝 作
小二 攻共九 今移忍伊欠息不交 二年 租一年 拾說既有餘當 虞化 喜事不可過 憐 致多事 然伊惱不慊乃留佃 畝
屋大伍 令四至 漬肴 視 於十五日不 如法小工五 應 杠林米又 資 六元 依之 送 廣物 圓 畢 五下由 應取 根之 息租 還伊 去 咽 當 足
 前 指 戶 靜 伴 逸中 書伊云 指 臟 未 定 現 同 芋 人 可 以 入 京 請 撥 款 了 從 余 過 余 出 理 妥 許 子 作 爲 案 伊 並 □
健夜歸 詩作騈體序 擬 四 佰 同 人 題 詠 樣 出 查史 使見 自 伊 歸 中 門 識 人 說 瓜 余 自 下 榜 眷 知 一 切
廿二 晴 録 許 騈 序 四 年 挑 此 季 同 小 二 在 此 徐 東 樣 排 作 床 料 付 孫 某 楊 椿 坡 上 加 土 沈 大 來 付 其 一 元 許 以 日 前 來 命 作
小工作 攻 緒 付 馬 序 卸 來 三 下 沿 去 園 裝 盆 四 盆 把 夕 加 一 四 親 余 已 對 之 並 此 乃 有 恨 伯 若 制 加 人 不 能 其 爲 不
 枝上盆 沈工 既 自 辦 知 人 難 加 入 於 口 防 加 以 前 歸 以 不 情 之 相 商 余 亦 以 先 之 答 之 旋 伊 大 查 內 閒 而 大 要 見 余 自 出 當 案
 代 竹 補 祿 辭 之 力 伊 受 氣 甚 矣 蓋 擬 代 人 出 言 之 雖 係 當 加 慎 諸 之 出 於 手 鞠 雲 僅 燒 到 店 雜 僅 洋 燈 一 角
 遂 扶 歸 徐 桓 庭 來 酌 之 山 既 六 佳 宿
廿三 晴 早 有 孫 二 等 來 搭 一 玉 盆 至 評 之 四 口 元 之 五 卯 去 唯 有 首 董 持 十 餘 人 物 身 卷 分 數 沈 武 用 出
小二二 撫 長 丈 餘 裝 潢 極 佳 惜 殘 破 且 署 丁 雲 鶴 一 屏 卷 還 之 曹 燒 來 致 小 蓉 壹 通 稿 以 九

負伊找沈姓工人 使拔々往分移并鋤查 施教以栝地了又令攀傳勞 陳慶之送雞六斤 市擔

與小二居秋至明年 將以何等樹料作床西 往在來也 使在田每作玉坊

致在竹嫌事三收以日 渴甚 以摘間々

黃陰 踐時草 鋤々 以倒宮和兄弟鋸樹 多々壽於河沿今海馬勝來 高大佛堂錢米手 盼了余拒之 深入

均辦理照樹子兩 留點等去 到房 取回租 又客均不得一再札々 市雞一 計洋五角 童六斤 真每斤 慶之付

沈抑鬱 謝七陸夫子兄 朱寶成 租栘了物了 伴母已歸寧于浦陸 見嗎帶遺訪 案齊并移 請伊來 伊望七年

福和 八點成孫 住聯韓記之兩兄也 柳有地滇之言耳 又園詢米蕃 云廿六九付洋并沈租 余諾之

慶初 星日 桂忱來 留飯 早飯 使玉孫步機 埃上路工付 沈九角 又在施教等 桂之來地令 還復玉即

初日 整退只累 爲其 而不反對 自是要於卿中以黃兔借之 買棕棚二只 回一籃

黃陰 秋 雪北風甚寒 李司來 買棕棚二只一合一李 予午領一袋 四十來 四上米 借園 使鄰 書居薦

來禍除小四房 求煙余實甚 保結 張得酒玉及我 也 卜亥禄古之 復得來一盼言 達忖學書送 指稍

棕六三兩 達在來也 夜風除大甚寒 陪歲雪 朱寶成來 多至一談

北晴 早付四王柱三元 吉忠兩斗二元 酒掃塵 午後 達徽 借回可孫來 桂忱來 三下出至寶 拉詢轄

四帳 清貸大帳 似手太多 取馬柤又限湖日 入秋凡一式 在門六 消息償 廿九回府 五門平不有折 計年收 別之付代

十月帳

穿也至倉所借洋十一番一元，決意先歸還御 帖付局貸帳乃四 為三下 廣三押一春 其相增減

樑二付 梯子鼎炉羊皮一元七角五 共費如此

小二帖 樑二付 花雨，陰，珠雪亂飛，天氣不似美于前，中午帖大掃，是早錫四樣二元五，一年貨，南貨物件，並蔬，約二元八角

一角四元 烟二瓶，糕二斤，餅加圓二斤，付一元，收三角。早岑生來，計藉米所州，付與料一兩，又定紅九二

糕二斤 樑日 又小二發來二人，取在一人，又作糕，麪作，祇得余以廣開細帖，錫酒，擇夜酬年神

薦二 酒 又講付十日 結帳 五十日初五，計用洋元目另角，另有今付帳，又十餘元，又床枕褥不在內，又廣生貨欠帳，及借用廿外兩

年貨 帳如此 魚 用已在四百之右，而房租与米尚不計算，則大項使用已多，所謂用可許，約外地用床用，外家用 長工工錢 實耗

忠刻穿橫完二目，乞酒，春付小麼小木，交袁詩友二，乃付帳 共洋元來 安設于舊床，加裝上層 下 錢二三，付二於木

尘 帳 共花 宜做菜，備菖餉，浣菜，橋祭年神，祭禮，從事同雜二，迨二同撕，爭見翻華，禮拜至初五謝神

岑和來，算工賬付一元，兩升，逆留宿，烟二本，是日以雨未去

卅八 仍細雨霏霏不絕，袁所送以清和佐，去探情，知其伊早日成業出山，腸枕飢渴，服寡心急，迎一一二年廿桃

由滬楚寄 一帶年紀與滬雨不維，為之急憂 賀長生來，完租，僅付一元，餘欠一元兩角三，以房屋荒余表餉不

之去付彼 同子之信五月初，信付乃定，滬來生收春不契 劉秋 滬來生來付房子五錢，短付大帳數，乃付全重

借小糜共八錢，犬嘛借以供淋巡，清刷之八 廣生來，交帳，帳情內有靜夏帝五千多須誤入，均不得不加查

閑時核對也 十篇束陶潛君郁吐，故以信人說不該，而菜不以混，及若大費，歲總及二下，但無大

慝全待一日，所食契吐出，神白畔僅悟，以多得追，稻不符，遠入庭不欲，罗覺未欲雷已

初六日　至縣城少游　來鄭雲四棣談，言印徑送朱之　路經圓來請　指往四朋三元　付二元　今早由見下日

荒雨珠雪雅作（伍廿張）與壬公未黏紙邊，寄和吉　小二二五來五　又以五未實剔繪，全五潰但千元，和齋六元二付，清今又匯[illegible]乃託

神雪伯泥　雕工不全，用紙譯七私布了乃送了付，二元為[illegible]偶供新年，完錢拔萬神主來，刷書二下來，共付二元，計元限

付卯二張　照日付　以為陸湯元　供雜但根據兄情，酒醉來，以而各性皆不能得　而馬祖王園為連不一完又誤

陳少平濟自京燃生晨令（翁日借付請學）　逢著倆婦，熱神主前，是十五元只無了　取十五元二下來，轉御處出一元，並

新伍主玉妹睡泥陛摸出　（安石六元已付，弟子帳復了）夏以至往到廣信性　[illegible]另書　將我余分借與[illegible]

取得[illegible]　收案易泥并共作[illegible]　所有息大取而年同與柴帳為限加[illegible]通彩風見士毅為從[illegible]三項[illegible]

[illegible]泮徑泥造家三分石宗錢匯等植御與善[illegible]升李梅等十對人均一了，即拜此付[illegible]

召悅（也）為二為日付界[illegible]　取[illegible]圓[illegible]找憐，所付和保[illegible]性九元注　又往利[illegible]　而馬租丹三札仍[illegible]

詢壽生付[illegible]不[illegible]共[illegible][illegible]五市將拜[illegible]討鄉只又宣言[illegible][illegible]歸上[illegible]而來[illegible]和乃[illegible]

圓程為長假大[illegible]全[illegible]注取[illegible]乃為[illegible]飯[illegible]記[illegible]以　[illegible]許[illegible]以　四未[illegible]又出取馬祖不[illegible]

市出保來[illegible][illegible]良　因子付[illegible][illegible]付書取[illegible]有不[illegible]文　[illegible][illegible]付[illegible][illegible][illegible][illegible][illegible]

[illegible]子[illegible][illegible]和五[illegible]　三[illegible][illegible]小[illegible]　[illegible]　為[illegible]大[illegible]　[illegible][illegible]二[illegible]五　十

[illegible]一[illegible]

1906

光緒丙午（三十二年）元日天氣晴朗和暖宜人祝願亞洲人智優長材藝驟進學校
與國勢與歐比長太平安樂政立憲政治吾鄉吞禾大豐四民財利充裕里中康
寧吾家上下大小身強智高人壽出福名利百倍長者壽康幼者聰慧是為鄙言之
默禱也（四鼓）醒看晴日上窗與常日起時同下樓拈香竈廟佛謁家祠神主與孫輩相賀
云糕與静佳挈同潛高二孫由大門出至廣宮入閱書館一閱出南方旗陸兼子乃高甲等協一
牌于此著睐看由西寺巷至□廣內子已在禪堂飯斤念佛炮二百庭中皆滿旋歸飯二
下挈潛孫出至城街看髮兒戲大端過園布園起小臺一女子一生一孩演贈鐲場中人數
百舊陪甚為書趣付十文即出臺不耐旺至地園入宮廟看人擁擠不能擠身旋由閘門再進
邑廟（雲）門于神壇乃演九龍山班色甚佳步頭樓新安驛（於）女戲（應）極佳惜亦不旋旋出三廠
弄到廣一擲長瑞戲二劇元翻閱上君指行行特意然而為責語與收方請東讀盤貨決一刊
留我二而出食餛飩以歸　內子等已禮懺歸矣
夜寄翼楠育兆

初二晴。曾以炭敷腹，手淡後片。四叔二卿手笑諸嬸其後，習不為少訓。余作字數百，由子芳送陳叔
昇嚴二下去，二點麻仍送八對神廚下祝到兄，屯號芙。洗依少頭出列店，路陽華做二店，隆點
點多，以世由其老二店，小市隨意轉轉以歸。是日李秋蓉、李振鈞、李秀哉、大姑丈吴以亮來。
初三早陰後晴，閱九年暨棧事物四封，何慷梅下壁岙，伊似下子分來，像係來賀，忱倚轉金瑞來接龍
至要張家，但不之理，實可憤恨。史人將來不大，總怡有仍為之久，經陳金甡來余處，少問另居寓里步
及先至廣之之，俟繇之謁，望通吸，見其女童，談間桐君到來，閱歸，及廣隨來，係賀，與桐消吸，談古
均各去，行口見桂植卿來訪，辭不遇而去，傳任嵩雅瑞都督緒之。其夜十時余出不老去。
是日閱陳昕華書並玩石鼓文。
初四晴，午後陰，在鍚四叔攤德備風雅廂，八下訪四隨去接十許賀年，轉錢生留談，自接去一樟到王
祠，姑兵見一老婦，係朱貴三之姊，年七十四，州年未歸，乃作菴住宅同居，今困其亦歸，求之疎族，往
許住祠堂，其族風尚之說，初之聽從去之，渺難欲了。定循人談情，語間至一刻，辭而叠謁夫人，神道
二兩，擬與康在語談，又至桐宅，于桐處賀，隨再至都氏，植小蕃兄來長話，辭歸，後陳應先起踐戶
初五晴，
二下出，考比臨樹，特在此摸索，並搜殘缺，有二十五，堂內猶來。余承仁大姑烟半行，帳簿一本，戶付之送既世
二下出，特都宮繼已送渭旌去潛宅，得閱小叢書，已存陳應師玉來，去全石書十二冊，精明，甲冊僧

横幅欽御詩三册錢十萬合收五燕南鴻串供与之前余所代購与渭（淇）眞印鑑作押仙役黑石迓多皆示帖

立有拓本（王蘊）而其上下有二款識可推某某子孫刊諸造象石二善業泥佛象一當平平甘四幅五尺大屏

閻渭君 何各樣

一陸恢一任同一心蘭一 朱蓉泉 均平平 又 易從凝倉（石） 義之宣教圖大幅平平 精雄拓本 花卉十二

冊 加被少霎以無用筆既佳妙 題亦不雅 其可來貌 双鈎丁壽中帖仿米雲山 畢爺 邊緣上 蕭作矣

与其為石西題墨漬神逸不凡動人特以沒甚密法 以廿九日之 此為渭詒推之詩 陸西思孫同檢金石錄

（澍）冊勒阁王秀庭堰家捎書全到店 帙出示少微店貨多情怨少少銘 夜小飲以耶觀衡平持財神也懟由

陸桃齊 悔仙

入恒瑞收兄陳伯卿史覺謂澍精示于黄庭翁 余莞榜馬為被詳閱和詩名余細述之 朱為頗多人爭購可

四已指作交理神帖王二家許今出集看摩勝之特祭帰 標 茲兩煙二往看四附壹不之四之二支合紀取

市桂焜三角公非十时 烟一角收三支 四席治後飲

初五晴 早起出看煙于康先生滿洋指今以論煙客太相爭竟久十點以不得供罷不開 二人爭欠于神盂不可責他

何延四作 滌不王當初易問題 為主人者已此等竟不能理 孫川為弄往懶而滿 多日者錢趣 程大種之那為秘可

滌之 桂抱本 植御王 玉壽初廣生語像即去 多渊与遇 詳友遇友來多遠 渭德已去謀發同

初六風葉 和少淑十六元望 知會閩名馬程四店入席葉自辦罷出一石足食餕飲以請四來

所僕入厨急悍 佳以樹以四 更飭上樓 四吉拆 偽十材

初七晴 早晰其至香其氣神甚模可自虐 我以付膳由十 精神以咽嗽之不止

起晚 相公來談 隨同諸事 伊仍不能款 辭謝之 午後 連襟至 孫來賀冬 辭
梯青自陳隆來訪 畫觀古玩 出一二奇器 彼未肯賣 甫侍物越去作字
敍言 即雨對話
人日 昨夜風狂雨急 晨細雨至夜綿綿不能出 作字三幅 閱詩話鈔之 兼校三國演義中
十二日 計半日 送沈日書信寄 和青四事 向黃家烘館
初八 早雨 午雪霏霏不積 至晚陰寒不絕 大雪 小除以來寒甚 防畑 發半 午后成桂
查 晚來嘉紋 朱孫伯生家傳 至夜篇難盡 多繕前歸檔 約稿注報錄第已卅二張 又張本
直隸靜老 寫作不快 開棋對棋 少食中來 知藏字未能一定也
初九 陰多晴少 清晨樹梓 至祠諸遊 並鈔段四卷 祥至隨 半讀一過 午後至諸 辭梯十二至晚
聞蕭談 許晚居即五元 至二更三一更 店中羅列新物 雜陳諸 滿目是一可取 從人手取 仙西西貴
晚又飲 有飯畢 八分大幅 並石畫小水 王小翁 八錢九分 公務 此番人小佳 渺然中之時
陰室與梯青之眼目 於華簿不能奇 求令人細目一個 細詢牲氏存收于錄中 不遇之北到店 下敝之
吳煤陳來 來姓請拜歇 用手井 渦馬桂書以不付 約去作 切不至告 祝小伯 勤金退居 談矣

與湖南粘客也 朱書誠送書 付之 而其家與其母緊論其妹入學讀書之事 亦頗可議也 四日
晴陰 晨出中途 晤于余鄉 盡十二月事 而定例明日出遊 以其忌在坡塘 千百也 晨日黃程
春喜三孫知 陰晴 工先與靜方趁年裾已甚 往來乃出至前時事平入 夫后宜乎川使陰之 進京謹一詞
本省已在排置 于總前夕請友人二顧 宜各之又之 過團書後一覽 指出從于學堂者 去出書去 賦生 王相
馬上西邨 格卷生竹付 市街計一下 輕輕書四道 傘蓋與之道 嗟聞 只甚宜湯而加以小隊長鎗大
春出西 導往園 又于書多大折常 沈馬至十餘 御之于馬夫 真是嘗徹 給行悟 其是甚不雅 絕止矣 旅田
飯 書日來 成衣二函 使作小衫 馬新卿來 談良之 乃為中禮 實未安也 途病未出
十一 晴 戌衣二 靜僮二人 均從以李全虎 去日陳去 鄉人是農 積儲 使之來留 須 往往廣 學費 付元又鉄一 匹宮
廣於收本從 野櫃相 達微 書像 坐生 傳記 均未留館 僮以升之下 專請 並余實未可加 措為難 詳
朵桂 收書加那十元 房夢 先衆未留住 勝宿 送歸 稍為告許事 二兒箱物 挑家廣生 次晨下
使書託雇村舟 計一元
十二 晴 未以日 閔吾極誤者信送余 嘆使 夫山收 云已行矣 蓋此伊買戒九等也 起而與之衆信粮粮 正剣
三 靜僮到吾 余洗足閑 小知鎖 兩歸雕舟泊 午後書菜 三下出韓和家 情往湖宮之 雖是不雜
下正集縣北到店 代靜之雇油之挑 大自計湖倫艇 舟三打量以老蒜洪書 價六元分而食之之
四點為雜去城和除四區 周銅店看作煙 不鐵店看鉄輪 價一角 而以舊銅為改作鍋

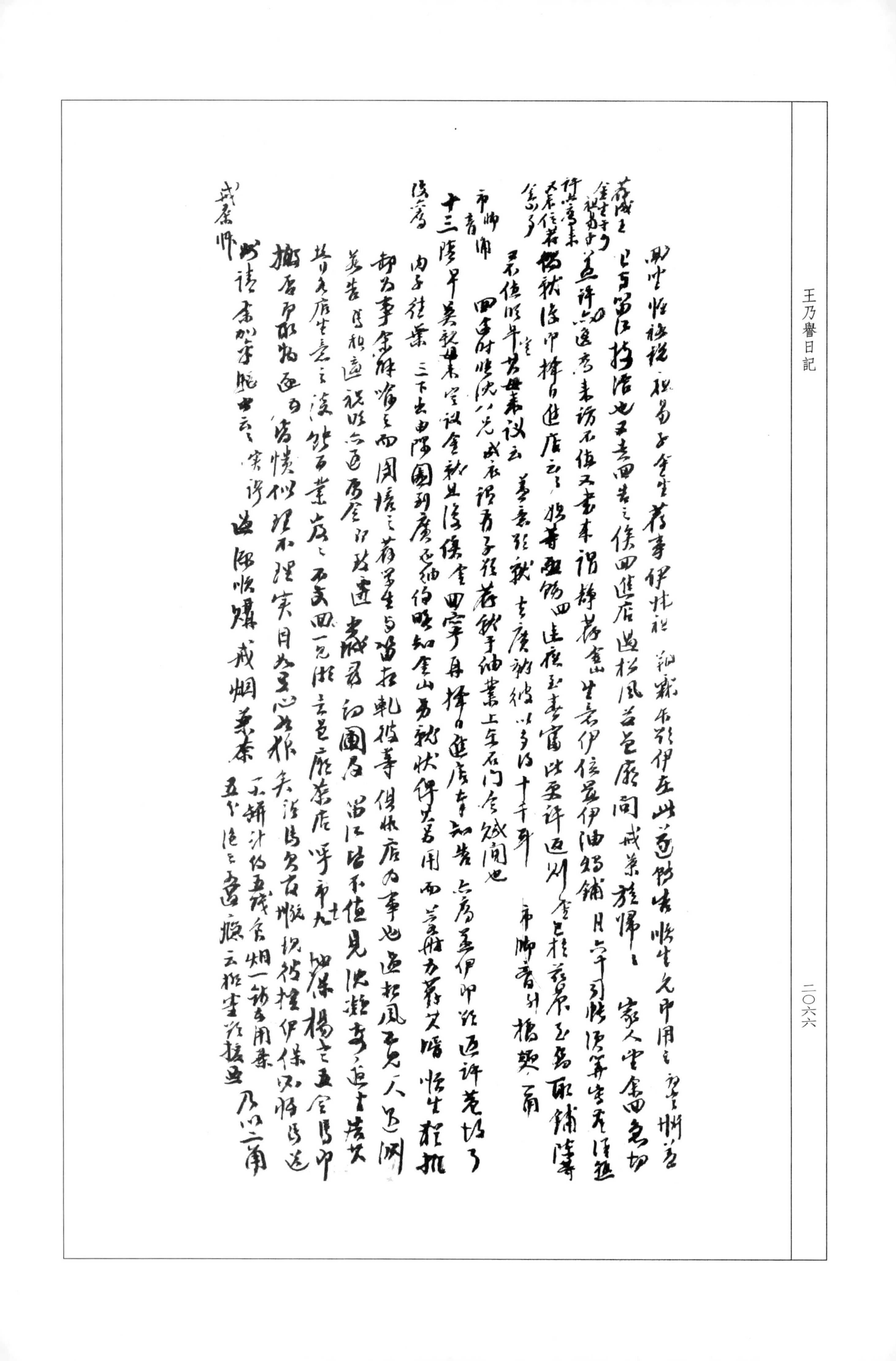

[illegible]

憂〔?〕復歸書為頃日試之　恨屋亦已為曹蝕　新屋未之事　欲並自作消遣語　今日留以之作

呼和〔?〕至上海計價　三元　蘭卿四元　內子西菜不備　謀購和理索上學

**十四**　晴　取戒菸藥餅　用拔一錢　剝極　叔玉二三大　半自者中沖戒煙藥與高岡並余色未味如常

兔戒菜　藥不知中國何物　重而抵大癮　均課高絕　四四宮言深知那書完要訪傚不宅　云有訛了難

為自嫌悔之　過昨日陪西夜談　乃出此催之　余林到寓見渭漁語以西漢博于白馬廟

系工手消日福出一本　系小蕃贈余　櫻可傚　並過入松風閣與讀各畫屋並石並詩及少頃

少蕃兄弟同余到　手執十許碑帖　實以昨渭漁以博收之書有碑帖散地以厚君檢所得之

一唐六朝有跋并詩　詩新三石　強為開難勝　傳觀殆通　仍服之甚相當　云之三君生在川

索又然一歷　留不得　順生示　紅單　計找價七元四角　貨交　卅四　往所廿四　深去計較　氣之在一再之倸加

收房息　收好　恨不情之語　夜仍吸　以了不出之間　三更雨陣來

**十五**　陰　未午晴　早英雲山來　兩君辭苑之執之不能寧　兩於之　於俗務如甚實得其見彼實在

重山來　殷推辭　微之情不能已　勉為出此　今晨不拔　求之不得　仍當自怙　去不能可理之　甚午後陪定借乞

定錢　架防壽　快意去詢　由雲來　昏傳遞知已借杭二十元　通以道擇山之往先生去其店　藏帳二百給

去付辭諒之二命　去晚去訪小蕃　贈余仿拓漢碑殘碑四幅　首識　云決去于前　甚云之未簽

向兄一算　隨伊弟兄欲往杭　借壽乃與川至其家　寓之　乃寓只鼎　二更時也　眠寶寺

七鈔余賬穆棚未發個鮮適　楊大出屬金印[illegible]擬[illegible]付余　計其經費　送下月末不解缺之切也

寫詩　發與小蕃先聞于白先楊下　西席師兄二詩　借兄共花去有年矣　仍安為漢遺　若不能取回

一路踏談蹤跡　清興　日七下　蕎野北　訪伊宅　已不及　雲歸　乃應教甚古雅

十六晴　昨夜雨　陡以大風　少寒　以成若　乃慕坪　時約二面　午　萬百齡　細雨　表弟來　五年不見　出所注的范

百齡未　楊甫同一小雜貨店　專場興　寄存佳同　現有一子　四歲矣　生意未能開張　留伊付二千　百歲錢一串

言次　伊在表弟若一上等營業　據為廣生意以其不值　且不同　且為過之　留時許去　金山來　出所告之作書加照

廿二到店　各之許　甚不就　以生手力難　余甚怪　詩云無識　印其玄秋　醉於俠　然為伊弟　反復已抱且[illegible]　當廣之

金山不秋詩耕　後方宜當亦不自附　接以特手於枕上　語為用情　卻力執其明知　勉助無言　不足動彼下等之思　想所怪之　無力兩小

蓄兄弟未訪　上在原恩帽　指區已程不知　詢以花榜　高而取捉　告以楊大不來　與云少　向借去出　安呼一朱姓工子　被尾指摘之

良江寶晶二年　五祝之乃寶晶二年　四字　宜字已去上半年　字要鐵支　不甚深　手工經卅文　共臨然　將詩辭　小蓄齋蘊於壺

小孩同蕃物禮書　送伊至　真相寺為鄰　嘉余不識其價　並有佳物也　漏唱趣提　余力持之　乃引出小東門一遊樹

碑　藝所出劉王廟　已足力茶然　目暇自危甚　去烟少許　又一飲于村肆　彼先引遊余之寺　數之尋之　不以呼[illegible]

与小蓄　蔭二等　東坊他六峯庵書　怪甚　久之由殿小戶入彼　三人往焉　告僧人已出　頹垣破屋少無可睹　僧之墻出大佛小石刻碑

至真相寺　長生殿出西歸洗　慶然而返　還至東門已燈矣　于銅店見一銅二寸佛　升亦二角外未售　於瓦石[illegible]與余入廣玉馬相一再

銅勺桶 拜榜 放魚秩 觴破遊位其年狂嘯嘯 限日不付不搬 可惡 恨告[illegible]及美鈸乃取振悄[illegible]歸

是日 白頭漁人來 租他大倉義[illegible]一半 龍挑來魚百尾 [illegible]放之池[illegible]大分[illegible]不[illegible]多

草魚鯉仍草為也 [illegible]小收 [illegible] 草[illegible] 付銅勺作鐵撈[illegible]

仍[illegible]元[illegible]

十七 雪霏霏不絕 早[illegible]六唐信 [illegible]讀詩義 坐中 加静[illegible]詰上年[illegible] 市內[illegible]四[illegible]

[illegible]以雲[illegible] 梅[illegible]十二刻[illegible] 静[illegible] 梅中[illegible]

十八 [illegible] 十[illegible]神[illegible] 金[illegible]閱書宜取[illegible]作[illegible]

已九用 付[illegible] 佳 相[illegible]作[illegible] 午[illegible]

乾[illegible]計[illegible]真[illegible]一字[illegible]人[illegible]

人不[illegible]悦並 [illegible] 取閱[illegible]一[illegible]

十九 陰 天[illegible]雪風[illegible]作[illegible] 加静[illegible] 閱[illegible]小[illegible]書[illegible]

[illegible]記四[illegible]自[illegible] 附[illegible] 并[illegible] 静[illegible]

[illegible] 下午讀[illegible] 李[illegible]

[illegible]不知[illegible]雪[illegible]

二十 早雪[illegible]積五寸[illegible]

忠不[illegible]

皆傳棠。下午取出古帝□中藏少室石刻畫象，人獸等皆古樸，世所罕觀，

與今日之拓法天淵之别矣。擬他日裝之横幅，亦别識而藏也。

上燈，馬廷珍至，余爲辰居間舉利害，言不再言宜擱，日後至吉處盖押，令其無益于予務。

居停□自誤，彼道一者情，須以月杪爲止，過期則任誰押拆，無怨，倦再保之云。余呼陽翁

下又復閱金石圖説

陽稍木

廿一 雪雨。海作寶琴聯，仍伏案書數。將石刻畫并八分書備等太室少室畫象之讀。又讀圖説語

二三言聯作一跪，題其上云：

○吴帶當風踪已湮，搜尋無筆若金同。武梁祠石與嬉刻，五瑞登封圖，兩石同，錢易陳。權作商周鐘，接作吾廬鐘鼎陳

鼓陳

又臨曾董二説書稿，又寫五瑞圖于下，即黄龍、白鹿、嘉禾、甘露降、木連理，承露人，世謂

西狹頌李翕碑，按瑞寫此五種，乃漢畫也。

廿二 雨雪。仍付觀瀧地濕，將丁東濱歷横幅題竟，寫西衍兩聯，取楊孫燉煌碑，核之楊本，華林楼

余之匠全照係木板而説郭家廟，寶早拓手，恨無力細付裝，然每每自力者，以風多金帛木本

爲益石之藏耳。錢吉還，小蓬圖説，易係跋，係年數，跋并借金石契

拓于楊取碑閱，校官碑定書可臨

廿三 陰 細雨濛濛 家人多半患傷風 聽小蕃彈琴 西太后像 又書三元及自來 又廣州殊索生寫寫 晚登

送林陽齋生又書華三說 作書並詩百十言 寫陳蕃生

廿四 雨雪 接下甚風 檢閱書整理 午接小蕃信來 金石契五冊 執閱十大泉大布說 別後偏說 又言

六舟獨碑拓作長条帖 小蕃自號方虞泉詩 乃悄錢鏡將之印 寫作仿未了

六舟硯 百磚殘得遺跡 郝小蕃 細述小蕃承其事 嚴南午日上元 樓文 樓示幾

法古歡 擬作漢篆聯 夜閱金石契及三銘與說高下如瓦 尤

廿五 午雪 夜下續及三尺 後又雨 閱 一百頁 寫跋語

里中金自錢學師六公海樓閱樓乃者所得 小蕃孝廉與渭漁諸兄二君好之 篤又善拓 拓先留

渭漁于白馬廟說獲宿貴貴出漢碑碑及辰 孝廉別其棣并得此數方同精連而孝未之見微收古 皆零落碎不全

之勤 乃與此甚字國 他日者甲中金石書自有屬其書以志年

是日以筆硯書百字 錢磚 小篆 作之楷書多篇 夜仍雨雪矣作不能去不必此有者林之子 后好抱皆

廣齋詩序也

廿六 仍雪雨不絕 真獻閱之 檢書七張楷書花 夫課孫 隨書將完 臨寫漢詩十五及銅器三四字 古玉圓收而

于中又有古鏡拓 用將用筆將從此將去序書素佃觀腴好將且傾送道逐鉞 特筆不 不行不也 座試作七古 半雨識之 午譯警 四四支今屯佃

寫雨年來十日雨 喜吾杭閘之小寺 鐵隸束何都 于佳書之 閱西湖都金石錄

金石採古亦善謂猶為湿湿神效歟

廿七 雨午雷声隆隆，水大駛未驚擾而聞雷年向(石亦)仍在，終日黑暗，叔天為愚，夏慄慄，佳瓜仁大烟下

閲金石契。上海新生畫亦替伏，廬中如百蟲蟄蟄伏，地畏寒，而思諸萬端觸悶，不得不以金石為西

遣耳。計未(大)門者七十日矣。

廿八 早陰，昨宵見雨齋嘉作李陽冰以篆，閲古玉圖録、金石契于役，二下若疲出門前水已如池，不陸市路溝中

水如瀑布，涕涕不絶，于朱二催竟床讀稍香，銜推雕花未完印白之此，又一二日内文政西再池工而後閲之

地意切須補裝，後到廣安府司道吳程廷璋往換延陪讀，余以伊限二日已刊者推兩而後未定辭

真如須佐一式，城四邑隊性私狗霖指定抱私不來坊市，油灼閒店魚米，魚廿，燒廿，移風了等熟友

旋歸，多聞雲天色雲蹤情，佳集照未能晴。然未已微二言

雲開後

廿九 雨隔水如奔賦，欲著令，午查疑食，以奉青韓還二甫成和工我于内，擬使來字抄金石契共行十部

健我以收，我以收甚晚，欲去已寒雨，雅易滑，傘為何人殘踐，新者為不能借，大熱君氣不清，去前面今一舟之此一以酒洋

擬使去字，價一以扣馬租去屋，而園内一無所得，每家扣留不付一文，馬及仍未，仍不至此，撲占久住仍

夜捻茶在西逑事，閲半。又書蒔布，未説三節，術以家了了多恨之甚

六月朔　午前出仍回寓　[illegible]午後陰雨　前從馬[illegible]屋約木工[illegible]年[illegible]四畹[illegible]住之而言不遑籌調言上枝以取[illegible]

人参面[illegible]神[illegible][illegible]能予和尧[illegible]之意已露[illegible]口分予大憤　即[illegible]四隨不順易[illegible]跳[illegible]王市先招松風

于桑間致　湖[illegible]之其之居[illegible]入說仍[illegible]閑居述馬　狂語自幼期[illegible]不情同之馬之人[illegible]到其居彼[illegible]与

母[illegible]經[illegible]接延計[illegible]女不見　二中[illegible]責之嚴　保之立定告余決不能再連　[illegible]任[illegible]日[illegible]房久久[illegible]亦[illegible]

陪[illegible]屋[illegible]不再延　[illegible]見[illegible][illegible]之未[illegible]　[illegible]每大殺[illegible]再[illegible]中之[illegible]覚今彼自再難[illegible]期[illegible]謝[illegible]能廣

[illegible]馬[illegible]　[illegible]屋

取　[illegible]中[illegible]樓四閣[illegible]灯回寓[illegible]　夜雷[illegible]　雪之下[illegible]怪而年[illegible]

[illegible]

是[illegible]　鴻[illegible][illegible]之[illegible]川生之[illegible]口[illegible]　[illegible]居[illegible]仲伊[illegible]一再令其[illegible]笑[illegible][illegible]山地[illegible]

武備　[illegible]業之[illegible]學[illegible]門[illegible]一生[illegible]慶[illegible]之其[illegible]情[illegible]切[illegible]不動[illegible]人而[illegible]

[illegible][illegible]何[illegible]耶　[illegible][illegible]也　[illegible]多[illegible]京[illegible]　[illegible]　[illegible]　夜[illegible]選[illegible]善　金[illegible]契[illegible]

[illegible]

[illegible]早[illegible]一[illegible]日雪下[illegible]　[illegible]五六[illegible]少[illegible]晨[illegible]却[illegible]　少善[illegible]　又閱[illegible]　又[illegible]

[illegible]

說[illegible]武[illegible]以隨[illegible]作[illegible]不能[illegible]古人範圍且[illegible]子[illegible][illegible][illegible]長[illegible]也

[illegible]詩[illegible]　[illegible]夜雨雪[illegible]不[illegible]人之[illegible]損　夏[illegible]　近日天氣

雨雪不已[illegible]由[illegible]風　雲[illegible]不散[illegible]氣[illegible]之理　[illegible]　[illegible]伊[illegible]不[illegible]夜同

閱[illegible]不[illegible]　[illegible]三夜中俱聞雷[illegible]遠[illegible]作[illegible]

初三　小雨　[illegible]之元日　雨雪自十七日起十六七日矣　[illegible]三[illegible]　[illegible]日[illegible]

夙夜思若前戒吾書，屍已湮滅，失收故函，出之精意求神，早曉曉。未共

初四 仍雨。慈侮真天假嘉年，六氣本無怕，逆之擾，捷信偏天難補，欲早五頃，唯以此稍補田地，錢四五

陰晨 閑居處甜適如肆，吾帝達昂，川泥矣，若佳帝曲。清夜鳴，余素謹皆為母入祠，陳寅

書知之，寫篆環溯錄三百字，已夜。

夜寒動甚，四鼓後歸，已二鼓許，撐靜守書燈下，讀少屋，起坐屋，以字書計，伊小草左

東方年在第 但小泥床川帳未燒

靜齋書

初五 晴。開陳露得心胸為之快，已到前報。黃相其勤，何事在確，學舊雌共棋。

書函 又為陳收錄之，是已。郁山茅手卷，作平錄六分聯，并示一切，錄以一對，太平錄去，陳素信兄者

小書本 三下鐘作条跋，在德兄已前菊種平安之，清雇寫。晴讀友棋，在十餘生者不三十人，與余生

又擇葛兄伊庄，報黃菊不讀。入夜與祀又村等六人同席，四少與大至更餘，四未歸，至二更後

上報 見清氏有神主入祠事，一係在伯，同祖姑母應梓山之姜氏附入祠也。

初六 晴。久雨初霽，人之望之以為極難，至此成歡之，為不起術後事，陰勢其在對至清入福神之

與談前周旋一過，余出之，詢所有厚布四方之為貴耗，所得甚惜，此錄最難也，隨伯漢夫送來

適到與長談，將午欲歸，昨晚里留午飯，辭與漢夫等同飯之後即歸，雅與三孫同往

送舞家遠三兩鐘，其家為急切，以奎生並安在，造突失業田，必讀書地點之

陳梅查生補 少頃奎生與炳嘉全至，送余五，我稚焊花，余帶續惟款伊本川

而翻奎之為人，外似靜默，實實一六不嘉所用，且上山清之，借為不留時真實

內子堅往子恂處爲薦劝于其堂設有詢詳道中八其周旋之　免下廿家助款　覺夫兼商辦數人考察由神主等即爲之作往於道堂核查詢覺夫面之告詢道中之數定有人作保覺君之其勸在上山和資代籌　金石託之詳作覺之　之去送　欲之詢詳由生本貫北入居與喚生節查了使請設定送銀同居住任相二人居醫藥不堪內任踏　以向東行好得任用角服真銀一面得任事與小工作雕工其扶同作校刀知事以名後送應回年以勝与做作嘆能向抑合將擴众來錢乃不往匯擬之

疏与恒往滬中
夜四与東語

遇朱東生說讀去年爲子閱所據上年錢之例之再勸判年給收八万爲又等沙五万分

○訾斯想意談子作用任可而子閱二該万分往東以加不了扎子開其出難收東而以省之不自理之不精就于世過　任去請謝四家陳任鉅　收四家未會呈法程二三角共一同報覺云杭府宗　爲接辦施多名望會歎然送華於府任克發　現將接續皆到任其先施設亦在送　电貴等之語　陸惠江　爲商用以降墳廿補擬而接辦作現以僕以求落請接　未經收據約什將未存尸已卻而此云

初七　陰晴致雨作爲情難　上午起夜畫理書桌錫四程樹樊宗帘談　應請覺取蓟藉二百

印刷來

初國來長談覺命定貸款回報事而于臨動出去大雜借　帽子坤抄往合件因留其擬姑從之約廿四　以蘇捷之未与　留君　及

梅健和四 靜和宇 同到

初六晴 久雨朗晴大快 睇畫下廚予書畫 廣六僖勢午餉 課珮畢 陪塾又來 請余書其家託

陶塾來

二樣令之 來託余硬之為力爭瑞芾 蘧浩堂送包來 乃為之題 余以余出先月 伊留謂先

訪徐宜賓家 見其檢掃等告樹寸已出矣 但人刑帋子 宇育十六書同兩施宅之先和書帖

之往實之 沈去之

的一套備其可為續而實仍為不收已係歇為謀故看畫四其係藏達之謀財不但不得且失也之往

工夫實至伊家傳之夜余不之知 驗詭誇怪 少頃去睡房石一之 逼沈祥生家留吸吾 題告走

梅健 靜來字 容實之 待

西羊抄代用五百元云之 話其事 惟惠少久即北一只 桐云碍 邏託以備且租 見悦泉一之 城逼市野

雖甲之 送四獲收據已 馬後價為之 遲不能查底 詢之狂話余太為之情入詞 其本只十之已定十六且已期之

余回語甲去遇英州拖于法利告陪塾急代謀事 伊能詭之 然基而為力逼廣 以徐生一寸花結薗

持拍歸 四五壽梓同之 王詞司回招佃 市書鐸一紙

來請已拂湯甫生不來主和宗而為錢掃之局居伊承減租一百之房之寸

魚二五

初七晴 易畫最出于梅逸園君菜

去泉石

冬之又出梅市畢烟見杜門題上字一大張六錄 女旦又佳 卯以一角予之 兩俱欣然 卿人詭為書首

歸理古泉盛匯佃阮來梅勞亦下怨甚于廟 四四云佃有和尚承佃俟扦量成乃為 四之不能

事孫雅任用書不知于用人及租佃情甚密良心為業之人百思不解 抑仿汪命任之耶——陳福里

卡成四四云情桂生之鄰 和尚頂佃 賬問之坤田多押責且延田不算等之 王不在宗余甚怪伊不能亦

事也 三之下間 課獨為數之也 於大后橋邊許晴臣云馬楚信完其文而伊為馳騾趕改函宿于雲卿知馬夫莊

俞氏初五回
郎門徐田阿戒不可掇卯務法人酒者不可攪亂前打死无悔　張芸生在海防馬局云伊係遺之過命憐母
家兄悟乃椎　祿建蔭六叁月四兄弟三人皆賦閒兼无饋銀　難哉之語陸益一家十餘口難于籌布加子一至十餘
難共家事出分弟鋭兩子結姻分爨其情實佛衲之余助令分分兩租共不為二元之應令份人须自立不
然難佑之也　出一石不佳又出六至三元為力求余代覓詢其漢碼頭之西請同鄉　易林出楷十餘字殘石
三方楷不佳　唐厓北一角梅久之出北于桐店出真相乃之進家　保成兄三块近帖之又白羨餅一一石
至進余宅時有六舟題字更告陳林衛根錢　借馳一匹　乃北想廣一出賊詢無耗俏　已師傅儀僅岩
旅回
初十晴清晨　蒲桂四長　四出核神前葡萄洋種三枝　弟來乃付扦　一于園下　一于大模西　一種于銀杏下　不知他日周
能成陰多收余不能嘆矣　晚長　理寿　串出鈔于樓　打掃幽堂擬將作畫三亍　出訪小墨長話　伊玥
訪小墨泉和誌自號為佳又得一鼎有篆文陽識一面方文代兩宜壽金三斤製伊疑是日本所造余大
王子佐盟之遂告嘉壽日本國者詎知為嘉慶十二年也嘗遊其神正經萬年物也先之出錢出前出
廿一角來寓更北移廣請了衛子家已他出見其夫人謂三姑談家事無錢無弟出見竹匠做箱乃租
鄒鳴之做工布帀竹一根洋一角市野雞一斤另付二角攜歸　店
十一陰大風狂發拔樹吹屋飛沙三元日　楊積錢二分作寓早飯作畫而獲色不廉不佳之
龍家三弟來出九石與之詢弖燉節家詞　欣林與祖友二十餘已到不語盈陳讀引其世

人論説種種，只帽馬害一也。料川網學證等四匝收來，而戚生郎吾收眹，下燕宗記三層樓，地道

祭節
文字祠

至正乃邑李母像，堂中設陰陽魏兆人財、保病、保壽一味，思弄善果，植家計日，食，惠其部出差管利城義押二下。郭姓與二小子師、冯有來祭，言乃是事，我等祭畢已二下，餘俊飯甚感呼餓，遂謁陰館，余與陳書梅仰等一桌十碗，何仰植，色老三經甜甚，夕宴而散。小暮，偕祭為謹種種

楊大來
曾二來

魚田吸，見家有多人，茫。陸並胡乃姐，此買一婢，胡以三千女老，宴於年十歲，其母住新藪，將以五十五元，連中買成。其女狂注不已，余代謂以後十年決無此例，娶子女者余亦無吸吸已已五下而人不適。楊大來，代（字）傳舟之王佃約後日。而曾二毛包六至留之，言萬不能地也

陸女蒲來

夜寒燃燭慄慄，其住涼尤甚。收穀租，絆以帶子膳其甫

午租卅收

十一晴，大風，尚已冰，厚積寸，此墻草為風刮去。四老太往修看所市。余偕袖焉，課澹姪。煙奮二兩，收來諸向偕去。午，芸問挽未留宿，往焉，于此寺巷兒王姊佃云田決退，伯今收日往勘，伊去伊已不得脫，限後早，詢其四至之甚活，更入二元而後，持而蘇返，若此之人乃別去，市逸二返。薪悅乘于松風，誤伊何圍，終上録，弟去古

丹工奪回
約王仰
與悅奈

家頂乃四一號，身手足之，知有病，舊比於家更重。夜撤病。四與楊大二下，至御倩船，畫和丞四舟不得。以后本以不借，付楊二年。曾大中書讀不鍥眼。夜病極，掛伊三更，時久屬不至。天明正供之，擬作楊子家花，糧工與陸農二次來，後合小押，母付結五十五元文契

十二晴，寒如舊。廿一匹未來修畫作篆，四點，角市廿條，收鴻壽生租，事未刻。約圃來長談，留粗

收還般，多

收恩娘燃擬雜詠釋稍，蕎麥西風聊傲裹，條，雅蒙般的王之仰來家而散，蓋陳壽思孫一角市，比條作精神，誆胃中勞氣，燃燃雅動，基其民母，均晚去

昔日風沙東上頗之不減，固不怪。着痛不能出入，夜滿身重滯，呻吟，急進藥睡，又寧帖處處。三更枕後，毛筋拳縮甚，以手爪揉壓之，雖痛而漸蘇，至五更乃熟一小時已。

十四晴 竹工上三。又市竹一。晨起少遲，未明，陳四留白書齋八，未同至起，即步行回。又出訪王坤午，因得坤不往，余訪已去，乃疏其言，限世經杆。午後陳甥來，言與王寓衆約咸集，言求薦余，許而疑此人之浮不實，即十歲只作之，歲萬其所并而鳴警，如自是余許全所觀，彼故何如之之去。三下出，于訪奎生，店云有陸怡與在市蒲呆矣。二哥價十七文，以西錢之烟膏兩日而成，藉余大壽意。夏言之，大地兮，為六尺人，竿為它。送湘宅返，已三更，業琴者一張，有花合文。西之叉，床有六十年，與其一家之少生出北訪悦亦，不住過陳氏門見，彼何事徐當覓子與彼學，留其一家於樓下。然有序順之，荆川畫小帖，又陳杭花中之，醒之，其有兄其元，發十寓，我仕力未滿，慶卯以過失，設予薩一子入監，以為大欺，自鳴得意，少頃而子，攜高子國高，殺予生，觀帖之。彼尤未回，乃遣一人國告別。到店，閒言乃根之，出城，留屋即不遜。子佛告二子于杭，等詢課程，蓋見陽其俯。六知之也，坤廿一句失伯之之，忘啟其書妾。市蒲其矣十文，林之之余。乃回。四洗宗，家人椎紙，烟之一，未為小坪一盤，有扁其中之花之之蕊。

十五 竹工一 早陰，後小雨。四一陳公棧生之，請已工于度外，其母又至，余為請之，并令其母即去。益年事，粉人生食，大平生理，耗余白粲，此其不忻。煮蒲之其食之，未甚險，以其君若何哉。未出，倚步陸金壯來，乞余明日送阿同上學，他之。苑植工之，埋母等來。壯屬余退之而費，伊不允，費是否合中人，難置之之，然未免寬，行此想心不細，檢孜責此舒請者。

十六日 雨竟日。雜頁陽曆九六印後，書篆數百字，而此張篆之不易，書二幅，交付鐫，以便習專業。錄曰：

竹蓀貺照 押

習得者且窮，出此今之商，惟求出今之學。且讀人皆重學，咸仍依賴中國，但今似宜遏西人之學之盛，以得西人之財，乃因偉人書智。又云：現中人宜習專業、實業，但實業尤要，要因向崇虛文，論作字作文詩賦等，但於農工商不肯意，今宜注重農工商，製造知專學。薪不可以學者專習為是，實業成而不患窮苦。

函高生 佬稗

更創理學，貴臣實習仍難，其厚祿優焉。午後陳氏來云，遇之途，同至城，為廣宅湊。館中肄孔謂師陳少壽即返，已雨渠亦矣。午後押安與二中先，堅不肯易售，不畏價一百許三元，嘉昕允八元，又額至再三。

竹弘

余四周至御，嘗見必加悦語。竹匠四工已將成完。退，宗生來借樣，程乙與錢易往。竹甘齋 盼翁

第四挂御，四洞邑，相仍來，盡遏不動，殊可惡之極。　同十六日挂二本

十七 不陰霽，晴，上午作畢作書午後，商乃來，不能出之，以以。金山一來，四御西取押作画款，在印藉。

駱眛來

三下出于橋，見馬老眛與馬。今未請謂翰林程宗伊，出李與房設席，待大约轎其御老事，堅求往之。

乞馬祖

相陰余即之。彼之左頰不通，乃而程則一名件作，乃為書可怪之至。北刻在聽殺西布屋，肅即北至馬祖。

太開又

居彼於推諉之限已十數次，余惟乃責諸，告在居道庭，降尤狂，諱狡猾，甚之久之，數人聯觀勸請再限余。

行五日

業情相告，彼妙人，六口孤之，四至伊為不理，念余使肩扳內彼婦，乃又疏，余計已來撤，只言來三四次，余限今限。

數日之然，不能再往，只有請中人來說定，又多時，說明之來，詢定五日廿二一定，款處金又再，町屬汗流浹。

背其至甚，渠成過，告之以渠詢，渠作余对五百之入，作伊設以作，讓余許之，同布一致語。

頭見於二約十九未工完，床又追雕工，乃恨王和先生，告后有不謙，深追詢局，各具耗費甚。

富大一堂 馮高生 限定 但

當長生同馮高生來，言宗不云相契，余押租不救，一日之之，一元作，各夏未取，李家各之書。

十八日　晴。夜中三點醒，順往二三時，始稍稍入寐，未明而起。洗盥，舊稿移完上冊一葉，又寫柳溪。晉亞小書隊

李五岑弟居一詢文田，後到北道，應樹商一二事，鈔畫十二頁，十時許子升與陸庆宣買帳盤，行至示

會譜子橋上書，燒麥餅飩一角，收十五通，陳七弟。沈子雲詢目錄歸一二而已。錫三、林景、潘岑、諸林

十九日　雨　原健廿兵三子陸母在家，去年七月病殁，因太后動怒，仍弦委段西照，改為孫宮幽禁，其位神機，後今大不

陰甚雨　三歸，益去歲冬禪表處，函遍松風，并伯恩作謂沈撫松以布函代函，邪其侮其至戚，因前年常厚價買之壽彭

張居田鄰，乃將婚屋全年為訟，二二又抖金田為陳笑，沈冀可以了其事，此宜伊自謂何計，偏耶乃偉

廿日　晴。午賈來，請還之謂向與亭子久，同此今更增俞繞後，在沪亦落僑，他乞為代作書致子大，述廿廿年來隨交情

四路中標　五薪共諸子之，留收長話，伊病亦多，返剩談。收中稿屆，信三百餘，飲閣情，前地種菜，肉子，六至指示，廣生

十六兩　日北入廣道，稅收，即共為租，假不理，以其陵作，自二一站，置之上去陸樹，責而強也，一生嫌甜性在，看信子達昌。沈福十六

五名前僧雕工已秋，又責小二，標出商名作達昌宜去，余不能決也。益四

臘聰其事，至難，客之少已。上午　赴林十八　　原路行穩

二十一日　晴。收仙閣之將救，作寄陳佳三佈，又示靜三，又三，赴晤，原迎雲作四小屏，桂示石藍，後以真趣，未午完三百去。午後　居住處十

五庫　取墨池，可以作其較，與我六尺軍同，書見子廉，伊詢書寫狀，余為賢馬，表但言以今僑樹生執之

書為止一兄，學以樣兆，到居即之，安穩與孫從太原，舟一日，其十宮兒收早豹，而封舟，須寧多

為異議矣，又訪留江于谿居，言其病而頗收減，說事，恐此生無望，入于利境鳥，得救于耶

談久回西城

原控呈之處　契租簿三本　張廿紙

廿一　晴。黎明起，四點赴物上下北市，糕餅物。廣玉華舟去至田，見發大雨，船山發至陸蘭芳，少待，合四市油錢

同舟，合王坤不同舟，隨來。比抵宮木橋，時早，乃放馬王橋，于遠岸泊，表上兄。任其同至陸桂士家，其嫡

軒王華垍柩至，識丧慌，少間，秀都、農夫、施江、周等皆至。活斜以草不協，名六陳皆斗捐五文，貲又

周昌四境孫女，排隨手入學，印勸指無執要政，為此處以不敢列市。語柩哀痛，其嘉兄不至，此甚也。一走橋

六旅麦至北，伊具雜籍十二二碗，素改同大江一施，作合管是田，仍令令去分舟間之。王吉坤河次列田量南邊路先

東西計　東至西四十二弓　南至北七弓　中陽李田北首　東至西路四十二弓四尺　南至北八弓五尺

玉陸　路西　原二畝四分　共弓三丈半　南至北七弓十三寸　闕三畝有作　路西東至西路卅三弓四尺　南至北七弓五尺

桂生

宗　樣債量見，以備擇其兄也。索北田時達王周昌，抱加福在田，云似伊管，不知何以周昌佳做不斷

江　有量案取契与看，其云要已十八七年，實有泉不一知，況每年量租，吉坤雖不出，來計田每逐而詰向

施二佃合　加福四入伊家，其六地保六族並告之，令加福追周昌与伊，想所見並錫林等与侯吉坤，荒增之狀甚

丈　除吉坤得此來，至來刻未來，計又為所謊責，不再黃糧代飯，追四佃岸同坤小女至宗取原子，告之

吉坤在伊家待，於此列遲，不來，乃想余要令玉其女家邀之，來。又之四周列，周昌大謂，亦來來極潤

倘之唐寓，詰其田底之，請此契與玉，量還不誤，伊与他自有調換，並詢一切及上收之，並及

地伊租在那邊種，余甚令加福催，城君會公斷出責，稍少須加福子去，擇田四強言，哭泣

必合要華樣出軒，逐田來不轉，諸看周昌四之一力担承，原佃平價，亦不接除，該人一再勸之不

（閏占与批 理田）理余以理责其亩四至并四址有佃田调余亦不许各执向各佛祖俊偷册我舟载欲轧纔之谋

以一舟闵为先理伊归亦止余舟遂开四城一路数数楼持闵为泊半日后了伊自恨往内若

（贽正加福 闵为与陈 纪之）与加福调光之契今至余处读了 余信原我思之夜寐不遂黄前退只八点钟来诉之与去于安

（久借利 计）杨上岸入往利乞借银一元见缗与王郁 往返马相见归之已定大东门城居东今日取

（舟五角 七十）推以情之瞬曰必动之三怀之到居 付舟价五角与今恢生付取俗料加染银全 亦收白帐

（佣月）亨也十里一年闲访一见稼生乃归

夜君旧夫地单不后记 以志 载书已量与畅少 （以昨三次海洪六十里七诺 之旅店与之在地该院十他也）

一厍计量买之不过四亩六七年

佃君旧契误写粗为楷此种之旁之契平 以诗吴日与加福 諟为伤以路我唯大价取我之乃不知读

廿二日晴 楼以旧稿 抄 写集临仿梅花庵主书积四十帧未印晓书 如官问唐生来谈闵唐房子以作

与吕兴不得书稿之此稿赴雪舟遗 稼生上行 郁器至吉向之已归 卖醋借汇

读其儿不协贽恒事乃极不快 怆吸解缨 四集余儿未完 已雇车马相不及往楼之

嘉興云入屋饮（回六大） 四孙持灯来照回 同席 有友诸衣多甚寿 市烟（二斤十二 公卅）

（烟二斤十斤 六角）早日返 黄册与之至闵为之谈返回 春烟一角

廿三日晴 走赴大河头 余拔小叶词川婿 苏宝生来已久 烽康生千文上下 布约本内迄 为若

伯静信二讯如单　办去四屏壁亮　撰听未下　书翻五内楼以四猗四房太楼閑声曾
急言段余使先将横来内子为具与勤之　余许之往　伊通之　阅菜变同赵与之　理论　余于三下去于
五牌以四　燈佳理
刘工房律楼先之　文法伊之城指伯子僅八折　耳其细御田亦缺　至不予法言实限　李巴四租歉多
出此件就如何　首为征织　左篆之矣　伊于税房现已減收　而维以館供需须两千　加两成僅于
追赶上
又告以馬揚假令　馬多旧展役之　诚是云　户我馬亦已被窃　而彷徨之近一邑　终为酒防　馬告以已围被
云会恩例　是夫之谨言而擅寠　强子悦亦难信也　伊乃言之七只女名　檢告耳　聲喻之　再书之康
宏入五日搜宅　问之主佳仍旧居门之楼　应为好而四　道楼引上与阅其之陂下中实　谈其大母书诺
肥公十文
兹状以为掌责　不教　余与阅劝止　而四维强言证辩　否峻急　数之拉出不说婿亦难三力止之　挟今
嗜除罪伏地再亡之　须年歸兹色　余宝年十六千交付其丈母并阅止　四全不知理　要已多年已生女
写静使　郵票临
一切不问　视自崇十人　恒得侔不知作何用　日夜骂其丈母资财尽搜　何惯手法于妻兴也　今阅苏北矣
郵政寄静使信　并郵票也　折一角与阅菜　谈言讹其将馬相挨　令即还以自金去　既尤于再
预其亲也　兄之久而别回　偕小菁后之常馆　自作上仍返来
夏来差本十九下市佳　馬长来　告积去合撤而去　云与伊之言被窃者　询其说
西晴　早拉多具　水仙兰大放　春和日暖　为小菁先择去宏四屏下款年代　小菁来长话　现四屏大为
小菁来　欲绝　又去戴文节着东山两册相赏　玉时余去　拨静舍　共赏诏继薇在中风　别的份
撤拜度　附列来潮信　隔不早而身体昏晕　背重又疼　遂不去　作行书二百字　用画印
静来寄
检查　四佳价以预猜　夜颇疼　一夜吸不适之甚

廿五晴燠甚早爲脫勒白猩此後性頗作柳十許活加松樹榭園亭段西　硯孫赴杭小午張茶孫本寺　奎方遂張桂生

到寺余出布置滿清至午　文蘋楚楚不知良工苦心即擇添至速須三四日工其工匠佳天下無數手

吳伯孫來　殷芬堂知之　鼓達微余附信硯孫付痕跡二下　吾伯淵傳合　從炳乾來順之以消我松之田

王稚云　救九只事發之　得大哂彼之作偽契而矣亦以爲旌此疑是處與誤冬田　留內吸將余先往閱且求房七九

其亟余以非見人推之　中村　稚來四居　今出一路諸本都宅最之　爲主房稚切一刻也北執翁雲大廣至正

梧仍不得偽議至主月底而推太冬情理余與視此謂得此可稚程誕此其勢非大然創不可矣而

與爲

閱報南斗推大　一見桐居中歸

廿七早晴午大雷雨申後晴又陰　雨之大兩年說　是日收余作大之緣桃源圖此頗　至底未完此畫似是

與翁乾云革有相似人所推白蟻之其覺之

本日直園察據稱如而諸中雜大柔麻　樓居離井人物二十許並物居樓種周匝帷用之

保不能來人神化之　未如昨月並拘來　夜子身余不適攸為徹夜不安

廿八雨霽霽早爲硯孫為作寫完性頗　作松　松不甚公式　送朱松壽信及袍　料費洲　吳作畫言

字四日防詢爲徵　朱松之未請通詩　不出

廿九晴　蘇二姑　李因女史直幅水墨鷹松　閒余之至　許售十二元是從柳手買許以五元而購之

星期六午后来加和此重交钺 五元一范 吉楼佳惟少墨神 即三皆好 退来确 五三元留 却之 共李

李彦 抵五元 彦帽一再读还来还 青长付五元去 的遂自代续 未和刘永甫来访 言其归我信 及伊氏惊状殊

刘永甫 来 奇 伊二子皆入学 甚习 世时许去 樵健字 廿三 发彷闲 唐学馆谋速衙 殊未能加列也

欲孙来取应帐 渐入报上看 罗东思敬园北段到三廿日 陈门有讲口 归 得雨 途由六衙城

健来字 于陈门问一米盐杭子之 大突然向兴盈于花上六驾 夜为之宰 大怪诧 出七衙中仍大之疯狮

为大吃 惊人 若你能释者 予二石 以陈宝 储菇 切孩 你人未生苐 衣吉则大伤 古莘行之嚅 善用兄室 石能陈

过慧六 天如汗 西北转凉 阻 望月内未屋 然工人毛匠市 嫡槽二斗 文不足惫 度一阅时报 包兄忱

赴朱松 康居来电 告黄伯沈予 还见有今年我讳 祝乃孟六出 神情依然 余一赵 上海 言赤之 孟又返入又陛其

峨庐 袁氏闲 余即上车 乃始返沈 咏英乞见 招峨贺 又睡 杨月缝 并旧友赵十人 已五下 饿茹 该完

遇大雷 两三四点 列兄荏生十张方入庭 待大坐席 已六下及七下矣 余乃坐五芳席 回之大叶荏住 室生为戟氏之常

惨燥 又 及周庭予子好姜予三 闲谈能读书 断書经将完 惟其状不见遍人年将笑上果

大忽雷电陛陛 夜来雨 呼饭 急食后小本冒小雨 行将来皆惧 然不已 余使四四取雨具久待

恒庭 霹雳 与色绕伴予大幽 收屋五少次 绕雨一三 四到家 两杂沈寒一炊 雨大雷滚入 足当大作 心不宁

湿出畏惧 此抵家已半 以作以为城不知 未夜市矣 是日未三四点 若不归 何能 一大 二点

小三过大雷雨 之者武之之 孟家至夜 大雨霹雳 屋为动摇 水如满 直至四点之半

廿九日　天霽寒，夜大雨，竟日陰陰。檢舊書葉作墨齋仿李因篤。又寫殘帖山谷以備等。

静安　接静安廿三函，並虞徵信，謂遠雲與金小園書件諸余居，並將宦游至三四百元，宜計酌之，並

五百兩，即以為，伊余以為不能多端一地，俾不謹慎，二舊居作為用，三月樹石一千五兩，四堵平屋

中小園　起李樓，尤不省，四品種花，集雜，六十畝立一元，收造不可，園告內，植菁以為菜，四實惠，其作

屋二。此以陰陰造地三陳屋，以賣且住，遊覽造，四來屋亦可，通慧地大而占勝境，起李樓加造屋

布園事。但静庵性雜，喻無自作聰明。

三十日　又雷雨，此後作一見陰陽。覆致遠，請其寫來，陪看小園。又村静庵，論修小園不必話端，出力論

秦遠　伯星屋又頗好，数信屋偽二資，不可冒險，余為此至顧，保以為成，乃得許可宜，最後遂以保屋必

大勝，並工料十年不動，信百二買市中大屋，以十二往往，他可六四層，且此間提極發，但室金以借之

高橋　五款作四書，村兰取信程，可文到已条投。湘君視此其好，致問實不知下，再打樓，頃云今在梅矣，淂四

時郎　樓四書之畫圖，訪李圖市，并程二。　不夜寒冷，傳甚，覺縮，君語錦詩，依希字

三月　初二日　晴。唐山堂　信上月性，寫字作畫，陰陰，把錄第一鈔算四街四二馬，租已穩，出金問錢搭

鄭静　爲余二兩屋，夜歸甚有補，等亦及，挑後限可也，付石租米食粘之。另以用不專出租忠後，粘六月帖二

付静庵三不宜四園，并論以後住青宣，示後園前街，擇一起樓，客好役，宜多為其　元代加少許

初三日　陰。黃玉　陳韓衍集信甚未，四四二馬，租稅在勝，推信函使，限二二日，陸不辦

收屋屋中器物被拆至尽，可恨殊甚。诸弟有赖而漏之甚漠，所以业之隆若二
安虑沛不堪。闻先生语，惭且内。云净，晚春月风清，獭伤人。
十三日 阴，微雨，移居孤楼。至送沈姜子去。唐候家札讲。洗秋桂，荐作字半首，病发甚甚。
打算作书，另发不果。竟日未出。为约出屋作估，四十两，明日付去。
十四日 阴雨，竟日早归。查获沈家两难共打点，不易也。横十余年功竖，惜终不能保余辞屋之虑，
作不得诊。三下着麝去收纸知。唐仪来云母陆云备述的事，于传家格署将择钱并来
子同后理去于此，抚访别入。且租三房被拆，柱已拿有楼板及麻屋，即往拆。余询以无租的照日
荣去奉，经过账扣于，男市上二元，以小多元来，共好一并了。即尝之。唐奉陆璘林来，店买辟其兵五
斗，计愁为至二两为帮查，过悦泉，该来二十四两，拍于店，君烟在柱集买过之，来马久帐仓遥函云湃
诸服大张不可马可，今存葉楼卯。马去，帐为斜仲来，拗麦于铺处服，拗未为差，獲出校于余再
米充付两上帐，推旧。
未及马点，兼难为接手，付市，推一角，还。小方以烬，膀奇，得半，六上存。得价又为至平钱止。金山来，段租户
十五日 阴雨，早霁，焦烟。
鸿熟犹来，劝之其四百余，返其家，并示以世作人为形自立之道，不惮烦琐，谆谆论之，
费账上又
并伊在家，祝赞应心，根安思安，逸而食，不力求自振，惟并每之能，新乐通达为之端之能识
之美能换其心志何。久之，去余以笔并以合值，不出合四收屋，伊四卿

夜取三國志讀之，孫與陸所謝總理衙門疏云云

廿六日 晴　晴。賦得春遠。取舊相手摺來三四月所覽畫，六叢，多石印譜。又楊與叔、陳紹莊等，自以爲西法頗

精，至汴石年先生重玩，則西厚家，諸家所難到，先生以早年功深，又取法宋元，力闢膚

淺古逸趣，洗著俗實，末殊大家也。蓋打點傳做之三百。桐君來訪，書古錢幾，玩之陸孫

弼、穆先之快。十一開第從似難之。今冬全未至此，則于恨料見達衛，楷入，仍照本全年與居

安揮一二。蓮保威來，先李因，爲伊指點，其眼力來乃也。達出舊硯大小十數，并去陰李盃刻

畫皆真，所寄那。又之有方蘭士、吳莊、吳荣夫、聚直士楷，花正全，其家閱。周仁梅中之，多係明人方底

三友圖，玉一士楷，山上梅與李示採意，楷松天空，殊似只未見十分力，其似最璞，乃晚年老不堪入目。

某大出硯，楊峯安、桃梨、佛珠、羅蘭，准畫之之，西與西梅接武。又示余已亥畫之屏，爲朱采

山路立幅，焦仳。水墨索自其所作此屋秀者，其畫大有與桐君上下，樣西存玩。畢意與布置保穩，自計以

真者，來直十餘元，白代之云其價也。自其價出，伊亦以黃貴，不足亦以黃之。新之日，今之畫到店，在乃和

應已回。生法和状。又訪潤荄，知已在慶，家大病，九十日爲悵欲，岩自謗稱，其淺曉其情踰反然

四書收　以甚爲仇，效此一源索，淘淘即市，閭閻監州，蓋所以備明日飾達也。見四金陽

初七日 晴　以殘紙復寫山石，暑讀周易，讀數葉積墨。辰達衛楷，朱鶴年附社，入諸少函金玉

看小園

小園入門一大樹一大桐，左山上下坡，庭梅山茶尚盛，（葉小原栽約廿年未補植）入門一小亭，轉廊牆向

一小橋周池，上大曲橋，石傍石筍三壁，依以詩地，過廊一壁，小閣未備，石闌可行人，間上即樓閣，大廈反由北

廊轉東屋三四間，即從廣合園門出焉，又八之迄西池假界（兩院共奇）。左有池一空地，可起一住樓屋，唯不作[illegible]

然門去又挖牆池小徑，入曲橋，即住宅，亦甚不便。章前七住舊居可觀，全園在不即不離，頗有[illegible]易，周一無[illegible]

園屋十餘間一例，石無佳品，只有牆角茶石存（原有之小半為值價異于他物），不必擬成，不比十信之不能[illegible]

非[illegible]制 曲加三千金起一住樓，二千金起一書樓，即花費矣。乃價殊大，庭靜自有空，集物全達，申我

園，指示宜家，作未解，物各也，四家閱（三屋李悅之）。大隨數十區，留年餘，力須費

即係又定數手。明日定報（交三十日[illegible]）。又欣北口右二戶

晡思去以且不出，且已夢止，庭以福上盛，廉[illegible]蹇，[illegible]甚，謂人已似[illegible]

一鳴君理樓然後閱報，二砲，精神之衰可[illegible]。中庭又何大作苦悶悲

初六 晴 早 相之取飾來，四洗茶，嗚呼，一不識之木匠未信此屋已不在，張浮付宮使諭

宮使 早課 隱單未全，四隨以後，校羅城守云已至，有不值錢入粉[illegible]完

定稿四元 回右欣北二戶，小坑[illegible]，計以兩[illegible]合得三元五角四分共

因[illegible]頓閱[illegible] 內有[illegible]人閱書館 看文錢，[illegible]伸[illegible] 二十條 陳子[illegible]，辛巳文告之

小園圖

小園更

空地擬起樓

北李界

屋甲

[illegible]三

[illegible]

與哥札　慈表

出於許村學爾梅信及程以聞學人皆出示反宗　然不知何名　贊其閨內出紙潮農指及甘蔗　寧呈捆

子而為四百餘千出難之而農雖畏心不甘故一呼而家庭也閒皆已復之　乃揚亦猶闔眾之無不成

之亦無印出遂解矣　未歸到廣店始北見我房門鎖大開　立令追西出大騰詢書鎖匙皆利鄰

王錦桃尉在門大喊詢　邊拜王所書後右處旌肆號者余大喜竟說往之入此科鷹生伊猶吳之所

謂皆極偽理謀之諸者一字報聯功不從余入搖風華猶云請書至矣余出契紙人俱令呱其惡梯

散闢往一王　乃隱之來也　吾素掃伊出賴余吧伊即去云錢向我所說當託某通心者租出售余二不可

余之殺自己程修不為特乃出余詢回鎖門云已無有收到從覓共去而小伊乃所稱家族再往看　四出對門接進以

射之將四之探候及付匙五往余前候之可根已甚請二中　說到詳情極要　尚不到所入當鄰信與閱之

程之不合簡　其俗買與其租照閨中指陳所屬余將此等伊慣技　十八大也　是先一入說宅不值一睡　實鎬

一見馬四坐處談之時一見　始知說　告王西不及六款義去加福照當余之出排決不能持了覆

當去須之為一二年應盡之加福說于四年後諸公當但與于條別情形再來和議云云　但伊口出上租直不操

四甚倦卧　五請糖與莫說在家不知盡與氣悶四為寓令送告傳見補點堂

來為金律之有得代籌將發詢之大概又余以此之為難

廿六日　晴　早飯趁將午出同姐母三兩嫂至為藝奎以應手陳非和言伊謝之此後余一言　與之討為上寓之不知門情其亡特言者意乃登諭且胸次為之爽　相二六來

四姊收亡老宝未共賽千許　余晚取辟盤物位衡馬裝飾　與之識周拾取其數印

及补试閒

打拂家事。去公园曹青阁，回由怀远楼，从宝书楼出，乃回。午王承绪来，有卡写毕，饼色坐待与谈话，约其将礼十许分。旁晚陆续客至，及夕阳中间，游憩二处。散步西门外，收新气真以所昔勤恳甚可恶。为出存了，临洮神之弥甚，乃由清亭子上楼新楼，游及太庙傍谷，经坛边，望舟十余，俯瞰盘旋在楼，泊海大一碧，杨柳摇漾，桃花溅红，小小堂下，坡阳边，五六人皆谓识余，不知何许人也。竟日未出。

二十日 晴。四点半醒。君王坤约明日来。饭静诵三第圈小简，不如学。上楼坑房册中十首半，精思世所寻观在也。房晡书圆收钱，福生租许，以廿迄上来月，多预让之五年，强可惜不能允也。北较和霞，由至赵物林小帧山水，偏陈馔山刁屏面袖查，请来带到，入广路顺走续，前静书，乃枉之，能说徒利合题，假仁裕，寄郑周谚稹稹。谐七乃伊至更，题纱可至之，付沪州，五放闲在佳利石，华羊肉店御荷里，甚难与其郑及广步辞，广乃归。一过福生。

温静

坚持许 另有

廿一日 晴。早在楼坑画，又打毯识荷二下，作书楼，知杜市崇准，四二点五分雨，鸭蛋五十枚，计三角廿文，每十二文。北来要的城边周与分阖，谨约十四日上周王二作故，于周钢店见砚水壶，有些化平制书，梅花似佳，乃难灾。药品牙羊肉店，词荷之包子，平有许苍迈来询故，谢余日内卞苏州，致书外钱租托减不情，在此承议。

检作文世钞编阅

十二日 半阴。四楼葡萄十株。广生来潮后，书计三五日。午后沈恕托苏劝，归由五至作报宫，还寓无愧。寒食

撒拉其無可不識也。吾鑒德宗已甚,以言辭不能挽其寧習何。揚家生來付租,言責廿石,唐墜已

地澗不多植物,不一二年又不能獲利,若將來種竹或柳,取一竹竿以去,二下來由園詣租,皆

撥將來奪桑棣。四取糞馬仍撥銷售,鈔魚又腐,覊糧之嗜惡而無賴,可恨之甚,到唐一閘

報中。北勝松舟,至常州,沿大轉廿一里,出城,旋歸,約卅里。

唐作詩家藏作託,緘寄書表。

十二日 晴。徐節食菜糕,洗足。督工挑北邊河,芟築菜園壇,八下米,到東市,圍牆二箇,桑秧大種十一支,毛栗五支,小五支。

計得二箇,日暮,嘐嘐。已庸閱視,囑合于庸保,理園,自坤處繞一大城。小二與雕匠仍不來,小蔡偕同來。

旧来年之泪去園,從日種桑與。言生諸未以種寧先,所從伋悔而希即熱,仰其冬之扶植附之。

事佃之并午,晚亦不出。內子房往四憐家,爲清新歸,逸入其家,與劉承甫說,并理樹生。

豫了莫大表閣一無預備,逃往伊之廊宮,田間宅西面。

十三 雨。祀神祭祖,遇清明節。雨跟之甚,不能上坟,不能踐胡園約,再特母基前,田往祭中新。

麥聊逃。廣詩,頌賦藝振伊,領之告報先之前,謹悔其甚,抑之,縱掃來往馬,赴西。

未嘗悄悔之獲,者戕託掃回,意已赴西一趟,并皇傳譯之初女,作家妙良,以西。

十四 陰。辭曉,供累以外帶,封點書取及冊,從貴錢知布置二遍,學書亦不便,以佳姿好閑壯。

不甚,掉不當,周遊不出,經野樣事,又因往世之許編,可恨,小二與王寅。

北居不寧，督隨者言之，使以業辦身，家仍痛哀，心亂，了無佳趣，以寧務須候，傷爲慮，畢自苦
並由自申之，不能如又迴掃，並又須限期

十六早陰，陰雨。回寓，照趙意不定，玉辰促往，俗自料理。筆業　萬煙頭趙丹，西母家，並付樣具玉抹待
市，屆士馬鐵欄，于恒福。督隨前打聽，並特回，久不到，焦甚。比至河，看回四之，罷至郵局，本聯本傳

上坟

寄君業偕嘉岚

乃寓　嘉岚佳業同行，留寓悦，寧君春于艇，寇橋雇船一隻，蘭若取價，每加噸，只需在前四版
驚路上有下舟，暗士數間詢，積之陸業已候偕作，久之，四科開已已刻，于后步橋上，祖父以下坟塋在四
白閬，過玉不乃，看梳成在母子，告西地荐狀，並指　修墓各樣，伊允肯，而價需坟，掃後間新
大一路風，雜比至周厥，市巡撫前二上，拍茲一覽祭　修者下舟，黄給衣，所以燒物，得回來飯，暫聞新店

廣生付船價洋半元

訪美伯不值，于街見之，稍寄之，會長談　廣又臨，值美日即看，隨回城，已四下鐘，付舟五角，車過杠
風送回，與兼話　有書卅九，君爲雷成，君刷書而謝，僅此，訪與松作二字，見上有筆誠，落淮之遞在華國談
七華其合家來，至之，乃方瘟歸

十七晴　回至王閬爲田　楊來玉地自劇尹中　付靜論　附達衡作　午後書示訪氏　與廣君談嫁　村生了剩
郵靜　示甫追入楊談　森蒙餘　少爲寶生訪伙　見張蘇二負戚　談通收早點　并出了女園　勸其早地填墳
核帳洋千備底桑次　伊與之別，北字郵　換佳之半指　嘉岚佳業談　洋十元　付見一元　旋歸
加嚴　十九　文卿　間植不必並剩　定之寄春丁　計二角

詢四兄閩省見子郭明晚日來　又嘉福六弟明來　余又寫書一函寄五弟學閩省
庭蓀李蘭階諸公出右照至二鼓不歸　此時金晉肝一去定歸　實無人理

十八日晴　早起出　元姚見孫吉卿母子云米珊為已來書云已付鈔　伊孫至須來少晤晚回至諸禮　朱三叔大存壹
共食飯兼錦瑞　稚田制詩　王周卿來請回已尚犯之調　稍與楊林及增五分耕　余誦金爵逃遲不得
伊子辰君贊貴依至　吉博文寓三和書西樂為士增等作中棠　藍侯我擇定有設法伊姪今種均
西先後被出再寫主契　伊言仍一年為住　其房安全之氣　八點來工作　年底小來今年極三年　並回兄來四

十九日　為八尼工作　內子至徐蘇橋　晉陳工借李蕭　夢不成　翁慶棠詢金爵據

二十日晴（夜雨）早起　自董大而過楊寓　十時騰臥至酉大病　蕭陵來　以扇乞書聞說李誠齋殘帖　晴
出訪翁寓　晤居翁聖詢董帖云存者不少　訪洪吾出雪堂中　與右卿為伊姪少初請寅宴居利事少
靜本寺享　晨乃三洋陸橋副居頓耕生青王入廣樓靜　為年以小園　召宜還明　五六時出城同羊肉店若茂遲自帝
雪物歸

二十一日晴雨午晴　伊孫來與縉存書　未刻出于琉璃廠知叫迹乃詢秋黄家　實出膦之為至去翁
收橋奉宅訪居翁寅少晤出后居直隱仙　袁棠山水平平　所有大帖　寶晉齋四帖佳　道因碑臨
通佳雲麾碑李北海平平　趙書四日種一拙佳　西石書雲錠　刻序無闕人　董香光帖十本
行書頗好　因余購數尤見書　楚雲閣錢蘇仁八家十帖　因謂有書者為此之世以手此其一

訪劉雪　　捐隆氏評余畫爲可爲世寶之回智識時遠於壁雲山房難容拜題　應辦未檢來取也回大
兵帖　　兩足不飛聰　踈倚興之　行由傳禮而四

廿一日雨晴之　小二庄移來五一成床一屏　樹付捷　督視不稱　握擊三方　李舟之畫窗　量書櫥作下柜　市柏油不
杏二　　保付盛泰復行中洋伏代購　近夜來去　付洋一角

廿二陰　午晴　雨夜小雨　小二來五一　馬賬來不計　四貨柳葉以了事　早字加藏與代購柏油仍
來五
釘万　　來一步　第出又寫書只候程第其子去　未照武殘帋

廿三陰晴不雪　小二庄兩人工修地板門窗鏟植　作以植完　做粗水不合　以畫庆培墻者　橫樑之帋　釘又
杏二三　　不如戴之四尚　換種之可根　又市釘一斤餘　至夜付四角工洋　飯工價存月矣　四還仰

廿四晴雪陰　補犯出來　柴窗小人物地第爲人寫書款寫　小幅冊作稿　三方七子　和家見　畢書　廿五六壁有
花民　　王子和　翟田居雇　特入請書典話　鄭　少夫云　法前合由三府　到庄　又未搬　借萬見得　一帝　椏送禄
杏二四　　生若手相風見　瀏泉与蘇倍陞　標櫥開洋南庄　計思先生　示者　指裁文　加字書二幅　只應理書　示稱四

廿五晴　雨　夜雨大寒　玉地葛劇戶　來片　亦恨擬　眼戒烟　畢卿之　林与蒲　大英小兒　以者核之方　前色業　成云　殿本　指駁
自書　戒烟藥　飲近夜　減半　良苦　作畫字　佳作　前二以小幅　粧成冊　之證眼　書畫乏人　又之之主　王未伋
來話方怪　將開汾庄　詢相此屋　衡量久乃告吾　不要中　表例可証　押租三月　房租月悒　從之押票
滅其討價　作中　待請相先過　約四下　此則定　首中出　飭年庄　借薪匡　見　湘暖　話人一之　仰來仪　再俞　闊

荔棠于松風書來訂六月起租三十二千付押租七千立契據　付定五千[illegible]房[illegible]日交契付足押

同北房租　請田伯甚力危焉　租本一年　註　小米內五千零郵逸五千閱從東屋等　欣玄照佑四下隆北遂歸

收押租七千　唐玉天明以烟癖為[illegible]　父許錦春

命王中　黃雨

廿五晴　閱梵經一房冊四佳　付德瑜二千　三下步歐中一寸到廣　薦匠云已在[illegible]二道往來以一洞內被窃扶揚　諭使　三板地[illegible]燒燭干恨　零郵使　閱房出租契　租擂一間　李房川[illegible]宅亂　[illegible]　付洋二元　勇史　[illegible]九

五月　廿六陰　鶴九桐大帖五五千和冊十六　太里花卉　積欣士不至　天雨無信　夏四　四千來地作半夜之全北鴻勳來

廿七早陰　陰晴在樓閱卷　早[illegible]太甚　嘉盛宗到　桐油一斤　計錢七十二千　又舖全四油撻門午後諸葛唐小機被

挺打拷陳大根　張樹來四地不見　諭之　作獅山話坪(坐)　葉冊　提[illegible]飯信　[illegible]也　三下出之店　恩書陶柔

于松風之小園十分合意　易鼓　静以五勺綠為中　到二十文　[illegible]　信成程[illegible]讀書玩　[illegible]未然也　[illegible]　[illegible]

出於店和蔣乙及半　立出陽打本　付一元　適[illegible]四　[illegible]雨　吳比店門　又雜閱鉄　立蔣直林　兩方[illegible]　貴[illegible]店

未晴　土晚[illegible]　四不知[illegible]向息信之墨影　龍市主　[illegible]　大[illegible]川備之　付之元五角　[illegible]　又盡為臺　珊　[illegible]　[illegible]見四已

然蓋為州　答書之不在不將門事　完[illegible]將內物　窃完不示　大聲責全　形被[illegible]　欧店接出[illegible]　速之　根是評之世

神情抑懷之甚　[illegible]　四出以自悔　恐又[illegible]雨　至為不可　事郵信來[illegible]

廿八早陰　小雨　四未以[illegible]　[illegible]　[illegible]四肩　本以[illegible]　兩[illegible]二文　買打一角　大宗一角　本土不至　兩[illegible]　[illegible]

促五月計之[illegible]　[illegible]　者烟　[illegible]　[illegible]　[illegible]　十[illegible]　[illegible]烟止　[illegible]　[illegible]　旧[illegible]

天忘[illegible]

行西　萬魁中出北泥工在作出影　蔣已將成　所計用木料及尺計算瓦方五作墩　釘五工水　剩些些悅

壹　陳屋子陸財源也　將手底　像肩客存板木　大民　等出佳否少　又寫幅

先陰晴不定　早四四黃木工不來　為其所賣　於自佳作　余止之　責之嚴　乃令佳雇他工　今乃得其許諾，信彼無校

泥工又五　根錢錢自遊　上面　午窗小蓋　訪杖國　僅僅以事　寫之借出　送陳宗其楳樣樣　三下鈴出　由廣之

付四百　租屋瓦土全盈　正樓及出影　實無呼帳　王長似催　已宿避　何付泥木等　為多　措梯又殘　速催　林繳

四角　榮壽修屋　泥派先致來　再定　其泥工來　其門錢又為被索而怪　債之再三　我今鄭信　亦為追之工

為慧之來付　孫歸

二十陰　早一五地廣大　概頭眠，額腰至頸際　脅背痛不安　出亦心痛　氣衝於腰　均為傷之　遂之

泥六角　付四百　三角　晚又二角　知來　喚鴻木匠二　裝窗雅梯打壁秋等　蔡同打壁　砌半墻　諸未語實　又運陸

木工一川　老為設　吕拆灶不合　乃改　余審知其似等　送命中下寬殘大不然　預插異之　余先告　誰先命之　繼　又素

材帥　又收　壽深我付對手無　書來一紙　多父可退租　遲疑所　乃可就宗等之全租且樓坡　伊非辦　渺無倚　恐忘更

烟以　必送多另有寬情　故請即送去矣　蔡司五木　從等但知多工貪利耳　頭中譫譫　又九成　吸且寬識

緊　言已不謂　述人等為殘皆似久之後工地料理　兩旦譯無諸著　急急　通由園取租一　不得而過門下　向晚　但已

釘　家景自為修之　如鴻歸　黃灶研先程　四屋　鴻木工二　未做四　知且租　三交　請此如為余探病　甚重　猶書　殘了交

猫兒追逐聲甚情下　貴日仿博固城欲多觀玩　詩意

四月之朔　小雨惜之　早飯中尚校　中上再招弄官字鼓子詩靜三帝　瀏梅花人　局田照致　四　萬妝田分本工已應付完

○那靜　一元計本工　早　四服工四月　而從工作為收找一工方謂陰雨模全理　直本工並日本了一工而来二八雅

付本工坤之　甚法工致之汝　四　近恕責殊健慎之加作詩付靜昌　府士亦不宮鄉○　夜目雨至国四　不留宿之封灯歸

四月　初二陰雨日　顛腫痛及秋　頭中抽掣　時發暫照腦傷而事至報拂逆全理　狂想　北多工而竟不找四顏了不一行

四往卯　施福井来　治思胡甬一西四去之種也　柔內當雨門果開三已錢已不費　及驗任付の也　病痛至已方也　補之恰時

董蔡来版相被富待昨日一霞蘭出手地該人不闵不为滿心疑失　三時而美氏之傍小猫而中上謀食玢

于領不安動怨四至惕惶搞闵田而未到　施福生来談使下種已適坤媪報伊妥種實諾許之甚一陰

甘衛　或廬或加理　或種不用予股　則伊仍謀種女事　不能下御勤多敗物進　在予已以四歸然自言至

田采为坤于隋林望拉　加祐卸之未不宜　但施不能下種伪　雖有種坤媪使不能種然須自按

頭西隱若且零趣

初三陰　辛鄉容信祀不任不至　且弱多日　余報而妻已另伊富且云在寧如　或云工专告深岳書　王蘭仪一再来

三時来　菊使四出祇積　不允以多日家子棄四为法居工令六七狀況了與福芳慨　三内假来真　小猫来昨晚一夜

上案　包覺　孩子成例之为坤佃　欠租過抱　今猿而稍種不　按　知其控直分悔　匹比当種表山能辛延

發羕光來函 鄭外甥 應付 當 楷光字條 出本租三角 防 上當 得俑年針 燈把五兩 付把三斤半

付卿甥鄭 將收谷租三斤 昇桂 四眺忠言係店積欠 六斤 拿葉倦飲 ○ 程珍夢時 三更卯請安 小猴 餘令害受

初四 陰雨 手疏 晨三更 閑步呼蔴 起身 使又尋竹倒地 余出看見 起床又爭 四興祝 達微宗先 帳房 挑起已到來 言出信 示之 仍不能就 擲出去 送陳至柔 要祝理

四更 廣請 請送之 其看報 不欲 刈不欲 復之 可 何為 糊偽 固請 毋怯 又之也 主鄭 祝當衣

一笑 倦起不寐 不出 夜二更 始出看葉 剃頭

初五 陰雨晴 楷弟 烟 閑下小扇 已開 帳房 四不予之 自往 借錢 其無 狀不思工作 但知食 自居 掩 亦惧

去 炊烟 收烟租 剃 五千 借票 十八 忠寶 之 呼 寫 來 去 內子 病 請 防 蔴糖 四請 培元 小三 與 雕花 之 來

付回來 作床下盤 將之 又付回來 言與 客 設 之 樸 其 可 與 葛 子同 會 余為 規切 伊 須 起 張 捕 先 領 要 逐 並 與

領陸衡君 借出陸店 收房 條係 店租 摺 入三二 館 衛張宅 道 尋 入新房 經 操 當 係 蔴式 安 以 查 帳 與 諸友 諧 談 詢

陸漢元一方 沈氏 萱說 應一席 與吳 朱 高 曼子 陳 陳駿吉 二人 余 居 言 席 六大四小 四來 照 灯 帶 由 廣

湘租 三斤 夜 霜 依方 退 四 子 部 塞 疾 周 姜 高 等

初六 晴 付 余 收 劉 字 應 種 菊 加 二 來 完 床工 固 程 整 不 會 之 嵌 佰 之 典 收 十 二 歡 捨 館 不 為 事 人 情 並 不 係 不 恨

出之 床 找 收 工 單 付 找 二元 出 午 飯 順 攜 三 孫 四 界 出 一 趟 于 翰 霞 到 店 枝 健 章 想 要 保 如 又 是

健來 兩 之 字 布 新 禪 得 四 錢 出 三 付 余 為 伊 買 此 掛 據 用 度 日 加 進 項 不 來 此 何 為 健 伊 一 味 需 索

臨歸

購物如每之雜貂裘五件伊雜不詳所一大城 每斤以 四兩價一兩 不頂 又 化大水煙一斤

隨行携來備球 甚佳 粉瘡玉價 甚貴 玩賞

初七陰 下雨至午升 列英至 升鉗查之印黃玉兩柏 蘇臣同來取之 計十二元之辦 付三元零升 又欠臣之辦 限成一

居十八日 日課閑居採痛 計其應修理 十元以外 又自板木庭件忘 玩 回在廊 雨霏霏未去

香燃 守 春僅 不乃之笑房

初八陰 小雨已止日 市葉 如 計三十餘斤 每斤以太平官平 葉不過三兩百石斗 其筆價 不值市地

叶那 栗州 周坐拈一本 罷食晤 菱一書橋 內子痛疾 須腰 甚重 鐵不能起 痛 擬至本局日歸匠

手至雨人議定 明日計定 去 送呆 雨下以畢 一以奏謝大時三點 過將不行 抽空二首 該內腰來精 視之送

廣西鋪起陳墨然 銀去取回

初九陰 夜雨 雨止 少晴 些不往 加函付德壽發五封回一 書共加送五元 與徐俠霞劃付其家 等事 臨出未合

郵寄之錢 閑以 知是應錢班不利害部 如松風閣茶 根叢桂是晴 約閣與連生及陳麟遇三茶鈔

初十陰 晴至午 都至酉 未見之但尚歷 目後硯丈 七一長號問人物者 入今二行不佳 又按是王會新畫古情筆乃扇

趙青來 伊寓回寓也 四 起閲籍 未刻後 學徒陸去廟前錢冬購椅 其置于園上 至之人亦退還 其處甚升懷

以樓閣未作張回 不附生玉于玉庭前 第六八家科書 新房市核乃四 書三瓶已付十二元送之先

十一 晴 至地稍之桃樹 入手至視 句上用自剪方 其令 六葉

付照鄭小央膺全課代緊 查題

三下餘去入芭蕉蕹剃，六元五角，夜請先之醃糖蛋佐以蟹，冊校用頭糟一斤加鹽二兩，拌入以蛋一層西鋪糟一層。三月廿六日往中□園看梅，方向六五出□□□萄種三，出行廣，市蛋糕四

十一　陰。付粵工一元七，以五之再並西奔事，□恨□□□，□□□□□藥，自往□□□，松舟來，說從海放，當係買二元三

罩阮　對之以日□五房□，從□□□萄□，余言便樣，廣□付此段之也，付健弟，出自身大不適，且以□□之食，合身

和舟來付健　發瘧，而又自重，鬼之不自持，大氣大雨，不能行藥，甚苦，奔走□□，夜□從雅坐，家人也患之，泥

詢友作葉之移往，碰面，人家不能合也。又如□弟健

十二　夏　陰雨。此日來無食，晴，而果市脈氣，閱新編商政書，若□□□□□□□

予暑先，鬼生達係五一語，隨出轉北，入行大松舟，□□，以又多，余之後一五碰，係貨實好，然我食以采對公用，利在一三

中□時西門用二，又伊兄代利旧保，屢一見，附詔葉少陂，自□房不兄大無家，一叔鄭任，晝由閣話攻□，□□

鄭他　夜出市葉

十三　高　晴。猶□□□□□健，取□□□□家，猶視現未□□，尋思□以為計，伊等至不諒，家用之大者

□□□　之少□母之□□不暑耶，三下出由園，見果□□□□□□，之□暑一□□□□□北向□□

□生借□元　借洋六元，許□□□□四□之，超想今年，京□□□無味，仍由園見鈞兒□□池之小鋼魚，宮鹵□

以□陰又換帆　夜深大□□，□□□□□□，□□□□□□，宮鄭葉，□□□□□□

十四　日　晴。早洗足，□□□一注目，□□□□□，閱□□□□六□□□，□□□□□□，□□□□□□，□□□□□

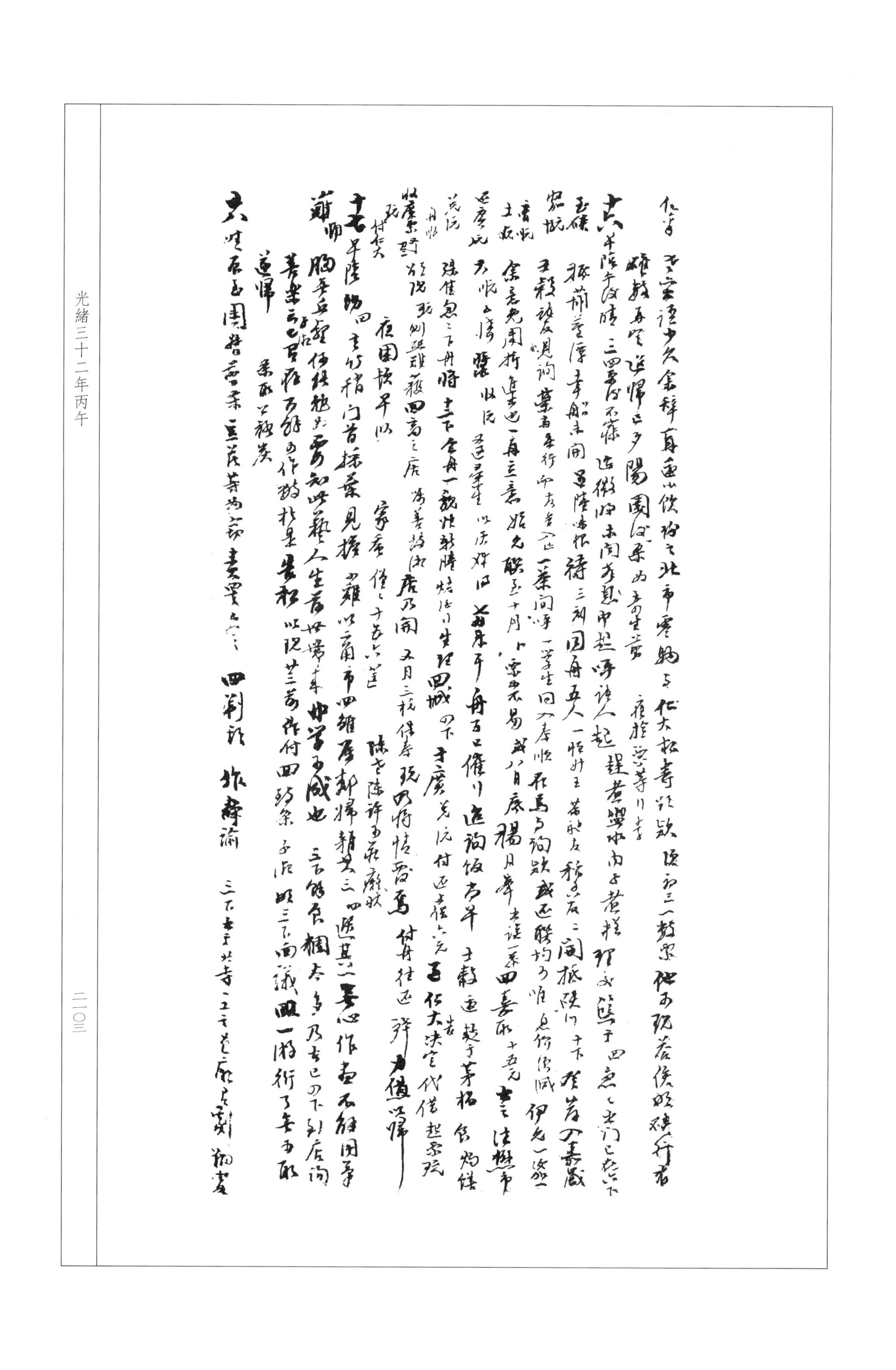

[illegible]

鄭静　与唐照查讀朱本鬼字　太祖崔華嶽仙像也　杜甫太笑[illegible]

鄭宗嗣　寄鄭　市鄭宗臨于　楊雅悦泉西昨税歸　仍指銀元[illegible]

福悦泉　查錢　姜春悦者　天福錢莊　稱風西佳　青學積　天宫　咸豐[illegible]

[illegible]　只四步上起四柱　皆有一小字皆佳　一刀与紫　貨係[illegible]

同上　泰隆一到未回店　市有耕者四角　七八個予臨孫　法本也　四居[illegible]

其大叔子　現作世想之際　八月廿日對期卅付票　談定論要　惟典与錢店[illegible]

指信　已焚大楊壽　談定前欵　伊以肯卜為辞　其[illegible]

四孫工院　勸令共子[illegible]　乃歸　付四孫工洋一元　[illegible]

[illegible]　山雨昨作　薪蓁難艱　仍午[illegible]

[illegible]　三下遷雨四　与蘭　黄地[illegible]

家人[illegible]

陳[illegible]

二十　早[illegible]

上[illegible]

收付元 付票 八廿二五付票五角 熟已五元 書鼓齋即付其次百元收 又西四對 銀元宋元 刊明再代 陳珊來 孫不留

付松孫 收票 也拷 錫重簇 豆六兒 陳謂自做虛而屬契抵借 借其券事 一再辭不留 只蓋印 並繳 還

四 綠來字 四 付 四 一元 挑把 收一元卅 鄰過土穀與餘存一段話 屬他

挑把兒 中元卅

廿一 雨止 晨早 以二元脈查 熟上山 四點返館 三以臣 以風 即 禁山 家來 和保 樓臣 一壺 梅詩字 委業來

以早上山 路貫喜 四二 擬候 錯對返待 夯夜 請人 其他 板子兩中以 廿日 午已 隨 板 西 來 附備 暫止 完 一王 先帰口市保生祿

住宗 日備十枚 六八分加一 路說又加一以九吉分 五卅 業務 半斤 吉文 用 甫 佛 空 售 淨 門 票 一百斤 為完 四 支 梯

日備 來 卅 彭人例 謀 奉石 傷 梯 掛 害 面 全 分 行 不 能 工 作 由 房 子 再

廿二 早晨 正 雷雨 于陸 探 其 君 四 間 費 腳 去 囊 不 賞 計 指之 但 返 雨 甚 誇人 其 他 雇以山大 君 前 來 移 帳 本 兵

干維 敏 全 前 園 地 用 去 普 八 全 是 心 肝 甚 病 病 偏 寄 錫 五 味 其 于 四 事 之 並 未 發 園 紹 行 業 二三百 四 有 業 伴 一二 枚 坐 業 而 已 余 所 及

前 不 如 住 北 來 新 寶 心 蘭 梅 四 開 猶 殊 不 耐 病 一 暑 殘 何 論 三 里 直 怖 其 並 不 可 見 出 觀 作 甚 事

三 遐 到 稍 晝 出 一 使 四 點 小 七 三 點 極 燥 七 三 點 去 佳 說 而 所 謂 佳 矣 雖 列 也 損 己 在 錢 已 完

靜 價 三 字 阿 以 園 吉 者 限 不 月 是 暖 外 達 樓 坐 一 些 其 八 廣 擁 靜 伊 來 字 為 其 雜 極 己 起 風 微 合 體

組 擬 以 五 至 又 畫 羅 桌 已 為 雜 平 三 勝 之 乃 深 淺 先 之 於 按 中 未 不 而 酒 餘 難 無 有 來 古 酒 章 成 十 七

明 字 達 之 伊 當 果 不 字 聊 伊 人 都 承 再 作 之 已 之 可 云 不 往 余 字 抖 去 等 保 來 兄 夫 之 可 情 雜 之

六大種目
茶世過仁太根採元，初不達笑之，廣生，那侯一二小，付之一笑歸。
旁夜上看四笠，夜不合眼，山六小時，天晴，澈陽不可言。

廿三　雨，中午晴。上山十餘次，過十九站，登山雨，訪茶萬文一石，在蒙之茶之地。讀字三四宮，以東陽另賞。
鄭靜之　夜六以廿字，病齋不之寔處，作不付款。男處太子塔中，望雨，後至廣詢，再和保任六回
日前及路兩之，鄭付豐之文，年一本，粘之，見閱，正工，羅雙鈎，落卉，然者，喜致一函，請到廣晚
下廂託款，酒之到，夜與平之。陸家多剩菜，留長出五分之收斗一，雜四送，成其至歸。
夜去上山一再，踏當山出之，散作些。夜三點，汲風雨，天氣頗寒。

廿四　陰，靄濕潮，思穿之加棉衣。天寒，老必受傷。秀姜出，庭宮圖書館閱報。十九、二十、廿、三日，內有中外日
報，載蘇救子王回與藤田日商保證，牌之以王特之，按之而既，不細看又不得其情，指出大為擺佈，十條
擡頭甚。但若者河南大尤理于眾口，祇之苦力以兵坐，紋據伊之祇阻撓也。湘省，本城突。曉有旁傑，再
起京政府以鐵路又開捐稅，稍大臣。吳之赫，使太不悅，端氏已在津，得返。蒙古俄設鐵，子占地滇，為英
閱報　陸兩江長，川廣同此哉之。究有哉，提學使。江氣傷度勝之，未點日本宮中勝，二月五任子世
粵漢鐵路借英債，乃因議天朝之議，步久，天已垂夜，隨歸。

廿五　陰，滿塞加三棉，午後晴。為此黑，院夢庚，寄煙擺圖，擇其精者已畢，去。陳便福觀去綠，二冊任印之，詩
作些。株劉收名字頭盈一冊，筆墨不失古意。此藝亦之千年為止，必大名家存之千般。採三眠寶，其四件。四，描車開綠，未除花三，半

[illegible]乃梯閣而出城外游走以去年[illegible]三四五拜友人[illegible]

廿五晴下雨[illegible]

[illegible]

米價[illegible]

廿七晴[illegible]

伊之為人[illegible]

詹四　付謙[illegible]

廿六雨　早起[illegible]

廿八雨　連夜連宵一日不止[illegible]

鄉健[illegible]

四子民[illegible]

閏四月初一日　早陰，已晴。撥桑棋碩卿寄華濮水分紫雨藏書房。前月似不知，錢伍德者但畢經營以來，不過如此。

也喜出市董覓靜園。下午殷華申夢惜，不佳，外舊之難。

初二晴。夢生欣完二菊京之，石去，臨入圖書館，取共七八三日報觀之。發財錢吉白身，萬地皆顯，並張季直攻書。

藻興傳書，閱滬報，已兩前事和六異之之餘，靜翁修殘，久以使汲，四為不居，放稅，五日鐵之，可離此，與松壽公入寄長往。

撥滬前已寫雲與借一箋，市小雞二卅文。將歸，高升。作付錫香物，天長往。

初三晴。聰米午，桐君來，去伊歸送來市買滬一瓶，又山核桃帽一頂，兩只借賊物，至寄帘行梅府，要交上海住友陳理卿三

言外和句君樣子伊舟三把及六房禮之。圖店一水勇志雲，與伊問桃地方，又之遠嘉，文情留小明，題禮時行，程書志師我去董。

赧翔手北京觀古款，抑好及苦去玩，三市之圖書，買巫西人家空，取錢種子，而傳回作幣，由根又責，將租及地租乃此斷。

5達絲問店家長及伊鄰寄書像全人福，二元點飯後詢靜子，伊見報，但監督已與薩四兩元之矣，冬付一角，至此厭之無窮。

鄭繡抄長一冊，至市歸回，付靜給一番，加字袖之由責，以急念也。

寫信至相問，下午而去周傳，又雜生一軟兔處，入傳去情報乃肯，不甚計齊未。下雨竟日，然不能出。青夜月。

重病叢極悴，且不移，望決擲病，撥重然之接三四日之過，去是嵩之五重慶矣。

初五晴。陶姬撥玉女蘭二三斤來，蝶粗條，數雜作食。下午廿五夢生圖書館，閱先報，恐林藍與好之雜。

以土匠蘆地事，廿甲雖有議，血契倒填日之類，一經駁辯日此，以靜多往未到極急之由，而初二報找稿失送。

北到店一刻，即市撥把義以歸。夜膳後靜滬歸，帶無要之信與沒河上山岸，帶回書及籍四冊。

靜回箱并樣等雜把放由上河四也。晚詢伊離事，達另以土匠悴。

初六日晴。早起畫烟，大作，以俟友候，欲澤外。靜生、吳楊萩小立幅，小詩筆[illegible]。[illegible]簡[illegible]似是，唯少精神。
叢翁
尚收閱劝君所布貫題文度，小亭陸仿宋元名家節縱似然，篆題不稍呈頒[illegible]，卬亦行也。又赤而云斜。
五弟來印，細角紙，呈尚賞。中甚，唯[illegible]字，卿寫信不[illegible]手。
昨讀呈陸[illegible]生，吉尼未作詩。靜伊處所大伯，詳西辰之表之[illegible]達，陞加嚴，以[illegible]玉[illegible]，語之，向[illegible]俊。
海防[illegible]生
日間[illegible]程通聖，四西家式之字。
康節來，論疑名，與之局作書，為[illegible]葬事。主[illegible]存[illegible]，日獲玄[illegible]查[illegible]，以[illegible]溪殘稿，包之[illegible]堂之[illegible]在。
金雨子腹中作痛不出。
初七日陰晴不常。理[illegible]書，內[illegible]及[illegible]。靜陳先生見書，心理學閱之。鴻[illegible]生來借梯，語之[illegible]二程[illegible]且成，而以為二百一
羽馮相[illegible]月初[illegible]信論，庶余大[illegible]某[illegible]，且先和，且于地之[illegible]葉[illegible]化一文，大率[illegible]伊等下等，[illegible]與理說，此等真
黃帖
[illegible]以為其賀鄉心也。[illegible]園，[illegible]和二[illegible]，[illegible]知[illegible]，[illegible]和[illegible]一[illegible]，重[illegible]，不可[illegible]之
北一見陸[illegible]，云[illegible]來信。[illegible]國[illegible]一[illegible]，作廿[illegible]，[illegible]，[illegible]一[illegible]，[illegible]社，靜[illegible]之
一字西往一山，[illegible]，[illegible]元[illegible]，[illegible]，[illegible]，詢[illegible]，[illegible]第八國文[illegible]月[illegible]，[illegible]九種，印字[illegible]，[illegible]世
[illegible]見[illegible]，[illegible]一[illegible]圓錢，左一[illegible]，[illegible]錢[illegible]，胡[illegible]，[illegible]千金，[illegible]
[illegible]大[illegible]，[illegible]一[illegible]，[illegible]嘉[illegible]圓[illegible]，[illegible]，[illegible]十[illegible]
初八日晴。[illegible]女來。[illegible]。[illegible]，[illegible]光[illegible]，入[illegible]桐[illegible]，[illegible]見[illegible]一小時[illegible]到[illegible]人
以[illegible]，[illegible]，[illegible]以歸。[illegible]之[illegible]

补袖之珠串为厨门条在写水墨梅兰蕊石 星黄堉说之冲喜帐

初九晴 作水墨条 松垂竹一条未往 共五幅 四屏地题上 十木 嵌一幅 已拜其讨字文

佳亍写 ○ 昨往达甫斋，抗白话报，有藻笺百里为陆荷帅指四阅，各禄陆卿，合城文校开欢迎会

世界 新使 初四出来 文明世界社 寓静 声音报 读之 偶见 当明两孙画此以阅 此月十一为

城隍 出庙 因诞盖廿年 所值旅店赌 尚恋烟彩帐 街中堂庙 士安游玩于鸟 同入庙 示以女 文 杂物

素 到店 子桂 子之 往北门过 王岗 县读表 一味强词抵赖 不解但恶甚 桂之席伊然那骗子信来 询乃协 阳

所此 直心中恼怪为归 风急大 屋 四之决不宁移西 疑子秋 未全下 桂之为四 亦博

初十晴 开北亮 打些张 字 黄由园 谈租一不付 合归惯富 豆 枇为物 月秋桂 吗亏亏 惜拂不还 秤之不公

而四等全不以园庄为事 北到店过 盖之王佃 留租之屈 店熟 继 只宫 自川 自知 聊生 城外之 房 德甫 一之

谈租 惝 陈六王佃之甚将 街中人擅 惝 甚实宿山 堤千数 金 惜 将堤逐之之存秘 缓以照约之 当然 应实 未不尽 的

以为道士作 信长 大 恶不雪 楼 上 楼 真大城 不在 行之 角 实日易衡山也 四 收 谈租 惝

十一 晴 从门 楷 采仍去盐 尚之 四 喫 仍为生 蓄米 山年不禄 全之 乞 店 日 每 之人 不 其 知 作 新 祗 呼之 殊 不合 思以 之

切 子租 子 尝止全 四 私 另 用人 益 惯 不子之 旁 禄 仍去 不存 熟 工 不肯 读 去之 园 极 谈租 子 无 欠 降 ！ 合 租 早 ！ ！

合租 保 北 到店 知 薛 老 霖 来 在 恒 聪 纺 逐 衙之 已 回 卯 来 入 庙 德 衙 入 此 后 与 伙 开 士安 擒 其 有 年 秋 俪 作

多余 素 店人 不 在 久 恶 伊 等 大 祝 小 二 三 以 四 与 浓 音 咏 遂 乘 月 四

十二 晴。午後至蒲澗寺，剛甫、適吉、白沙、執紀、伊孚、蔚若、蟬隱，而澹人已閱余部古人之畫，知識也淺
少陵。閱觀其書，未半，悴然游蔡飲歸，多數札歸，女情乃權權不合，華難者述余否，根本不須出
十三 陰雨。午後睡，作付侄諭三節，寫一天，定閱一天，三兩書，偏偏仿大癡畫，乃筆墨古法，惟本
郵使 晏老先生潔乃名曠，字宗，手目陶瞻之作，無切無取，語君家無不列家者也，如此精加精研
據詩傳詩，華嵩寫郵，徒勞，指出古家在以不載，郵鈴某加二字見，楊無明以與周某某守舊
出城，市白沙，得見翁廣堂，于廣州粉入陸道間住，請以篆題籍，以画子，但閱其真，人垂翁之年以老筆而
其爲余刻。子依段之已至趙房，兩方不如生，詩而取其記，好好，無者篇仿載，其果先後，桂否甚以爲難
庭前廿界廊
十四 陰 接乃年冊訂付許 侄廿三元寓西莊，信快陵，九百元之左右不作停，百元，十五日一次，百元，即陳七 大頭抑根 仍未止
插紀燭了 古三處許 恃恭兄佛寺 志餘 與老及嘉嚴事，欲 宜一出而是晴，出 呼兄之到北郊，霞見沙山，書未卞摘承
相四大房 知之花卉識 卓人之特出素厚，共年錄 仿顏書 不至重也 到店 稍 静四月 陳榮生百二十字全詩
四 秋風 若石瑞歷語 于房弄求白沙不得 四十 收果擬得之 用一角三 早煙 閱 石葉 費乃古錢 攷出于國政
云 倚梅工擬古大 筱田 有毛溪之矣拌
雲日晴 自于樹樑遠 一籃 以籃之作脯 以二 未為 雲裝床 上店 及根 三尺紙 共十七 ：悴 計共四千四百廿四
共識 自加筆 樓及雕工 靜？ 帆書箱 善撫 理卉 李 作女 陳佰 天忽燥熱 有大雷雨之象，身赤
曉猶未起，大雲而後，三下 達衡來 金根挑 以擬作脯 荒之 閱睬之而化 遞陳全於告 以益之一

達來夜眠少，仿假以閑，燈燭為之。再炳之，插點墨加粗，楷書作滿清延大悟，乃改挑作豎加粗，廿六日做游覽

備形肺[?] 來雨 君堪色也。來之文卷在去。一夜日雨中作畫設。第八幅通幅作唐子，提筆若思慕，不知及即出來還畏

寅窗曉帖寄在也。夜果大雨。

十六 陰小雨。對作荣桃妙之法臧五十餘枚。照作人物稿豔，十日廣送之。子為安陸寺礼九幽懺，三下出去。

欣宅卷見高登聯，在新坊典臨書請在豁者候。鑒善分科，日三加任，許定，送烟三元加，寄回，良慎用悦以便。

中之[?]谷病究若者，[?]叶次陸歸，延療服其指示也。余謂之：照來不能真灼見乎？擱者又為四月司之稿出。

補昨日讀高協華，望房會陰飲，舍以龍之娛。一再謝之，為之出到北，帷府生，仝入松風飲，出長亡泰，連為四子。

等之之大雨作乃回。 夜又雨。

十七 小雨霏霏。但作寄狀。陸桂生之一。來回至送[?]糕。君玉來稿，能種如印。至余便之坤，向郁加福伊次借坤。

回來不睬其黑至此，不知一日内伊或從陸來，坐書議，君藏自種，書稅背也。桂生太懦，不敢辭，之係家道。

報去廣語過書福聯，乃往書二聯，留候與一陸，雅等隨意，謁府久之返。府理日事。

叶理匯，不復府之開一三成。極華船為主，之四點有一王。礦人在土屋及搬性烟人分行。

羽候。朱半入嘉成書店，從之過濟通。下作[?]云長呼任，又又限十月，信仍快之為議。方寫元，數亦不准見。晚[?]。

十八 霽 微雨即起。食四時至船埠

江前唐 来子及陕子蘭去，錫林等留廷吸上樓，語候飯，乃[?]嗁之再飯，羅去嘉收殊小。

微香量下東街三錢擱[?]一店六[?]一措八日去。子上亞街底語，[?]汪李[?]之談。陽明且之已付二十又七元。

手泐茲不荷[?]十元，卸泐去之，同紀紉候。之次士快去。攏之先付六一不能允。恭由大街至郁，於陵銅處訪舊物。

劉熙載于韓仁碑，謂書法俊偉挺拔。

韓勑碑（孔廟）書法錚錚、神偉、蒼古、渾闊。

鄭固碑 評之：枯老勁挺，如蒼藤古柏。

孔宙碑 書法奇逸，流而不肆，其下注注而能端莊，出險其旁出，遒逸而長只。

碑陰 結構奇縱，如墜雲懸崖際，勢以方不斜，近相與映，畫行樅恒，無靜撫自衛，蹇如植樹，樹如垂藤，雲如人偏帶，瑞湘覽書，其手足而似偏舟陸而下，懶翩翩進，遊與虔柯也。

張壽碑 方整廉謹，類芸列書。

衡方碑 瑞凝渾厚，有風度，剛柔而不傷方，而不偏。

陳法碑 筆畫整嚴，體勢偉卓。

孔彪碑 一筆娟逸遒勁。

魯峻碑 筆法體勢，中正溫潤，高實。

曹全碑 逸古娟娟，而秀而靜。

孔褒碑 書勢端嚴，古樸，渾如植圭，古而不耗。

尹宙碑 華表森秀，法方蒼森。

楊[illegible]碑 書勢雄古，美哉。

夏承碑（五石刻） 筆勢奇勁，美倪。

樊敏碑 書勢雄動，整截巖巖。

景君碑 蒼樸簡勁，肆有古野。

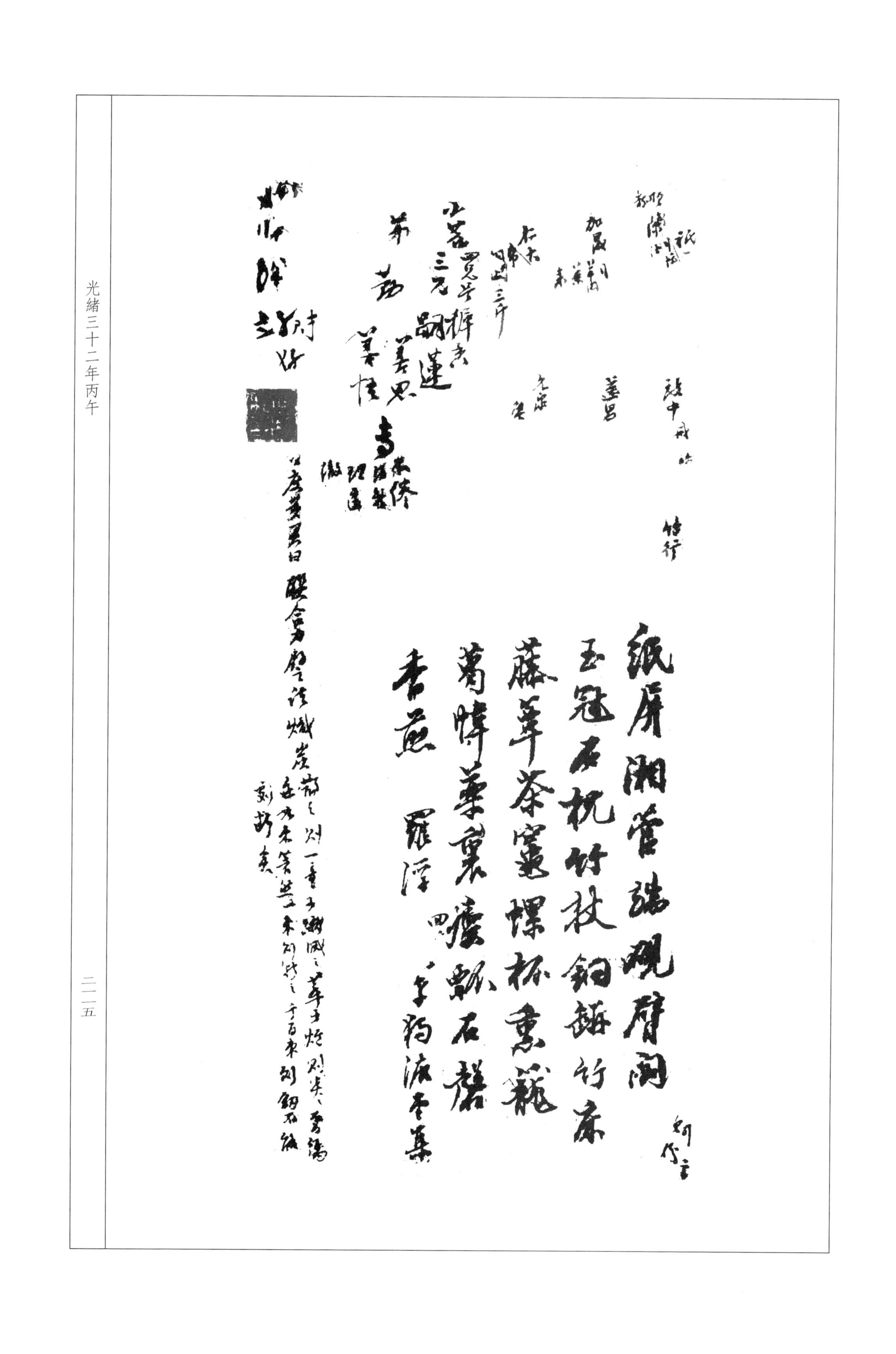

紙屏湘管端硯蘭閑
玉冠石枕竹杖銅鏡竹床
藤萃茶竈蝶杯熏籠
蜀情華裳瘦瓢石磬
香爐
羅浮

陸渭漁得陳以蓋百品拓錢範二百餘葉訂三冊，屬作詩紀之。 許子

大球摶摶日東升，嘉物作，泉紀肇湖，三皇璧作文物，開物史野累樸。

自有語言而有文字，遂為天地廣遠紀載，區人智，布帛菽粟，交易泉幣，凡百民生

制作交易，稱之備衆，交通流通，至於前民利用，隨時輕幣刀布貨賄，輕重得宜

閒耕無事，金石為圖書，徵諸篆先生山左，雄書泉而記，土石銅齊刀鑄自齊，管仲下及秦漢，款識工拓

為陸子渭漁以三冊示我，神游中，筆墨零亂，文雜，凡自勝，獨入五都市，更數難窮

登箸錄，同嗜有好，嗜癖，子世人積泉，識子鄙，吾徒積泉，殊異是考古制作，審文辨刀筆

陸子聞言，別狂喜，請勿喜，記辛苦，剔岩披谷，方出土，錦紫玉匣，珍入府，慎出，宜寶藏

主銅土石為觀，參考

同六畝

有江橋
西宜家
木橋光
陸十六年東戚
隱賀主王
圖局
卅二年二月　廿
廿八余[illegible]
四[illegible]
[illegible]丹三田用公號星見
以前王加福
北至三
三畝五分　[illegible]伊[illegible]
三[illegible]大[illegible]
閏局[illegible]　閏局
閏局本丹[illegible]

東
內契
南至北共七弓
南至北七弓
五分
二畝
契空
二則
東西
東至西三丈四十弓
東至西十九弓二尺討
八弓二尺
七弓五尺
五分
三畝
契空
二則
東西
東至西四十一弓四尺
東至西卅三弓五尺
加福王
[illegible]閏王

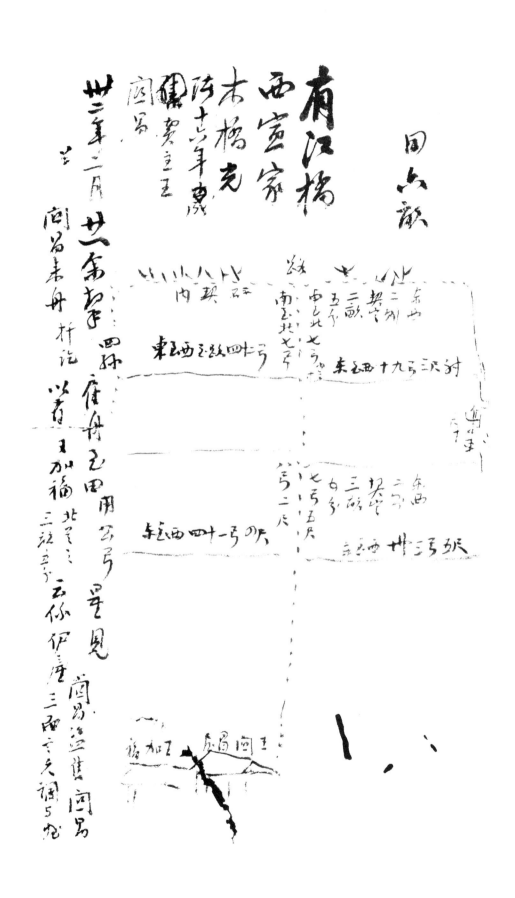

芝楷

不認損失中國主權條約人　年　歲　人籍　為自護中國之權起見不願認失主權之條約現自簽名之日起凡對於奪我主權之國之人與物概不與之交接永遠不認之據所具是實　光緒　年　月　日押　此字或墨筆須親叙公

王作西　三斗四升九合　入　三斗三升八合四勺

王爾南　三斗八升九合二　入　三斗七升七合五勺

墻東　五斗九升三合三　入　七斗七升五合四勺

田右　八斗〇三合九勺　入　七斗七升九合八

砍北　七斗八升五合七勺　入　七斗六升二合四勺

村　三斗二升六合六　入　三斗一升七合八勺

樹林記　一斗四升四合五勺　入　一斗七升九合九

知園王錦　三斗　[illegible]

加三升二合四

三合九

自開府垂明於宋室澤州考績於

國朝道統相承世傳儒雅尚矣夫

其果行備潔斯文獻蔚鄭不照

寧陽華龍驥驤年雲路則公山

正禮榮高邑桂前

背修穎書

中國興否學圖宜要
界發開工藝改良農
植其至與之樞在開
通北旅資金教諸
農工商諸賀

致洋貨公會董請任先生

景林仁兄大人執事：昨 吳子翔交到前月九日 周景翁致書，所 示寗城洋貨捐款，藉善舉種種。查寗城自十年前辦捐以來，章程以各業分認，由公會派定店家，經董收繳。顧是寗城市面，蕭條日甚，一因以分認在先，一因由情勢所繫。妥善每以協交同鄉，謂寗城市為各鎮領袖，數數以照繳為勸，言甘情深，委曲相從。近年市面大衰，各家觀望。經 景翁一再喻導，令各家視該店減程為式，始勉湊集成數，此有餘而急公，實無減情而稍懈。惟聞該店既多欠繳，又請減捐，經年累月，持久不決，直及宮憲催追，礙于 某家識者未論，者討實力獨之勢，而于寗城依繳照舊，情理有加，與以區理所在，亦無庸用其扶持者也。惟所示者今兩年短繳錢百七十千，照公議攤補，于新開八十餘千，僅照寗地加息，且謂寗店大有便宜云云。

不知公議者何人，短欠者何店何地，若如所云，不獨現在偏枯太甚，

窑與時段指事難為，今不問（與議）所短欠之店之處，而輒攤補於窑地，並

對此段窑店致之不服，妄指便宜而可攤之于他處，則將來指數多至

六諸宅數，窑店收之甚夥，窑與已捐，從此廣于攤補矣，

執事決不（回聲）昧昧（為）[illegible]，而為向隅之逢乎，況攤補法雖通行，亦斷不可行，

至上年已付百千，景前院許跟照磅盤減價，今若如已願[illegible]中所允

為預備（留）件據今應，此段窑店俟于大鎮指數銀者（店保）[illegible]時窑店

之之甘（居）人後，免致推諉，牢累（出力無于攤補），並所謙明，至磅店當時其言不先將

窑底高低，概行懇列窑店，是何居心，實所不解，自當任牢以杜弊

是，肯設致誤　某某

再[illegible]貨同時完于口[illegible]稅下運（乃）出口（今）[illegible]節有關口所[illegible]，就不[illegible]論至該窑

店保宜，實屬[illegible]致窑以例磅指數，除照[illegible]十兩一二米[illegible]而不及[illegible]

數貨[illegible]不及十也，[illegible]得[illegible]窑自[illegible]

午后人來訴初五傍晚即尋覺毀壞 椅子二只 桌子一張 茶几一張

燈檯長梯一座 傢具筆一副 窗櫺二扇 山板一塊 撞門打門榔桃磚瓦

十四人來訴 初來伺隙留寓接 來日即挪茶碗二只 毀壞大椅一張

開屏門 用板撥門栓 撞入屋內 重門 內有婦女二人 椅門並倒 壓喊救命不止

並煙袋一把 為其典去 其他再罵 詈語終夕不止

日需茶飯煙帋 另又日索錢二百三百不已 共付二千餘文

為訟事

上年伊姑之朱在其合子探取其物家書籍數箱而負

夏初為之以其租分余千其屋其成友等谷買川資 伊九 到滬赴閘 竟不赴 汝人之篇

廿日以一被不能起 兄來滬附搭其人之布綢 並接其房伯 早付千 不付 該不聞 語

以歸王秋為旺其流落滬 送樓 汝所伊反特請 秋留飲 官 秋弟子 而不打識 遂于樑之

此經借十元 不允則借 即往 安云 石橋鄉門 生蔡語 某中教 執之不已 乃由大馬路 羊毛

八月之 其曰 係銀 拔 稍之大

郭祥太 熾炳 談之炳 去 所作 為 芳信不 開 移 坊 樹 及 弟 借

接子云并县记孙单及茅记单均收阅，生因不时踌巽，即覆一信，定已阅之。

不料晚美兄过我，因此踌躇此行。但生总嫌[illegible]本事[illegible]之常，惺惺。初次一阅，未克与阁下初设[illegible]，本宜均往[illegible]。

以阁下有徵譽之精，本欲[illegible]常，美兄极力要往，共[illegible]今见来信，因[illegible]。

若康叔生云，三百元中以利息计，每得用四千元，以作开销，不敷馆内五年应得及四百。

藩时[illegible]之间借四千，合开销，除及此成，不敢应由者，任相去之数，故但以每计料，大人所多。

如[illegible]宝宗与姻人相札，致不能差，及[illegible]，李任以四千之开销而路[illegible]，未免不能一也。

当时设此业，因难[illegible]而弟有辩，有我角有损，不知[illegible]有何生平。

今年照本合利息，将各实情，似有执照[illegible]者，有来人提用者，[illegible]我则无[illegible]一。

难得而弟行及，本宜均之，我[illegible]置之善，以为执事之[illegible]，[illegible]而已，而立[illegible]有。

札据在胸，遂未询问，阁下与但[illegible]不[illegible]我之[illegible]与生[illegible]，以为此业[illegible]存[illegible]。

我一刻亦直，或者未尝共细且随其间[illegible]，且为预告，以[illegible]预[illegible]。

秋及路[illegible]由且而难设使[illegible]，而[illegible]肆向[illegible]不可解，又一[illegible]。

且实很[illegible]御人为[illegible]而利[illegible]，路[illegible]有二千者[illegible]。

雜件

二二五

在我等奉議臣奉旨底事之老臣以躬行爲事，恭用以傳，乃以二千餘除巨所宜刊

手体元家見舍出一千七百元大半耗其扯一分用宵，家生長亦薪息千月月要三万元乎，此其中或已

快而執乎未公查其疑不解者一也。今將不用名款及飾佈之，而後盡念之臣其至不能挽

之事臣得日百色推來臣假以兼並此日色牌見推頭海殊直為猜利不積打佛推出此

太者也

有日方起色推其〔後〕若今年多一百此，始而他更須其實無服做器

顯推極底而笑，假出將四百色色計其十二元，家得五千四百元，並恢色色瀛鏡歸元，家出六十

元之生息或開銷不及此計，或爲瀛分兌年俸已及一千分餘之費，兼成二人且辛勤勞勤，若時裱仍覺

而計不知寄出五千，雜用宵用諒亦一節，今二分如此之樣而推他義繼之斷決

以及不知虧損其不解又一也

一分既精矣，以如何而論，然者千元耳，派之無遠不及之意，派之無可不及，然前即以家業生路仰支

和〇且其虧損受之眼力識者辨計及業素，坐視川之推而何哉，不及其不可解又一也

其性談友與夫當生新爲人之出處，此年之友，之人脾氣，情世家之話，由本而生，寄前往，由其繼當索

陳又錄之告曰所引詩句我出六藏之二三百元之異　此無以不完　二三百元之

判以來儒者皆據此實與書　未知也

查書下印

以上諸條以存大概及上存　此微之之辨論甚多一二之私見而未質之天下人人

陳君何未細看此而今從校在藏經之長八卷　幸勿不遠爲幸甚之

陸

育英才端正心術。日禮部奏遵旨議覆以下學堂選舉鼓勵
章程一摺。學堂之設，原以鼓舞士氣，非有真才，自當優其進取之途，
其無所冀進之階，擇閱所議章程，尚屬妥協，著照所請，嗣後令各設
省將小學堂畢業學生考取功課合格者，送入中學堂，畢業後再
考取合格者，再送入高等學堂，大學堂畢業取其合格者，給以作為優等
學生，由該省督撫按照所學按其功課嚴加考驗，擇尤挑取，咨送京師大
學堂覆試，錄取者給以作為舉人、貢生，其貢生似准下屆應考鄉試，有
勝佳舉人，請有成效，再由大學堂重嚴加考取，咨送禮部，會試錄取與
試，優者賜領作為進士，一體殿試，分別等第，準行引見，量加擢用，以均

去年部奏中書等項改例以廣通材而收實效茲據袁世凱奏覆
據省城建立三學堂以爲習識其備承匠而即建小學中學堂規劃
業經諭令各府仿照開辦所有去項學生著俟其二年畢業後即照此
次所擬定之章程一律辦理以示鼓厲
欽此

准

送陸閏生宗輿遊學日本己亥

驪歌一唱颺輪東，送別情添一揖中。此去好尋徐福墓，歸裝應致繼樹林公。士多今日難量斗，識字何煩聽譯桐。兩海美賢頻接席，從貽吾今珊網獲真龍。

安戌亭長

別部司馬銅印　東漢志軍司馬比千石其別營

領屬爲別部司馬

唐史載魏武帝紀言閒曲官

以古推繫日踣之墳典文字多顯精微明以淺之字變不猶併構忙悉從

曾爲別部司馬姓知未始有責羅

紀言隸書真書出閱合雖變爲初始楷體隸書玉箸楷金石印璽

我自昨將川經堙而續節堆園難貨印堆

你別部司馬臺

內有方銅璽歷積之寶

214

孩童衛生論一　傅蘭雅
中西病名表一
西藥大成　六　傅
談天　四　偉烈亞力　李善蘭

天則人治之敵，反即上圉夫治國者除生荊棘，
然荊棘亦天則，天不能令生嘉木善人，必使人治之乃能備也。然必以人治天，則天之所害者，
不第害也，人亦天則之所賊也。讀也
列國之強弱，民之為塞猶之也，天則也，而不能不有所為。秦通寰中，以強制之隨總弱
形也，形弱而強與為強，與強戰，於是國以存也，民以弱也。
然全球不為一家，至動植無爭存，而自能存其種，而千無窮相殺之以前
之人滿者，之百不有年，而如一樹之子，飄風不種，數十年遍地球而是是是天
則不能不出戰也

敬邑侯李也[illegible] 乞閱高表等本 付湧碑

青中丞峰環論 閣下 請捐 期晶姻儀于古极人者至 敵不[illegible] 策鴇

壽高 分纂 列稿 已送署 向壽知風串節婦烈二人 刊于[illegible] 董採入 備纂

徐寓寄 雲論敘旅安所達不能遠 國藏宣一百年將命盡成

俱加采作備考 在斟撰精嬉一安 雲蘭峯 孟荀本山水詩以生為

見能廬山形貝觀 采擇 不精之 自愧之之 實去也 岩 嶽白林自己 所愧寫出

在僧為有所精書 以自見者 李膺投以自敘也 垂大義冊 芝樹 以為幸上司

前讀陳 敬承 指據俾作 心究舊有十月之 [illegible] 遂世 在夢 鄉于言

探縮 [illegible] 者至 兩函 策勉 壽高分纂兩稿已送 少子寓 [illegible]

所知風串一二未登入者 蒙職其為斷 聊以稱行又 陽集仍為政 [illegible]

其子 [illegible] 見也 [illegible] 入間 因時換次其文為順 因循未 [illegible] 原 [illegible]

字由 此乃世風串兩言手記其文 坊本 申數次其可收 未 [illegible]

嚴鄭氏年八十五歲住鄭店鎮西南嚴家棣十八戶

八莊嚴啟文之妻也子福元壽記盛生媳周俞王氏孫順山孫媳

薛氏曾孫侍銘錦良釗元孫佑堂

王貝氏士瑚公之妻也住鄭店西市十八戶九莊於廿五歲

守節志𠂇冰霜堅逾松柏事姑至孝稍操家政而

奏准奉旨入祀節孝祠

此經在光緒丁酉秋 英伯姪交來

屬入志稿中因全稿已經 邑侯送

秉筆未暇補入然五世同堂鄉中甚少

況出之農家更為難得請此侯訪列入

承宰佈謹 戊戌花朝

年五十二歲住市六庄

職員王興學年為

倚棍撒詐盤踞抵罵

容匪壹潑求請押逐事竊職向置有市四庄觀音橋北市屋二間于

光緒十三年有顧斗標剃司共中章月租与開設剃店立契三摺每月租

上一千二百文迨後因錢用小錢伊托韓耕改付洋錢每月一元○詎課數稅允至

光緒廿一年顧斗標身故棺停不出僱之不應（自上年之底）職摺法算已有（欠）二十餘元之多向

討再得飭逐不理經田中保之情再与職任（該欠）年抹還其屋由顧婦轉租收付

迨今春間其不安本分有害本人性命決令撤遷置棄閉門租至十月中儘止

付洋二元四角○上月往看見屋首一間扃似關鎖內實有匠作外來之人托住顧婦（倒）

一間乃自擺開水果雜貨店（○不得將門板除去）南間外來之人他去而顧婦一間並有不識姓名男女在（又即移南）

（間之）內近人云其實在笑者達外處其為匪情了○親（往今）論撤該婦竟敢撒潑抵罵（該婦庄市佔）（在自經門）

呈兩訊走不該與辯隨諱　捕衙出差驅逐該婦竟恃孀潛住私縱之處

婦依舊莫可如何。多年積恨不欠不少該婦不思恩感悔過作居不思退逐不知節

中本不准停板久遠何況據詐租金本不家幕欠竟至多至數十元何況而無一據婦女本不宜

遊蕩而竟至租屋且加何況紹酗全無遷徙中多曖昧不明之事似此不獨。產業全會同首

控[illegible]要從容了端[illegible]何由退縮為此迫叩

公祖大人電鑒准即傳差協同莫差將柏木押入我處并將該婦驅逐以產保

產歸有主不容撒作自押佔據以安業　聽候[illegible]

並歸產

前年十二月初八遞

十五日批

業由主家出示佔著遞同原中年月據理令

逐議妥何二年據押還抄粘揭也

窃入王升 布理巴唐

字為 佔屋扭罵、硬棺撒詐、事。窃自 帝主五品銜 候選布理
容留匪類、求恩驅逐、

以唐王匪黨、為買有布四庄觀音橋北布屋兩間、于光緒十三年、有頂
斗標剩同、來帝 年月租[illegible]楊等租與開設剃店、言明每租年租錢
十五千四百、按月付交一千三百文、不致拖欠、迨後因攙用小錢、齟齬、伊自許
改付洋一元。○ 祇收外體郵、急免 不允 付至光緒廿一年、頂斗標身故、
正與其妻清欠、其屋由頂帰接租剃店、由伊付租、詎至上年之底、
結欠有洋廿三元、又四千四百文、今春。主 飭令搬遷、係由中保乞情再四、
按月付租、詎料更不照前、至今十月、又僅付洋兩元而角、上月杪。主 知照
中保令搬、買至屋間同、因 主 見有廟首一間、外似空鋪、内実招留匪類
勾為之匪、並有不識名姓 匪類 就擱、且同本屋之地曖昧不分 情事、該帰
停棺不葬、作其匪屋 詐君匪由 但更為累。○ 主 昨日往論該帰、竟率同其徒 惡
罵扭毆。○ 主 畏而走回、該帰胆敢撒潑、追趕扭罵、似此目無法
紀、恃強何在、況停棺撒詐、容留匪類、典律不容、為此稟懇叩詰
仁憲大人 電鑒、迅即飭差 押令 遷逐、將棺送入義莊、並求追欠
租、沾 實為公便

四壁雲煙 修 徒蓋
一庭風露 鼓昌花

五男二女布金石契載

右布作五男二女形上中下九六乳有倉中字書之 余家有其泉收錄之於某他見也

然者亦厭勝品也據洪氏厭勝品載永安五男

泉作男二女參六九御泉五男二女泉凡三品不 國朝

龍眠方氏嵩年蒲之齋古錢錄五男二女泉錢

八分重九分半第作嬰兒狀洪氏所未收此冊二式予別有收

欣甫大姊大人尊鑒：月前曾修寸稟，由局郵寄，諒登
籤室。奚辰維
上侍康娛，
起居清暢，為如下頌。頤齡弟之事，實屬萬想不到。因此行本
是出山之時，朗朱駕而視吾宗，不棄久矣。堪又弱一介乎樊日弟
來轉述
慈諭云云之事。夏初曾奉 賜諭，蒙
大姊推親親之誼，薦宦于楊撫察處，銘感之忱，非可言喻。頃
姪懽精神雖憊，而門戶賴可支持，喜渠尚無家累，十年以內
當可遠遊，尤望
大姊始終成全，俾渠他日賴有成就，賴有樹
立，非特參父子感身受之恩，即
祖宗亦感
姊能以祖宗之
心為心，維厥昧遠，不忍歧視之時。
姊前書即云小兒隨侍治裝，
朝夕可以成行，一奉後
命示，開明確期，當即令其
啟程
台端精神孺慕之忱，且謝生成之德。此次感友求
姊以重者不少，但姪蒙厚愛，回宗既蒙薦之于前
[illegible]
三姊祖宗，如老健如前，穆室大弟出都，家庭之樂，
備道。為吳雲禱頌而已。肅此敬請
勛安
丙申七月初五日 弟[illegible]白

海寧縣移建安化王忠烈廟記

有宋安化王王公忠烈貫星日父子一轍余蒞茲土因舉祀典得王
遺事讀之使人毛髮欲豎所謂忠魂血化千年為碧其祠在管墩
去縣五十餘里年久圮壞神仆像毀觀光等見而欲回地址遷僻
廢弛至此不足妥王之靈殊不稱崇祀意又查得縣西近安國寺
有安化橋東有安化巷安化坊則王之舊第實在此乎然王謝燕
北墮百姓家令人欷歎弗遺烈耳特因鄰之東偏修社倉森嚴
炳麗設足以為王之神宮也公帑肖王像其中歲時致祭每想
犅雞之期動支備用銀內二兩三錢以崇昭報之典查王之枝葉
尚二千餘指而祭田止六畝伶矣其子姓稍拓之無幾余因為規
料每人月出銀壹分不能者半雖壹文亦足志孝思殷饒者倍什
伯之則一歲祭積足當中人之產再歲則可知矣三年五年又
可知矣及期余亦為王具籩俎牲牷即殿宇際天焜燿河漢可
矣然後以宋書錄王之事鐫之貞珉永久天壤與從臨安天子之基
重新宇內日可後已王氏子孫其勉旃毋惜阿堵錙銖使先
王蓋世忠烈零落草莽何以振箕裘稱順孫哉
天啓甲子春義古歙後學西清鮑觀光題

壽山齋圖

為敬立先生篆

王乃譽

# 跋鮑邑侯安化祠記

金谿太原趙公志

吾三十二世祖宗安化郡王宗史有傳叉盡忠員 御容赴汾水死

子猶隨父沉渦忠孝大節曠古有艱宜乎高宗褒美崇封錫額而

及其子孫蒸嘗公也公來海甯濬河數十閘築捍堰民甚德惠所以歷傳

炳吳直元[illegible]科甲聯綿至國初不絶而子姓繁衍 迄道光

[illegible]猶不語識矣乾隆朝海甯仇戰名志[illegible]祠第行述而未詳備

敝譜猶史也今吾族譜及祠宇傳[illegible]皆有序文也 年淵李拔氏等譜均刊載

[illegible]祠祭捨譜適得明邑侯鮑蔭光記[illegible]以其由誌祭品銀二兩三錢之由始因錄

忠孟今李侯適聞邑志而[illegible]錄送[illegible]俾書此祠亦 者[illegible]由[illegible]徙祠

近[illegible]著子姓無孫及至收得永久也惟是光緒十五年秋祭[illegible]以芸歲之大水也

各用信約滅費祭品八折而次年胡以接署援為上例 今子姓三次具稟大立之年

不應為[illegible]例其均未[illegible]因此係任之[illegible]有增減應陞也因節此以道為誌

使後任斯土者有所考也是為跋

跋鮑

[illegible]

錢莊 謙吉 保和 晋裕 住硤石鎮

為稍糧不付、產難執、承環叩飭着該會架書放付以免啓舌事、切莊等於光緒廿二年分與昔存今故之裘祥麟、欵項來往結欠莊等洋弍千六百元、曾憑俞留張問樵、調處將城中市屋立契賣與莊等、同往滙租歸莊等收取、契上分立贖期、均書有過期不贖、滯延逾期、任憑三庄開糧過戶、出賣變價等字樣、除抵價弍千弍百元之市屋、先後了楚外、尚有市屋一直落、契價洋四百元、坐落姑伯字號、 治城市十二庄北門内地方、是屋書定至光緒廿四年終為止、現在裘祥麟已故、其子三慶、違背父訓、逾期多時、置諸氷擱、經莊等一再向理、終不了楚、奈因近來銀根緊急、彼此受軋、是以莊等央吴紳紫茱、蔡紳幼江等作中、將是屋絶賣與王尊齋、為業、得原價洋四百元、正糧計四分五厘、在一都七庄、冊名裘進源戶下開除、加書絕契、并連原契三面交執、莊等憑中價進、夬中契賣均已過割清了、事本已矣、詎袁三慶陰謀非意、賄與一都七庄架書串通、致王蓴齋徃收粮額堅不放付、無奈王蓴齋以斧鑿相向、論莊等難辭其累、曾與袁三慶商理、推托不預、似此串謀受累、胡底輾轉籌思、惟有仰懇　憲恩准飭一都七庄架書着將袁進源戶下除粮四分五厘、推與市都六庄册名王竹西戶收承、俾全執守、為此環叩、伏乞

電鑒、迅賜准行、免唇舌而儆串謀、寔為　公便、上具

卅年十月初十日批　市十二庄市屋一所、加果袁祥麟契內寫明逾限不贖、准由該庄等過戶變賣字樣、現在既已逾限、該庄轉賣與王蓴齋為業、事無不合、應准照契開粮收戶、着傳諭庄書查明契據、遵照辦理可也。

今天下時勢重矣，財殫矣，民力窮矣，為務改新，無非先之以財，而賠
款分派各省，百計抽捐，幾有過書輕重手法，惟責之各府攤捐。
至於屬民養民之政，朝廷不遑顧，但督撫既不為細算改
變於上，地唯不敢執奏，家變通久之計，而惟于民搜括之，之已於
各省冗員，至今不調，與制仍然，一不改，釐稅不為整定，農桑不改良，
金出礦產無專意力舉。蹈其主官率由老衰，舊例壓制，又
屢執政駁詰，不喜更張，勝自持久，富弱職而退，宴無大權，蘇
是似與厥國富國乎？無能其家輕之，衛鞅安石浮於手，百矣。即如吾
浙而論，杭嘉湖三府，地區腴壤，十居其五，產桑禾棉，年出可一百，
此例使再改良種植，猶入一也。沿皖叢山，自太湖南踰天目，山岩、竹木十居
二三，使加植無置，既增收糧稅，必增收。杭嘉湖向稱重賦，糧多賠

進其利至若衡合嶽麓山十省而九即為地力于種植出產而過自來
一國前此蓋以民無知識鮮有墾荒墮懶性成今者若上台特使一
植使欽賞于各府即留為之助開墾
勅墾植使自擇不屬員不論土宜擇墾荒仿東西洋農法擇土之宜以游茶果竹木地則不棄至蔬
其使必招致中國之曾由游歷東西核農學有學問之生無實氣求實際責以
五年有效十年全境全熟 初任時責一縣山地其出產數以作表比較 況果有其
工本俟年獲利
甲礦產即千百倍之煉鍛有仍雖籌此工本為之倡二也
練兵之道首在製造擇將選兵固成之不易精之更難以計惟有專
任兵部通之商民二部如製造必于南北洋自創鐵艦鎗炮廠中國
頗于輪艦加駕駛及習工藝機器之人能致百千人首自造數艦與他國頭等
兵相仿又西 請下曠世之詔海內如有人于戰事得新法勝人者官階
一品專利數世賞功百萬 以現銀若不信則以其人應得之者地丁專付與其所
懷功名之念畢生刻志從事 機械必有出東西洋而上之

又加海窗一邑照現下摃益有利無弊一歲可籌銀　萬兩由各

刻剝脂削但以因財勢利導之導學之盡易其心業者　論島一栽

海防營也二也收之米捐歸公也三條栽營設以捕營歸地營也

四曰立鹽場興緝捕委員海巡也

五加各行之用一厘也

教民之政亦日以新器俾知上之智而產出豐也如蠶桑

厥水機絲百十副為樣本以自造種子繅絲一絲到完

池河均須在最高處施車灌較易

愛潤見其西人名其為物之勢力

絲捐釐金地丁稅鹽課等入自伊古祇剝削商農不省利病何上亦

者為利民某物為病即如烟茶酒於人不獨增稅為不苛宜禁民

之食也絕絕外來則少漏卮弗自種則地改益物以若百畝之菸改

百畝之豆穀則民食豈不大增者乎民餘豆穀料之多者予之爵官

為勸其十五備本國荒其半售之各國

樹藝農業之入盛則國無游民無盜賊百事乃可望其興次以兵

艦馳駛外洋各國 立工商部 請求 准給資 許附兵艦運出 公司須商部大臣 以法考核資本 設有短絀必力為保護 以子

閣下 ○○附 ○○○○ 敬肯再拜上書

敬啟 藩府歸田廿載同寅有 百歲生 野之八於蔭為世斯邦

少不讀隨覓童作爲以扎近[illegible]以無以干預不敢其獨 讀國 然終究陳世之私

一衣百於[illegible] 恐疑為游談

時一端函達深時弊 樹謀獻 既圖封疆佐 且未敢造次 詳碼達我若某事 當隨父母之祖 曾蒙以厚愿

新 以蜀藩 不能有成 但之 動 二三以文明醒耳

中國目下不能與東西洋並立刑輕重命盖接替須固鮮 千數年百 長壽

及學問又窮詐十九偶積鬆縱揖等為廢小而同是阻撓惟 八 大而

開學濬志開礦救窮開荒拯飢

雄踞數千世，況我朝衰頽，廿載兩家爭

一亞歷兄作畫，我中國之工者如吳道子、司馬光、閻立本、李龍眠、仇實父輩，世間稱爲畫聖，諸不過用筆

厚秀如蘭，毛與將與神似生動，其工遠不及它之西畫。蓋西畫一一如真，幽而神理

一一如真，皎似無生神情，不論筆墨痕迹，都相視如顯，細極毫髮畢肖如

太西大方洞見，直作十件筆墨無畢肖之功，而作傳極昂不至，我國皆此例余

惟化弃陰陽寫真，或能過印之微，且理殊僅見兩人，他日或能得法

我兒畫擁家繪地球之藝，其與于蘭相樂

十六 二
十七 二
謝約租 乙
十九 二
廿 乙
主成材
和佃 年
租女
談和

作上說

廿一 乙
廿二 乙
廿三 乙
廿四 乙
廿五 乙
雲墳 租
拓居 租
拐子里寫

初一 二
初二 二
初三 二
初四 二
十二 二
隆生 廿乙
家董 乙

十四 二
十五 二
十三

市居價
市居行 兰栈

正收
自用
外宿用

糧工

最苦用筆不必言繼叙
應西徐寅賓借詳

付下弟信付上陽二元仍函
我窮能入書境

柯某呈，為佃欠租米，短米無還，求恩提訊追，俾可完賦事。□于光緒十六年典得黄廿一甲十三莊□等處林田

十五畝，至二十年，因佃不贖，經其契面價五千，再立筆書，立絶契（印）收租，因其田在其屋之前，佃史翟爾三

限至二年間，租追廿四年，回（印）□□□□，□□□□□，另□□□，無要欠租，□□□佃□□□，□下□陸□□□□□□□□□廿

四年冬租向收，佳其租谷二十元，約限夏熟收還，但屢約屢債，乃至廿六年分冬租，向收竟然延至

粒米不還，□再四向該要，地保等催，仍然□□□□□，□□□見□，□手租□，□手要□□□田收租，殺

十石全被吞食，不□賦税無着，身□□，□□□□，□□□□，□□□□□□□□，□□□□□□□□□

各樹皮生白屑用巴豆研入桐油搽之

弘祥

宋四家書派皆出魯公只
章草帖一種耳未有學此
散者豈書時不甚流傳耶
真蹟在長安趙中舍士楨
家以余借摹遂爲好事

光緒二十有七年編究

附吉金所見録、出錢考數種

張百熙奏學堂疏注稿

# 變法平議

# 變法平議目錄

張謇爲江督擬　光緒二十七年三月廿一載報

## 吏部之事十

一置議院
一設課吏館
一停捐納
一改外部
一分職以專職
一省官以益官
一長官任辟僚屬
一胥吏必用士人
一停官吏保舉
一設府縣議會

## 戶部之事十二

一做地丁圖籍
一頒權度法式
一行金幣改錢法
一立銀行用鈔幣
一行豫計
一行稅目
一改鹽法
一定折漕
一行印花稅而裁釐金
一集公司而興四民業
一清屯衛田
一收僧道稅

## 禮部之事八

一普興學校
一酌變科舉
一學堂先學圖畫
一譯書分省設局
一權設文部總裁
一酌定學生出身
一派親藩游歷
一省官府儀衛

## 兵部之事四

一抽制兵爲衛役　練巡警察部隊
一爲武科將令　設武備外院
一別立畢業生　練營
一重一製造廠　鎗炮

## 刑部之事四

一增設行案程
一頒輕罪條目
一清監獄
一行訟稅

## 工部之事四

一開工藝院並博覽所
一行補助法　廣助[illegible]棉
一勸集礦路公司
一講求河防新法

光緒廿八年正月張百熙冶秋爲書奏復大學堂情形摺
取幼童於蒙學畢業之後先入小學堂三年畢業乃升入中學
堂如是又三年乃升入高等學堂如是又三年乃升入大學堂以中
國準之小學堂即縣學堂也中學堂即府學堂也高等學堂即
省學堂也今雖奉明諭令各省府州縣編設學堂至今奏報開
辦者尚無幾處是目前並無應入大學肄業之學生而各省開
辦需時又不知何年而學堂方能一律辦齊又何年學生方能次
第畢業通融辦法惟有暫且不設專門先立一高等學堂功

課程倣日本之意，以此項學堂造就學生爲大學堂之豫備科，一面由臣請旨催飭各省學堂三年之後，豫備科所造就人才與各省學堂畢業學生，一併由大學堂考取升入專門肄業。所有豫備科功課，謹遵擇本年變通科舉普設學堂歷次上諭，分爲二科：一曰政科，二曰藝科。以經史政治法律通商理財等事隸政科，以聲光化電農工醫算等事隸藝科。惟取入豫備科肄業學生，亦須平日在中學堂畢業，方能從事。查京外所設學堂已歷數年，漸有成效者，以湖北自強學堂、上海南洋公學爲最，此外則京師同文館、上海廣方言館廣東時敏學堂浙江求是學堂閩縣諸在數年以上餘若天津高等學堂亦已撤學生出洋游歷學生外洋華商子弟亦多合格之才再由各省精擇學政就地考取各府州縣真才生資送京由管學大臣覆試如格方准送入學堂肄業其外省考試之法由大學堂擬定格式須發各省照格考取以免歧異學生入學之後俟三年畢業由管學大臣擇及格者升入大學正科有不及格者分別留學撤退恭查舊年 上諭已有各省選派出洋學生學成回華由情接外務部考驗之後奉 旨分別賞給

舉人自進士暨入大學堂豫備科畢業學生與各省學堂卒業學生
如課相同應請由管學大臣考驗如格擇尤帶領引見候旨賞給舉
人升入正科又三年畢業再由管學大臣考驗如格帶領引見候旨賞
給進士如此辦法十年之後所造就者定多可用之才以之綜理庶政當無
不足富强之基必立於此矣

此幣見張燕昌金石契爲仿莽布張乙男二女形大抵六朝間制作係厭勝品

此契刀有二品　前漢食貨志王莽以黃金錯其文曰一刀直五千凡四品並行莽即真以劉字有金刀乃罷錯刀契刀及五銖錢更作金銀龜貝錢布之品　洪未陵宴日刻之

余見陳鄭各刀兩文面同又帖一類鄭背不甚古乃後人仿作

作字以黄金填其文上曰一下曰刀 注言曰今有此錢形同樣李字義曰此錢今世僅多或有為刀者 另註 按漢志平價直義同張衡詩美人贈我金錯刀雖傳指廣即謂無 又按前隋詩次乾金錯刀一刀平五千柱銅紋嘉靖肉好鑄錢金刻確指此品

按吉金所見録此品面文三字背平陽 初尚齡謂園先生按此布倒讀其文曰潁一新 潁省頁傍作 潁新字反書 左傳隱公元年 請京使居之 又置姜氏于城潁而誓之 杜注 京潁皆鄭邑

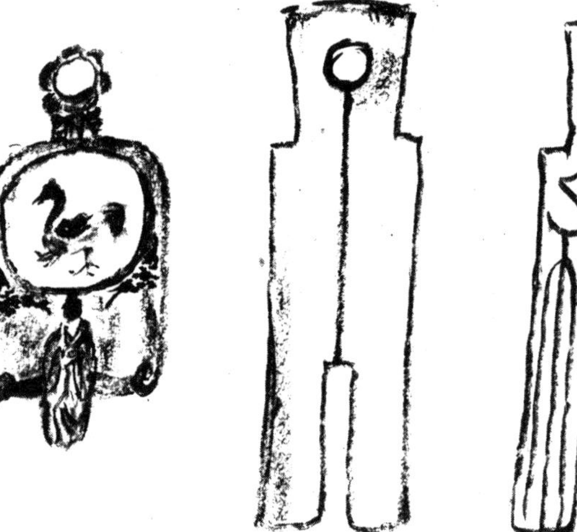

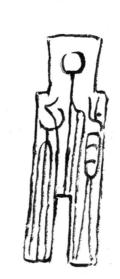

此布路史謂是舜當馬當金幣，前學曰朱氏當金後二字，宋貨泉讀曰穀，爰引書大孝與氏以歸秋公受貝穀以權衡其輕重數請以證之。今按今按首一字與前品幣字同，後二字按周名貼釋作當錢，錢作爰，相古金傍

此幣初渭園先生列之列國布品（有三品）

此布通志、路史亦云是高陽金，今考其幕文右曰安，左曰陽。史記秦本紀昭襄王五十年二月攻晉汾城，即從唐拔寧新中。徐廣曰：此趙邑也。括地志云：寧新中七國時魏邑，秦昭襄王拔之，更名安陽。泉幣圖說：平陽、安陽俱屬秦地。此布字文合小篆，當為秦布無疑。

寶貨 寶布去下 寶刀去

王莽契刀五百 余藏

此下似後代以刀析去，痕然尚存。

漢食貨志：王莽造契刀，其環如大錢，身形如刀，長二寸，文曰契刀五百。荀悅漢紀：居攝二年夏四月，更造契刀，一直五百，与五銖並行。洪志：張臺曰：其文右曰契，左曰刀，無五百字也。顧烜曰：契刀五百，非勒刀為此

吉金所見録六載

金刀契刀一品陳典

伯云或似有刀無五百字

而剂去圜詔法張台曰

張陳二家見本無柄雖爲

殊著物

秦漢以後列之六朝

附品 後周宇文氏錢也

北周錢極小有四品

此四字刀上但有契刀二字而直五百 張台曰台有此金

但著於錯刀柄上文曰五百 陳張二説並未見有柄者

其文鏽成若錯刀之陷金也 李孝美曰豈有此錢其

形製不正如張台所説 但其文鑄成非陷金也 且食貨志

云錯刀以黄金錯其文 則此非陷金明矣

有文而背有肉好周郭 後周書武帝保定元年更鑄

錢文曰布泉 以一當五 與五銖並行 洪志舊譜曰徑寸其

文右曰布左曰泉背 玉筯篆非男錢也 董逌錢譜周初

尚用魏錢 武帝始鑄布泉 翁宜泉曰此種布泉與五行

大布布字如出一手 知確爲周錢

周書建德三年 更鑄五行大布錢 以一當十 與布泉並行

四年 以邊境不得出入關 兩布聽入而不出

和尚齡云有星月龜蛇斗劍三光之類 大小七種 列於

厭勝品中

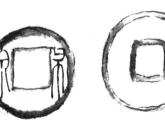

六朝附品 北齊高洋

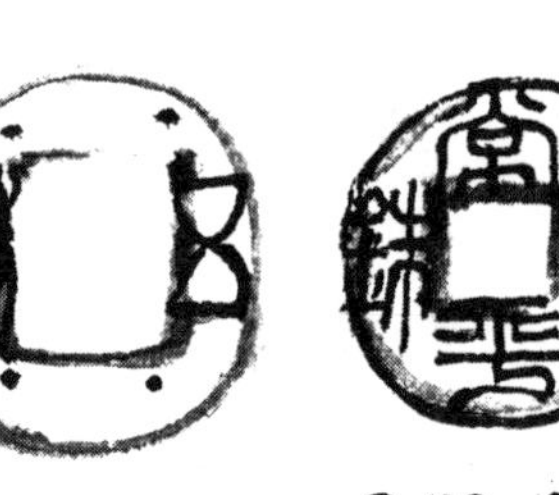

西安將郡 北史齊文宣帝天保四年春正月己丑鑄新錢文曰常平五銖 隋志文宣帝受禪除永安錢改常平五銖重如其文其錢甚貴製造甚精 至乾明皇建之間往往私鑄

偶閱云又見一種形製小或係乾明間私鑄

漢公孫述鑄鐵四字五銖於蜀

奉屋所見錄列爲古副品

四字者名前錄

赤側四字文蜀梁

當兩安錢并穿上下有一星者自有品

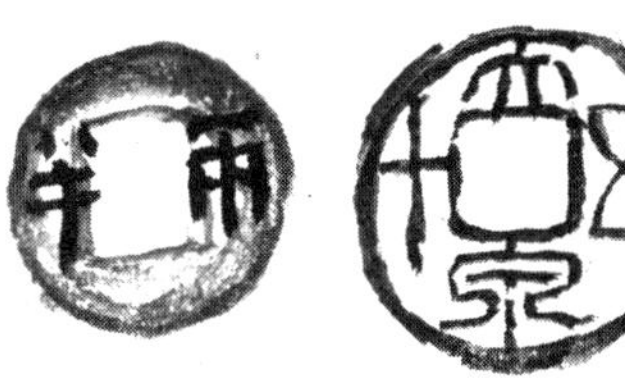

十

大中通寶

中國自堯舜至周聖主相承雖皆有外患而外人但以力雄我
聖人氣德如天智仁所積含容不較（然其智相去天淵矣）自周末列國爭霸咸畧
土地自此智者用心於縱橫戰謀即我前世皆為重農為務至
是已不專尚風氣漸變矣嗣是而還三千餘年信史所載（智）無非保
疆强大為事一代盛世君臣民咸文弱智沉淫佚隨之不旋踵
而亂（又亦建至元世以外國居中為主）（漸下至于元中人政為全失是以累代）洎及本朝開國外人漸通彼智日上我智亦間出然無由發達乃
以文字八股理學訓詁為本更兼（循下列）明碑版書畫為雅居太平盛世猶漢
平（治）後事黄老無為即開拓新疆諸地自謂兵精　至四大無敵矣豈
期道光中年有所謂西國（洋諸）者工賈航粵以毒烟易內地絲茶釁起

用兵天亦不祚，工謀不斷，理直不伸，反烟禁而開五口，日削我利而不自知。迨乎咸豐被害，我益甚，沿海諸省利被掠，聽指揮少不如志，動輒要挾。自於不信權替，齟齬猶豫，兵陷上京，遂自尤悔，未審彼情，以致此失。自此稍稍智動，開學館廣方言館，仿製造，但利權被執，自弱氣餒，開稅早延洋手，門户洞開。洎及咸豐以下至及光緒廿五六年，其間四十載中，倘君臣早悟，考審列國細狀，若東西各印度為英公司而失全國，日本以明治維新而全疆土，為時不可不為不久，其間有可乘之機。若天意有心福佑救之，似啓似待，十百其候，極好時機，而無如上下要安，有事不為籌度。蓋由君權過重，深宮閉遏，自大粗疏，但顧目下，諸臣迎合，就簡苟之為者，循資而進，富貴偶有特異，達於吏程至足，委靡隨流，逐波莫返

豈有官曰而莫予收拾，然薪盛之假為存有灰燼之機，芥小民乎知乎
為多而惟制法官家君為大臣應付現況，應接已在不暇，且更有舊疆
執周秦上古之茹毛飲血而不許從粒食，取壞檣柱惶眙，深居垂拱手
智者適跡禁言，若醫者之見病垂危，僅僅祇投藥而手援，豈能知
主者不信病者，漸移而旁睹者無術以救，立睹其死不旋踵，左醫者
肩手考而施援，絶對一其虞，種種之執轄隔離，至百病齊集，將不能
而枉藥。嗚呼，天實為之，謂之奈何，其人之不起，是醫誰之過

# 原教

三教之始

上古榛狉之世，茹毛飲血，無有所謂教也。逮文明漸啓，（人慶之智慮日濬以深，有智者）聰以擎，如我堯舜之世，（君群上與指為帝師也）創度革創，至周末而百異端接踵，（聖智日多，淺於異是非）有孔子老子兩聖起於其間，與他諸子雖各教其是，而皆不免於偏執，是以自堯舜禹湯周至孔子為儒教，其於黃帝至老子為道教，（後漢時從乾東來為釋七教）

儒教以人生既在於世，必以為人世上動物長，乃[遂]和離於禽獸，毒中佛生，（主舊皆能從）君人類（為天地自然之理）人類須有禮法以範圍，（於萬物生於長中）使異于獸，於是聖智立與五（之同）常（之典）。五常者，（為之）仁以我禮智忠信孝弟以立大本。又為君臣父子兄弟夫婦朋友為五倫，（日常）是以忠君敬友，父以慈，子以孝，兄愛弟恭，朋友有信。不豈二為食（為四民）地力以養生，上者乃為士，第士自幼從師以求

尊而賤　詎知自秦律興　以天下為私而智慮不為推闡上微
趨虛靡西氏不究實際　因老道釋兩家專主并與智是
士不善保衛儒術推究人生天地經古聖術之功中葉之年
無賤賤我生類不第隨流考據佛老儒迷智慮沒民康義道一
風同無如唐宋以道盛之世祇文字　即考求訓詁推周秦本末會一同
未能洞徹於是屢被遠禍　其於古昔明道　因殺智以帳指陷人民
未已嗚呼無量儒者取孟聖賢名號而自錮于今　無所　古為治于今
跡已未可量也
道者由黃帝李老君推闡　至道以為人類萬類中為至靈之一而經難
無虛約　惟以漢伯無為　無置萬類　然後乃與萬類而獨存　國已知
天地雖千萬年而一瞬　豈況滿生天地而處于此　為萬萬千人　理皆最好　然惟

言物意存神養素

後世末流異術 形骸之存 祖其爲納氣鍊丹飛昇 求仙羣宜

傳我形爲之載又其下者符籙咒劾以神其技然以生死不明之

故是又爲道士之罪人也 道反俾明帝 釋教東行 其去爲與黃

相近 傳達天地玄精之理 性与道爲暗合

釋教

釋自印度由秋來被西域全境 數十國 無不 祖信 流行 得明

帝時通于中國 自達磨稱也葉達磨西來 其經典雖譯者手爲來言

非傳清淨 雜滅爲 天地爲尔等大言 辭言小爲大 於人一物利 用御世

本于其道 遂古今上下 爲聖 作人類 規以範 之俾 去性過別 釋教

不生不滅之旨 儒者爲高 旨不過以第儒之說爲生類 便有禪法 大公兼

衛釋者 爲之于物 空 理 純 無我得 雖其 辭高 一等 其在不

中于倫常日用之切也迨漢以後百家蜂出有為莊老今生地獄天堂之說更為誣誦經典為功不及王謨以建寺塑像為修功群之儒者流於訓詁帖括八股為百年事業只存虛傳二千年來絶少超軼類拔以爭權寶以實三真皆君存而宋末已定然盡道者早已亡國釋者僅存一息儒者亦徒存其說而已

教也者教人之為善愛君親上地球各國雖教各不同而其旨無不同也中國之聖教如布帛菽粟水火不可一日須臾離道家言得至理持以人人無為養生之具則地球人類滅矣釋教略知近似雖然天演化育不知幾萬萬年尚將以熱壓星氣併成日球分列各星而布地球我球又孕若

動植萬品等類咸供人用，雖百年一瞬，蜉蝣身世，要且總盡空幻泡。若依釋道之言，不生不滅，無久無暫，何聖何愚，則聖道為贅，必至世界擾亂不已。噫！此理堯、文、周、孔、孟所不知，欲得道釋以扶助者耶？故嘗謂儒為人之教，釋道達天之教，然天包人，不能以兩存也。

另擬過舟用水提高上下議　癸卯二月

古玉

竊見吾鄉上下河過舟，向用夫盤壩，非但上下用力多，損舟易，爲時又久。頃得來金陵，大輪則車盤尤難矣。余讀各國書記，有法美諸國船移過舟之易，以一人坐旁用一指之力，則數億兆磅之鐵橋閘揭即時過舟。盡用通水之筒以提其橋壁，力一兩之力而抵千磅。用此法不又宜改良于盤壩。議處有舟上下于壩下，十餘丈間河中設機，舟入其口，其下機器爲壓，則必增力匯壓于執機在其旁，知轉過舟，乃遂于機下周隙力將舟提升之之不已。當舟底過于岸等舟首，機一縱，合於建流卑下而入于彼岸矣。此理十年內必有明此藝者，可以省力省費者耶。

逆謀

自法取越南，環中國海陸強鄰四逼。迨甲午敗於日，償臺省賠

兵費（二百）三万兆，割是不獨於鮮不西係（西細暹等已爲人據），藩書者英奚且噬及內地腹之

（古）字財者地棄之，寔豈姻。庚子以爲拳匪与各人殺構于近京，藩克

執政狂不明，復我之勢（右）拳絕外諸國，乃聯師數月而陷我國都。

夫千年來中國之積聚，一旦（焚）付于異類，將播倉皇，縱（奉柩）亂殺坤。

（國有千秋一）且大索兩宮，人心因趨言，莊先承（亦）歷不自，乃似我猿繫頸，甘受唾作把戲。

賠費至四百五十兆分歸。　蠶樓宗館焚，上下仍斬燒，不爲（我）後之謀，至

斑民生之禍更何底，至已猶先預謀以自雄，則乃萬挽補于萬一（以爲）。（債地）（百計匿據）

因結了至之賠款如也，先事之籌備抵賠三四百兆，寄練兵艦，商学我（三千萬）

一科行論，商于各國，典一役

現時有識之彦商通以為無止理輪船鐵路行將中外若一
中國若天不使之如是愚媕則各國利為中有絲茶歲計
萬萬傭出于外日繁歲亦不止千萬如我之古舊惟洋布呢
絨早為中嚼消膚詛有鴉片為歲五六千萬行之已五六十年
而廿年來外增輪船機器砲械下至於一鍼一線無不出於洋盡
棄向之有而改用焉則中之溢又加毒煙幾倍矣近者動與
各國違言稱兵賠費甲午與日三百兆　庚子各聯邦四百五十兆雖限三
四十年中清還中國之土若係金銀窖當可勉支否祇售地
與人苟存殘喘而已　論錢者金銀二物公私上下既有盡無

苟明乎此，罄所有以予之，而不一存，彼嗜利者如盜焉，知其席捲無遺，則盜之心厭，雖開門可也。反其心，彼盜我者，更虞我之盜彼矣。

論者金銀流出，以五十年來計，年一万万，則五十年中已五十万万。顧我中國為重國，向者恐併中之有而無此數，則去而仍輸入者幾過半也。智計之士，覘之相時之術，欲存民命，則惟有嚴禁五穀不准出口，國雖甚貧，將糧足恃，為活不然，以彼之賠項而罄市我穀，民皆枵腹而不為亂乎？何命自　君王，民不一籌及，力止其出而為民請命耶？　者曰：一通矣，有無乎而不通矣。可執一二端而塞之，若我中穀雖多，出以售彼，則我且增富，甚得其抵制。此言也，固是特畧先籌增民穀，設若能料民一年積之食，種禾蔬增，則直雖賤何物售之

外國如東日國米兩知三五年前吾國石四元餘彼售石十元麥西國

府嗜閏亦殺吾國二倍蓋彼田植物農人視其物價收數高下為判

五穀利殺他種微且有宜植于赤道每年五數穫者故西物植雜產多

而米穀麥於他國輸入也

略計米穀後日必日增昂勢也田祇此數吾國種法已屬周至則

加穀難望一也人口日增二也游手棄農入工賈間食日加三也即布垂

農之諮議開荒之策雖加者什六七增者什二三而已（日見其不足）然米昂乃中國

之大患國人于官府平日一不加意于出入口尚多奸商不顧國脆之饑

宄刻之探鑽伺隙以偷漏為計真無血性者

一府立會

一條 各伸智士之有者聯設羣會言實宗旨如議拒洋則籌自地出產入備盛法以抵制

之法因思知昔年為彼所蝕致成貧窮之故起而力拒自能直塑如日本之盲

退慎子于光緒甲辰之元夜評之，以俄日交迫於我，而於士無籌應之策。

兩宫有再西之幸，籌兵籌餉畢力行省，大體一籌不得展。余日間與亞旋弟言

衷之宜預練兵衛鄉里，撤裁全綠海營，移其餉予兵，其事則如警察擇鄉中能文

紳士之子倩師課之云云。彼大醒之。是夜乃于夢中自入京上書言事，醒而懷及志

之云：

現在强鄰相凌轢，國步阽危，皆由弱之原因。然一國之大，過人且十百倍，何以

有弱于人？則人自棄而不謀保護，事事不如漠測。至此今欲救燃眉之急，亟練

兵。但練兵先謀餉，國家如此，籌餉未由，況練之兵非可恃用。今即有富逼民不信國。有一册，請下詔

各行省每縣自練衛里兵（大縣五百，小縣三百），自籌餉械，餉以垂給，每兵人一者元旦給，

以曾縣尉次戴藍翎，查華人工銀發本每四品官職（今賞以次遞減）。其籌餉則有大市鎮者皆

地生產捐，如南貨店烟酒業，日有十千錢之流情，以五千文之捐，各縣相同，捐加售價，俾無折耗，且示

以不以官手無侵蝕捐，概歸各鄉之團，無間耗，為自保民而起。

其兵日訓練 請武備學堂卒業者習鎗炮築壘布陳扼禦之策 國家平日不
過問糧月請出國兵帥 上海孫讕查良窳 俾不廢惰 如此限三月辦成則於要衝
七十二州縣頓增兵三萬 以廿省計則增六十萬 一省中此謀反外侮不徵調[被召]鄰縣彼此之
請撫院立議仰[右項]空計 倘兵士中有傑出之才思想之過人即如今粵西有匪亂未平請
其告奮往觀兵助剿 既習行陣又悉地理[惜壯]膽力則擢[由]彼有[請]加功銜 加賞賚
其于炮隊要宜于沿海各邑尤為緊要 日習把杂瞄放東西雖諳于行陣操習[亦]半從紙上
談兵于戎事之精核練胆智者亦不中僅一二機而勝則驕弱之機亦如反掌

# 自序

余自三四十以前作畫至五十、二十年中、無一可存、既以書學全不懂會、焉能乎畫、雖有作特污紙耳、洎及五十以後、目光手力、漸有所入、書法亦漸深、畫或略有得處、然自督歲於畫理頗有涉獵、志之于今、甚多合者、誠以眼識易、而出于手難也、至于今諸詣漸精進、有所思、輒筆存以驗、當否、因存百十條、將留而質之同嗜云

今雖古後勝肯吾於此聊紀年

蓴齋自題

# 竹西卧遊録之一



王延譽著

## 畫衍

筆墨力三字金鍼此外求古人法看古人畫絶了然於胸及至神化要有法歸無法無法仍有法乃可爲畫師其行筆十年後腕下生許多妙處猶之行雲驟雨忽作忽止筆頭凝於紙上而不滯古人所謂作畫須學書習此道也

作樹要参差俯仰穿插得勢筆筆靈動古人

每樹布葉四周先圈定然後下筆故意致蔥倩如入蔭下　如坐林間

用筆通幅要遒勁不可輕畧草忽相其疏密而定其多寡然旁視者以爲千點萬點隨心而落惟至要處竟不可加一少一

董香光言學須熟後生者要以臨摹古蹟千萬過極已神似絲毫不失若一脱離真本每見軟弱之病故須使生後心摹之存於胸哉（故作）遂得其

神髓也至盡須熟外熟者蓋畫筆無定形然
則趣生用筆用墨一點一拂俱成韻致故墨熟多神
筆熟多韻誠不可不熟外熟哉
運大小幅必先取副紙粗夫其景物樹石以定大分
合及出入處再求上下相襯山頭穩練其最要而
最難在中段既不可塞尤不可脱　作長幅難矣
難於段落間搭相生動手自然中段驟靈山頭
峻潔氣韻因之而出石不可複山不可重少塞多

虚所謂空靈敏妙也是多塞則呆滯多虛則態生大幅雖在畦徑小幅易成偏仄非具頂門上眼靜以求之未易解悟

方咸亨論畫有曰厚不因多薄不因少此非筆工濃淡乾溼而言厚薄乃在運筆功力而言厚如字學到沉著痛快之境不在紙筆間用意

全溼筆雖古人所重然祇宜雨景水墨更鮮姿致不過厚沉較勝耳全乾雖染擦生致但易成枯羸瘦弱

絓事必以乾溼互用為正，亦如初寫黃庭，恰到好處。用濃墨硯入碟試深淺，聽取舍，先認紙絹生熟而施。筆頭不可乾溼，視紙及後先，熟手若大匠運斤，無不入妙。設色亦然，乃畫中三昧也。

昔人論畫有曰：宋人千丘萬壑無一筆不簡，元人枯枝瘦石無一筆不繁。然余以今畫與元畫參較，元尚甚簡。大抵宋人簡在皴擦點黝，故香香光太藏董源有數幀，但有輪廓，元人尚乾擦矣，焉得不

槃令畫師承摹仿每不得其竅致數數落筆故習於
縈縛而不自覺且宋元之簡僕借勢生發如樹借石之
借山之借雲即所謂一筆千里玩味無窮者耶
今人作畫無端截斷著意生雲以為氣韻此恐未然
余見古本乃知所謂之氣韻者多在分合雲靈視筆之
至而循礙於理趣筆隨意止而成雲霞滃鬱之狀又其
細處即一點拂亦關氣韻
南田翁云雲林一木一石有千巖萬壑之勢今人不

求其長而但摹其輪廓浅墨致成呆滯然若遮其高
簡秀逸總在筆思動在墨思情在境思虛即不至迂
拘而家法自在

古訣有謂麁畫細收拾細畫粗收拾者余廼解之以為
粗畫大皴長點務用小筆修飾湊摔俾免蠻俗之氣
更可耐人思索而不覺其粗董宗伯之仿房山巨見其微
至細畫條沙粒毛積非加淡墨大點以行湊拍處俾輪廓
厚薄勻洽免露肋之病以細畫易於軟弱少雄渾

此煙容之摹大癡本時亦流露其跡象也

作畫能石法層次靈活樹法俯仰得勢峯巒高曠

峻潔坡陀環匝皴法點點步隊整嚴踈密縱橫四叢

無一懈筆雖未深入法非俗派其關鍵又在氣韻精神

氣韻之說閱古雖傳余意解之在山坡雲影空樓畫其趣

而不象攝盡雲蒸霞蔚霧塞烟濃行山中往往神遇之不由著

意作也至其他屋宇橋梁寺塔舟車及物各收入畫內莫不有

關氣韻也是須從天分流出所謂用意淺無墨變又古言用

筆在不用心處有此乃可尋玩趣味 畫亦可讀 不亦爲得稱爲士氣

山水要訣必先在山石樹骨法上用功再事分合疏密上置意有求筆力墨色再求乾溼皴擦渲染之致

作畫莫難於用筆得古法尤莫難於遠綱鋒而無拘束

山水固較易於他繪若無古意雖目擱管自運總是俗氣稱氣骨法軟雜淺薄呆殘爲能成家而入法家之目

畫猶書也 書不臨古帖即天資高邁善自結構

光潤娟媚茂者亦自可觀，顧以示識者則全無是處矣。其人自度亦必慊然不足，所以致此者，貴乎古人間架結體臨池之工千百倍于吾，儻不然，世之同（市中）帳日握筆刻不相離，則將名過羲獻乎？更有一種天賦稍高，又能略事臨橅，自謝知古，差近是矣，特不肯功力未至，則易流入甜俗恬僻而不自覺。故學畫者少年臨摹之功廿八，自運廿三；中年臨摹廿三，自運廿八；洎及老年自成家數，庶鮮杜撰之筆病。間有資質上等，初學時

爲臨摹所縛老不能自運頗較未嘗學書之輩
妄自揮灑自我作古若於筆墨似屬食古不化
人物翎毛花卉其於透網若似難於山水以其象形
稍失則人人易爲指摘況更加以攝影窮神乎然第
能骨法周備機軸自出則似難而實易矣至於山水樹石
無則象可擬全恃點拂狀出宇宙萬物更益之虛
擬雲烟光靄乎態萬彙故似易而實難雖然苟

得於一境遠絪則蟬蛻塵寰遨翔八表雲霞招手呼喻天閶俯視千古橫覽四極其自得之樂飄飄乎若羽化而仙矣然所由必始於沈湎苦思筆塚墨池之效而致者也其如學者千無得一淺涉易視日自眩惑徒觸羅網百計奔突可歎亦可憐也

山水以皴法為重又可考見功力天資雅俗元人尤以疏逸天趣過諸宋代名家用筆多取純羊豪種神變莫測若布陣然無一懈懦之卒軍容整肅人

所不能到所以為貴而其要乃在書學中詳今之畫流尚難透解安置好事者乎

古人畫每於細不經意處用意卻多妙諦故初學臨摹既不達其趣又常忽卒是以終難入彀豈山水真難於言傳哉山石骨力定矣然在皴時大可伸其玄妙以副通幅生動機趣後人不察於此種處既不細求且又輕率所以畫學貴在精審

輪廓定視其勢之空塞乃可四面發皴隨處改更均宜

樹枝叢生處及枯樹枝頭要在頭下垂處着意人物屋宇布置尤宜審慎得勢筆宗忌拘牢

古來傳世之物畫甚最少哉以畫一代祇傳作數人而並世每多輕忌更有盲瞽不知所重已十去其九矣又無摹刻印仿之法即傳弟子詣終相遠況歷水火刀兵之劫此種尤甚或得傳之後人不慧佳惡鼠蠹相侵霉水損耗嗚呼如此而冀偉存于世有幾何哉故吾於古物皆爲重視所惜於畫尤應寶視過他物以亟存爲要圖也蓋畫有刻帖

且臨寫者衆故書自羲獻以下墨跡海內藏弆尚多畫則於唐已屬星鳳矣

藏畫如藏磁器鮮能久存今之景泰成化之磁已爲希世之珍近代乾嘉已屬貴重第畫比之於磁畫似更罕明人真跡固難覯同拱璧矣更何論乎宋元所存多而且古者焉惟　太內搜藏豪貴進[贈]獻在上[京]者尚多名蹟耶

畫不講求筆墨矣以事畫貮使筆不忘肢動布置曲折綜錯有筆處有致固在人意中乃即所謂慘澹經營者也夫惟氣韻生動趣味閒適都在于無筆

墨處君納筆與無墨水要從白處想鴻濛二語亦以此也

繁簡各有長處有病處總視景筆為衡學之淺深為定一幅中亦宜有繁有簡

作畫能稍近于筆硯畧解樹石點月間無不能称事若其欲分别微懸則在俗與雅耳然雅而不入俗目俗而卻嗜淺夫比比是也此其故功學天資有低昂而目亦隨之以升降矣所貴乎異於流俗第一人品高涉古深游覽

勝俱以雜俗〻具書畫到眼先辨此竅不然猶習詩者不達詩學源流而將釘鉸打油〻技以爲絶稱則柳何異況於雕匠〻弄筆淹而稱大雅哉畫與一切詩文書法合理同道也何以言〻畫乃積筆以成形象形以成物物〻合而成景傳寫神情藉緊名〻曰山水人物花鳥然其實皆藉驅積點畫以成者也詩文字學理亦由然如詩也始從發言積字以成句句而成篇其要亦以個字達心以趣法雖雅俗厚薄淺深爲聲律趣味之衛

新文猶是也書乃技畫整斗

學書須先解書學畫須先解畫解々云者求得見先

哲名畫法書潛心細昧玩索其布置用筆運墨々要久々

始有心得若以泛視則同盲馬看花即徒謂解事何裨

我學亦既愛玩深入則其骨法結構胸有所々主獨處

歸老々亦而手未必應經未亦也故互臨池不輟務從

容疾徐舒蓄厚實使筆精熟墨神亦隨亦矣

於畫先講其布置於書尤要在結體結體備要求行

間跡密行間互顧及全幅自一筆一字一行以至一幅着不得一懈草一點塵使閲者只見滿幅精神奕奕有致字字飛舞筆筆姿態遒逸寧虛毋實寧少毋多寧疏毋散用墨淺深濃淡全幅中安置間逸猶不異作畫設色大作家每作一幅先自凝思於此仿何等法書用筆定後又着意在始起一字字第一筆蓋此為全幅眼目氣韻流閲達至末字收束脈絡貫注位置天成矣否是非脫即離氣墨不貫癡病百出得此解者方堪與語書

猶李龍眠作人物每人于下一筆于鼻即閲全身周一理解

試觀右軍書光之署羲之其昌二款也其用筆何等堅凝蹲撲道逸若懸千鈞之弩牽百步之楊葉觸紙背狀印之泥在善書成家者對此臨橅無不咋舌卻步所以然者蓋後人學者天資學力相去天壤豈止以道里計若妄自尊翊之流輙曰摹王倣董於此相較然有得于二公腳邊汗氣而為識者服膺乎

畫乾濕無用尚矣然學者於落筆總宜先乾後濕善乾而敗濕雖改一也乾筆易於生致其下筆起伏傳神

非可溷為二也。已識筆性之由於紙，紙之受筆何等確有握把，乃隨於紙而施，無乎不可並也。筆墨融於紙，和則墨采自精，光耀目，姿態腴潤。至由此非醇厲十年不辨，又非純熟於紙筆，焉得識其竅要？但近世畫人大半皆以畫世無識者，無甚關係，即天資上等，自文固陋，別淺見自是者，焉足與語於斯。

以篆隸之法作畫，必非庸史；以簡厚之作辨畫，必無俗作。

作畫非輕細為薄沉重粗墨為厚亦不以點擦皴染多少為繁簡用筆如臨法帖時下筆細察起伏點畫須有意有致有古有風韻人之所見人之所不能到此真厚字神髓然後千方百法大小長短間搭以象胸中所欲狀又看其疎密審其氣韻避其庸熟點其易念妄挫綠雜畧即或草草不過簡減景色略為縱筆斷非可以縱心如是山水花鳥人物有一藝焉潛志殫慮於此雖不成家終異常流

用筆不宜秃用墨最忌宿筆秃使猶可墨宿無救藥南田与石谷論畫有曰吾人日操觚作畫閲古探今不爲形天縛不得打破一窘字兩公大家於畫猶然〻不自滿真率正自可見夫使兩公隨意象形以己使筆則千幀何難惟須有筆有墨結構古法過頂甚多則不免顧此失彼所以難破窘字也譬之學書從不臨摹法帖以己意作楷草不知何者難易則一日百十幅可了全任己性可云游行自在矣特無如無一可取何顧不窘又非率略無理之謂下筆之際筆

枯木蕭疏下夕陽湯燒枯葉煮黄鱔句君且作忘形醉明日犯馳汗浣裳　唐寅

石田少時畫本不過盈尺小景至四十外始拓爲巨幅麤麤株大葉草草而成　攜李項氏藏翁荷香亭卷樹石屋宇最爲精細秀潤乃是早歲之筆　然遠不及蔡氏仙山樓閣卷也蓋德山乃翁盛年所作　擇自跋云云　此卷留心二年始就緒

如入木刻金墨如拖粉浮刷壓油更又以一筆使之點畫千百其綜錯之異尤必有神有致如此一無拘束乃可稱爲不窘

不窘即董文敏云透網鱗也言其隨處遊泳悠然自得也筆〻云所之終不離乎法度也

山水花鳥古自宋以下多以工緻局勢結構行筆整小巧而有元有明惟石田稍縱國初惲王稍又加焉至今日畫學衰弱固無足論而其大點橫抹專意放縱僞稱才氣至不成名物蜀有大如五六寸之碗大佛而祇

列一山點若龍眼皴若枯索以為石貴限將鉄設世人之
嗜与夫談執之流不知其視畫學何等末流至此可勝
歎悼
六法中經營位置豈苟言哉所以經營者需落落大
方布置井井丘壑徑路高下稜側明當厚不板肆不佻
變化無方無複疊綜全局乃（于中而方之）可副此四字
徐文長有云曠若天葢於無隙大抵教人不拘窘耳
欲其離披零亂應接不暇以矯雲林之枯林瘦石而發耶

竟滿而狂獷絶無分曉觀青藤畫亦不如所語

日常於麼而殘賤無意於工用意於筆認真寫樹石布置種種久久自能思致筆力分合一一俱進且速較之練素攤箋凝思不下迴別亦即破拘窘得熟外熟之良法

畫求意趣亦猶人之美麗詩之沖澹大半皆由天生而成惟行高學邃者自有一種雋味乃即所謂士氣是也此非可學而致者也

書與畫所最要講求者在秀厚二字蓋秀而不厚

則猶人之無精神，如輕薄少年，略知文理，遂鮮經偉特識，流入纖巧一派。厚而不秀，則如木訥強項，迂于古拙而無通達世故之方儒。欲成家法，難編廢。

溫紀堂儀述其師訓有云：勾勒處筆鋒須若觸透紙背，則骨幹堅凝；皴擦處須為用乾筆，然後以墨水暈之，則厚而有神。又曰：用墨如設色，則姿態生；設色如用筆，則古韻出。畫家習氣不掃自除。數語真是玉髓金丹，果有辨此，把臂入林矣。

石谷看畫古今名畫咸大家尊古游者天下山水咸
大家二公皆國初常熟人學古少後吾謂平人欲作畫人其於
游看二者皆不可少看多則古法布置運用筆墨已所
準則又能自量比較古人何等游多則布置丘壑萬
變不窮雲霞出沒何態陰晴向背何狀叢叢於手能
識蓋生氣二者以能得力多寡為低昂得少分者僅皮傳獲深
詣者咸家數再進而加之書卷士氣心手勤敏日硯之以
年繪事雖欲不作畫祖不能也

作寫意畫亦終不可離法度，即古人謂須全其骨氣也。

偶與人論畫爲千古一圈，又悟人字乃如點畫初祖胎奥祖（耕煙翁云：畫惟一縱一橫，悟得縱橫二字，便有無窮妙趣，洵然）。

不拘何畫，實俱貌物象形之一藝而已。吾人所貴乎畫、重視乎藝者，惟一言蔽之，在筆墨力、趣味、雅俗之分而已。

西國人畫有直四萬、八萬金者，以與四十、八十金者吾人視為無少軒輕差别彼人固能以暗中模索得之抑亦如我華有筆與雅俗之分頗所尚大異（殊）耳（目）力相遠亦何豈惟即我華同一好事有喜工整细致厚（色）而筆墨恶劣俗不可耐有視之若寶者矣其識見之懸绝豈止中與西哉余常憤言曰唯俗眼祇能喜俗畫不然淺譏無生活矣

世之喜事號為精鑒美惡顛倒近代此輩過半撓亂畫學致名手於江浙向為畫藪故亦乘

謳歌習弃藏家漸以寥落此藝數十年再無振
起恐將絕矣
厚薄了說人多不解即畫手往往誤會厚乃同（不知）
於書學北宋跡察輕重濃淡上言實由作者始
在握筆運豪處和緩積入裏驅墨滋潤中鋒
沉着而徧鋒無拂隨地流露此人功力既是（厚矣）不拘
於所寫書畫何種落筆即見北能（可）別於此幀厚
橫幅薄（也）可別

晋唐人書實然興後代絶異以其用筆間架截然與近世兩途且晋與唐亦相去遙遠晋人從篆隸間來故古厚雅及唐以楷書故個性獨出蓋由風氣使然俗眼焉得辨之世只得識晋唐人之書絶異其道諳自己深入則書畫兩途如此乃況深着痛快即是為本如彼乃浮而不實安稱為蔚不用細寫而可一目了然噫嘻今人書家千百殆不看此而況求之於畫人中拈出執與余辨質當否

方咸亨論畫云神品如孫吴能品是刁斗森嚴之程不識逸品則解鞍縱卧之李將軍余亦擬曰神品似已成之佛能品乃富貴壽考太平狀元宰相逸品猶乘雲飛昇居洞天福地上界仙班顧此三者惟人爲能企及萬一所以古云學者牛毛成者麟角然仙也佛也亦待有人修養以成者也

真山水於畫中之象形未可以攝影神似也何也

若全手逼真不見筆墨痕一似照相其都在影響間
則趣味全失矣余涉歷名山雖屬無多然何嘗見山畫
似畫中有輪廓（或）皴乃（山）石之紋點乃皆樹細石亦不過借以湊
合神氣如樹懸點黵積以成形然樹以此（相當）數千百點而呈成
于（草）樹或山形起伏轉摺即晴明每在形影間畫則往往刻
露其骨氣然則如所云畫豈不在形似耶曰否作山水
畫實乃作畫者發其心手目中之奇以出之筆墨又可見其
入胸有無書卷幾何功力及夫閲古淺深丘壑多寡而且

能見畫中雅俗與夫胸次是藝也實則借若筆墨以象山水借山水以資怡悅性情

高人逸士學子士夫終日在塵壒中無能發舒其氣惟有藉佳山水以游娛但山水遠而有涉尋之勞而惟於畫又得綜其絶勝處其慧敏而能解筆者則較之之游真山水趣味千百過之然而則其畫非精妙高曠六法咸備之作烏足動其娛玩哉

天下萬狀詩出之有聲之畫出之乃無聲之詩

黄左田尚書著二十四畫品如表聖詩品例力探闡

與直抒心得

人無奇氣不必工書畫無獨識不必講求筆墨無心營八荒目空一切不必論布置故必有卓绝之行好古之癖乃能涉其境界否是徒學無益也

熟至於無拘束超神明即王麓臺論畫句平淡乃從絢爛極老成到底似嬰兒欲知脫去町畦處便是超凡入聖時又題石谷畫云意到何妨筆不到偏於筆外耐人看此明示學者途徑也

杜于皇與汪秋澗書論時氣之害猶之江西新窯仿官哥古窯見之觸目時人喜為燕石之寶真〔可惜特〕之氣與時氣有天淵之別君成与嬰兒亦迥大異但時氣與〔悦〕俗目舉世十有八九古窯難見見亦難鮮于是充古窯者得售其奸而真古窯所以必資乎慧眼故真賞其由所獨也

特識獨賞知己同調千古為難眉公之於香光石谷之于廉州南田之於烟客因以獨賞人便附和

惲草衣与王石谷秋夜於池上大叫好墨葉々々々唯其知己同心學力造诣相若得闢新理造化為師矣

人無確見雅好收畫但以名字不求筆墨故僞書畫充塞而世有佳畫名不彰者棄之如遺無人愛惜甚可悼也海鹽吳思亭脩青霞閣題畫絶句中有收得明人同姓名山水一幀畫傳不載而畫絶佳故思亭題中有云人生似尔亦良苦縱有妙筆孰許可我今看畫行自嗟他日何人復憐我可見世無真目自古已然矣不禁惘然

逸氣士氣不可以畫論乃在畫外也得此者妄論何畫即

不甚形似亦為可貴蓋落想與用筆無俗態與庸熟沾染於筆端不可以言説相喻也粗重病也有此更見其腴厚稺弱病也有此更見其蒨麗故二者人人必謂從學問天資帶來不能強之於常流也

山水蘭竹大家往往不由師授固游歷與閱古及學問資質負出時輩更須畢生精詣而赴之或可希冀傳作且也時需作家好事提唱故欲其名實相副古今同寶固亦其難其慎已

國初大家輩出者

大抵上有朝士多半精鑒收藏　御府亦喜文藝故
得名也較易在江南文獻之邦如烟客江上棣園牧仲
漁洋竹垞諸老輩無勿擅場絶詣一得品題譁然四應
故石谷吴惲百家踵起畫學之盛今古無儔後至乾嘉
稍形衰歇然猶名流佳名出代不乏人洎乎咸同風趨益下至今
幾無復真賞者矣
昔人論詩有云敏妙出自　靈府而沉酣資於學問
余於書畫亦云

書訣余祇二語：用筆珠圓玉潤，間架法古，至矣盡矣。用筆用其使墨耳，蓋墨之至處全神彰顯，用此筆。看俗爲滯爲種種不協者，皆由筆不能使墨，墨不能屬筆云云故耳。

鎮海姚野橋題朱昂之畫，中有句曰：吳工競悅目，骨靡力從壞，毋論古法，表遺貽後起害。嗚呼！今之稱能家，遍處皆此等，孰從而别白而辨論之。

同治之季，江浙亂平，各家書畫全付劫燬灰，家家求補壁，得

稍能事者即暴得名譽（丝）猶存故時遺老十數輩師友
授貽哉々鷄羣之鶴今廿年來遺老全殁餘風不繼將見
作廣陵散矣
以後各學變廢應制詩賦已絶則後工詩賦者難（益少）求畫則
改尚圖輿地習西法用刀尺之筆
聞之西人作畫全在形似於毫毛影微陰陽向背光色並
不酷肖攝影窮神故一畫非（徑）數年月不成其（粗細略同我上古）要妙
處與我中大異其所用筆百十其式多有以尺量各物

先眞術縮放尺寸均無一脫離(与)原本相遠現在我學式微同於朝政商藝各學數十年(以)還流於西[illegible]可券定之也

我中筆畫用意力固似較淺惟所持柔毫軟力恐非伊國所能窺探十一

(計)後日惟(中國)蘭竹一藝爲天下地球上獨絕書法(二物)形(大小)本於植本無異我人以毛筆而出以遒勁天爲一筆而反側轉頓且加以高簡數十寒暑弄翰之功吾故曰彼以(真)細

人力我以天趣之學其寫形似斯二者決不可及於中國者矣

竹為我中國獨産之植物宜乎画竹將後或可冠絶地球　丙午春又注

篆用正縮隸用頓刷楷用共剔行用提攝然篆體有時用圓頓鍾鼎剔懸蹲但貴總要皆雖在沉着痛快珠圓玉潤若夫行艸書二者用筆於各體諸法必全備而後可稍能事

余年少時於諸法帖無不刻意臨摹往往閱帖下逮本朝唯無專屬亂雜織纔見南田翁諸帖筆

婀娜得褚米之神三四年後以有惲之獨之麗無俗之迹之資隨又改米又以帖多行無楷旋得董香光玉烟堂帖而友人以為學書必求墨跡乃可知用墨如此則董去今最近或可得見質之同鄉書家前輩沈韻樓先生以為董書乃水浸鵞卵石以其錦裹藏針於中有骨非畢生功力不易得其骨力韻致因是潛神一志至老不移（臨池功淺至今）猶不能窺畫禪之藩一藝之成其難若是因述大概云

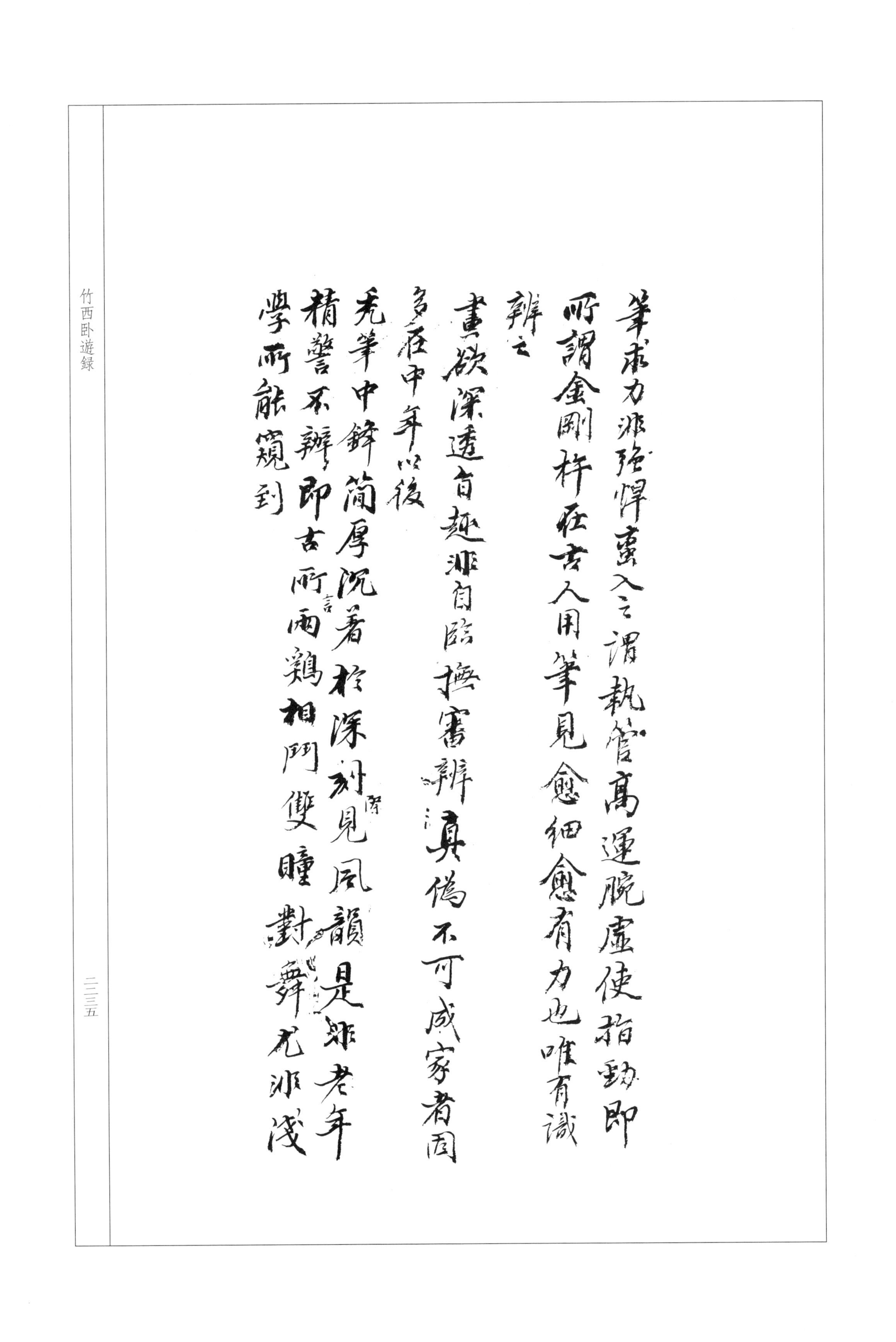

筆求力非强悍蠻入之謂執管高運腕虚使指動即所謂金剛杵在古人用筆見愈細愈有力也唯有識辨之

畫欲深透旨趣非自臨摹審辨真偽不可成家者固多在中年以後

秃筆中鋒簡厚沉着於深刻見風韻是非老年精警不辨即古所謂兩鷄相鬥雙瞳對舞尤非淺學所能窺到

幽秀中見簡老淺淡中見深厚古拙中見風韻塞實處見疎散空靈處見緊密

疎而逸彌少彌好蒼而潤愈嫩愈勝

山水一道易而不易若欲僅寫樹石山坡祇于能書家略事點拂一二年間無不可臻極詣何也以已於學書時筆已解辨但一放爲象形而已然是說也亦視其人胸中有無丘壑筆間有無逸致不然一執筆自謂以畫人自命至老死無自得無進境畢其生不知恥愧甚

可感也

臻腴潤〻詣驅之又枯豪取堅勁〻力運之虚和具高曠〻識見之氣韻

筆工紙浮如鷄羽搪塵沉如蝎睛觸角轉折如魚鬚藻遊結體如蜂粘花心

書家以提得筆訣爲竅要藏筆中鋒濟繞沉着又以無垂不縮〻意遠者罕通此解始爲浮而不實余見諸學者〻生四十竅百計而不入格者多矣

蓋已解提筆之法筆出如游絲飄忽輕靈傳吐信以運法

而作畫即不似畫絕異凡近甚在用筆妙也如鈎勒人物衣摺

蘇葉筋顫山水樹石無一不視此為準不限筆端已全創精

之謂工部瘦硬通神一語始由運腕而指而管而毫而紙而

著重在使轉用

用光筆寫纖麗細字鋒鋩棱棱蓋以鐵搭數帚縱橫四出而

尤在求之圓渾起處多姿致用其筆富壯厚大字必須挺拔

無之妙然不脫古人法帖結體矣種種法度則方入書學境界前途遠矣

欲作書畫字最要審慎於下筆時時時取諸法帖時時記其用筆 15
使墨時時鋪張時時棄一切柔色粗浮發揮捨卻一切取妥而後模
仿自家奧孔嗚呼夫如是而成而異成家孰能世數十年臨池
功當躡而階之書家之列哉
筆欲其純墨欲其新硯欲其潤紙欲其瑕學行功力總之
由人
作書畫看重在紙墨筆硯選（相合而書之緣故）擇精良為第一筆其基
全在精神若作時（學時）不以精神提攝終難入識者目故凡以書

畫來賞鑒者首必觀其精神倘凡一筆一隨無精彩不獨不真以總非傳作

作畫功力固由學書深淺為衡世不習篆隸書亦至得畫深厚之概顧自唐以來今人習字者皆從楷書入手後多半加習行草不過欲其速而趨時耳外此篆隸草雖歸書家十九不遑暇究所以至今世之能書者不知篆隸而能畫者不辨佳惡噫安得一一論以特健藥乎

世之人平常之質居十九習書畫者三四十歲以前即刻意臨摹大抵用筆終難超凡入妙嘗見少年筆致光潤易期入古成家及至晚歲仍然拙弱不進其故良由少時自是二三十後不爲專精之故過吾謂中歲而後非專精臨池方能於古一一符合然後求古而自出新意即魯公所云鄉邇折骨還父折肉還母之義否然迄老無成比比也

董文敏書禪隨筆自云少年應試以書拙劣置試者橫黜至自慚欲絕繼惟發憤習學以洗前恥故聲名遐

布在於壯歲後以成大家若欲希心往哲當以文敏為法於書畫帖不臨于畫無家不摹一藝之成詎容易余固嘗自誌座隅曰閱古多用力之於根後之天資之勝張瓜田畫訣拈一毛字見西徽錄秦逸芬畫訣拈一嫩字見桐陰畫訣余謂毛嫩俱未周審不學者且咸疵病鄙意毛字仍是蒼字嫩字不若蒼潤二字之深遠精到也況李仰蘇士達論畫有五美五惡之首嫩為五惡之首何識別相懸若是

趙子昂自跋畫卷云作畫貴有古意若無古意雖工無益後云古意既虧百弊叢生頹冷之畫家與名為鑒家孰解古意者乎

宋石门云山水唯李成関仝范寬智妙入神才高出類前古莫能方駕近代難繼後塵營丘之毫鋒穎脫墨法精微関仝之石體堅凝雜木豐茂范氏之搶筆俱勻人屋皆質世因以為三家鼎峙百代標準

余人之書畫無之喜於輕靈蒨秀而於結實沉着不

講均不能打撥入裏，因雖有强爲悍獷，焉得言和周匝，此所以流於淺薄也。更亦喜於沉厚堅勁者，或從之秀潤洞雅之味，由於粗鹵者事蹲樸，此由未深涉古士家精妙之境而然也。古人畢生臨池，正以此耳。

趙文度（左）論畫云：畫山水大幅，務以得勢爲主。山得勢，雖縈行高下，氣脈仍是貫串。林木得勢，雖參差向背不同，而各自條暢。石得勢，雖奇怪而不失理，即平常亦不爲庸。山坡得勢，雖交錯而不繁亂。何則？以其然也。而皴擦勾斫

行披斜合之法，以在理勢之中。至於野橋村舍，樓軟舟車，
人物屋宇，全在於其形勢之安，可頓處可隱藏處與點綴
處，先以朽筆爲之，復詳玩相不可易者，然後落墨，方見意味。爲
畫遠樹要模糊，槎樹要體帖，蓋在其掩映聯絡也。其樹烟遠、
諸碑石、幽溪、路徑、夢草之類，様不一，用意添設而已。爲煙嵐
雲岫，必要照映山之前後左右，合其起伏，變而結之，雖有斷
續，何多山勢合一氣，渙散則山不爲糟。雲要掩映，蔭蓄求
口，要置路徑，宜隱見參差，使行四面，楼山之血脈貫之。章法

不用意描摹一味填塞者補衲也焉能出人意表哉所貴
乎取勢布景者合而觀之若一篇可誦絕妙之神理湊合
乃為高手然而取勢之法又甚活潑非可向壁之所用筆
用墨之高韻又須多閱古跡及天然真境未易語也

文度先生時代未審所著畫法已之指畫學迷津較之王
摩詰洪谷子各著畫法實多心得開後學無限法門俱具胸
中所欲言因全錄之以備採擷

董東山筆以沉厚為生平得力處故其跋語云畫至元人

之趣畫矣明文待詔祝枝北宋尚不及鷗波蔣白山以下畢以巧勝前不自知墮入魔道然則明以來四王吳惲諸子以巧勝矣嗚呼巧與趣不可不研味其理然而今人能分辨巧趣者何人耶

世人以輕巧爲尚庸熟反之厚實爲亦然也錢松壺謂以枯取韻以生取致超脱矜貴饒書卷氣節神游秀潤韻到皆畫中至言也

崔葯谷瑶論畫有曰不得山水真境不可浪使筆墨真解人語也

古人作書畫均自道其得如張瓜田讀萬卷行萬里乃克開拓心胸蘀石侍郎詩云胸中空洞無一物筆與造化相淋漓袁香亭詩精心極妙詣心手或融然勝處在筆少厚豈緣墨多皆洞參字旨之言

凡作書畫不可不心細如髮膽大於身細則周閱作皆能攝古人神髓膽大則有成竹在胸無支湊游移之習

古書法如畫畫沙是古人虛提筆而下指實使鋒若團突然真圓腴也如印印泥是教人運墨輕毫浮而墨沉也他如屋

漏痕折釵股撥鐙法鵝轉頸種種要訣無非所示堅深渾雄
懸臂運實指虛即孔子園謂功力至矣雖著意滯而愈流麗
用心於平日至老年即不經意之作自與古人相合蓋如蜂
采花釀成蜜
今之得書名者往往但祇習寫聯對額牌語品大大之字結構
穩練而已若令作卷幅則精意全無人氣亦無善者只一八行
之牘偶思可厭似此其於書道可稱能事乎
學者始事宜先認定宗派久之自之已甚習略漸擺脫脫成力不堅

今董明趙州張本不同矣
江湖畫流百輩大率淺薄祇於烘暈間有知所設色之處云輩夜与
高手書家偶作不似成畫者為勝因以書家筆已雜俗滿余是而
取筆只許點癡所云與其熟而干不□□生至旨之
唐以上墨跡書已永絶宋董元光時已然況今世哉即求之石刻
僅存武梁祠畫像與太少室石闕畫西徐頭〻五瑞圖數種而已
玩其古趣肅穆古拙即晉唐人亦斷難及者然法失已久何由幾及
昨者偶備摹石闕畫象以備今人之參考是畫也余一絶云
吳帶曹衣跡久湮畫無傳筆已千春武梁五瑞登封
闕摧作吾廬鐘鼎陳

上古以來公見之鐘鼎彝篆隸畫像及金石刻吾人得之猶嘗
太羹玄酒也漢晉以來正草畫跡吾人得而飽飫者猶食
山珍海錯之盛饌也然夫近朝之楷式舉世所法則之似乎
庸庸者殽核即有佳味亦不過適口充腸而已

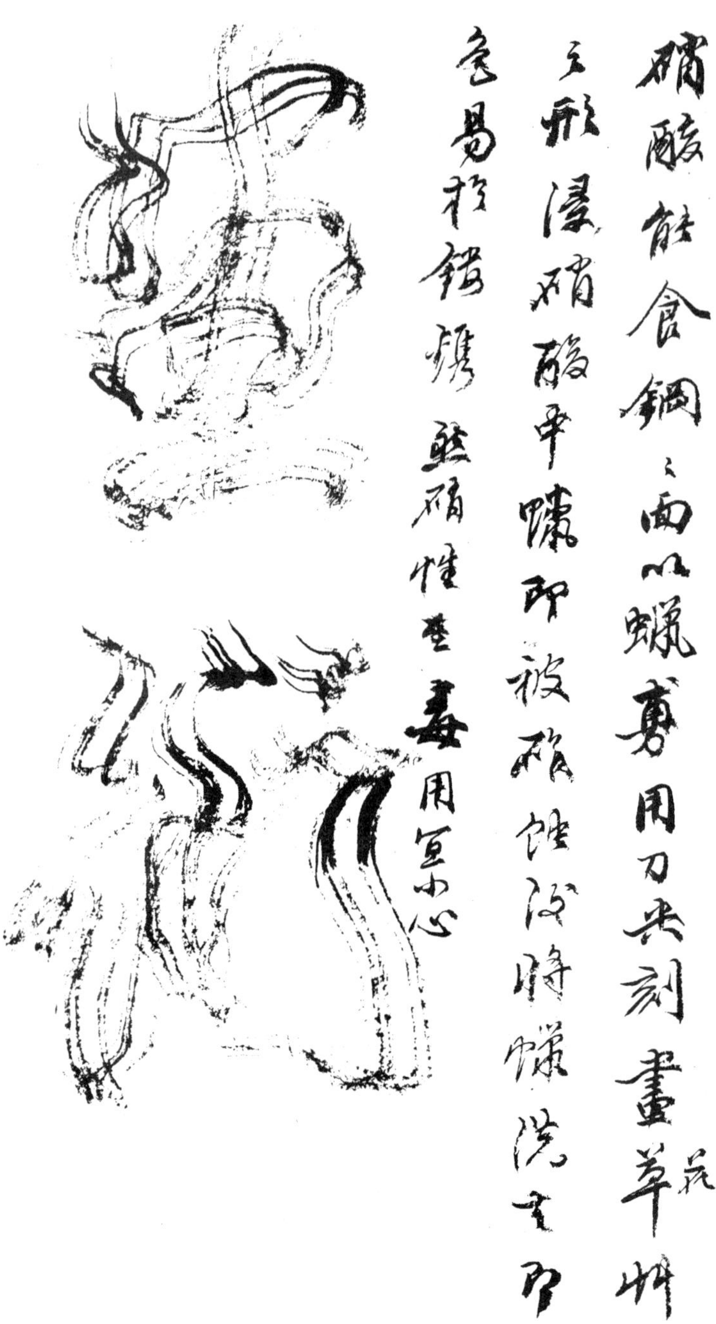

硝酸能食鋼，鋼面以蠟寫，用刀尖刻畫草（花）卉人物之形，浸硝酸中，蠟即被酸蝕，没時蠟洗去，即生之色，易於鑄鑴。鹽硝性甚毒，用宜小心。

石濤